プラットフォーム企業の
グローバル戦略

オープン標準の戦略的活用とビジネス・エコシステム

立本博文 著

Platform Strategy for Global Markets:
The Strategic Use of Open Standards
and the Management of Business Ecosystems

有斐閣

はしがき

　本書は，新しい産業環境下でなぜプラットフォーム企業が抜きん出た競争力を持つことができるのかを解き明かそうとしたものである。そして，そのような驚くべき競争力を持つプラットフォーム企業の台頭が，国際的な産業構造にどのような影響をもたらすのかを探ったものである。

　新しい産業環境とは，一般的に言えば，「オープン化」や「グローバル化」という言葉で象徴されるものである。本書では，オープン化を「オープン標準を通じて技術情報を複数の企業が共有する」こと，グローバル化を「先進国企業と新興国企業が1つのエコシステム（グローバル・エコシステム）をつくる」ことと定義して研究を進めた。このような産業環境下ではネットワーク効果が発生しやすい。このネットワーク効果を最大限に利用した競争戦略がプラットフォーム戦略である。

　プラットフォーム企業はプラットフォーム戦略をとる企業である。この定義は，プラットフォーム企業が従来型の製品企業と大きく異なることを端的に示している。製品企業は，提供する製品によって自動車企業や半導体企業のように分類される。しかし，プラットフォーム企業は，提供する製品・サービスの種類ではなく，提供するやり方（＝プラットフォーム戦略を実施しているか否か）による分類である。だから，携帯電話を提供している会社でも，製品企業であることもあるし，プラットフォーム企業であることもある。さまざまなエコシステムでプラットフォーム企業は観察される。これらのエコシステムではプラットフォーム企業の存在が産業進化に強い影響を及ぼしている。

　プラットフォーム企業の研究は，その存在の大きさから頻繁に行われている。しかし，「プラットフォーム企業がどのような戦略行動を遂行しているのか」や「プラットフォーム企業の戦略行動が成功するためには，どのような条件があるのか」については，ほとんど明らかになっていない。

　この原因の1つは，既存研究が大成功を収めたプラットフォーム企業を対象にした事例研究（単一事例研究）に依存しているためである。このような研究は生存バイアスが強すぎるため，真剣にプラットフォーム戦略を立案しようとする実務家や，プラットフォーム企業の育成・規制を考える政策担当者にとっ

ては，ほとんど役に立たない。また，研究者にとっても，そのような研究は「単なる成功企業の自慢話」の域を出ない報告となってしまう危険性がある。

このため本書では，①まず産業環境の変化を明らかにし，②次に既存研究から理論的な分析フレームワークを構築し，③最後にエビデンスに基づいてプラットフォーム戦略の事例分析・実証研究を行うという，経営学研究ではオーソドックスなアプローチを用いた。

研究を行うにあたっては，これらの①〜③の要素のうち，1つだけに焦点をしぼるのが一般的である。しかし，本書ではフルスペックで研究を行ったために膨大な時間がかかってしまった。欧州，米国，日本，中国，インドなどの企業に対して，100回を超えるインタビューを行うこととなった。これらの記録にすべて，事実と数字で裏づけ作業を行い，分析対象のエビデンスとした。また実証分析ではパネルデータを用いた統計分析を行った。

本書は，このようにハード・エビデンスやデータを重要視して研究をした。その理由は，新しい経営戦略を考えるうえで，現実の現象をしっかり見ることが最も重要であると考えたからである。当然，現象を見るためには理論的なレンズが必要で，そのための理論構築が重要になる。結局，実際の研究活動は理論と実証の間を行ったり来たりすることになった。

プラットフォーム企業の戦略は，従来の製品企業の典型的な戦略とは大きく異なる。二面市場戦略，バンドリング戦略，戦略的標準化，ハブへの位置取り，周辺市場参入や企業間関係マネジメントなど，本書では多様なプラットフォーム企業の戦略行動を取り上げた。これら一つひとつの戦略行動を知るだけでも，知的好奇心を駆り立てられると思う。

そして，何より本書の意外な点は，これらの研究結果を通して，「プラットフォーム企業が国際的に成功すると，国際的な産業構造変化を引き起こす」と結論づけた点である。

プラットフォーム企業はオープン標準を戦略的に利用して国際展開を行う。このような国際的なオープン標準は，現在のところ，先進国産業が主導して形成している。だから，国際的オープン標準を利用したプラットフォーム企業が台頭すれば，世界経済は先進国企業によって占められてしまいそうである。しかし，本書の結論は正反対である。プラットフォーム企業が台頭すると，逆に，新興国産業のキャッチアップが進んだり，先進国産業と新興国産業の国際分業（協業）が進んだりして，既存の産業構造に変化をもたらすと主張している。

なぜ，このような結論が本書の研究から導かれたのだろうか。ぜひ，本書の研究を見てほしい。

　さらに本書で扱ったさまざまなエコシステムも読者の関心を引くだろう。本書では，携帯電話，半導体製造装置，パソコン，車載エレクトロニクスといったさまざまなエコシステムを分析対象とした。これら研究の知見は，既存のエコシステムの研究者や実務家だけでなく，新しく生まれつつあるエコシステムでも役に立つだろう。IoT エコシステムや AI を用いたデータ・ドリブンな産業のエコシステムでは，既存産業よりもさらに強いネットワーク効果が発生する。そのためプラットフォーム企業の影響力はより強くなるだろう。本書の議論や発見は，こうした新しいエコシステムやその中のプラットフォーム企業にも適応できるだろう。

　本書は，主な読者に経営戦略論の学術研究者を想定している。また，これから事例研究・実証研究を行おうと考えている大学学部生や大学院院生にも読んでもらいたい。もし企業の戦略立案に携わる方や，行政組織の産業育成等の政策立案に関わっている方に読んでいただければ望外の幸せである。本書は研究書であるためアカデミックな表現が多く，実務家にとってはとっつきにくいかもしれない。しかし，本書の中で扱われているコンセプト，理論や事例，データを通じた発見は，新しい産業環境の中で戦略立案するためには必須のものであると信じている。新しい産業環境のもとで経営戦略を考えるためには，新しい経営戦略の共通言語が必要であると思う。ぜひ，本書の知見や発見を共有してほしい。

謝　辞

　本書の執筆の背景となった方々へのお礼を述べさせて頂きたい。本書は多くの方の支えがあったからこそ，完成させることができた。

　東京大学大学院経済学研究科ものづくり経営研究センター（MMRC）では，製品アーキテクチャに基づく産業構造分析や企業行動分析に出会い，本書の中核の研究を行うことができた。藤本隆宏先生と新宅純二郎先生には，筆者が大学学部・大学院在学中より熱心に指導して頂き，研究者として育てて頂いた。とくに新宅先生には主指導教員として博士論文を指導して頂き，研究者としてのすべてを教えて頂いた。また，MMRC研究員であった小川紘一先生（現，東京大学政策ビジョン研究センター）とは，たびたび海外調査を行った。フィールド調査の楽しさや，調査の合間の研究者同士の議論の重要性を教えて頂いた。この時期に，アジア経済研究所の川上桃子さんやMMRC研究員であった許経明さんとたびたび台湾調査を行い，貴重な研究結果を得ることができた。すばらしい研究機会を提供してくれた皆さんに感謝する。

　知財と標準化のマネジメントの研究では，渡部俊也先生（東京大学政策ビジョン研究センター）や妹尾堅一郎先生（NPO法人産学連携推進機構），二又俊文先生（東京大学政策ビジョン研究センター）に最新の知見を紹介して頂くだけでなく，研究成果を産業にどのように還元するかについても教えて頂いた。

　2009年より奉職した兵庫県立大学では国際ビジネス研究を行った。山口隆英先生，梅野巨利先生，西井進剛先生，原田将先生には多くの研究機会を与えて頂き，大変お世話になった。筆者の研究が企業の国際的行動に発展したのは，このようなすばらしい研究環境のおかげであった。

　この間，2009年に出版されたガワー先生のプラットフォーム戦略に関する書籍に参加する機会を得た（Gawer, 2009）。そして，そのご縁で，2010年にはクスマノ先生にホストして頂き，MIT（マサチューセッツ工科大学）に客員研究員として滞在した。このときのMITにおける在外研究の体験が本書の研究に大きな影響を与えている。本書の一連の研究がプラットフォーム戦略というテーマでつながるきっかけを与えてくれたのが，ガワー先生とクスマノ先生である。

謝　辞

　2012年より筑波大学ビジネスサイエンス系に奉職するようになり，恵まれた研究環境を得たことによって，本書を完成させることができた。牧本直樹先生，猿渡康文先生，佐藤忠彦先生，尾碕幸謙先生には統計・数理について多くの助言を頂いた。吉武博通先生・稲水伸行先生（現，東京大学）には同じ経営系教員として研究活動・教育指導の両面からお世話になった。本当に感謝したい。

　筑波大学大学院では初めてゼミを持つことになった。立本ゼミの皆さんとの活発な議論を通じて，本書の論考は深まっていった。立本ゼミの有賀一輝さん，田口淳子さん，芳賀裕子さん，中西和子さん，島本健さん，柴田健一さん，原寛和さん，山口威一郎さんには，本書の初期原稿を丹念に読んでもらい，ゼミでも輪読を行った。立本ゼミの院生全員に感謝したい。

　研究生活の中で，研究ネットワークは大きな知的刺激を提供してくれた。筑波大学の生稲史彦先生，立命館大学の徳田昭雄先生，善本哲夫先生，高梨千賀子先生，東洋大学の富田純一先生，横浜国立大学の周佐喜和先生，安本雅典先生，横澤公道先生，中京大学の銭佑錫先生，静岡大学の笠原民子先生，法政大学の糸久正人先生，成蹊大学の福澤光啓先生にも感謝を表したい。

　共同研究や研究支援をして頂いた方の中で，すでに故人となられた方もいる。今井健一さんはアジア経済研究所地域研究センター研究員で，中国調査に同行させて頂いた。地域経済研究は，その地域の人の心を理解できるようになって初めて可能になることを教えて頂いた。辻義信さんは経済産業省の初代標準課課長で，初期の標準化研究を支援して頂いた。その先見性はすばらしく，彼の支援のおかげで標準化マネジメント研究は大きな成果をあげることができた。東京大学の天野倫文先生とは中国やタイなど海外調査に同行させて頂いた。いま思い出すと懐かしい。天野先生の研究は，筆者だけでなく，同世代の多くの研究者に影響を与える刺激的なものであった。本書の完成が少しでもこれらの方々の存在の証になればと思う。

　インタビューを受けて頂いた企業の方には本当に感謝したい。現場の声は筆者にとっていつも貴重な先生であった。非公式のインタビューもあわせると，巻末のインタビュー・リストの数倍の分量になってしまう。中には，すでに存続していない企業もある。ご迷惑になるといけないので氏名を明らかにすることはできないが，彼らの生きた声を結晶化させたものが本書である。このように書籍にまとめることによって，少しでもお礼の代わりになればと思う。

出版に当たっては，株式会社有斐閣の書籍編集第二部の藤田裕子さんと得地道代さんに支援して頂いた．丁寧な校正，指摘，励ましがなかったら，本書はなかったと思う．本当に感謝したい．

　本研究は多くの資金的な助成も受けている．研究活動には JSPS 科研費 JP22683007（若手研究（A）），JP25705011（若手研究（A）），JP16K03850（基盤研究（C））の助成を受けた．また日本証券奨学財団より平成 28 年度研究出版助成を得ることで，学術書の出版が困難になる中で本書を出版することができた．

　個人的なことではあるが，家族にも感謝の言葉を述べたい．直美，今日子，龍一郎には多くの負担を強いたと思う．妻・直美の支援なしには本書は完成しなかっただろう．深くお礼を言いたい．

　最後に，長年の研究生活を見守ってくれた父・立本英機，母・立本典子にも感謝したい．父は千葉大学工学部の教授を長年務めた後，環境技術を通じて地域貢献を行っていた．2016 年 5 月に急逝した．本書を父に捧げたいと思う．

　　2017 年 2 月

立 本 博 文

目　　次

―――――― **第1部　問題提起と分析フレームワーク** ――――――

第1章　オープン化と新しい競争の台頭 ――――― 3
なぜグローバル経済がオープン化するとプラットフォーム企業の競争力が激増するのか？

1　オープン標準化の制度的な起源 …………………………………… 4
　1.1　オープン化とは何か　4
　1.2　3つの標準化プロセス　4

2　オープン標準化に関する制度の歴史的推移 ……………………… 9
　2.1　欧米の標準化政策の変化　9
　2.2　アメリカの標準化政策の変化　10
　2.3　欧州の標準化政策　11

3　産業構造のエコシステム化とプラットフォーム企業 ………… 13
　3.1　産業構造のエコシステム化　13
　3.2　オープン標準化がもたらす新しいタイプの競争戦略：　14
　　　プラットフォーム戦略

第2章　ビジネス・エコシステムとプラットフォーム企業 ― 17
理論視角と分析フレームワーク

1　ビジネス・エコシステム：オープン標準化と産業構造の変質 … 18
　1.1　取引パターンの3分類：補完財企業とプラットフォーム企業　18
　1.2　バリュー・チェーンからビジネス・エコシステムへ　22
　1.3　直接ネットワーク効果と間接ネットワーク効果　24
　1.4　プラットフォーム企業と共存企業　25

2　プラットフォーム企業の競争戦略 ………………………………… 27
　2.1　プラットフォーム企業の定義と競争戦略　27

2.2 ハブへの位置取り　30
　　2.3 戦略的標準化　32
　　2.4 二面市場戦略　34
　　2.5 バンドリング戦略　42
　　2.6 経済的バンドリング　46
　　2.7 戦略的バンドリング　51
　　2.8 小まとめ　63
　3 既存のプラットフォーム企業研究の問題点 …………… 63
　4 本書における基本命題について ………… 68
　　4.1 基本命題と下位命題　68
　　4.2 本書が想定する産業構造　72
　　4.3 事例選択基準　73
　5 各章の構成 ……………………………………… 75

━━━　第2部　グローバル・エコシステムの成立　━━━

第3章　戦略的標準化とグローバル・エコシステム ── 83
GSM携帯電話の中国市場導入の事例

　1 はじめに ……………………………………… 84
　2 概念の構成 …………………………………… 85
　　2.1 標準化とグローバル・スタンダード形成　85
　　2.2 コンセンサス標準化の台頭　87
　　2.3 コンセンサス標準化の性質　88
　　2.4 アーキテクチャの二分化が産業進化に与える影響　89
　3 事例研究 ……………………………………… 93
　　3.1 データと調査方法　93
　　3.2 技術：GSM標準規格　94
　　3.3 産業レベルの産業進化：中国のGSM携帯電話市場の推移　98
　　3.4 企業競争レベルの産業進化：オープン領域とクローズ領域　101

- **4 議論と結論** …………………………………… 106
  - **4.1** プラットフォーム企業の戦略的標準化： 109
    オープン領域とクローズ領域の設定
  - **4.2** プラットフォームの分離効果： 113
    戦略的標準化のグローバル・エコシステムへの影響
- **5 まとめ** …………………………………………… 114

第4章 グローバル・エコシステムでのプラットフォーム戦略の成功要因 ─── 117
半導体製造装置産業の実証研究

- **1 はじめに** ………………………………………… 118
- **2 プラットフォーム戦略の先行研究と仮説導出** ……… 120
  - **2.1** プラットフォーム戦略の先行研究　120
  - **2.2** 研究デザイン　124
  - **2.3** 研究対象と仮説導出　125
  - **2.4** 仮説導出　131
- **3 実証分析** ………………………………………… 134
  - **3.1** データ　134
  - **3.2** 変　数　136
- **4 分析結果** ………………………………………… 138
  - **4.1** 回帰モデル（線形加法モデル）の推定結果　139
  - **4.2** 回帰モデル（交互作用モデル）の推定結果　141
- **5 ネットワーク分析** ……………………………… 149
  - **5.1** 取引ネットワークの状況　149
  - **5.2** 各コミュニティの経年的な変化　153
  - **5.3** 製造装置企業の取引ネットワーク上のポジショニング　155
- **6 まとめとインプリケーション** ………………… 159

Appendix 1 媒介中心性について ─── 163

Appendix 2　交互作用モデルについて ───── 164
Appendix 3　ノード機能法 ───────────── 166
Appendix 4　工程分析：リソグラフィ工程への投資状況の分析 ── 169

第3部　グローバル・エコシステムの拡大

第5章　エコシステム・マネジメントと周辺市場参入 ── 177
インテルのプラットフォーム戦略

1　はじめに：問題意識 ………………………………………… 178
2　1990年代初頭のインテルの困難 ……………………………… 179
　2.1　互換CPU企業の台頭　180
　2.2　パソコンの価格低下　182
　2.3　RISC CPU企業の台頭　183
　2.4　旧技術世代への停滞　183
3　新しい技術世代への移行 …………………………………… 184
　3.1　本質的問題：古い技術世代への停滞　184
　3.2　アーキテクチャから見たパソコン　185
　3.3　新しいアーキテクチャへの一歩：PCIバスの策定　187
　3.4　Pentium CPUの上市と普及の遅れ　188
4　2つの周辺市場参入：エコシステムのマネジメント ……… 189
　4.1　チップセット事業への参入　189
　4.2　マザーボード事業への参入　191
　4.3　インテル3-2-1プロジェクト　194
　4.4　マザーボード市場からの撤退と標準規格化　195
　4.5　チップセットの大量供給　196
　4.6　継続的なオープン標準化　197
5　プラットフォームの完成 …………………………………… 201
　5.1　プラットフォームの完成：オープン領域とクローズ領域　201
　5.2　クローズ領域：特許係争とピン互換の禁止　204
　5.3　オープン領域：周辺機器市場の拡大とCPUの価値増大　205

6　プラットフォーム戦略の効果 …………………………………… 206
　6.1　パソコンと主要部品の平均販売単価の推移　206
　6.2　周辺産業への影響：台湾産業の成長　210
　6.3　インテルの困難はどうなったのか？　213
7　まとめと考察 ……………………………………………………… 216
　7.1　発見事実　216
　7.2　2つの周辺市場参入　217
　7.3　まとめ　220

第6章　共存企業との関係マネジメント ───── 223
インテルと台湾ODM企業の事例分析

1　はじめに …………………………………………………………… 224
2　既存文献サーベイ ………………………………………………… 225
　2.1　製品アーキテクチャと企業間問題解決パターン　226
　2.2　知識スコープとタスクスコープ　227
　2.3　分業ネットワーク　228
　2.4　コア・ネットワーク化のジレンマ　229
3　事例研究 …………………………………………………………… 231
　3.1　調査の対象と方法　231
　3.2　フィールド調査の結果　234
4　ディスカッション ………………………………………………… 243
　4.1　コア・ネットワーク化のジレンマと分業ネットワーク構築　243
　4.2　エコシステム型産業への転換点　245

第7章　ユーザー企業との関係マネジメント ───── 249
ボッシュとデンソーの比較事例

1　ユーザー企業との関係マネジメント： ……………………… 250
　　2つのコミュニケーション・パターン
2　データについて …………………………………………………… 252

3 自動車のアーキテクチャとECUの位置づけ ………………… 253
3.1 エンジンECU：エンジン制御のデバイス　253
3.2 エンジンECUの開発と適合　255
3.3 エンジンECUと統合制御　256
3.4 エンジンECUとオープン標準　258

4 中国のエンジンECU市場 ……………………………………… 260
4.1 中国のエンジンECU導入の歴史　260
4.2 中国のエンジンECUビジネス　261

5 ボッシュとデンソーの中国参入の歴史と状況 ……………… 264
5.1 2大グローバル・サプライヤーの中国ECUビジネス　264
5.2 ボッシュの中国でのECUビジネス　264
5.3 デンソーの中国でのビジネス　268
5.4 中国ECUビジネスの市場成果　271

6 中国自動車産業の将来動向 …………………………………… 273
6.1 中国自動車産業の技術蓄積：2つの将来像　273
6.2 2つのアプローチの長所と短所　275

7 まとめ ……………………………………………………………… 277

Appendix　AUTOSAR標準について ──────── 279

第4部　プラットフォーム戦略の成功要因とその国際的影響

第8章　グローバル・エコシステムの成立と拡大 ──── 291
プラットフォーム戦略は国際的な産業構造転換を引き起こすのか？

1 基本命題と下位命題 ……………………………………………… 291
1.1 本書で扱ったエコシステム　291
1.2 検討のためのフレームワーク　292
1.3 プラットフォーム企業の戦略オプション　295
1.4 インフレクションポイントの手番：　297
　　　標準化と戦略的標準化の違い

2 プラットフォーム企業の戦略レバー：下位命題(1)〜(3)について …………… 302

2.1 戦略レバーについて　302
2.2 下位命題(1)：戦略的標準化　302
2.3 下位命題(2)：ハブへの位置取り　312
2.4 下位命題(3)：分業ネットワークのマネジメント　316
2.5 戦略レバーの作用メカニズム：下位命題(1)〜(3)の検討　320

3 プラットフォーム戦略の副次効果：下位命題(4)について … 322

3.1 オープン標準の普及とグローバル・エコシステムの形成　322
3.2 下位命題(4)：国際的な産業構造の転換　327

4 エコシステム進化の驚くべき相似性： …………………… 330
プラットフォーム企業，オープン領域とクローズ領域，先進国産業と新興国産業の国際分業

5 まとめ ……………………………………………………………… 335

第9章　結　び ————————————————— 339

1 まとめ ……………………………………………………………… 339
2 アカデミックな貢献 ……………………………………………… 340
3 ビジネス・インプリケーション ………………………………… 342
4 本書の今日的意義：エコシステム型産業の拡大 ……………… 344

4.1 伝統的な製品企業にとっての本書の意義　344
4.2 新しいネットワーク効果の源泉：　345
IoT／ビッグデータ／AIとデータドリブンな産業構造の出現

5 課題と展望 ………………………………………………………… 347

Appendix　アーキテクチャ研究について ———————— 348

1 アーキテクチャ研究とは ………………………………………… 349
2 複雑な人工物のアーキテクチャ ………………………………… 350

2.1 初期のアーキテクチャ研究　350

2.2 複雑な人工物の産業に対するアーキテクチャ概念の適用（1990年代初頭の研究）　353
　　2.3 アーキテクチャ・タイプによる組織間関係の違い（1990年代半ばの研究）　356
　　2.4 静的研究から動的研究へ（2000年以降の研究）　361
3 今後のアーキテクチャ研究の方向性 ……………………………… 367
　　3.1 動的プロセス研究のためのフレームワーク　367
　　3.2 2000年以降の動的プロセス研究：設計進化プロセスと標準化プロセス　369

引用文献 ──────────────── 373

インタビュー・リスト ──────────────── 387

索　引 ──────────────── 393

xv

図表一覧

図 1.1　欧米の標準化政策　9
図 2.1　三者間の取引関係の3パターン　19
図 2.2　プラットフォーム企業の有無　21
図 2.3　バリュー・チェーン・モデルとビジネス・エコシステムの違い　23
図 2.4　プラットフォーム戦略研究の流れ　28
図 2.5　ネットワークとハブ　31
図 2.6　戦略的標準化によるネットワーク効果の発生　34
図 2.7　二面市場　35
図 2.8　二面市場の需要創出（直接効果）　36
図 2.9　二面市場の需要創出（直接効果＋間接効果）　37
図 2.10　二面市場とプラットフォーム企業　41
図 2.11　ユーザー・オーバーラップの有無　43
図 2.12　バンドリングによる差別価格戦略　47
図 2.13　オープン標準化による実質バンドル価格の変化　50
図 2.14　個別販売とバンドリング　53
図 2.15　新規企業の潜在的ユーザー規模　55
図 2.16　ディフェンシブ・バンドリング①　56
図 2.17　ディフェンシブ・バンドリング②　57
図 2.18　ディフェンシブ・バンドル価格の設定戦略の流れ　59
図 2.19　新規企業の参入時・不参入時における既存企業利益　61
図 2.20　本書が想定する産業構造　72
図 2.21　各章の構成　76
図 3.1　GSM 携帯電話システムのアーキテクチャ　95
図 3.2　端末・基地局市場の規模と参入企業の推移　99
図 3.3　中国の携帯電話の市場シェア　100
図 3.4　中国の基地局の市場シェア　101
図 3.5　GSM システムのプラットフォームの構造　103
図 3.6　中国市場における GSM 移動体通信システムの発展　105
図 3.7　中国 GSM 基地局の市場シェア（2007 年）　106
図 3.8　標準規格別の中国通信設備市場シェア（2009 年）　108
図 3.9　戦略的標準化によるオープン領域とクローズ領域　110
図 3.10　アーキテクチャの二分化と新興国産業の成長　113
図 4.1　300 mm 標準化活動に関係する団体と SEMI　127
図 4.2　300 mm 標準化活動年表　128
図 4.3　300 mm 工場用に開発された SEMI 国際スタンダード　129
図 4.4　半導体製造装置の売上高推移（全地域）　130
図 4.5　300 mm 標準製品販売比率と媒介中心性のマージナル効果図（モデル m6）　143
図 4.6　媒介中心性と新興国向け販売率のマージナル効果図（モデル m7）　144
図 4.7　媒介中心性，オープン標準活用，新興国販売比率のマージナル効果図（m9）　146
図 4.8　半導体製造装置の取引ネットワーク図　150, 151

図 4.9　コミュニティ系統の推移　153
図 4.10　各年の取引ネットワークのモジュラリティの推移　155
図 4.11　半導体製造装置企業のネットワーク・ポジション（各年）　157
図 4.12　各年のノード機能内訳の推移　158
図 4.A.1　各ネットワーク中心性指標　163
図 4.A.2　Z をモデレーター変数とした X の Y に対するマージナル効果図　165
図 4.A.3　z 値と P 値とノード機能の対応　168
図 4.A.4　リソグラフィ工程への投資単価と投資規模の推移　170
図 5.1　参入企業数と製品モデル：　181
　　　　パソコン向け CPU（X86 アーキテクチャ）市場の推移
図 5.2　マザーボード写真　185
図 5.3　インテルのプラットフォーム製品　186
図 5.4　マザーボードとチップセットの生産量の推移　197
図 5.5　プラットフォームとオープン・クローズ領域　202
図 5.6　パソコンとキーパーツの平均販売価格の推移　207
図 5.7　DRAM の国籍別の売上高シェアの推移　208
図 5.8　台湾ノート PC・マザーボードの生産とチップセットシェアの推移　211
図 6.1　2 つのアーキテクチャ　226
図 6.2　知識スコープとタスクスコープ　227
図 6.3　インテルと台湾マザーボード企業の関係　232
図 6.4　インテルと各台湾マザーボード企業の協業プロセス　238
図 6.5　技術プラットフォームとシステム企業間の知識とタスクの境界の違い　242
図 6.6　製品アーキテクチャと分業ネットワークの変化　246
図 7.1　エンジン・マネジメント・システム　254
図 7.2　制御の階層性　257
図 7.3　中国の販売台数と自動車メーカー国別販売シェア　262
図 7.4　ボッシュとデンソーの自動車関連の売上高推移　265
図 7.5　中国 ECU 市場の将来像　274
図 7.A.1　メカ部品と車載エレクトロニクス部品のコスト比　279
図 7.A.2　車載エレクトロニクスの 4 分野　280
図 7.A.3　AUTOSAR の標準化領域　282
図 7.A.4　AUTOSAR 仕様の利用状況と見通し　284
図 7.A.5　AUTOSAR メンバー企業の地理的分布（2011 年頃）　285
図 7.A.6　主要地域の自動車市場の規模（2012 年）　285
図 8.1　4 つの下位命題の関係　294
図 8.2　プラットフォーム戦略の流れ　296
図 8.3　標準化と戦略的標準化の違い　297
図 8.4　DVD エコシステムの付加価値分布の内訳　301
図 8.5　各年のノード機能内訳の推移（再掲）　314
図 8.6　媒介中心性，オープン標準活用，新興国販売比率のマージナル効果図（再掲）　326
図 8.7　エコシステムの産業進化に見られる相似性　331
図 9.A.1　カプセル化オペレータと共通化オペレータ　364
図 9.A.2　縮約化（モジュール化）の効果　367

図 9.A.3　アーキテクチャの動的研究フレームワーク　368

表 1.1　3つの標準化プロセスの比較　5
表 1.2　3つの標準化の比較　6
表 2.1　各価格方式と総収入　49
表 2.2　ディフェンシブ・バンドル価格と収入の変化　60
表 2.3　使用したデータの一覧　74
表 3.1　3つの標準化プロセスの比較　85
表 3.2　各サブシステムのオープン度　96
表 3.3　オープン度の算出表　98
表 4.1　各変数の記述統計と相関係数　138
表 4.2　回帰モデル（線形加法モデル）の推計結果　140
表 4.3　回帰モデル（交互作用モデル）の推計結果　142
表 4.A.1　2000～04年の半導体製造装置の産業状況　172
表 5.1　1994年末の北米における世代別CPUの普及率　189
表 5.2　チップセットとCPUの発売スケジュール　191
表 5.3　マザーボード形状（フォームファクター）の標準規格と発表年　196
表 5.4　インテルが主導したオープン標準　198
表 5.5　標準化の形態　200
表 5.6　インテルがVIAに対して侵害を主張した関連特許　205
表 6.1　2つの分業ネットワークの比較　225
表 6.2　マザーボード製品のセグメント情報　235
表 6.3　各マザーボード企業区分のプロファイル　236
表 7.1　中核部品企業の国際事業戦略　251
表 7.2　各国の排ガス規制　259
表 7.3　中国エンジンECU市場のセグメント　263
表 7.4　中国自動車メーカーの車両開発の技術段階　273
表 7.A.1　AUTOSARの各領域の標準化程度　283
表 8.1　各章で扱ったプラットフォーム企業・共存企業・ユーザー企業　292
表 8.2　オープン領域とクローズ領域　304
表 8.3　クローズ領域の障壁構築　307
表 8.4　標準化とIPRポリシー　310
表 8.5　各エコシステムでの新規・既存企業間での産業構造転換　328
表 8.6　各エコシステムでの先進国・新興国間の国際的産業構造転換　329
表 9.A.1　アーキテクチャ階層とイノベーションの影響　354
表 9.A.2　1990年代初頭と半ばの研究の共通点・相違点　359

初出一覧

本書の主要な章は，以下の学会誌の査読付論文もしくは書籍の章として掲載されたものがベースになっている。

第1章
立本博文・小川紘一・新宅純二郎（2010）「オープン・イノベーションとプラットフォーム・ビジネス」『研究 技術 計画』第25巻，第1号，pp. 78-91。

第2章
立本博文（2011a）「オープン・イノベーションとビジネス・エコシステム——新しい企業共同誕生の影響について」『組織科学』第45巻，第2号，pp. 60-73。

第3章
立本博文（2011b）「グローバル・スタンダード，コンセンサス標準化と国際分業——中国のGSM携帯電話の事例」『国際ビジネス研究』第3巻，第2号，pp. 81-97。

第4章
立本博文（2017）「グローバル・エコシステムでのプラットフォーム戦略の成功要因：半導体製造装置産業の実証研究」『赤門マネジメント・レビュー』第16巻，第2号。

第5章
Tatsumoto, H., Ogawa, K., and Fujimoto, T. (2009) "The Effect of Technological Platforms on the International Division of Labor: A Case Study of Intel's Platform Business in the PC Industry," in Gawer, A. (ed.), *Platforms, Markets and Innovation*, Edward Elgar, Chap. 14.

第6章
立本博文・許経明・安本雅典（2008）「知識と企業の境界の調整とモジュラリティの構築——パソコン産業における技術プラットフォーム開発の事例」『組織科学』第42巻，第2号，pp. 19-32。

第7章
立本博文・高梨千賀子・小川紘一（2015）「部品メーカーの標準化とカスタマイズ——自動車用ECU事業の中国市場展開の事例」天野倫文・新宅純二郎・中川功一・大木清弘編『新興国市場戦略論：拡大する中間層市場へ・日本企業の新戦略』有斐閣，第11章。

第1部

問題提起と分析フレームワーク

第1章 オープン化と新しい競争の台頭：
　　　　なぜグローバル経済がオープン化するとプラットフォーム企業の競争力が激増するのか？

第2章 ビジネス・エコシステムとプラットフォーム企業：
　　　　理論視角と分析フレームワーク

第 1 章

オープン化と新しい競争の台頭

なぜグローバル経済がオープン化すると
プラットフォーム企業の競争力が激増するのか？

　あるインターフェースを多数の企業間で共有することを「オープン化」と呼ぶ。つまり、オープン化とは、インターフェース情報を共有するプロセスのことであり、産業標準が形成される「標準化プロセス」のことである。標準化プロセスは設計進化プロセスの一部であり、企業の共同行為を伴うため制度の影響（独占禁止法や標準化政策等）を強く受けるプロセスである点が特徴的である（David and Greenstein, 1990; Jorde and Teece, 1990; Farrell and Saloner, 1988; Besen and Farrell, 1991; Funk, 2002; 梶浦, 2007; 山田, 2007; 小川, 2009; 原田, 2008; 立本・小川・新宅, 2010; 立本・高梨, 2010）。

　1980年代に行われた各国の標準化政策の転換（独禁法の緩和, 地域標準の重視, WTO/TBT条約）が、1990年代のオープン標準化を大きく後押ししている。この転換により、旧来使われてきた「デファクト標準化」「デジュリ標準化」に加えて、企業がコンソーシアム等を形成する「コンセンサス標準化」が新たなオープン標準化手法として頻繁に利用されるようになった。このような標準化方式の変化を反映して、オープンな国際標準が頻繁に形成されるようになった。そして、これらのオープン標準はグローバル経済に新しい競争パターンを発生させた。新しい競争パターンは、プラットフォーム戦略と呼ばれ、その影響力の大きさから、研究者・実務家の関心を集めている。

　本章では、オープン標準化の制度的な起源、および1980年代の標準化政策に関する制度変更を紹介し、国際的なオープン標準が頻繁に形成されるようになった結果、プラットフォーム企業の影響力が驚くほど巨大になったことを報告する。

1 オープン標準化の制度的な起源

1.1 オープン化とは何か

1990年代に急成長したパソコン産業，携帯電話産業やDVD産業などは，すべて「オープン化」と呼ばれる特徴を持つ。オープン化は，多くの新規参入を呼び込み，短期間の間に巨大なグローバル市場を形成し，大きな経済成長を達成する。そしてオープン化にうまく対応できない企業は，これらの産業で生き残ることはできない。

それでは「オープン化」とは一体何だろうか。オープン化を明確に定義している研究は実は少ない。オープン化とは情報を企業間で共有することである。情報共有する企業が多ければ多いほどオープン化が進んでいる。オープン化の最も進んだ形は産業レベルで情報を共有することである。産業レベルの情報共有とは，ある情報が産業標準（industry-wide standard）として成立していることを意味している（この意味でオープン標準は産業標準と同じである）。すなわち，情報共有の視点から言えばオープン化とは標準化のことである。

既存研究では，このような企業間にわたる標準化を，企業内の標準（たとえば，工場の安全ルールや作業手順など）と区別するために，「オープン標準」と呼んでいる。ここでいう「オープン」は，企業間でオープンである，という意味である。オープン標準は産業標準と同じ意味であるが，企業間で情報が共有されていることを強調するため，オープン標準という言葉を本書では用いる。

オープン・ビジネスやオープン・ネットワーク経営と呼ばれるビジネスは，オープン標準を基盤とした産業構造（エコシステム）の中で，産業進化の方向を主導しながら収益を上げるビジネスのことである。このようなビジネスでは，あるインターフェース情報が産業標準として成立する「標準化プロセス」が決定的に重要な役割を担っている。よって，オープン・ビジネス環境下で競争力を構築するためには，標準化プロセスについて深く考察することが必要である。

1.2 3つの標準化プロセス

現在，オープン標準を形成する方法（標準化プロセス）は3種類ある。表1.1は3つの標準化プロセスの特徴を整理したものである。1つめは，歴史的に最も古くから存在する「デファクト標準（事実上の標準）」である。たとえば，あ

	デファクト標準	デジュリ標準	コンセンサス標準
①メンバーシップ	1社。2社以上の場合は合計マーケットシェアが一定以下（例外的）	複数社で固定的。メンバーは既存企業。満場一致の原則	初期メンバーは自由に決定できる（設置の柔軟性）。コンソーシアムへの参加を断ることはできない。多数決
②標準の対象	市場取引プロセスを経てドミナントデザインを獲得したものに標準が決定	市場取引前に決定できるが，一般に市場で最も利用されている仕様が規格案として提出される	標準化の対象領域は自由に決めることができる（対象の柔軟性）。市場導入前技術でも良い
③公開の程度	「誰に公開するか」「どの程度，公開するか」を任意に決定できる（限定的オープン性）	標準化された内容は第三者にも公開（オープン性）	標準化された内容は第三者にも公開しなくてはいけない（情報のオープン性）
具体的な例	メインフレーム（IBM）/VTR（JVC）	ISO/IEC/ITU-T	PCI SIG, DVDフォーラム AUTOSAR ETSI, NIST等の新しい標準団体（地域標準）

表1.1　3つの標準化プロセスの比較

る部品が頻繁に市場取引されれば，その部品の仕様に従って，製品を作ろうとする企業が増える。多くの製品企業がその仕様に従えば，今度は，当該の仕様に合致する部品を供給する部品企業が増える。最終的には，製品の仕様は，業界のすべての企業が認める「標準」として機能するようになる。このように市場取引を通じて産業標準が形成される標準が，デファクト標準である。

2つめは「デジュリ標準（公的な標準）」である。デジュリ標準では各国政府や国際機関から特別に任命された機関で合議を行い標準規格を策定する。標準化は産業に大きな影響を与え，さらに，独禁法に抵触する可能性も存在する。合議で標準を決定する場合，その行為はカルテル行為に抵触する可能性がある。そのためデジュリ標準では特別に指定された機関（団体）でのみ，標準化を認めている。

3つめは，1980年代半ばの独禁法緩和によって生まれた，「コンセンサス標準（コンソーシアムの標準）」である。コンセンサス標準は，企業が自由に集合してコンソーシアムを形成し，知識共有をしながら標準を策定する方法である。コンセンサス標準化は，コンソーシアムだけでなく，フォーラムや地域標準化

	標準の設定	標準の普及	標準化の結果
デファクト標準	市場プロセス（個別企業）	市場プロセス（消費者の選択）	オープン領域が狭くなる傾向
デジュリ標準	非市場プロセス（合議）	非市場プロセス（法的正当性）	オープン領域が狭くなる傾向
コンセンサス標準	非市場プロセス（合議）	市場プロセス（消費者の選択）	オープン領域が広くなる傾向

表1.2　3つの標準化の比較

機関内のワーキンググループで行われることもある。これらで行われる標準化は，参加者の合意形成（コンセンサス）が必要であるためコンセンサス標準と呼ばれる（Cargill, 1989; 新宅・江藤, 2008）。コンセンサス標準も合議を行うため，独禁法に抵触する恐れがある。コンセンサス標準は，1980年代の独禁法の厳しい運用を緩和した結果，増加した新しい形態の標準化プロセスである。

コンセンサス標準は，①コンソーシアム等の企業連合が標準策定を行い，標準規格を産業全体に対してオープンに公開するというデジュリ標準的な側面と，②法的正当性を持たないため類似規格が乱立しやすく，結局，市場競争で産業標準が決定されるというデファクト標準的な側面を同時に併せ持つ。①②のように従来から存在する標準化プロセスと類似の点があるため，多数の研究で混同されている。

コンセンサス標準と，デファクト標準・デジュリ標準は似て非なるものである。3つの標準化プロセスを比較したものが**表1.2**である[1]。コンセンサス標準化が産業構造に与える影響を考察するために，そのアウトプットであるコンセンサス標準がどのような性格を持つのかを明らかにしておく[2]。

---

1) 標準化という用語の用い方について，海外の研究も含めて明確に定義されていない。標準化は standard setting もしくは standardization のことであるが，両者は厳密には異なる。standardization = standard setting + standard diffusion が意味として正確である。しかししばしば，standardization と standard setting は混同して使用される。欧州の研究では標準化に standardization を用い，米国の研究では standard setting を用いる。欧州の研究がデジュリ標準を念頭に置き，米国研究がデファクト標準を念頭に置いているためだと思われる。

2) 多くの研究ではデジュリ標準，デファクト標準の二区分を用いているが，コンセンサス標準を明示的に取り上げてはいない。そのためコンセンサス標準は，純粋なデファクト標準ではない（合議を行う等）のでデジュリ標準に含められたり，純粋なデジュリ標準ではない（公的機関での標準規格策定ではないことや標準普及を法的に強制できな

コンセンサス標準化における標準策定は、「市場プロセスに入る前に、複数の企業が共同で設計基準を決める人工物設計のプロセス」ととらえることができる。つまり、コンセンサス標準は、人工物の共同設計プロセスによって作り出された製品アーキテクチャ（基本的設計）であると言える。

複雑な人工物の共同設計については、一連のアーキテクチャ研究（Baldwin and Clark, 2000; 藤本・武石・青島, 2001; Garud, Kumaraswamy, and Langlois, 2002）によって、盛んに研究されており、次の2点が指摘されている（アーキテクチャ研究については第9章末の Appendix を参照）。

1点目は、製品開発前に複数企業が共同で設計基準を定めることによって、製品のサブシステムに明確なインターフェースをもたらし、モジュラー化を促進する点である。

2点目は、たとえ製品がモジュラー・アーキテクチャになったとしても、すべてのモジュールが一様に明確なインターフェースを持つのではなく、むしろ「依存性を簡明に定義できるモジュール群」と「曖昧な依存性を多く含むモジュール群」の2つに分かれるという点である。前者をオープン領域と呼び、後者をクローズ領域と呼ぶ（Tatsumoto, Ogawa, and Fujimoto, 2009）[3]。

標準化を巡る企業行動では、他の企業と協調して市場を広げる協調戦略（オープン戦略）と、他の企業を排除し利益を占有する排除戦略（クローズ戦略）の2つを組み合わせて実行することが一般的である（淺羽, 1998; Brandenburger and Nalebuff, 1996）。協調戦略を重視した場合、製品アーキテクチャにはオープン領域が広めに設定され、排除戦略を重視した場合、クローズ領域が広めに設定される。

表1.2に示すように、コンセンサス標準化は他の標準化プロセスと比較して「オープン領域」が広めに設定されやすい。このような特徴は、参加企業の戦略的行動から次のように説明できる[4]。まず、デファクト標準化とコンセンサ

　い等）からデファクト標準に含められたりする。
  [3]　日本語表記としてはクローズド領域（closed area）が正解であるが、語感からクローズ領域と呼ばれる。クローズド戦略も同様にクローズ戦略と呼ばれる。
  [4]　デファクト標準、デジュリ標準、コンセンサス標準を理論的に分析した研究として、Farrell and Saloner (1988) がある。彼らの研究では、コンセンサス標準は、デファクト標準とデジュリ標準のハイブリッド方式としてモデル化されている。他の2つの標準化方式に比べて、コンセンサス標準化方式による情報共有の利得が大きいことが示されている。

ス標準化の標準の設定プロセスを比較した場合，前者は一方向的な意志表示（市場プロセス）を基盤とするが，後者は双方向的な情報交換（合議プロセス）が基盤である。コンセンサス標準化では参加メンバー全員のコンセンサス（合意形成）を得るために，広範囲の技術情報をオープンにして参加者の理解を促進することが必要である。コンセンサス標準化の合議プロセスは，市場プロセスでは達成できないような，広範囲の技術情報の交換を実現することができるため，広い範囲を標準化対象に設定できる。このためデファクト標準化に比べて，コンセンサス標準化の方が広いオープン領域を積極的に設定しやすい。

次に，デジュリ標準化とコンセンサス標準化を比較すると，標準の普及段階に大きな違いがある。デジュリ標準化には法的正当性があり，市場形成を当然と考えることができるため，標準化に参加した企業に，あえて情報開示・共有を行って市場拡大を行おうという動機が生まれにくい。それに対して，コンセンサス標準化は法的正当性がないため，市場形成を当然視することができず，積極的に情報開示・共有を行って市場拡大を行おうとする動機が生まれやすい。このため，コンセンサス標準の方が標準普及のためにオープン領域を広めに設定する傾向が生まれる。

Funk（2002）は，第2世代の携帯電話の標準化を調べ，コンセンサス標準化を用いた欧州方式（GSM方式）が，デファクト標準化を用いたアメリカ（CDMA方式）やデジュリ標準化を用いた日本（PDC方式）よりも，標準化対象領域が大きかったことを指摘している。また，立本・高梨（2010）では，コンセンサス標準化では標準を普及させ市場を拡大するためにオープン領域が積極的に活用されている，と報告している。

自由に企業連合を行い，柔軟に産業標準を策定することができるため，コンセンサス標準は頻繁に利用されるようになってきている。先に例示したパソコンのインターフェース規格，デジタル携帯電話の通信方式やDVD規格は，すべてコンセンサス標準である。Webの標準的な技術（HTMLなど）もコンセンサス標準である。近年，われわれの生活に影響を与えているインターネットの標準の多く（たとえばIPプロトコルやメールアドレスの形式など）はコンセンサス標準である。

1990年以降，デファクト標準，デジュリ標準に対して，第3の標準化プロセスであるコンセンサス標準が産業での影響力を強めている。次節では，コンセンサス標準が「なぜ1990年代に」大きな影響を産業に与えるようになった

のか,を理解するために欧米の標準化政策の推移を概観する。

2 オープン標準化に関する制度の歴史的推移

2.1 欧米の標準化政策の変化

図 1.1 は欧米の標準化政策の推移を示したものである。今日のように標準化が大きな役割を演じるようになった引き金は,1980 年代の欧米諸国の産業政策の変更にあると考えられる。欧米諸国は 1980 年代に日本を代表とする東アジア新興諸国の経済的台頭に直面し,産業競争力強化のためにさまざまな施策を講じる必要性に迫られた。アメリカや欧州(後の EU)では国際競争力の再構築のために,さまざまな制度上の改革が行われた。

制度改革の大きな流れは,企業間の共同研究を推進してイノベーションの促進を図ることと,知的財産権を強化することにより R&D 投資の成果を保護することであった。標準化が関係するのは主に前者の共同研究奨励政策である。このような産業環境の変化の中で標準化を企業戦略上のツールとして使う戦略

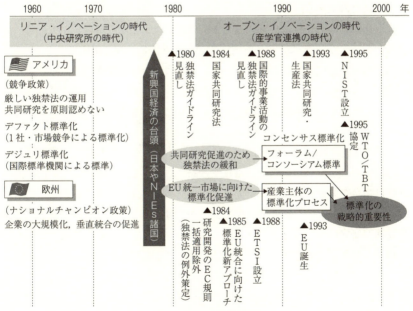

図 1.1　欧米の標準化政策

が形成されていった。次項ではアメリカ，続いて，欧州の標準化政策の変化を紹介する。

2.2 アメリカの標準化政策の変化

まず1980年代のアメリカの共同研究推進と標準化の関係を説明する。

産業政策として共同研究を奨励する流れは1980年代初頭よりその気運が高まり，84年に国家共同研究法が施行されることによって明確となっていった。さらに，1985年に産業競争力委員会が発表した報告書（通称，ヤング・レポート）は，共同研究を通じてイノベーションを活性化しようとするアメリカ産業政策を象徴するものであった。同報告書では，「アメリカの国際競争力低下の問題はドル高だけでない」として，新しい取り組みによって本格的な産業競争力の強化に官民が取り組むように提言がなされた。

このような産業政策の見直しの機運の中で，企業間連携を促進する国家共同研究法が成立した。国家共同研究法は，1993年には国家共同研究・生産法に改変され，共同研究の延長上に生産までも共同して行うことが可能となった。このようにアメリカでは1980年代の産業政策の見直しで共同研究重視の政策がとられたのである。

標準化活動の活発化は，共同研究推奨の産業政策と深く結びついている。両者はどちらも企業連携によって技術開発や標準開発をするものである。「企業連携」——とくに産業に影響を与えるような大きな「企業連携」——は，自由に行えるものではなく独禁法によって規制されている。企業連携を積極的に認めるか，それとも消極的な立場をとるのかは，独禁法の運用に大きく依存している。

1980年以前のアメリカでは独禁法は非常に厳しく運用され，企業連携して共同研究を行ったり標準開発したりする際に，大きな障害となっていた。共同研究は複数企業が連携して技術開発を行うため，参加企業による技術の独占が起こりやすい。そのため共同研究は独禁法の対象となり，独禁法に抵触するような共同研究は厳しく処罰された。たとえば複数企業が共同して研究活動を行う場合，参加企業の市場シェア合計がある水準以上（法規には明示されていないが，たとえば20％以上）のときには独禁法の対象となる可能性があった。

より問題となりやすいのは，産業標準規格の開発である。産業標準開発では共同研究よりも，より多くの企業が連携することが必要である。一定以上の市

場シェアを持つ企業が協力して標準仕様を作成することは、市場参加者に対して排他的な企業行動につながると考えられていた(平林, 1993)。そのため、1980年代以前の一般的な産業標準の作成は、デファクト標準かデジュリ標準で行われたのである。

ところが1980年代に共同研究推奨の産業政策が開始されるようになると、独禁法の運用が緩和されるようになっていった。1980年には司法省が「研究のための共同事業に関する反トラストガイド」を発表して、共同研究に対するガイドラインを明確にした。ガイドラインの中で最も重要な項目は、「一定基準以上のシェアを持つ複数企業同士が定めた標準仕様(=共同研究成果)に対して、第三者が自由にアクセスできることを担保すれば、共同研究による標準仕様の作成も独禁法の対象とならない」としたことであった。1984年には、この方針が国家共同研究法として立法され、明確化された。

1980年代の独禁法緩和によってコンソーシアムやフォーラムで標準規格を開発することができるようになった。これがコンセンサス標準の始まりである。いままで産業標準といえばもっぱらデファクト標準やデジュリ標準であった標準化プロセスに、新しい標準化プロセス(コンセンサス標準)が加わったのである。

2.3 欧州の標準化政策

欧州の場合、1993年の欧州統合に向けて産業標準化が活発化した。それまで各国でばらばらに制定されていた国家規格を「欧州」レベルで統一した標準規格にする必要があったのである。

欧州でも企業が連合して標準規格を策定することは独禁法に抵触する恐れがあった。具体的にはローマ条約第85条と第86条に抵触する。しかし1984年12月に発表されたEC規則(研究開発一括適用除外に関するEC委員会規則)で一定のルール下における共同研究と共同生産が認められ、大きな方針転換がなされた(宮田, 1997, p. 188)。

さらに1985年には、標準化に関する「新しいアプローチ(New Approach)」が欧州委員会から発表され、産業主導の標準化によって欧州の地域標準を整備することが積極的に肯定された。この宣言によってCEN(欧州標準化委員会)、CENELEC(欧州電気標準化委員会)の強化、さらにETSI(欧州電気通信標準化協会)の設立が行われた。欧州では地域経済統合のために標準化が進展し、産業

の国際競争力の再構築の必要性から、産業が主導する新しい形の標準化プロセス（コンセンサス標準化）が形成されていったのである。

たとえば現在最も世界で普及している携帯電話方式の GSM 規格は、コンセンサス標準化プロセスを適用した代表的な成功例である。GSM 規格の策定は、欧州統合化を控えた 1981 年の第二世代携帯電話の周波数帯域確保をきっかけに、1982 年に欧州郵便電気通信主管庁会議（CEPT）内の GSM ワーキンググループで開始された。ここまでは旧来の古い標準化プロセス（デジュリ標準化）であった。

大きな転機は 1985 年に新しいアプローチ（前述）が発表された後に訪れた。1988 年に ETSI が設立され、標準規格策定主体が CEPT から ETSI へと移管されたのである。これは標準化プロセスがデジュリ標準化からコンセンサス標準化へと移行した大転換であった。

CEPT 内標準化プロセスでは、各国の通信行政担当と電電公社が標準規格策定を主導していた。しかし ETSI に標準化プロセスが移管されると、通信行政担当および電電公社も標準化に関与するものの、原則的にどんな企業でも自由に参加することができるようになった。そのため多彩な背景を持つ主体（研究所・大学、ユーザー、オペレータ、行政、通信設備企業等）が標準化プロセスへ参加した。参加者達は皆、自分が有利になるような標準規格策定を望んでいたが、とくに通信設備産業がこの標準化プロセスを主導していった。

当時普及していたアナログ携帯電話の市場で、欧州通信設備機器産業は米国や日本の通信設備機器産業に大きく後れをとっていた。もし欧州統一市場が誕生した場合、海外の通信産業に奪われるのではないかという危機感が欧州通信機器産業には存在した。このため標準化プロセスでは、欧州通信機器産業は自らの競争力を最大限に活かせるような標準規格を策定することを目指した。通信機器産業が戦略的に標準規格策定を行い、産業競争力強化のために標準化プロセスを主導していったのである（OTA, 1992, p. 69）。

完成した GSM 標準規格は通信設備産業の影響を強く受けたものであった。たとえば GSM 方式の標準規格は、無線基地局と制御基地局の間のインターフェース等、いくつかの領域で詳細な規格化がなされていない。この領域では通信設備機器企業にとって、技術ノウハウを発揮した差別化が容易になっている。逆に、課金プロトコルなど、それまではオペレータのノウハウであった部分は、国際ローミングの必要性から詳細に標準化され、技術蓄積の小さいオペレータ

であっても，GSMシステムを採用し運用することが可能となった。

このように，欧州でも1980年代後半から1990年代前半にかけてコンセンサス標準化が大きな影響力を持つようになっていった。

3 産業構造のエコシステム化とプラットフォーム企業

3.1 産業構造のエコシステム化

オープン標準が頻繁に形成されるようになると，従来の競争構造に大きな変化を与え，最終的にはグローバルな分業関係にまで影響を及ぼす。オープン標準が取引ネットワークに与える影響を分析するうえで，重要なコンセプトがビジネス・エコシステムである。

ビジネス・エコシステムは，産業構造を生態系のアナロジーでとらえたものであり，研究者によってとらえ方がまちまちである。しかし，競争戦略論の視点からは，次の2点が重要である。

1点目は，自然界の生態系のように，ビジネス・エコシステムには，役割が異なる企業が混在している点である。一般的な産業構造では，直接財企業と呼ばれる企業だけで形成されている。通常の部品企業，完成品企業の間の関係を想起したときに，部品企業は直接財企業と呼ばれる。直接財企業だけで形成される産業構造は，ビジネス・エコシステムではない。ビジネス・エコシステムでは，直接財企業だけでなく，補完財企業が存在する。

補完財企業は「互いに直接取引はしていないが，一方の製品が売れると他方も売れるというような関係のある企業」のことである。また，「一方の製品が売れれば他方の製品も売れる」という関係のことをネットワーク効果（ネットワーク外部性）と呼ぶ。ネットワーク効果が存在すると，補完財企業が生まれる。先述のDVDの例では，DVD規格というオープン標準が形成されたためネットワーク効果が生じ，補完財企業が生まれたわけである。1980年代の欧米の産業政策の変更からオープン標準が頻繁に形成されると，多くの補完財企業が誕生することとなった。

補完財企業は，オープン標準とビジネス・エコシステムの接点である。補完財が存在する理由は，ビジネス・エコシステムの企業間での取引にネットワーク効果が発生するからである。オープン標準が頻繁に形成されると，いままでネットワーク効果が発生していなかった領域に，ネットワーク効果が発生する

ようになる。補完財企業の存在と、ネットワーク効果の存在は表裏一体の現象である。DVDの例で言えば、ハリウッドの映画産業はDVDプレイヤーが存在するずっと以前から映画のコンテンツを提供してきたが、DVD規格というオープン規格が成立したことによって、DVDプレイヤーの補完財企業となったわけである。

2点目は、生態系の中で特殊な種が存在する、という点である。それがキーストーン種と呼ばれるものである。キーストーン種は、存在数は少ないが、その種を取り除いてしまうと、生態系全体が死滅してしまうという種である (Paine, 1966)。Iansiti and Levien (2004a) は、生物学のアナロジーから、産業進化を主導するような特殊な企業が存在すると主張した。彼らはその企業のことをキーストーン企業と呼び、その企業戦略をキーストーン戦略と呼んだ。キーストーン戦略は補完財企業を戦略的に活用するものであり、競争戦略論の分野では、このような戦略をプラットフォーム戦略と呼んでいる。実際にIansitiらがキーストーン企業として取り上げているマイクロソフトなどは典型的なプラットフォーム企業である。

3.2 オープン標準化がもたらす新しいタイプの競争戦略：プラットフォーム戦略

前節では、新しいオープン標準化の方式としてコンセンサス標準化が1980年代中頃以降、頻繁に使われるようになったことを紹介した。これら3つの標準化は1.2項で説明したように、異なる特徴を持っているため互いに補完的に使われることが多い。そのため、新しい標準化方式である「コンセンサス標準」が台頭することによって、「デファクト標準」「デジュリ標準」も活発に使われるようになった。

オープン標準の形成が戦略的に行えるようになると、新しいタイプの企業が競争力を獲得するようになっていった。プラットフォーム企業である。プラットフォーム企業の研究は2000年代以降、積極的に行われている（Gawer and Cusumano, 2002; Stango, 2004; Gawer, 2009; Hagiu and Yoffie, 2009; Eisenmann, Parker, and Van Alstyne, 2011; Rochet and Tirole, 2003; Evans, Hagiu, and Schmalensee, 2006)。

これらの研究で指摘されたプラットフォーム企業の戦略の特徴は、従来のプロダクトを重視する戦略とは一線を画すものであった。製品重視の戦略（製品戦略）とプラットフォーム戦略を比較すると、製品戦略が「自社の製品の競争

力をあげる」ことに力点が置かれるのに対して，プラットフォーム戦略が「自社と補完財企業で形成されるエコシステムの拡大」を積極的に行う点に違いがある。補完財企業は他社であり，製品戦略の視点からは支援する必要はない。しかしプラットフォーム戦略の視点からは，補完財の拡大が，自社のプラットフォーム製品の需要を拡大するので，補完財企業を支援することに合理性がある。

補完財企業はオープン標準を形成すると必然的に発生する。これは先のDVD規格の事例を想起すると理解しやすい。そのため，プラットフォーム戦略をとる企業は，自社に有利なオープン標準を形成するために，標準化活動を戦略的・積極的に行うことが明らかになっていった。

オープン標準を積極的に活用した戦略をとるプラットフォーム企業は，次第にビジネス・エコシステム型の産業で影響を与えるようになっていった。この影響は国内だけにとどまらず，グローバルに影響を与えるようになっていった。プラットフォーム企業はオープン標準を活用するため，情報のスピルオーバーが国内だけにとどまらないからである。このことは，新しい産業をグローバルに形成するという面を持っている一方，プラットフォーム企業の影響力が国際的に拡大する，という側面も持っていた。

プラットフォーム企業の国際的な活躍は1990年代以降のグローバルなビジネス・エコシステムに大きな影響を与えている。川上（2012）は，世界的産業にまで成長した台湾のパソコン産業にはプラットフォーム企業であるインテルのオープン標準が強く影響しているとしている。丸川・安本（2010）は中国の携帯電話産業の興隆にはGSM規格のオープン標準化や半導体企業のプラットフォーム製品提供が大きく貢献しているとしている。さらに小川（2009; 2014）や妹尾（2009）はビジネスモデルの観点からオープン標準を活用した戦略が国際競争力獲得のためには必須であると主張し，数々の事例を紹介している。それら事例で取り上げられた多くの企業は一般的にはプラットフォーム企業と呼ばれる企業である。

このようなプラットフォーム企業の影響力は非常に大きく，各国政府はその規制に乗り出すまでに至っている。中国や韓国は，携帯電話端末向け半導体を提供しているプラットフォーム企業のクアルコム社を「優越的地位を乱用」したとして独禁法違反を認定した。中国では2015年，韓国では2009年に独禁法違反を認定した（日経新聞，2015; 二又，2013）。欧州委員会は，とくにプラット

フォーム企業の影響が大きい ICT 分野で規制強化することを発表している(WSJ, 2015a)。プラットフォーム企業は各国の産業成長を助ける面でも，その産業成長を萎縮させるという面でも，大きな影響力を持つ存在と認識されるに至っている。

　このように非常に大きな影響力をもつプラットフォーム企業であるが，その理論的な整理は，既存の経営戦略論研究では十分とは言えない。そこで次の章では，オープン標準が頻繁に形成されるようになった結果，産業構造がビジネス・エコシステム型に変化していったことを紹介し，プラットフォーム企業がどのように競争優位を獲得しているのかを理論モデルを用いて説明する。

第2章

ビジネス・エコシステムとプラットフォーム企業

理論視角と分析フレームワーク

　第2章では，プラットフォーム競争戦略について既存研究を整理し，本書で明らかにする命題を提示する。

　第1節では，プラットフォーム戦略の前提となる産業構造，すなわち，ビジネス・エコシステムのモデル化を行う。このモデル化では取引ネットワークの構造のパターンに着目している。オープン標準を起点とするようなネットワーク効果が発生した取引ネットワークには，従来存在しなかった役割の企業が発生する。「補完財企業」「システムユーザー」「プラットフォーム企業」である。

　第2節では，プラットフォーム企業がどのような競争戦略をとるのかについて，理論モデルを用いて説明を行う。プラットフォームの競争戦略として「取引ネットワーク上のハブへの位置取り」「戦略的標準化によるネットワーク効果の発生」「二面市場戦略」「バンドリング戦略」を取り上げる。

　第3節と第4節では，プラットフォーム企業研究の問題点を指摘し基本命題を提示する。これら既存研究は，①欧米の研究は競争法や標準化戦争の影響を受けながら発展したため，主に国内の事例を念頭にしており，プラットフォーム企業の国際展開についてほとんど言及していない，②日本の研究は事例としてプラットフォーム企業の国際展開を扱っているが，国際標準研究や地域経済発展の研究として発展しているため，プラットフォーム戦略の理論モデルとの一貫性や，プラットフォーム企業の競争行動の包括的な理解を欠いている。

　しかしながら，近年のグローバル・エコシステムにおけるプラットフォーム企業の台頭は著しく，各地域経済・産業への影響は無視できないものとなっている。そこで，本書では①②の理論的なギャップを埋めるために，「国際的なオープン標準が形成されると，なぜプラットフォーム企業の競争力が拡大する

のか」「プラットフォーム戦略はどのように競争力を拡大させるのか」、そして「プラットフォーム企業の成功が地域経済の産業成長にどのような影響を与えるのか」という問いについて既存研究が十分に答えていないことを指摘しながら、「グローバル・エコシステムでオープン標準が形成されると、プラットフォーム企業がドミナントな競争優位を得る。プラットフォーム企業の成功は、急激な国際的産業構造の転換を引き起こす」という基本命題を提示する。

最後に第5節で、この基本命題のもとに第3～7章の事例研究・実証研究の概観と各研究間の関係を説明する。

1 ビジネス・エコシステム： オープン標準化と産業構造の変質

1.1 取引パターンの3分類：補完財企業とプラットフォーム企業

第1章で見たように、オープン標準が頻繁に形成されるようになると、従来の競争構造に大きな変化を与え、最終的には世界経済レベルの分業関係にまで影響を及ぼすことになる。2000年以降の一連のビジネス・エコシステムの研究は、頻繁なオープン標準の形成が取引ネットワークに与える影響を、産業進化の観点からとらえたものである (Gawer and Cusumano, 2002; Iansiti and Levien, 2004a; 根来・柑山, 2011)。「技術ロードマップ」や「リファレンス・デザイン（参考設計図面）」などは、従来的な標準規格（たとえば安全規格）とは異なるため産業標準とは認識されづらいが、コンセンサス標準の1つである。オープン標準は前章で説明した通り3つの標準化プロセスが存在するが、近年のコンセンサス標準化の台頭を契機にオープン標準化の動きが活発化している。

ビジネス・エコシステムはさまざまな研究者によって扱われているが、本書ではビジネス・エコシステムを「複雑な製品をエンドユーザーに提供するために、直接財や補完財を柔軟な企業ネットワークを通じて取引する企業や、その取引ネットワークを支える公的組織（標準化団体、規制官庁や司法省等）の集合体（コミュニティ）」と定義して議論を始める (Teece, 2007; Baldwin, 2011)。直接材だけでなく補完財を視野に入れ、取引ネットワークを支える主体（すなわち標準化組織）を分析対象に取り入れている点が重要である。

従来の企業間の取引ではバリュー・チェーン（value chain）型の取引ネットワークが基本となっている。これに対してビジネス・エコシステムでは、バリ

1　ビジネス・エコシステム　　19

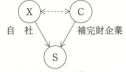
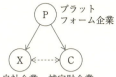

⟵　取引の流れ　　<--->　ネットワーク効果

(a)　バリュー・チェーン　　(b)　補完財合流　　(c)　プラットフォーム分岐
　　　(value chain)　　　　　(complementor collider)　　(platform folk)

図2.1　三者間の取引関係の3パターン

ュー・チェーンに存在しなかった企業が登場する。補完財企業，システム・ユーザーやプラットフォーム企業である。

　これらの企業の性質を明らかにするために，ビジネス・エコシステムを構成する取引パターンを3つに分類したものが図2.1である。図2.1では，取引のフローを実線，ネットワーク効果の存在を破線で示している。

　バリュー・チェーン・モデルでは，(a) に示すバリュー・チェーン型の取引パターンが主流であり，他の取引パターンはマイナーな存在である。このモデルでは，川上企業Uの影響力を減らし，川下企業Dへの交渉力を増すことによって，獲得する付加価値を最大化することが，自社Xの競争戦略である。自社・川上企業・川下企業が，バリュー・チェーン・モデルの基本構成要素である。

　これに対して，複雑な製品の産業を対象にしたビジネス・エコシステムでは，ネットワーク効果が存在するため，バリュー・チェーン型以外の取引パターンが頻繁に発生する。(b) 補完財合流（complementor collider）と (c) プラットフォーム分岐（platform fork）は，ビジネス・エコシステムで出現する新しい取引パターンである。これらの取引パターンでは，バリュー・チェーン・モデルでは存在しなかった「補完財企業」「システムユーザー」「プラットフォーム企業」という特殊な役割を持った企業が登場する。

補完財企業：(b) 補完財合流型の取引パターンは，自社Xの提供する財（製品やサービスなど）に対して企業Cが提供する財が補完的な関係を持つケースである。企業Cは，自社Xと取引関係にないので，バリュー・チェーン的な意味での川上・川下企業ではない。しかし，企業Cの提供する財が増加すれば，自社Xの財の需要も増加するのであるから，両者の間には明らかに関係

がある。DVD プレイヤー企業と DVD ソフト企業の関係がこの関係である。このような取引パターンのとき，企業 C を補完財企業（complementor）と呼ぶ。

　補完財企業についての重要な貢献は，Brandenburger and Nalebuff（1996）による補完財企業の競争戦略上の役割の研究である。バリュー・チェーン・モデルでは，他社の影響力を減らすことによってのみ，自社の付加価値を増加させることができると考えていた。しかし，Brandenbuger と Nalebuff は，ネットワーク効果を包含するビジネス・エコシステムにおいては，他社と競合するだけでなく，協力した方が自社の利益を増加させることがあることを指摘した。

　補完財企業の存在は，古典的なバリュー・チェーン・モデルを打ち壊す，大きな発見であった。競争と協調を同時に行うという着想は，競争優位獲得のための企業能力についても考え方の変更を迫り，ネットワーク効果や補完財企業の役割を重視するダイナミック・ケイパビリティ論（動態的能力）として整理された（Teece, Pisano, and Shuen, 1997; Teece, 2007）。また，古典的な産業組織論の枠組みで組み立てられていた地域クラスター研究やナショナル・イノベーション・システム研究の枠組みは，協調と競争を通じてイノベーションを促進するような補完財企業の組合せ整備へと重心を移動させた（Porter, 2000; Lundvall, et al., 2002）。

　システムユーザー：(b) 補完財合流ではユーザー（企業もしくは個人）は自社 X から提供される財と，企業 C から提供される補完財をいっしょに利用する。このユーザーをシステムユーザーと呼ぶ。たとえば自社 X がパソコンのハードを提供し，企業 C がソフトを提供していると，(b) 補完財合流のケースとなる。

　複雑な製品の場合，多くの補完財が必要となる。こういう複雑な製品はシステム製品と呼ばれる。近年このような補完財を必要とするようなシステム製品は急増している。先ほどのパソコンの例のようにハードとソフトで構成される製品の多くはシステム製品である。また IoT（Internet of Things）デバイスを用いたソリューションや人工知能（機械学習）を用いたシステムも補完財を発生させやすい。システム製品には後述するような直接・間接ネットワーク効果が働き（Katz and Shapiro, 1994），後述のようにビジネス・エコシステム型の産業構造を頻繁に生み出している。

1 ビジネス・エコシステム　21

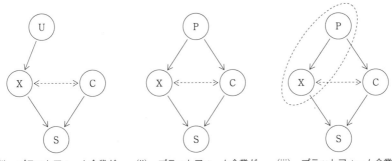

(i) プラットフォーム企業が存在しないケース　　(ii) プラットフォーム企業が存在するケース　　(iii) プラットフォーム企業がXとPをバンドリングするケース

図2.2　プラットフォーム企業の有無

プラットフォーム企業：(c) プラットフォーム分岐型の取引パターンでは，自社Xと企業Pの間にも，企業Pと企業Cの間にも取引があり，かつ，自社Xと企業Cの間にネットワーク効果がある。このような取引パターンのとき，企業Pのことをプラットフォーム企業と呼ぶ。

自社Xと企業Pとの間に取引があるので川上・川下企業の関係のように見えるが，単なる川上・川下企業ではない。企業Pは企業Cに対する取引量が増えれば，その増加に応じたネットワーク効果の恩恵をXへの取引増加という形で受けることができる。逆に，企業Xに対する取引量が増えたとしても，その増加に応じたネットワーク効果の恩恵をCへの取引増加という形で受け取ることができる。つまりネットワーク効果の恩恵を最大限に受け取ることができるわけである。

なお，ビジネス・エコシステムの概念を初めてフォーマルに提唱したIansiti and Levien (2004a) は，ビジネス・エコシステムで中心となる企業のことをキーストーン企業と呼んでいるが，その具体的中身は，ここで紹介するプラットフォーム企業とほぼ同じものである。

ビジネス・エコシステム型の産業構造は図2.1に示したような3パターンの取引関係の組み合わせで成立している。そのため，ビジネス・エコシステム型の産業構造であっても，プラットフォーム企業が存在する場合と，プラットフォーム企業が存在しない場合がある。図2.2の (i) では，図2.1の (a) と (b) のパターンが組み合わさった取引構造であるが，プラットフォーム企業は存在していない。

それに対して (ii) は，(b) と (c) が組み合わさった取引構造であり，プラットフォーム企業が存在している。なお，プラットフォーム企業は，単に取引ネットワーク上のポジショニングだけで決まるものではない。第2節で述べるようにプラットフォーム企業特有の競争戦略を実行することで，はじめてプラットフォーム企業と呼べる。よって，図2.2の (ii) の例は，正確には潜在的なプラットフォーム企業と呼ぶべきである。

なお，(ii) のような表現をすると「プラットフォーム企業は部品企業のみ存在する」という印象を持つかもしれないが，それは正しくない。(iii) のようにXとPをバンドルすることによって，プラットフォーム企業がシステムユーザーに製品を販売することもあるからである。バンドルは **2.6** 項で取り上げるように，プラットフォーム戦略の根幹をなしている大きな要素である。たとえばアップル社（Apple）の iPhone はスマートフォンという X に対して，アプリ市場運営という P をバンドルしている例である。アプリ業者は C にあたる。このように，一見，製品企業のように見えても，詳細に分析するとプラットフォーム企業である例は頻繁に発生する。

1.2 バリュー・チェーンからビジネス・エコシステムへ

ビジネス・エコシステムが従来のバリュー・チェーン・モデルと大きく異なることを示したものが図2.3である。(a) (b) ともに自社 X を中心とした取引ネットワークを描いている。(a) はバリュー・チェーン・モデルであり，(b) はビジネス・エコシステムである。バリュー・チェーン・モデルは，Porter (1980) によって導入され，競争戦略論の古典的モデルとなっている。ビジネス・エコシステムのモデルは，Nalebuff and Brandenburger (1996) がバリューネットワークと呼んだものとほぼ同じであるが，現在ではビジネス・エコシステムと呼ぶことの方が一般的である。

(a) と (b) は，全く同じ取引ネットワークを持っているが，(b) だけがネットワーク効果を持っている。たとえば，もともと (a) のような産業構造であった製品分野で，何らかの標準化が行われてネットワーク効果が発生すると，(b) のような産業構造になる。このとき，(b) のビジネス・エコシステムには，バリュー・チェーン・モデルには見られなかった，補完財企業やプラットフォーム企業が出現していることに留意が必要である。

(b) で出現した2つの補完財企業 C_1, C_2 とは，自社 X は取引関係がない。

1 ビジネス・エコシステム 23

(a) バリュー・チェーン・モデル　　(b) ビジネス・エコシステム

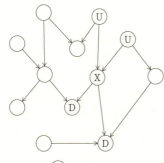
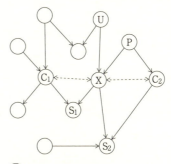

Ⓧ 自社　　　　　　Ⓒ 補完財企業
Ⓤ 川上企業　　　　Ⓟ プラットフォーム企業
Ⓓ 川下企業　　　　Ⓢ システムユーザー（企業，個人）

←── 取引の流れ　　<--> ネットワーク効果

図2.3　バリュー・チェーン・モデルとビジネス・エコシステムの違い

しかし，この2社が成長するのか否かによって，Xが財を提供する2つのシステムユーザー S_1，S_2 が成長するのか否かが決まってしまう。だから，企業Xは補完財企業 C_1，C_2 の動向を無視するわけにはいかない。場合によっては，何らかの支援すら必要になるだろう。

さらに(b)で出現したプラットフォーム企業Pの存在は，自社Xにとって非常に悩ましい存在である。企業Pが成長すれば，補完財企業 C_2 に対して大量にプラットフォーム部品を提供してくれるはずである。このこと自体は補完財企業 C_2 の成長を促すので喜ばしいことであるが，Pが巨大化すれば影響力が増大し，自社Xに対しても影響力を行使してくるはずである。そうすれば，自社Xの付加価値がPに収奪されてしまうかもしれない。

このような変化はネットワーク効果に起因したものであるので，ユーザー数の拡大（すなわち時間経過）とともに顕著になる。(b)において，初期には自社Xの競争優位は大きいかもしれないが，時間経過に従って，その競争優位は揺らいでいくだろう。かわりに，ネットワーク効果を味方につけた補完財業者 C_1 や C_2，さらにこの取引ネットワークで最もネットワーク効果を味方につけているプラットフォーム企業Pが競争優位を獲得していくだろう。このように，ビジネス・エコシステムでは，ネットワーク効果に起因した競争力の変化があるために，ユーザー数増加に従って，ダイナミックな競争戦略が必要とさ

れる。

1.3 直接ネットワーク効果と間接ネットワーク効果

ネットワーク効果は，財のユーザー数が増大するほど，その財から得られる便益が増大するという性質である。ネットワーク効果には直接ネットワーク効果と間接ネットワーク効果があると Katz and Shapiro (1985) は指摘している。直接ネットワーク効果とは，ユーザー数の増加自体が財から得られる便益を増大させる効果である。それに対して，間接ネットワーク効果は，ユーザー数の増大に伴って対象の財に対する補完財が数量的・品種的に増大するため，対象となる財から得られる便益が増大する効果である。

Katz と Shapiro は，ハードとソフトからなるシステム製品を例にあげて直接ネットワーク効果と間接ネットワーク効果を説明している。ここでは，スマートフォンを例にとって説明を行おう。スマートフォンは，同じ通信規格同士であれば安価に通話できたり，データ通信できたりする相手が増える。これは直接ネットワーク効果である。これに対して，スマートフォンで動作するアプリはスマートフォンとは異なる製品であるけれども，スマートフォン台数が増大すると，そのスマートフォン規格に対応したアプリ製品数が増大し，逆に，アプリ製品数が増大することでスマートフォン台数も増大するという効果がある。この効果が間接ネットワーク効果である。ユーザーから見ると，スマートフォン端末とアプリという2つの異なる財の市場であるが，2つの市場の間には間接ネットワーク効果が存在する。

図2.1で示した (b) (c) の取引パターンは，間接ネットワーク効果を介在させた三角取引のパターン（XとCの間には直接取引はないがネットワーク効果が存在するので，厳密な意味では三角取引ではないが慣例的に三角取引と呼ばれる）である。この場合，明確な補完財企業が存在するので，従来的なバリュー・チェーン型の産業構造と明確に区別しやすい。

一方，図2.1で示した (a) の取引パターンであっても，直接ネットワーク効果の場合は川上企業（すなわち部品企業）にとってメリットが生じる。先のスマートフォン端末の例で言えば，ある通信規格のスマートフォン端末の消費が拡大すればするほど，当該のスマートフォン端末を構成する部品の需要も拡大するはずだからである。この場合，川上企業は補完財企業ではないが，ネットワーク効果（直接ネットワーク効果）の恩恵にあずかっていることになる。後述

のプラットフォーム企業の競争戦略では，このような種々のネットワーク効果をうまく活用することが戦略となる。

1.4 プラットフォーム企業と共存企業

前項で紹介したように，プラットフォーム企業がオープン標準化を用いた戦略をとると，直接ネットワーク効果や間接ネットワーク効果が生じ，川上企業（部品企業）や補完財企業にも恩恵（便益）が生じる。本書ではこれらの企業のことを，共存企業と呼ぶ。共存企業はプラットフォーム企業の周辺に存在するが，その役割は必ずしも周辺的ではない。

ビジネス・エコシステム概念の源流は，生態学の「エコシステム」概念にある[1]。エコシステムでは直接的な捕食関係だけでなく，間接的な「共存関係（共生関係）」が存在し，複雑な生態系を構成している。このような共存関係が存在する場合，「数（生存数）としては少ないにもかかわらず，取り除くと大規模に周辺の品種に影響を及ぼし，周辺種を死滅させてしまう」ような特殊な生物種が存在することが指摘されている。この特殊な生物種をキーストーン種と呼ぶ（Paine, 1966）。

Iansiti らはビジネス・エコシステムの中に，このようなキーストーン種的な役割の企業がいるのではないかと指摘している。彼らは，このような企業をキーストーン企業と呼び，その競争優位の源泉は，その企業の内部だけにあるのではなく，むしろ，その周辺で共存している企業との関係にあるのだと主張している。これらのキーストーン企業は共存企業との関係を構築し，産業全体の健全な成長拡大を促進しているとしている。

たとえば，Iansiti and Levien (2004b) では，マイクロソフトの開発ツール提供（ソフトウェア企業は開発ツールを使って Windows のアプリケーションを開発できる）や，ウォルマートの調達システム（サプライヤー企業がリアルタイムでウォル

---

[1] もともと，ビジネス・エコシステムの概念を紹介した Iansiti and Levien (2004a) は，生態学の「エコシステム」という概念を，産業構造を示すアナロジーとして導入している。そこでは，キーストーン種という特殊な生物種が紹介されている。キーストーン種の存在は 1960 年代の Paine (1966) の研究にさかのぼる。Paine は磯海を区画にくぎり，その区画に住む生物種をひとつ取り除いたときに，他の生物種にどういう影響が出るのか，という研究を行った。いまで言う，生物多様性の研究である。Paine はこの研究の中で，キーストーン種という特別な種が存在することを発見した。

マートの顧客の需要を見ることができる)のような事例をあげている。キーストーン企業がプラットフォームを構築することで,共存企業との関係を構築し,競争優位を創り出したとしている。つまり,本書の文脈で言えば,Iansiti らが指摘するキーストーン企業とはプラットフォーム企業のことである。

　プラットフォーム企業と共存企業とは,同じビジネス・エコシステムを共有して成長する企業という意味で,運命共同体である。ビジネス・エコシステムの成長は,プラットフォーム企業のみで達成されるわけでなく,共存企業の活発なイノベーション活動が必要であるからである。

　同様の指摘をしている研究が,Gawer and Henderson (2007) である。プラットフォーム企業は,しばしば,共存企業が行っているビジネスに参入して利益を奪うことがある。しかし,このような行為は共存企業が当該のビジネス・エコシステムで活発にイノベーション活動を行うインセンティブをそいでしまう。Gawer と Henderson は,代表的なプラットフォーム企業であるインテルへの 72 時間に及ぶ詳細なインタビューから,27 の参入計画プロジェクト(実際に参入したのは 17 プロジェクト)に関するデータを収集した。補完財市場であるコネクタ市場では,参入数は多いものの,参入比率は非コネクタ市場の方が多かった。かわりに,コネクタ市場では特許(IP)共有を行い,参入コストを下げ,新規参入を促進するという方針があることがわかった。また,このような IP 共有の決定を IAL(インテルアーキテクチャラボ)と呼ばれる,事業部とは独立した組織で行っていることもわかった。プラットフォーム企業が組織レベルの仕組みで補完財市場の新規参入を促進して,エコシステムの健全な成長を促進していることが報告された。

　同じことを,逆の視点から物語っているのが,マイクロソフトとネットスケープの戦いの事例である (Cusumano and Yoffie, 1998)。マイクロソフトは,OS 市場とブラウザ市場の 2 つの市場の関係を利用し,戦略的バンドリングを行うことによって,ネットスケープに打ち勝つことができた。ブラウザ市場では,マイクロソフトのインターネット・エクスプローラーが市場シェア 70% 超を得るにいたった。しかし,この排他的行為によって,補完財企業のイノベーション意欲が失われ,せっかく獲得した 70% 超のシェアを全く活かすことはできなかった。結局,マイクロソフトは 2000 年以降,高収益は維持しているものの,急速にイノベーションの中心から離れていき,かわりにアップルの再台頭をゆるした。

これらの研究や事例が示しているものは，プラットフォーム企業と共存企業とは，運命共同体であり，ビジネス・エコシステムの健全な成長は，プラットフォーム企業だけで達成することはできないということである。プラットフォーム企業としてはビジネス・エコシステムの健全な成長を促進するために，共存企業との関係を戦略的にマネジメントする必要がある。

　プラットフォーム企業は，ビジネス・エコシステムの進化を主導する存在として，盛んに研究が進められている。次項では，ビジネス・エコシステムの多様なプレイヤーの中で，産業進化の中心的な役割を果たしているプラットフォーム企業の競争戦略について分析を行う。

2 プラットフォーム企業の競争戦略

　多様な企業・団体が活躍するビジネス・エコシステムの中で，中心的な働きをしているのがプラットフォーム企業である。たとえばパソコン産業では，マイクロソフトやインテルのような基幹部品を提供する企業がプラットフォーム企業として産業進化を主導している。インターネットの通信システムではシスコが重要な働きをし，デジタル携帯電話ではエリクソンやノキア，クアルコムなどがプラットフォーム提供企業として産業を支えている。

　複雑な製品に成立しているビジネス・エコシステムでは産業標準が頻繁に形成され，プラットフォーム企業が競争優位を獲得する例が頻繁に観察されている。このような状況を受け，プラットフォーム企業に関する研究が2000年代以降から急激に増えている。

　図2.4はプラットフォーム競争戦略に関する研究の流れである。プラットフォーム戦略に関する研究は，経済学的な競争戦略研究と経営学的なマネジメント研究の2つの源流がある。さらに，近年ではこれらの流れに標準化・知財戦略の研究とイノベーション研究が合流している。これらの研究は学際的な雰囲気の中でプラットフォーム戦略研究の大きな流れを作り出している。

2.1 プラットフォーム企業の定義と競争戦略

　プラットフォーム企業とは，プラットフォーム・ビジネスを行う企業のことであり，プラットフォーム・ビジネスで競争力を構築するための戦略がプラットフォーム戦略である。

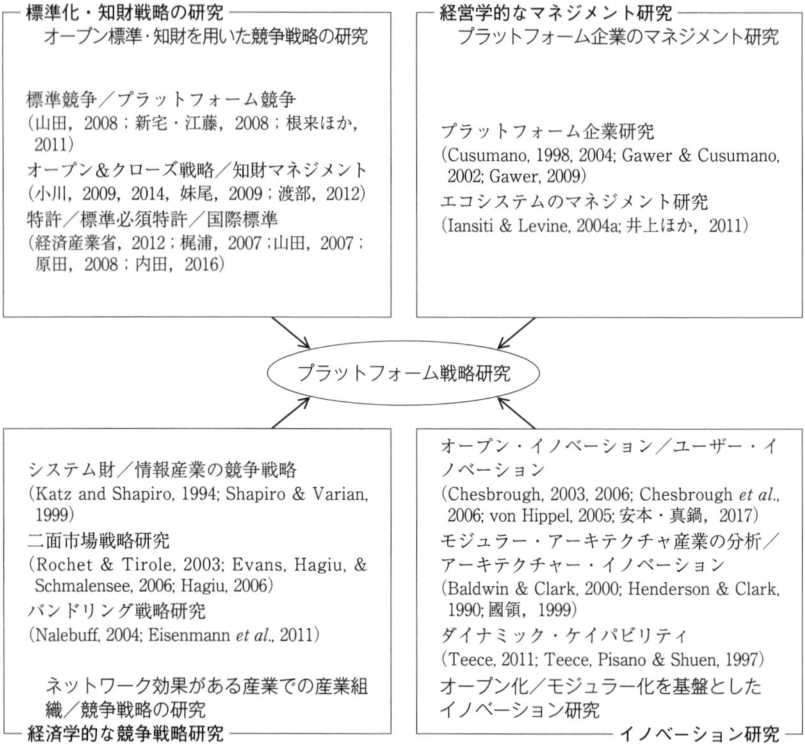

第2章 ビジネス・エコシステムとプラットフォーム企業

```
┌─ 標準化・知財戦略の研究 ──────────┐  ┌─ 経営学的なマネジメント研究 ──────┐
│  オープン標準・知財を用いた競争戦略の研究 │  │  プラットフォーム企業のマネジメント研究 │
│                                        │  │                                    │
│  標準競争／プラットフォーム競争         │  │  プラットフォーム企業研究          │
│  (山田，2008；新宅・江藤，2008；根来ほか， │  │  (Cusumano, 1998, 2004; Gawer & Cusumano, │
│   2011)                                │  │   2002; Gawer, 2009)              │
│  オープン&クローズ戦略／知財マネジメント │  │  エコシステムのマネジメント研究    │
│  (小川，2009, 2014, 妹尾，2009；渡部，2012)│  │  (Iansiti & Levine, 2004a；井上ほか，2011) │
│  特許／標準必須特許／国際標準           │  │                                    │
│  (経済産業省，2012；梶浦，2007；山田，2007；│  │                                    │
│   原田，2008；内田，2016)              │  │                                    │
└────────────────────────────────────────┘  └────────────────────────────────────┘
                    ↘         ⟶  プラットフォーム戦略研究  ⟵        ↙
                    ↗                                              ↖
┌────────────────────────────────────────┐  ┌────────────────────────────────────┐
│                                        │  │  オープン・イノベーション／ユーザー・イ │
│  システム財／情報産業の競争戦略         │  │  ノベーション                       │
│  (Katz and Shapiro, 1994; Shapiro & Varian, │ │  (Chesbrough, 2003, 2006; Chesbrough et al., │
│   1999)                                │  │   2006; von Hippel, 2005；安本・真鍋，2017) │
│  二面市場戦略研究                       │  │  モジュラー・アーキテクチャ産業の分析／ │
│  (Rochet & Tirole, 2003; Evans, Hagiu, & │  │  アーキテクチャ・イノベーション      │
│   Schmalensee, 2006; Hagiu, 2006)      │  │  (Baldwin & Clark, 2000; Henderson & Clark, │
│  バンドリング戦略研究                   │  │   1990; 國領，1999)                │
│  (Nalebuff, 2004; Eisenmann et al., 2011) │  │  ダイナミック・ケイパビリティ        │
│                                        │  │  (Teece, 2011; Teece, Pisano & Shuen, 1997) │
│  ネットワーク効果がある産業での産業組   │  │  オープン化／モジュラー化を基盤とした │
│  織／競争戦略の研究                     │  │  イノベーション研究                 │
│  経済学的な競争戦略研究                 │  │              イノベーション研究      │
└────────────────────────────────────────┘  └────────────────────────────────────┘
```

図2.4　プラットフォーム戦略研究の流れ

それでは，プラットフォーム・ビジネスとは何であろうか。そして，その競争優位を構築するメカニズム（すなわちプラットフォーム戦略）とはどのようなものであろうか。

プラットフォーム企業については，経営学的・経済学的な側面から盛んに調べられている。これらの研究は，①プラットフォーム企業のビジネス・エコシステムへの組織的対応を扱った技術経営の応用研究（Gawer and Cusumano, 2002; Cusumano, 2004; Gawer, 2009; Baldwin, 2011）と，②取引ネットワーク上のポジショニングや価格戦略，さらにはバンドリングといった産業組織論を応用した研究（Rochet and Tiore, 2003; Nalebuff, 2004; Hagiu, 2006; Eisenman, Parker, and van Alstyne, 2006; Eisenmann, Parker, and van Alstyne, 2011）との2つの源流がある。

①の研究群では，プラットフォームは「複数の階層あるいは補完的な要素（コンポーネント）で構成される産業やシステム製品において，他の階層や要素

を結ぶ基盤」という意味で使われている。一方、②の研究群では、プラットフォームは「複数のユーザー・グループを仲介し、両者のマッチングとやりとりのために利用される基盤」という意味で用いられている。

①②で共通しているのは、プラットフォームが「異なる要素やグループを結びつけてネットワークを構築する基盤」という意味で使われている点である。つまり、プラットフォーム・ビジネスとは「製品を提供することで、複数の異なるユーザー・グループのやりとりをうながすインフラとルールを提供するビジネスである」と言うことができる（丸山、2011, p. 235）。プラットフォーム・ビジネスの定義が、提供する「製品」ではなく、提供する「やり方」に基づいて行われている点が重要である。つまり、プラットフォーム企業という企業分類は、提供する製品による分類ではなく、提供するやり方（＝プラットフォーム戦略を実施しているか否か）による分類である。

たとえば「携帯電話企業」と言った場合、携帯電話を開発し提供する事業を行っている企業を指している。この場合、携帯電話企業という定義は、提供する「製品」の種類に基づいて行われている。それに対し、アップル社は、iPhoneという携帯電話を提供しているが、ただの携帯電話企業ではない。iPhoneを提供しながらiTunes Storeを運営することによって、コンテンツ企業とユーザーを結びつけるインフラとルールを提供しているプラットフォーム企業である。iPhoneのユーザーが増えればコンテンツを提供する企業も増えるし、コンテンツ提供数が増えればiPhoneのユーザー数も増えるだろう。つまり、プラットフォーム企業と言った場合、提供する「製品」が重要なのではなく、「製品」を基盤として異なるグループ間でのやりとりを促し、「仲介」から利益を得ることが重要なのである。

このように、プラットフォーム・ビジネスの本質が異なるグループ間の「仲介」であることを鋭く指摘したのが、RochetとTiroleによる二面市場（two-sided market）の研究である（Rochet and Tirole, 2003; Rochet and Tirole, 2004）。彼らは、プラットフォーム企業を「ネットワーク効果が存在する2つの市場の両方と取引を行う企業」と明確に定義した。この定式化によってプラットフォーム企業の戦略の研究が飛躍的に進んだ（Evans, Hagiu, and Schumalensee, 2006; Hagiu, 2006; Parker and Van Alstyne, 2005; Hagiu and Yoffie, 2009）。これらの理論研究により、プラットフォーム企業が独特の価格戦略を持っていることが明らかになった。

技術経営の応用研究からも，複数の市場のバランスを勘案しながら産業全体の成長を促進することがプラットフォーム戦略の本質であると指摘されている。Gawer and Cusumano (2002) は，事例分析からプラットフォーム企業の実態を明らかにした先駆的な研究である。彼らは，ビジネス・エコシステム形成で基盤となる製品を提供している企業（たとえばインテルやシスコ等）が，どのような企業戦略を持っているのかをインタビュー調査した。その結果，プラットフォーム企業は，①産業標準化に対して積極的な姿勢を持っていること，②補完財企業の成長を支援していること，③ビジネス・エコシステムの中における自社のポジショニングを常に考えていること，④①〜③に対して戦略的・組織的な対応をとっていること，が明らかにされた。同様の指摘を，Iansiti and Levien (2004a) も行っている。彼らは，「複数の補完財市場で構成されるビジネス・エコシステムにおいて，異なる補完財市場間を結びつけることを促進しながら，市場成長をうながし，自らの利益獲得を行う」ことをキーストーン戦略と呼び，プラットフォーム企業がキーストーン戦略をとることによって持続的競争力を獲得することができるとしている。つまり，プラットフォーム・ビジネスでは，複数市場間の関係を利用することが戦略の本質なのである。

プラットフォーム・ビジネスとは，複数の補完財で構成されるシステム製品において，異なる財・ユーザー間のやりとりをマネジメントし，戦略的に利用するビジネスである。次項より，プラットフォーム企業の競争優位がどのように構築されているのかを理論的に明らかにする。

2.2 ハブへの位置取り

プラットフォーム企業の競争戦略を明らかにするために，まず，前提となる取引構造（取引ネットワーク）のコンセプトを導入する。前項で指摘したように，プラットフォーム・ビジネスの本質は異なるグループ間の「仲介」である。このような「仲介」の機能は，社会ネットワーク分析で詳細に研究されている。それら研究でモデル化された取引ネットワークが図2.5のようなハブを持つ取引ネットワークである。

「異なるネットワークを仲介することが企業の競争優位の源泉になる」という指摘は，社会ネットワーク分析，さらには近年では複雑ネットワーク分析の研究によって盛んに調べられている。これらの研究では「仲介」は，異なるユーザーを橋渡しするという意味でブリッジングと呼ばれる。

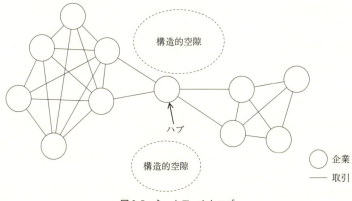

図2.5　ネットワークとハブ

　ブリッジングの最も古典的な研究には，Granovetter (1973) の「弱い紐帯の強さ」研究，Freeman (1977) の媒介中心性の研究，Cook and Emerson (1978) の交換ネットワークでのバーゲニングパワーの研究，そして Burt (1992) の構造的空隙の研究があげられる。いずれの研究も取引ネットワーク上のブリッジと呼ばれる部分に位置することによって，競争優位が構築されることを主張している。

　ハブ（もしくはブリッジと呼ばれることもある）とは図2.5に示すように，2つのネットワークを橋渡しする連結点のことである。ハブはネットワークに構造的空隙（structural hole）が存在するときに発生する。構造的空隙とは，ネットワーク上で連結が行われていない部分のことである（Burt, 1992; Newman, 2010, p. 202）。図2.5では，2つの構造的空隙が存在するため，ネットワーク上に情報が行き渡るためには，ネットワーク上に情報が流れる際には必ず通らなくてはならない連結点が発生している。この連結点のことをハブと呼ぶ。

　ハブは情報を媒介する機能が非常に高いノードである[2]。この媒介に伴って発生した取引を「仲介」と呼ぶ。プラットフォーム企業は異なるネットワーク間を仲介する企業であるので，取引ネットワークにおいてハブに位置取りしている企業であると言うことができる。

2）　社会ネットワーク分析では，媒介中心性という指標でノード（ネットワークを構成する頂点）の情報媒介の機能を表す。ハブは情報中心性が非常に高いノードであると言うことができる。

ハブに位置取りすることの競争優位の源泉は，情報フローの観点から，①情報アクセス優位（information benefit）と②情報コントロール優位（control benefit）の2点が指摘されている（Burt, 1997）。

情報アクセス優位とは，2つのネットワークの最短パス（shortest path）に位置することによって，2つのネットワーク間の情報フローをいち早く察知してさまざまな対抗策を打つことができるという優位である。たとえば，ネットワークAにいる企業が値下げをするという情報あったときに，ハブに位置取りしている企業はネットワークBにいるどの企業よりも情報に早くアクセスすることができ，さまざまな対抗策を打つことができる。

これに対して情報コントロール優位とは，2つのネットワーク間に情報が流れるときに，ハブに位置する企業が，流れる情報に自社に有利な情報を付加したり，自社に不利な情報を遮断したりして，自社に有利なイメージの共有をネットワーク全体に広げることによって生まれる優位である。たとえばビジネス・エコシステムで産業標準を設定する場合，参加者間で情報共有することによって，産業進化の方向性を共有することが重要になる。自社に有利なイメージの共有促進を進めるには，ハブにポジショニングして，自社有利な情報を広げることが競争優位につながる。

ここまでの議論をまとめると，プラットフォーム企業の競争力構築メカニズムを，次のように言うことができる。プラットフォーム企業は2つのネットワークを仲介するために，ハブに位置取りする企業のことである。ハブに位置取りすることにより，「情報アクセス優位」や「情報コントロール優位」といった情報フロー由来の競争優位が生じる。情報フローの媒介性が高ければ高いほど，競争優位が強まる。よって，より媒介性が高いネットワーク上のポジションに位置取りすることによって，より高い市場パフォーマンスを得ることができると考えられる。

2.3 戦略的標準化

ブリッジングによる競争優位は，古典的な社会ネットワークの理論から導き出される説明であった。これに対して，2000年以降のプラットフォーム企業の競争優位を扱った研究では，プラットフォーム企業が，2つのネットワーク間を単に仲介するだけではなく，「ネットワーク効果」を最大限に利用しながら戦略的に仲介することが重視されている。

多数の補完財で形成されるビジネス・エコシステムでは，頻繁にオープン標準に由来するネットワーク効果が発生する。その効果を最大限に利用できる企業がプラットフォーム企業である。代表的な競争戦略として，本書では二面市場戦略とバンドリング戦略をモデル化する。二面市場戦略は2つの市場を仲介する機能を利用し，バンドリング戦略は隣接市場への影響力の行使として機能する。いずれも，2つの市場間にネットワーク効果が存在するときに，そのネットワーク効果を利用してプラットフォーム企業が競争優位を高めることができる。なお2つの財の間のネットワーク効果であるので，より正確には間接ネットワーク効果である。サイド間ネットワーク効果と呼ぶこともある。以下では単にネットワーク効果と呼ぶ。

ネットワーク効果が自然と発生している場合もあるが，戦略的な観点からは，人工的に自社の戦略的意図に沿った形で，特定の2つの財の間にネットワーク効果を発生させることが望ましい。このときに頻繁に使われるのが，オープン標準化による標準の設定である。2つの財の間に，オープン標準が設定されると，その財の間に「人工的に」ネットワーク効果が発生する[3]。

図2.6は，戦略的標準化によるネットワーク効果の発生を図示したものである。この図では直接ネットワーク効果と間接ネットワーク効果が戦略的標準化によって発生している。直接・間接どちらのネットワーク効果も戦略的な価値はあるが，プラットフォーム戦略の観点からは2つの財市場をまたぐネットワーク効果（すなわち間接ネットワーク効果）が重要である。DVDの例でこのことを確認してみよう。

DVDプレイヤーとDVDソフトの間には，DVD規格という標準規格が設定されているため，プレイヤーとソフトの間にネットワーク効果が発生する。互換性の範囲を標準化活動の中で戦略的に行うことができるため，どの財と財の間でネットワーク効果を発生させるのかを戦略的に選択することができる。

---

3) オープン標準化によって「人工的に」ネットワーク効果が発生する点は，戦略的観点から非常に重要である。従来のプラットフォーム戦略研究では，「ネットワーク効果の発生」と「プラットフォーム戦略の有効性」が鶏と卵の問題をはらんでいた。それに対して，第1章で概観したような3つのオープン標準化によるネットワーク効果の発生は，取引ネットワークの任意の領域に対して「戦略的に」ネットワーク効果を発生させることができる。このため，鶏と卵の問題を回避することができる。オープン標準化はプラットフォーム戦略の有効性を飛躍的に向上させている。

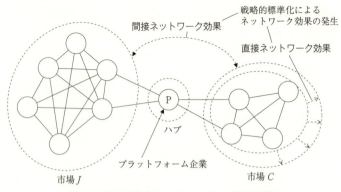

図 2.6 戦略的標準化によるネットワーク効果の発生

「戦略的に」という意味は，DVD を再生する機械は，DVD プレイヤーだけなのか，それとも DVD ドライブを搭載したパソコンも含むのか，はたまた，DVD 形式のファイルを読むことができれば再生ソフトウェアでもよいのか，という選択である。これが戦略的標準化を利用したネットワーク効果の発生である。

ネットワーク効果を自社の都合のよい領域に発生させることができることを前提にすると，2つの市場の関係を利用する「二面市場戦略」と「バンドリング戦略」の有効性が高まる。このメカニズムをプラットフォーム企業は戦略として利用している。それぞれの戦略について次に説明する。

2.4 二面市場戦略

ネットワーク効果を利用したプラットフォーム企業の競争戦略を明らかにしたのが二面市場（two sided market）の理論である。一般的な企業がネットワーク効果の直接効果だけを戦略的に利用可能であるのに対して，プラットフォーム企業は「2つの市場の両方と取引を行う企業」であるので，ネットワークの直接効果と間接効果の双方を戦略的に利用することができ，競争戦略上，他企業よりも優位に立てる。

たとえば，携帯電話の通信規格で互換標準が成立したとしよう。同じ通信規格のユーザーが増えれば通話可能な相手が増えるので，ユーザーの便益が増える。このため，互換標準の成立は，その通信規格を採用している携帯電話市場の需要を押し上げる効果がある。これはネットワーク効果の直接的効果である。

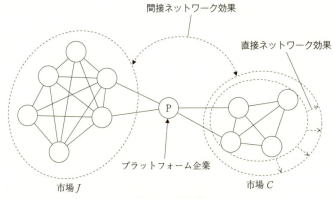

図2.7 二面市場

携帯電話企業は，この直接ネットワーク効果の恩恵によって，需要量を増やすことができる。

次に，より広範に互換標準が成立することを考えてみよう。たとえば，携帯電話のアプリケーションで使用するデータ形式において互換標準が成立した場合を考えてみよう。この場合，携帯電話市場とアプリケーション市場の2つの市場を考慮する必要がある。

まず，先述の通信規格の場合と同様に，直接ネットワーク効果の恩恵によって，アプリケーション市場では需要量の増加が見込まれるだろう。同じアプリケーションを使っているユーザーの増加が，需要の増加を引き起こすという直接ネットワーク効果が発生する。

さらに，アプリケーション市場の需要増加は，当該のデータ形式を採用した携帯電話の普及が進めば，さらに拡大することになるだろう。「携帯電話=ハードウェア」と「アプリケーション=ソフトウェア」という構図で言えば，ハードウェアの普及がソフトウェアの需要拡大を生んでいるわけである。この需要拡大は，携帯電話市場の拡大がアプリケーション市場の拡大を引き起こしているという，間接ネットワーク効果である。

このとき，アプリケーション企業はアプリケーション市場のみで取引をしている企業であるので，この間接ネットワーク効果を戦略的に利用することができない。これに対して，携帯電話市場とアプリケーション市場の2つと取引を行っているプラットフォーム企業は，この間接ネットワーク効果を「戦略的に」利用することができる。これが二面市場戦略である。

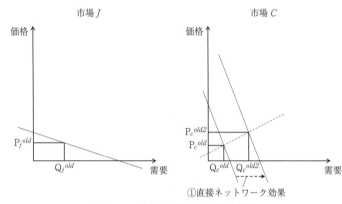

図2.8 二面市場の需要創出（直接効果）

いま，図2.7のように市場Jと市場Cから構成されるビジネス・エコシステムがあったとする。このビジネス・エコシステムでは，直接的・間接的ネットワーク効果が発生している。市場Cのユーザー増加が，さらなる市場Cのユーザー増加を引き起こす現象が直接ネットワーク効果である。それに対して，市場Jのユーザー規模増加が，市場Cのユーザー規模増加を引き起こす現象が間接ネットワーク効果である（Katz and Shapiro, 1994）。

図2.8で示すように市場Jでは価格P_j^{old}と量Q_j^{old}で製品が提供されていたとしよう。同様に，市場Cでは価格P_c^{old}と量Q_c^{old}で製品が提供されていたとする。実線は需要曲線，点線は供給曲線である。ここで，市場Cで互換標準が策定されたとしよう。市場Cでは図2.8の矢印（①）で示されるような需要の押し上げ効果が起こる。この効果はネットワーク効果の直接効果である。需要量はQ_c^{old}からQ_c^{old2}に増加する。図からわかるように，$P_c^{old} \times Q_c^{old} < P_c^{old2} \times Q_c^{old2}$である。この需要増加は，直接ネットワーク効果による需要増加である。

次に，直接効果に加えて間接効果も考慮した戦略的価格を考えてみよう。このときの市場J，Cの価格変化を表したものが，図2.9である。先述の例に従い，市場Jを携帯電話市場，市場Cをアプリケーション市場としよう。市場Cのアプリケーション市場では，共通のインターフェースが成立したので，データの互換性が高まり，ユーザーの便益が増える。このため，市場Cでは図2.9の矢印（①）で示されるような需要の押し上げ効果が起こる。この効果は，ネットワーク効果の直接効果である。需要量はQ_c^{old}からQ_c^{old2}に増加す

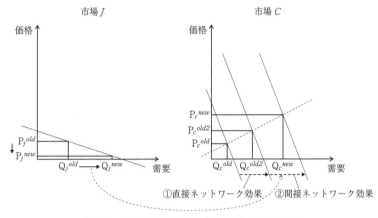

図2.9 二面市場の需要創出（直接効果 ＋ 間接効果）

る。ネットワーク効果によって増加した需要部分は，互換標準が形成されたことによる需要創出効果である。アプリケーション企業は，この直接ネットワーク効果の恩恵を受けることができる。

互換標準成立の影響は，アプリケーション市場内部で発生する直接効果だけにとどまらない。互換データ形式を採用した携帯電話のユーザーが増えれば，アプリケーションのユーザーも増えるはずである。この需要創出効果は，2つの市場（市場Jと市場C）をまたいでいるので，ネットワーク効果の間接効果である。図2.9の矢印（②）で示された需要の押し上げ効果が，間接効果を示している。

この間接効果は市場Jのユーザー規模に依存している。ということは，市場Jの製品の価格を下げることで携帯電話のユーザー規模を拡大させ，間接ネットワーク効果を増大させることができる。つまり，市場Jで製品を安価に提供してユーザー規模を拡大させ，市場Cの間接効果を増大させることができる。

先述のアプリケーション企業は，アプリケーション市場でしか取引を行っていないため，直接ネットワーク効果しか利用することができなかった。これに対して，プラットフォーム企業は，2つの市場と取引を行っているので，直接効果だけでなく，間接効果も利用することができる。すなわち，市場Jでは端末をディスカウント価格で販売し，市場Cの規模拡大を助長する。そして，市場Cではプレミアム価格でアプリケーションを販売して，総収入（市場J ＋ 市場C）を増加させることができる。

二面市場の特性を利用して戦略的な価格づけを行うことによって，プラットフォーム企業はネットワーク効果を最大限に利用できるのである[4]。

2.4.1 二面市場の需要創出効果

二面市場の理論では，プラットフォーム企業が「一方の市場にはディスカウント価格」「他方の市場にはプレミアム価格」というような価格戦略をとった場合，単なる余剰の取り合い（付加価値の奪い合い）を超えて，需要創造がダイナミックに行われる点が強調されている（Rochet and Tirole, 2004）。

もしも直接ネットワーク効果だけであれば，市場 C で実現される需要創造効果は，Q_c^{old} から Q_c^{old2} への需要量増加にとどまる。このとき，市場 J と市

---

4) 2つの市場の利益規模の総和を最大化する価格条件は次のように求められる（以下の説明は，丸山（2011）を参照した）。
市場 J，C のユーザー便益（1人あたり）をそれぞれ U_j，U_c とすると，
$$U_j = \theta_j n_c - p_j$$
$$U_c = \theta_c n_j - p_c$$
と表すことができる。ただし，各変数は次の通りである。
n_j，n_c は市場 J，C のユーザー数
θ_j，θ_c は市場 J，C がもう一方の市場から受ける間接ネットワーク効果（1人あたり）
p_j，p_c はプラットフォーム企業が市場 J，C に課する価格（プラットフォーム利用料）

U_j は間接ネットワーク効果 $\theta_j n_c$ が大きければ大きくなり，プラットフォーム価格 p_j が大きいと小さくなる。間接ネットワーク効果 $\theta_j n_c$ はもう一方の市場（この場合，市場 C）のユーザー数が増加すると大きくなることに留意すること。このときのプラットフォーム企業の利益 Π は以下のように表される。
$$\Pi = n_j(p_j - c_j) + n_c(p_c - c_c)$$
と表せる。ただし，c_j，c_c は1人あたりコストとする。
n_1，n_2，p_j，p_c はそれぞれ U_j，U_c の関数として表すことができる。
$$n_j = f(U_j), \; p_j = \theta_j n_c - U_j$$
$$n_c = g(U_c), \; p_c = \theta_c n_j - U_c$$
p_j，p_c を Π の式に代入して，
$$\Pi = n_j(\theta_j n_c - U_j - c_j) + n_c(\theta_c n_j - U_c - C_c)$$
を得る。利益最大化の一階条件を求めると，
$$\frac{\delta \Pi}{\delta U_j} = (p_j - c_c)f'(U_j) - n_j + \theta_c n_c f'(U_j) = 0$$

$$\frac{\delta \Pi}{\delta U_c} = (p_c - c_j)g'(U_c) - n_c + \theta_j n_j g'(U_c) = 0$$
それぞれ，p_j，p_c について解くと，

場 C の需要合計は，市場 J における「$P_j^{old} \times Q_j^{old}$」と市場 C における「$P_c^{old2} \times Q_c^{old2}$」の合計である。

これに対してプラットフォーム企業が戦略的価格づけを行った場合，価格が P_j^{old} から P_j^{new} へと下落するが，その分，市場 J のユーザー数が拡大し，それが市場 C のユーザー数拡大を引き起こしている。このとき，市場 J と市場 C の需要合計は，市場 J における「$P_j^{new} \times Q_j^{new}$」と市場 C における「$P_c^{new} \times Q_c^{new}$」の合計である。

以上の説明を式として表したものが (1) である。

$$P_j^{old} \times Q_j^{old} + P_c^{old2} \times Q_c^{old2} < P_j^{new} \times Q_j^{new} + P_c^{new} \times Q_c^{new} \quad (1)$$

(1) の左辺は直接ネットワーク効果による需要のみ，右辺は直接・間接ネッ

$$\left. \begin{array}{l} p_j = c_j - \theta_c n_c + \dfrac{f(U_j)}{f'(U_j)} \\[6pt] p_c = c_c - \theta_j n_j + \dfrac{g(U_c)}{g'(U_c)} \end{array} \right\} \text{(a)}$$

となる。

(a) 式をもとにすると，2つの市場からあげる総利益 Π を最大化する価格の基本ルールは以下の (i) (ii) となる。

(i) 間接ネットワーク効果が大きい市場のユーザーへの価格は割り引く。

たとえば市場 J のユーザーへの価格 P_j を考えると，(b) 式のように表せる。

$$\begin{aligned} P_j &= C_j - \theta_c n_c + \frac{f(U_j)}{f'(U_j)} \\ &= C_j - \theta_c n_j \frac{n_c}{n_j} + \frac{f(U_j)}{f'(U_j)} \end{aligned} \quad \text{(b)}$$

(b) 式の第2項に注目すると，$\theta_c n_j$ は市場 J から市場 C への1人あたり間接ネットワーク効果であり，$\theta_c n_j n_c$ は市場 J から市場 C への間接ネットワーク効果全体である。$\theta_c n_j n_c$ を n_j で割ったもの（$= \theta_c n_c$）は，市場 J のユーザー1人あたりの間接ネットワーク効果を表す。(b) 式では $\theta_c n_c$ の分だけ市場 J への価格 P_j が割り引かれている。つまり，間接ネットワーク効果が大きい市場のユーザーへは価格を割り引くことになる。

(ii) ユーザーの拡大効果が大きい市場に対しては価格を低めに設定する。

(b) 式の第3項に注目すると，

$$\frac{f(U_j)}{f'(U_j)} = \frac{n_j}{\Delta n_j}$$

であるので，第3項は市場 J のユーザーの変化率（拡大率）の逆数である。つまり，ユーザーの拡大率が大きい場合には価格 P_j は小さくなり，逆に，ユーザーの拡大率が小さい場合には価格 P_j が大きくなる。

トワーク効果による需要総和を示している。図2.9では，(1)に示したように，左辺よりも右辺が大きくなっている。つまり，直接的ネットワーク効果のみよりも，直接的・間接的ネットワーク効果の総和の方が大きくなっている。これがプラットフォーム戦略による需要拡大効果である。

(1)が実現されるためには，①市場Cに対して市場Jの価格弾力性が高いこと（すなわち，価格下げを行ったときのユーザー数拡大効果がより大きいこと），②市場Jのユーザー数拡大が，高い割合で市場Cのユーザー数拡大を引き起こすこと（すなわち，ネットワーク効果の間接効果が強いこと）が条件としてあげられる。

2.4.2 間接ネットワーク効果の戦略的意味

ネットワーク効果のうち，直接効果ではなく，間接効果を戦略的に用いることの戦略的意味は非常に大きい。ネットワークの直接効果だけを用いる場合，企業はたった1つの市場（ユーザー・グループ）とだけ取引を行っているのに対して，間接効果を用いるとは，2つの市場（異なるユーザー・グループ）を相手にすることを意味するからである。この点を，例を用いて説明しよう。

ネットワーク効果の直接効果を利用した古典的な事例が，替え刃ひげ剃りの例である。替え刃ひげ剃りは，替え刃とホルダー（柄の部分）の2つから作られており，両者の間にはネットワーク効果がある。ホルダーを保持しているユーザーが増えれば，そのホルダーに対応した替え刃の需要が増加する。よって，ひげ剃り販売会社は，自社のホルダーを普及させるために，ホルダーを安価に提供する（浸透価格）等の販売促進を行うことになる。

しかし，ここで問題があるのは，ホルダーと替え刃を購入するのは，同一のユーザーであるという点である。合理的なユーザーであれば，安価なホルダーを購入すれば，その後は高価な替え刃を購入する必要があると予測するはずである。そのため，ホルダー購入に躊躇するかもしれない。実際，多くの替え刃ひげ剃り企業は，ホルダーのユーザーが一定規模（クリティカル・マス）を超えるまで，多大な苦労をする。

これに対して，典型的なプラットフォーム企業は，図2.10のように2つの異なる市場（ユーザー・グループ）と取引を行っている。市場AとBとの間にはネットワーク効果が存在している。つまり市場Aのユーザー規模が拡大するとき，市場Bのユーザー規模も拡大する。多くの場合，市場Aの価格弾力

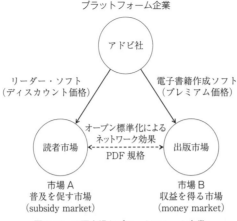

図2.10 二面市場とプラットフォーム企業

性もしくは潜在的市場サイズは，市場Bよりも大きい。このような2つの市場に面しているとき，プラットフォーム企業は市場Aにディスカウント価格で製品を提供してユーザーの拡大を図り，市場Bには，(市場Aのユーザー規模に相当する) プレミアム価格で製品を販売することで収益を得ることができる。

重要な点は，ディスカウント価格を提示された市場Aのユーザーは，将来にわたって，ディスカウント価格の補塡をする必要がないということである。補塡をしているのは市場Bのユーザーだからだ。市場Aのユーザーは，躊躇することなくディスカウント価格で製品を購入することができる。ディスカウント価格を提示される市場Aを，普及を促す支援を受けているという意味で支援市場 (subsidy market) と呼び，プレミアム価格が提示される市場Bを収益を得る市場という意味で収益市場 (money market) と呼ぶ (Eisenmann, Parker, and Van Alstyne, 2006)。

たとえば，電子書籍で有名なアドビ社 (Adobe) は，電子書籍ファイルのリーダーは無料で配布してユーザー規模の拡大を図り，電子書籍ファイルの作成ソフトは高額で出版社に提供している。読者ユーザーは価格に敏感なので，リーダー・ソフトを無料で提供しないとユーザー規模は拡大しない。それに対して，出版社は書籍を販売しようと思っているので，ユーザー規模に応じて電子書籍作成ソフトに高額な料金を喜んで支払う。「プラットフォーム企業が一方にはディスカウント価格，他方にはプレミアム価格で抵抗しながら，同時に，需要創造を行うことができる」のは，市場間に生じるネットワーク効果を利用

しながら，2つの市場を「仲介」しているからである。

　この事例では，アドビ社は「読者市場」と「出版市場」の2つの市場に対峙している。読者市場に無料のリーダー・ソフトを提供したとしても，読者市場は永久に埋め合わせのためのコストを支払う必要はない。このため，読者市場は躊躇することなく，リーダー・ソフトを使用することができ，これがユーザー規模拡大につながる。実際に，リーダー・ソフトのコストを負担しているのは，プレミアム価格で電子書籍作成ソフトを提供される「出版市場」である。ただし，このプレミアム価格は，読者のユーザー規模に応じた妥当なものであるので，電子書籍の出版社はプレミアム価格であっても電子書籍作成ソフトを購入する。間接効果は，このように異なるユーザー・グループにまたがっているので，躊躇することなく，迅速に市場拡大ができる点が優れているのである。

　二面市場で利用される「間接ネットワーク効果」の源泉は，広範囲に及ぶオープン標準の形成である。とくに既存の産業の境界を越えるような幅広い標準化が行われると，複数の市場間で間接ネットワーク効果が発生する。プラットフォーム企業は，間接ネットワーク効果を利用しながら，複数市場を仲介することで，需要創造と収益獲得を同時に行うことができる。

　オープン標準の普及は，インターフェース情報が広く共有されることを意味しており，さまざまな補完財が開発・供給されるようになる。オープン標準が普及するほど，システム財を構成する部品間のネットワーク効果は強くなっていく。プラットフォーム企業にとってネットワーク効果が強くなることは，前述のような2つの財の間のネットワーク効果を利用した競争戦略を実行することが可能になるので，競争優位構築の絶好の機会となる。

2.5　バンドリング戦略

　ビジネス・エコシステムが多くの補完財から構成されることを利用して，競争優位を獲得するには，複数のメカニズムが存在する。前節では，補完財市場間のネットワーク効果を利用する二面市場戦略について説明した。本節では，バンドリングについて説明する。バンドリングでは自社製品と補完財をセットにすることでネットワーク効果をひとり占めし，自社の競争力の拡大をする。

　バンドリングとは，補完的な製品をセット販売したり，統合して販売したりすることである。同様の現象を人工物研究（アーキテクチャ研究）では，2つの機能を統合するという意味で，統合化（インテグラル化）と呼ぶ。ほぼ同じ意味

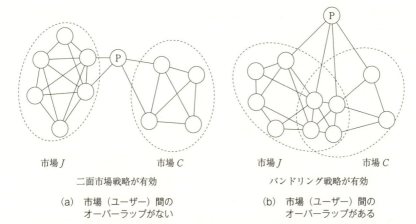

(a) 市場（ユーザー）間の　　　(b) 市場（ユーザー）間の
　　オーバーラップがない　　　　　オーバーラップがある

図2.11　ユーザー・オーバーラップの有無

で，脱モジュラー化，システム化，ターンキー化などとも呼ばれる。

　既存研究では，プラットフォーム企業がバンドリングを多用して補完財市場に頻繁に参入し，競争優位を構築していることが指摘されている（Gawer and Henderson, 2007; Nalebuff, 2004）。バンドリングを使った補完財市場への参入は，「シュンペーター的市場参入（画期的新製品を伴う新規参入）とは異なる，新しい参入方法である」として重視されている。とくにプラットフォーム企業が行うバンドリングはプラットフォーム包含（platform envelopment）と呼ばれ，盛んに研究されている（Eisenmann, Parker, and Van Alstyne, 2011）。

　たとえばマイクロソフト（Microsoft）のMS-Officeというセット製品は，ワードとエクセルを一緒にして販売しており，バンドリングの典型例である。マイクロソフトはさらに，プレゼンテーション・ソフト市場に参入する際にも，同社のパワーポイントをMS-Officeにバンドルして販売している。アップル社は，自社の既存製品iPodという音楽プレイヤーに対して，iTunesというアプリケーション・ソフトを提供し，さらに，iTunes Storeというコンテンツのオンライン販売機能を提供することで，音楽コンテンツの流通市場にまで参入している。スマートフォンでは，アプリケーションを集めて展示するマーケット機能と，ユーザーからアプリケーション代金を回収する課金機能をバンドリング（統合）することによって，グーグルなどのプラットフォーム企業が競争力を強めようとしている。

　前項で説明した二面市場戦略と，本項で説明するバンドリング戦略は，プラ

ットフォーム企業が競争優位を構築する二大戦略である。どちらの戦略が有効であるのかは，2つの市場間の関係によって異なる。2つの戦略と市場間の関係について示したものが図2.11である。

図2.11の (a) は，財 J と補完財 C のユーザーがオーバーラップしていない状態を表している。このような場合，2つの市場間のネットワーク効果（間接ネットワーク効果）を利用した二面市場戦略が有効である。これに対して，図2.11の (b) に示したように，財 J と補完財 C のユーザーがオーバーラップしている場合，すなわち，財 J を使用する多くのユーザーが補完財 C も頻繁に使用するという関係にある場合，財 J と補完財 C をセット販売したり，統合化した1つの製品にしたりして販売するバンドリング戦略が有効である。2つの財の間にネットワーク効果があるとき，バンドリング戦略はより強力になる。ビジネス・エコシステムは多数の補完財で構成されるので，バンドリングの機会が豊富にある。

プラットフォーム企業は，ある場面では二面市場戦略を行い，ある場面ではバンドリング戦略を行うというように，2つの戦略を同時に行っている。以下では，バンドリングによってプラットフォーム企業が競争力を構築するメカニズムについて説明する。

2.5.1 バンドリングの種類

バンドリングには，①ピュア・バンドリング（pure bundling）と②混合バンドリング（mixed bundling）の2つの方法がある。①②はどちらも補完財が複数あるときにセット販売する方法である。違いは，①はセット販売のみを行うのに対して，②はセット販売と単品販売を並行して行う点である。一般的にはセット販売の方にディスカウント価格が設定される。

たとえば，携帯電話会社で回線提供と端末販売が必ずセットで行われているときは，ピュア・バンドリングが行われている。この場合，消費者は，自分の好きな携帯端末と，最も安い回線サービスを別々に購入することができない。必ず，端末と回線サービスをセットで購入する必要がある。この意味で，競争戦略上，ピュア・バンドリングは競合相手企業のシェアを奪う強力な手段になる。

それに対してハンバーガーショップのように，ハンバーガーと飲み物をセット販売もするし，同時に，単品販売も行う場合は混合バンドリングと呼ぶ。ユ

ーザーは，ハンバーガーをマクドナルドから購入し，飲み物は自分の好きな会社から別途購入することができる。

このように，セット販売と単品販売を同時に行う混合バンドリングは，ピュア・バンドリングと比較して，囲い込み戦略という点では，やや弱い効果に限定される。しかし，後述のように，単品価格とセット価格との間に価格差を設定して混合バンドリングを用いることにより，選好の異なる消費者グループに対して差別価格を実現することができる。差別価格を用いると，売上高を最大化することができる。たとえば，マクドナルドでは，セット販売の場合は安い価格で販売し，単品販売時には，やや高い価格で販売をしている。単品価格はディスカウントから逃れているわけである。これは，典型的な差別価格を利用した混合バンドリングの利用方法である。

ピュア・バンドリングも混合バンドリングも，どちらもバンドリングと呼ばれ，「差別価格効果」や「囲い込み効果」を得ることができる。これらは経済的バンドリング，戦略的バンドリングというようにバンドリングの動機ごとに研究されている。

2.5.2 バンドリングの動機：経済的理由と戦略的理由

バンドリングを行う動機には，①経済的理由と②戦略的理由の2つがある。経済的理由とは総収入の最大化である。戦略的理由とは市場参入のコントロール（新市場への進出や既存市場の囲い込みなど）である。経済的理由は主にユーザー消費者との間の関係を念頭にしたものである。それに対して，戦略的理由はライバル企業との関係を念頭にしたものである。

バンドリングに関する伝統的な研究では，①の経済的理由に焦点を当てたものが多かった。バンドリングを用いた差別価格（price discrimination）は，代表的な経済的理由である。これに対して，近年では，ライバル企業に対する競争優位を構築する手法として，②戦略的理由に基づいてバンドリングが研究されている。たとえば，バンドリングを行うことによって，ライバル企業の参入に対して障壁を作ることができることが知られている（Nalebuff, 2003, 2004）。

経済的動機に基づくバンドリング（経済的バンドリング）では，主に混合バンドリングが使われることが多い。これに対して，戦略的動機に基づくバンドリング（戦略的バンドリング）では，ピュア・バンドリングが使われることが多い。ただし，そもそもバンドリングを行う企業は経済的動機，戦略的動機の双方を

同時にもっている点や，混合バンドリングとピュア・バンドリングが同様の効果を内在している点から，両者の使い分けは，それほど厳密ではない。混合バンドリングであっても，単品販売の供給量を制限することにより，実質的に，ピュア・バンドリングに近い形態になることも多い。この意味で，混合バンドリングは，ピュア・バンドリングの一般型であると言える（Nalebuff, 2003, p. 14）。

2.6 経済的バンドリング

バンドリングの経済的理由には，コスト削減，品質向上，効率的価格づけ等があげられる。コスト削減・品質向上とは，バンドリングによって製品で重複している部品を効率的に開発・生産できるようになったり，同一の流通チャネルを使って効率的に販売できるようになったりすることなどがあげられる。また，同一の製品ラインに共通のインターフェースを持たせることによって，ユーザーの学習を促すことも品質向上に含まれる。これらはバンドリングによって，品種やインターフェースなどの多様性を削減し，コスト効率化を行うものである。

バンドリングは，コスト側の効率化だけでなく，複数セグメントのユーザー消費者に対して効率的価格づけを行うためにも用いることができる。効率的価格づけによって，製品ポートフォリオから最大収入を獲得しようとするものである。次項では，その例としてバンドリングによる差別価格戦略を紹介する。

2.6.1 バンドリングによる差別価格戦略

ここでは経済的バンドリングの例として，混合バンドリングを用いた効率的な価格づけを紹介する。効率的価格づけとは，バンドリングを利用した差別価格（price discrimination）の実現を指している。

差別価格とは，価格に敏感な顧客にはディスカウント価格で販売し，そうでない顧客にはプレミアム価格で販売するというように，顧客の支払い能力に応じて販売価格を変えることである。一般的に言えば，同一の製品を異なる価格で販売することは難しい。しかし，バンドリング（正確には混合バンドリング）を用いることによって，セット価格と単品価格の間で差別価格を実現することができる。図 2.12 は，バンドリングを用いた差別価格を示している。

図 2.12 には，2 つの製品（製品 1，製品 2）と，4 人のユーザー（A～D）がいる。4 人とも，製品 1 と製品 2 の 2 つの製品に対して，合計 200 まで支払って

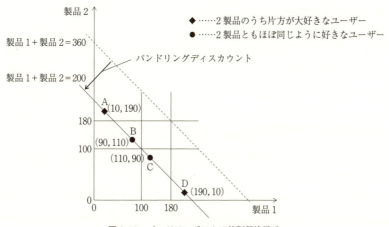

図2.12 バンドリングによる差別価格戦略

も良いと考えている。同一の予算制約を持っているわけである。ただし，製品1を好むのか，製品2を好むのかについて異質性がある。

ユーザーAは，製品1に10しか支払いたくないが，製品2には190まで支払っても良いと考えている。逆に，ユーザーDは製品1に190まで支払って良いと考えているが，製品2には10までしか支払いたくないと考えている。ユーザーBは製品1に90，製品2に110を支払って良いと考えているし，ユーザーCは製品1に110，製品2に90を支払って良いと考えている。つまり，ユーザーAとD（◆のグループ）は，2つの製品のうち，どちらか一方を高く評価している一方で，ユーザーBとC（●のグループ）は，2つの製品をほぼ同等に評価している。

このような4人のユーザーがいるときに，どのような価格づけがありえるだろうか。

まず，高い価格づけをすることによって総収入を増やす作戦（高価格方式）を考えてみよう。製品1，製品2をともに180で価格づけした場合，ユーザーAは製品1だけを購入し，ユーザーDは製品2だけを購入する。ユーザーBとCは，製品1も2も購入しない。この場合の総収入は，180＋180＝360となる。高い価格づけをしたために，4人のユーザーのうち2人しか製品を購入していないし，その2人も2製品のうち，どちらか一方しか購入していない。そのため，総収入はそれほど高くない。

2.6.2 価格方式と総収入

これに対して，低い価格づけをして4人のユーザー全員に製品を販売することを考えてみよう。これをディスカウント方式と呼ぼう。製品1，製品2をともに100で価格づけして個別販売すれば，ユーザーAとBは製品2だけを購入し，ユーザーCとDは製品1だけを購入する。ユーザーA~D全員が製品1もしくは2を購入する。この場合の総収入は，100×4=400となる。確かに，低価格作戦の総収入は高価格作戦の総収入（360）よりも増えた。しかし，4人全員がいずれかの製品を購入したわりには総収入は増えていない。その理由は，価格を下げたからである。

高価格方式では（製品1，製品2）=（180, 180）という高値で販売したが，高値販売したため，購入しないユーザーが発生してしまった。これに対して，ディスカウント方式では（製品1，製品2）=（100, 100）で販売したため，全員がいずれかの製品を購入した。しかし，全員にディスカウント価格で販売してしまったため，総収入が思ったほど増加しなかった。

セット販売を使えば，総収入をさらに伸ばすことができる。これを混合バンドリング方式と呼ぼう。混合バンドリング方式では，製品1と製品2の個別販売を行いながら，同時に，セット販売も行う。個別販売では，高価格作戦のときと同様に，（製品1，製品2）=（180, 180）で販売する。セット販売時には，セット価格（バンドル価格）として，製品1と製品2のセットを200で販売する。このとき，ユーザーAは，「(a) 製品1だけを180で購入する」か，「(b) セットを200で購入する」かを考えることになる。ユーザーAは，製品1に190，製品2に10まで支払って良いと思っている。(a)も(b)も，この条件を満足しているが，(b)は予算制約ぎりぎりである一方，(a)は製品1に支払って良い価格の190に対して180で購入するので10も安い。だから，ユーザーAにとって(a)を選択するのが合理的である。同様に，ユーザーDは，製品2だけを180で購入することが合理的である。これに対して，ユーザーBとCは，(a)で単品で製品を購入するのでは選好を満足することができないが，(b)でセットを購入すれば選好を満足することができる。混合バンドリング方式の総収入を計算すると，ユーザーAとDでは180+180，ユーザーBとCでは200+200となり，総収入は760となる。

3つの方式の総収入を整理したものが，表2.1である。高価格方式の総収入（360），ディスカウント方式の総収入（400）と比較して，混合バンドリング方

	価格			ユーザーA		ユーザーB		ユーザーC		ユーザーD		総収入
	製品1	製品2	セット	製品1	製品2	製品1	製品2	製品1	製品2	製品1	製品2	
高価格方式	180	180	—	×	○	×	×	×	×	○	×	360
ディスカウント方式	100	100	—	×	○	×	○	○	×	○	×	400
混合バンドリング方式	180	180	200	×	○	◎	◎	◎	◎	○	×	760

○……購入　　×……不買　　◎……セット購入

表2.1　各価格方式と総収入

式（760）が，最も高い収入である。混合バンドリング方式が効果的であったのは，4ユーザーが「同じ予算制約を持つが，異なる選好を持つ」ことを利用したからである。2製品のうち片方だけに高評価を与えているユーザー（ユーザーAとD）には高い単品価格で購入してもらい，2製品にほぼ同じ評価を与えているユーザー（ユーザーBとC）にはディスカウントしたセット価格で購入してもらっている。セット価格（200）は，単品価格の総和（360）よりも安い。このディスカウントを，バンドリング・ディスカウントと呼ぶ。バンドリング・ディスカウントは，「セットにすることによる割引」のように見えるが，実際には，セット価格のディスカウント後も引き続き，単品をプレミアム価格で販売することが目的である。

バンドリング・ディスカウントは，セット購入したユーザー（ユーザーBとC）のみが利用できる。単なるディスカウント方式では，すべてのユーザーがディスカウント価格を利用することができる。これだと総収入が増加しない。これに対して，バンドリング・ディスカウントは，セット購入するユーザーが利用できるだけで，単品購入するユーザーは高値で購入する必要がある。ユーザーの選好に応じて選択的価格づけができるので，混合バンドル方式の総収入が最も大きくなったのである。

混合バンドリングは2つの製品を供給しているプラットフォーム企業が頻繁に用いる手法である。たとえば，ビデオコンソールとゲームソフトについて，バンドリング・パッケージと，単品売りを並行させることがある。これは典型的な混合バンドリングの例である。このような混合バンドルを用いることにより，セット販売を購入する消費者のみにディスカウント価格を設定し，単品販売を購入する消費者に対してはディスカウント価格を設定しないという差別価格制をとっている。

標準化と混合バンドルは組み合わせて使われることが多い。混合バンドルの

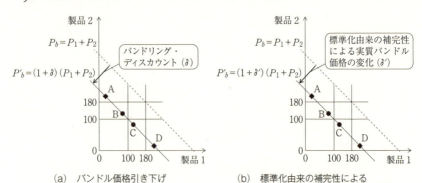

図2.13 オープン標準化による実質バンドル価格の変化

効果の大きさは，2つの製品の間にネットワーク効果が働いているときにより大きなものになる。この点は図2.13の(a)のバンドリング・ディスカウントが，同図の(b)の標準化由来の補完性（＝ネットワーク効果）と実質的に同じであると考えると自明である。

たとえばパソコン（製品1）とスマートフォン（製品2）を持っているユーザーがいたとしよう。そして，音楽ファイルを相互にやりとりできる標準規格が策定されたとすると，2つの製品を同時に購入する「お買い得感」が拡大する。「お買い得感」は図2.13(b)の実質バンドル価格の変化 δ' に相当し，図2.13(a)のバンドリング・ディスカウント δ と同様に機能する。標準化による「お買い得感」の拡大は，バンドリング・ディスカウントと同じ効果を持つ。

このように標準化とバンドリングを組み合わせると容易に差別価格を実現できる。先の例のビデオコンソールとゲームソフトのような2つの製品間にネットワーク効果（標準化によるネットワーク効果）が存在する製品では混合バンドリングが頻繁に行われる。

以上で説明したような混合バンドリングの動機は，総売上最大化といった経済的な理由であった。一方，パッケージ販売と単品販売を並行せずに，パッケージ販売のみを行うピュア・バンドリングもプラットフォーム企業は頻繁に用いる。その動機は，次項に示すような新市場への進出や参入障壁構築などの戦略的な理由がある。

2.7 戦略的バンドリング

既存のバンドリングに関する研究は，前述の「バンドリングによって差別価格を実現する」というような経済的動機に集中していた。それに対して，近年，戦略的動機について研究がなされている（Nalebuff, 2003, 2004; Eisenmann et al., 2011）。戦略的動機とは，市場参入のコントロール（「新市場への進出」と「既存市場の囲い込み」）である。戦略的動機に基づいたバンドリングのことを戦略的バンドリングと呼ぶ。

既存研究ではプラットフォーム企業が，補完財市場に参入して，プラットフォーム製品と補完財製品をバンドル販売することが報告されている。マイクロソフトはOSというプラットフォーム製品と，その補完財であるアプリケーション製品をバンドル販売している。アップルは，パソコンであるMacと，モバイル製品であるiPhone/iPod/iPadをバンドルしている。アップルは，ハード製品だけでなく，iTunesやAppStoreのようにソフトウェアやコンテンツ流通までもバンドルを行っている。

このように，周辺市場の考え方は，一見してわかるような簡単なものばかりではない。たとえば，製品企業がその製品を使ったアフターサービス市場に参入するのも，周辺市場への参入である。自動車企業が，修理・整備サービスに参入するというのはこの例である。そのときに，もしも，自社製品がオープン・インターフェースに対応している場合，後述のように周辺市場への参入効果は大きくなる。ネットワーク効果が発生するからである。オープン・インターフェースを，ユーザー消費者だけが使えるようにするのか，ライバル企業まで使えるようにするのかは，戦略的判断である。ライバル企業まで使えるようにした場合は，利益を分け合うことになるが，市場創出効果が期待できる。このような製品とソリューション・サービスのようなレイヤーが異なる周辺市場への参入も，戦略的バンドリングに含まれる。製品と設置サービス，製品とアフターパーツ・サービス，製品とソリューション・サービスなど，戦略的バンドリングの適用範囲は広い。

次項以降，戦略的バンドリングを紹介する。戦略的バンドリングとしては，バンドリングによる（a）隣接市場への参入と（b）参入障壁構築の2つがある。本節では（a）をバンドリング・アタック，（b）をディフェンシブ・バンドリングとして説明する。なお，戦略的バンドリングは主にピュア・バンドリングを用いて行われる。

2.7.1 バンドリング・アタック：プラットフォーム包含

バンドルは個別販売に対して，ユーザーの自由な購買行動を制限する方法である。だから，当然，ユーザーの購買行動に変化を及ぼす。この変化を活用することによって，ライバル企業（単品販売企業）の市場シェアを奪うことができる。これをバンドリング・アタックと呼ぶ。とくにプラットフォーム企業がバンドリング・アタックを行うことを，Eisenmann et al. (2011) は，「プラットフォーム包含（Platform Envelopment）」と呼んでいる。バンドリング・アタックは，セット販売によるユーザー囲い込み戦略の一種であるが，新市場進出にバンドリングを用いている点に特徴がある。

バンドリング・アタックの例として，アップルの携帯電話（スマートフォン）市場への進出があげられる。アップルは 2001 年に iPod を発売し，携帯音楽プレイヤー市場でドミナント・シェアを確立した。そして，さらに 2007 年に携帯電話市場に新規参入する。iPod ユーザーは iPod 用に蓄積した楽曲データを iPhone でのみ再生することができ，他の携帯電話では再生することができなかった。iPhone の成功の一因は iPod で囲い込んだユーザーを，そのまま iPhone ユーザーにすることができたことである。言い換えれば，携帯音楽プレイヤー市場のドミナント・シェアを用いて，全くの新参者である携帯電話市場への新規参入を成功させたのである。iPhone の製品としての良さも成功の要因であろうが，バンドリング戦略を新規参入に用いた効果を無視することはできない。

バンドリング・アタックの効果について図示したものが図 2.14 である。この図では製品 1 を販売している企業 α が，製品 2 市場に新規進出するため，バンドリング・アタックを行う様子を示している。企業 α は（a）では製品 1 のみを販売しているが，（c）では製品 1 と製品 2 のバンドル販売を行っている。企業 β は製品 2 のみを単品販売する既存企業（ライバル企業）である。

話を簡単にするために，ユーザーは一様に分布しているとする。また，企業 α がバンドリングを行うとき，ピュア・バンドリング（製品 1 と製品 2 のセット販売のみをし，個別販売を行わない）だけを対象にする。

先のアップルの携帯音楽プレイヤー（iPod）と携帯電話（iPhone）の例に照らし合わせると，製品 1 が携帯音楽プレイヤーで，製品 2 が携帯電話である。企業 α がアップルで，企業 β がライバルの携帯電話企業である。アップルは携帯電話市場に参入するため，iPod と iPhone のセット販売のみ行う（iPhone だけ

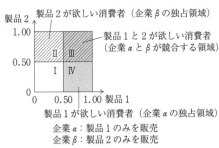

(a) 個別販売

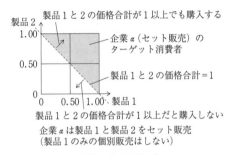

(b) バンドリング

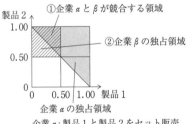

(c) 個別販売とバンドリング

図2.14 個別販売とバンドリング

の個別販売をしない）状態である（この例は事実と異なる仮想例である）。

初期状態の（a）では，企業 α は製品1を販売し，企業 β は製品2を販売している。ここで，企業 α が製品2（の同等製品）の販売を開始するときに，（b）のように製品1と製品2のバンドル販売のみを行うとする（製品1と製品2の個別販売はしない）。このとき（c）の状態になり，企業 α が企業 β にバンドリング・アタックを仕掛けている状態となる。各状態ごとに詳しく説明していこう。

(a) は製品 1，製品 2 ともに個別販売が行われている状態である。企業 a は製品 1 を，企業 β は製品 2 を販売している。製品 1，製品 2 ともに 0.50 で販売されているとする。(a) の第 IV 象限は，製品 1 のみを購入し，製品 2 を購入しない消費者である。第 II 象限は，製品 2 のみを購入し，製品 1 を購入しない消費者である。第 III 象限は，製品 1 と製品 2 を購入する消費者である。第 III 象限は，製品 1 と製品 2 が競合している領域である。ちなみに，第 I 象限は，製品 1 も製品 2 も購入しない消費者である。

(b) は，企業 a が製品 1 と製品 2 のセット販売を行い，個別販売をやめた状態である（企業 β の状態は記入していない）。セット製品を購入するだろう消費者の分布形状が変わっていることがわかる。これは，セット販売では，製品 1 と製品 2 の価格の合計が 1.00 である。セット製品を購入するのは，製品 1 と製品 2 の留保価格の合計が 1.00 以上の消費者たちである。この消費者たちは (b) で示す大きな三角形である。

(c) は，企業 a が製品 1 と製品 2 のセット販売を行い，企業 β が製品 2 の個別販売を行っている状態である。(a) と比較すると，(c) では，企業 a が獲得する消費者分布の領域が広がり，企業 β が獲得する消費者分布の領域が狭まっていることがわかる。企業 β の消費者分布の領域が減少した理由は，第 III 象限の消費者を企業 a に獲得されてしまったからである。第 III 象限の消費者は，製品 1 も製品 2 にも魅力を感じる消費者である。この消費者は，(a) では，製品 1 と製品 2 をそれぞれ企業 a と企業 β から購入していた。しかし，(c) では，そのような選択を行うことはできない。消費者は，企業 a が提供するセット製品（製品 1 と製品 2 のセット）を購入するか，企業 β が提供する製品 2 を購入するか，のいずれかを選択しなくてはいけない。第 III 象限の消費者は，製品 1 と製品 2 のどちらにも魅力を感じている消費者なので，セット製品を購入することになる。そうすると，企業 β が第 III 象限の消費者に製品 2 を販売する機会は失われる。

さらに，(c) の第 II 象限では，企業 a が企業 β を圧迫する状況が起きている。第 II 象限の①の領域は企業 a と企業 β が競合している。結局，企業 β が独占できる消費者分布の領域は，第 II 象限の②の領域だけである。

(a) と比較すれば，企業 β が独占できる消費者分布の領域が (c) で減少しているのは明らかである。この理由は，企業 a が製品 1 と製品 2 をセット販売し，個別販売を行わないことに起因している。個別販売が行われていないため，

消費者は自らの選好に合わせて，自由に製品1と製品2を選択的に購入することができなくなっている。製品1と製品2を欲しい消費者（(c)の第Ⅲ象限）は，セット販売を行っている企業 a に囲い込まれている。バンドリング・アタックでは，一種の囲い込みが発生している。バンドリング・アタックによって，企業 a の競争優位が高まっているのである。

2.7.2　ディフェンシブ・バンドリング：バンドルの参入障壁効果

バンドリングは潜在的なライバル企業に対して，参入障壁を構築する効果的方法にもなる。バンドルによる囲い込み効果を，参入障壁として用いる方法である。具体的には，製品1と製品2があったときに，そのセット価格を下げる（ディスカウントする）ことによって，ライバル企業が参入するインセンティブを奪う方法である。このバンドリングの効果をバンドリングの参入障壁効果（entry deterrent effect）と呼ぶ（Nalebuff, 2004）。本書では，この戦略のことを，ディフェンシブ・バンドリング（defensive bundling 防御的バンドリング）と定義する。

一見，前節の差別価格を実現するためのバンドリング・ディスカウントと同様に見えるが，戦略的意図が大きく異なる。バンドリング・ディスカウントでは，差別価格を実現することによって，総収入を最大化することが動機である。それに対して，ディフェンシブ・バンドリングでは，ライバル企業の潜在的利

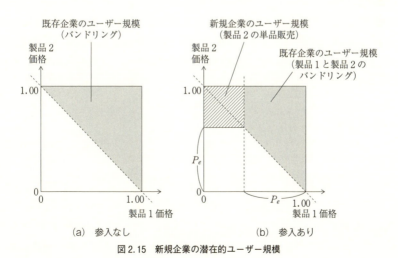

(a) 参入なし　　　　　　(b) 参入あり

図2.15　新規企業の潜在的ユーザー規模

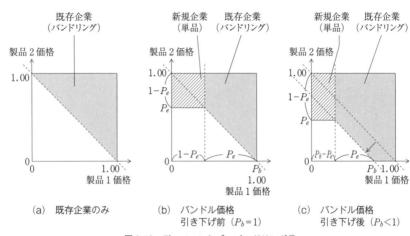

図 2.16 ディフェンシブ・バンドリング①

益を奪い，参入インセンティブを減少させることが目的である。

「バンドリングによる参入障壁構築」が特徴的なのは，セット価格をディスカウントする過程で，ほとんど利益を失わず（場合によっては利益が増加することすらある），かつ，ライバル企業の潜在的利益を劇的に減少させることができる点にある。このことを Nalebuff (2004) に従って説明する。

図 2.15 は，バンドリングが行われている市場に参入した場合に，新規企業が獲得できる潜在的ユーザー規模について示したものである。(a) では，既存企業が製品 1 と製品 2 をバンドリングして販売している。もし，ここに新たな企業が単品販売で参入したらどうなるだろうか。新規企業は一定のユーザー規模を獲得するだろう。これを潜在的ユーザー規模とする。潜在的ユーザー規模は，新規企業の価格（参入価格 P_e）によって大きくなったり小さくなったりする。新規企業にとってもっとも有利な価格とは，総収入（＝参入価格×ユーザー規模）を最大化するような P_e である。

このような参入に対して，既存企業はどのような対策がとれるだろうか。一番簡単な方法は，バンドル価格（P_b）を下げることによって，新規企業の獲得するはずの潜在的ユーザー規模を小さくすることである。図 2.16 は，バンドル価格の引き下げの効果について示したものである。(b) は，既存企業が製品 1 と製品 2 のセット販売を行うことを決定し，バンドル価格 $P_b = 1$ を設定したときの様子である。(c) のように P_b を下げていくときの，新規企業の

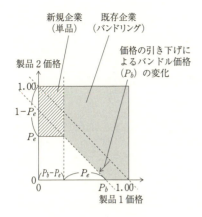
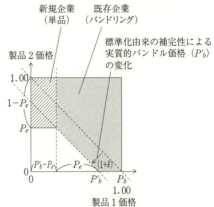

(c) バンドル価格の
引き下げ（$P_b < 1$）

(d) 標準化由来の補完性による
実質的バンドル価格の引き下げ効果

図 2.17 ディフェンシブ・バンドリング②

潜在的ユーザー規模は $(1 - P_e)(P_b - P_e)$ で表される。同時に，既存企業の潜在的ユーザー規模は $1 \times \{1 - (P_b - P_e)\} - \frac{1}{2} P_e$ で表される。

2.7.3 バンドリング価格とオープン標準化について

ディフェンシブ・バンドリングについて論じる前に，標準化がバンドル価格 P_b の引き下げと実質的に同じであることを指摘しておく。製品1と製品2との間に標準化に起因するネットワーク効果が存在するとき，両者の関係は補完財の関係になる。

補完財の関係にあるとき，製品1，製品2を単独で使用するよりも，製品1と製品2の双方を使用した方が便益が上がる。この便益の向上は2つの製品を上市しているプラットフォーム企業のみが用いることができる。

製品1と製品2が補完財の関係にあるとは，下のように表すことができる。

$$V_{1+2} = (1 + \delta)(V_1 + V_2), \quad \delta \geq 0$$

ただし，V_1, V_2, V_{1+2} は，それぞれ製品1，製品2，製品1と製品2のバンドリング，の便益である。

δ は，バンドリングによる便益の向上を示す。

ユーザーが潜在的な便益 V_1, V_2 に対応して価格 P_1, P_2 を支払うとすると，次のように書くことができる。P'_b は実質的バンドル価格である。

$$P_b = P_1 + P_2$$

$$P_b = (1+\delta)P'_b \quad \delta \geq 0$$

$\delta = 1$ のときは完全補完，$\delta = 0$ のときは補完性なしとなる。$0 < \delta < 1$ のときには，部分的に補完性がある状態である。オープン標準に由来してネットワーク効果が発生した場合は，ほとんどが部分的に補完性がある状態になる。図2.17の (c) と (d) を見比べるとわかるように，オープン標準によってネットワーク効果が発生した (d) は，バンドル価格の引き下げをした (c) と同じような効果を持つ。製品1と製品2のバンドル価格の引き下げと，製品1と製品2の間にオープン標準を成立させることは，バンドリング戦略の観点から同じ意味を持つ。ネットワーク効果が発生している場合，さらにバンドル価格の引き下げを行うと，バンドリング戦略の有効性がさらに高まる（Nalebuff, 2004, p. 178）。

2.7.4 デフェンシブ・バンドリングの戦略的有効性

話を再びデフェンシブ・バンドリングに戻す。図2.16のように既存企業がバンドル価格 P_b を引き下げるとき，新規企業にとって最善の参入価格 P_e と利益 R_e および既存企業の利益 R_i が，どのように変化するのかを考える。ただし，既存企業の利益は，新規企業の参入・不参入に大きく依存するので，この2つを分けて考える。新規企業が参入した場合の既存企業の利益を $R_{i|entry}$，新規企業が参入しなかった場合の既存企業の利益を $R_{i|noentry}$ とする。

既存企業にとってバンドル価格 P_b を高めに設定すれば利益を最大化しやすい。しかし，その分，新規企業（単品）が参入した際の潜在利益 R_e も増加するので，参入インセンティブを高めてしまう。いったん新規企業が参入してしまえば競争が始まる。それよりもあらかじめバンドル価格 P_b を低く設定し，新規企業の潜在利益 R_e を小さくして参入インセンティブをそいだ方が良いかもしれない。新規企業が不参入であれば，既存企業の収入は多少減るかもしれないが，独占を維持することができる。

議論の見通しをよくするために，バンドル価格設定を展開系ゲームの形で表現したものが図2.18である。最大独占収益を実現するために，バンドル価格を高めに設定すると，新規企業の潜在収入も大きくなってしまうため，高い確率で新規企業は参入してしまう。新規企業が参入すれば競争が起こるため，既存企業の収入は非常に小さくなる。それよりも，あらかじめバンドル価格を低めに設定して，新規企業の潜在収入を小さくして新規企業が参入する確率を減

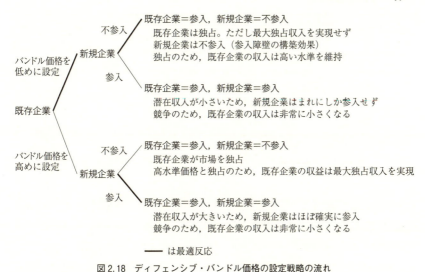

図2.18 ディフェンシブ・バンドル価格の設定戦略の流れ

らし,独占を維持した方が良いのではないかという考え方である。

このような状況を図2.16のセッティングを用いて段階ごとに考えてみよう。まず,新規企業の参入が起こっていない状況を考える。

新規企業の不参入時の既存企業の利益関数 $R_{i|noentry}$ は下式で表現される。

不参入時の既存企業の利益 $R_{i|noentry} = P_b \left(1 - \dfrac{P_b^2}{2}\right)$

そのときの,新規企業の潜在利益関数 R_e は次式となる。

参入企業の潜在利益 $R_e = P_e(1 - P_e)(P_b - P_e)$

次に,新規企業が参入時に最大収入を得る P_e を求めるため,関数 R_e を P_e についての一階微分条件を求める。すると,

$(1 - 2P_e)(P_b - P_e) - P_e(1 - P_e) = 0$

P_e について上式を解くと,下記の解 P_e^* を得る。

$P_e^* = \dfrac{(1 + P_b)}{3} - \dfrac{\sqrt{1 - P_b + P_b^2}}{3}$

P_e^* は,ある P_b の下で新規企業が最大利益を得る価格である。ここで,P_b を段階的に下げてみたときに,P_e および R_e がどのように変化するかをまとめたものが,表2.2である[5]。

脚注5より,$P_b = 0.80$ のときが,参入が起きなかったときの,既存企業の

既存企業のバンドル価格 (P_b)	新規企業が最大収入を実現する価格 (P_e)	新規企業不参入時の既存企業の収入 ($R_{i|noentry}$)	新規企業不参入時の既存企業の収入 ($R_{i|entry}$)	新規企業の潜在的収入 (R_e)
1.00	0.333	0.500	0.278	0.148
0.80	0.290	**0.544**	0.361	0.105
0.68	0.270	0.523	**0.374**	0.081
0.41	0.180	0.375	0.309	0.034

出所:表中の数値は Nalebuff (2004) をもとにしている。

表 2.2 ディフェンシブ・バンドル価格と収入の変化

収入 $R_{i|noentry}$ が最も大きくなる独占価格である。バンドル価格 P_b を, 0.68, 0.41 と下げていったとき, 既存企業の収入 $R_{i|noentry}$ は, 0.523, 0.375 となる。それぞれ, バンドル価格引き下げ前の収入 0.500 に対して, 105%, 75% である。対応する新規企業の潜在収入 R_e は, 0.081, 0.034 であり, 従前の収入 0.148 に対する比率は, 55%, 23% となっている。つまり $P_b = 1.00$ から $P_b = 0.68$ への値下げは, 既存企業の収益を増加させるが($R_{i|noentry} = 0.500 \to R_{i|noentry} = 0.523$), 新規企業の収益を約半減させる($R_e = 0.148 \to R_e = 0.081$)。バンドル価格の引き下げは, 既存企業は収入 $R_{i|noentry}$ を拡大させながら, 新規企業の潜在的な参入インセンティブである R_e を効果的に減少させることがわかる。

次に, 新規企業が参入したときの既存企業の利益を考える。新規企業の市場参入時の既存企業の収入は下式で表される。

$$R_{i|entry} = P_b\{1 \times (1-(P_b - P_e)) - \frac{1}{2}P_e^2\}$$

---

5) 新規企業非参入時の既存企業の独占利益は

$$R_{i|noentry} = x(1 - \frac{x^2}{2})$$

であり, 独占価格はその一階の微分条件より

$$-\frac{3x_2}{2} + 1 = 0$$

を解いて

$$x = \sqrt{\frac{2}{3}} \fallingdotseq 0.80$$

となる。このとき独占利益 $R_{i|noentry} \fallingdotseq 0.544$ となる。

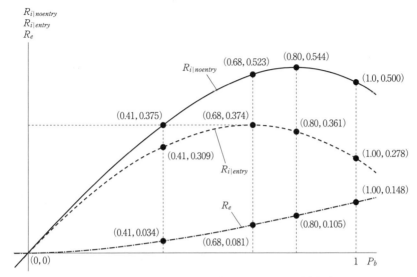

図 2.19 新規企業の参入時・不参入時における既存企業利益

新規企業の参入が発生したときと参入が発生しなかったときの，既存企業の利益を比較したものが表 2.2 の $R_{i|noentry}$ 列と $R_{i|entry}$ 列である．なお参入が起こったときの既存企業の最大収入を実現する P_b は 0.68，最大収入 $R_{i|entry}$ は 0.374 である[6]．

新規企業の参入・不参入時における最大収入は，図 2.19 からも視覚的に確認できる．

図 2.19 から既存企業がバンドル価格 P_b を $P_b = 1$ から $P_b = 0$ に向かって下げていくと，参入企業の潜在的収入 R_e が下がっていくのがわかる．潜在的収入 R_e が減少するということは，参入するインセンティブが小さくなるわけであり，参入障壁が構築されていることを意味している．

ディフェンシブ・バンドリングが，戦略的に優れた方法であることを示して

---

6) 新規企業が最大利益を実現するように P_b に反応すると仮定すると，$P_e = P_e^*$ となり，上式 $R_{i|entry}$ は P_b の関数として次のように書き換えることができる．

$$R_{i|entry} = P_b\Big((1 - (P_b - P_e^*)) - \frac{1}{2}P_e^2\Big)$$

ここで $R_{i|entry}$ の一階の微分条件より最大化条件を調べると，$P_b \fallingdotseq 0.68$ となる．このとき $R_{i|entry} \fallingdotseq 0.374$ となる．

いるのが，バンドル価格 P_b を 1.00 から 0.80 へ下げたときの変化である。バンドル価格を下げているにもかかわらず，既存企業の収入 $R_{i|noentry}$ は，0.500 から 0.544 へと 8.8% 増加していることがわかる。さらに，参入企業の潜在的収入 R_e は，0.148 から 0.105 へと 29% 減少している。

同様に，バンドル価格 P_b を 1.00 から 0.68 へと引き下げた場合，既存企業の収入 $R_{i|noentry}$ は 0.523 であり，引き下げ前よりも収入は依然として大きい。この間，参入企業の潜在的収入 R_e は，0.148 ($P_b = 1.00$) から 0.081 ($P_b = 0.68$) へと引き下げられる。0.081 は，0.148 の 55% であり，参入企業の潜在的収入が大幅に減少していることがわかる。

つまり，既存企業は，総収入を増加させながら，同時に，参入企業の潜在収入を大幅に減少させているわけである。ディフェンシブ・バンドリングは，戦略的手法として，このように優れた特性を持っている。

さらに，新規企業の参入・不参入の場合の既存企業の利益を比較する。$R_{i|entry}$ の最大収入は 0.374 ($P_b = 0.68$) である。0.374 は，新規企業不参入時の既存企業の収益 $R_{i|noentry}$ の 0.375 ($P_b = 0.68$) とほぼ同じ値である。つまり，もし既存企業が，新規企業の参入時の最大収益さえ獲得できれば良いと思うのであれば，$P_b = 0.41$ までバンドル価格を下落させれば良いわけである。このとき ($P_b = 0.41$) の新規企業の参入時の収益は，$R_e = 0.034$ であり，$P_b = 0.68$ のときの $R_e = 0.081$ と比較すると，半分以下の 42% である。

参入時の収益が小さくなるということは，新規企業の参入インセンティブを減少させているということである。$P_b = 0.41$ のときの既存企業の利益 $R_{i|noentry}$ は 0.375 であり，もともとの収益の 0.500 ($P_b = 1.00$) の 75%，最大収益の 0.544 ($P_b = 0.68$) の 69% となっている。最大収益を 30% 程度減少させることによって，参入者の参入インセンティブを半分以上減少させることができるわけである。

これらの考察からバンドル価格を調整することで既存企業は新規企業に対して効果的に参入障壁を構築できることが明らかになった。しかも，この参入障壁構築効果は 2 財の間にネットワーク効果が存在すると拡大する。オープン標準を戦略的に用いているプラットフォーム企業にとって，ディフェンシブ・バンドリングは非常に有効な手段であることがわかる。

2.8 小まとめ

　第2節ではビジネス・エコシステム型の産業構造について紹介するとともに，その中で中心的な役割を担うプラットフォーム企業の競争戦略について，理論モデルの説明を行った。ビジネス・エコシステム型の産業は補完財を多く包含し，ネットワーク効果が頻繁に発生する。このネットワーク効果の源泉として，第1章で紹介したオープン標準化が頻繁に用いられる。

　プラットフォーム戦略では複数の市場間の関係性を利用することで，自らの競争優位を構築する。取引ネットワーク上のハブにポジショニングすることによって，情報アクセス優位性と情報コントロール優位性が発生し，複数市場間の関係を最大限に利用することができる。複数市場の関係を利用する典型的な戦略が，①二面市場戦略と②バンドリング戦略である。いずれの競争戦略も2つの市場の関係を用いており，2つの市場間にネットワーク効果が発生している場合，これらの戦略の有効性が高まる。このためプラットフォーム企業はネットワーク効果を発生させるようなオープン標準化を頻繁に行うのである。

3 既存のプラットフォーム企業研究の問題点

　以上のように欧米のプラットフォーム・ビジネス研究（とくに競争戦略に焦点をあてた研究）は，プラットフォーム競争戦略のモデル化の点で進んでいる。これは影響力が増大しているプラットフォーム企業に対して，競争法の適用を念頭に産業組織論的アプローチが進展しているためであると思われる。事例分析的なアプローチも進展しているが，主に組織マネジメントを念頭に研究が進んでいるため，競争力との関係性は必ずしも明らかではない（Gawer and Cusumano, 2002; Gawer and Henderson, 2007; Cusumano, 2010）。

　産業組織論的なアプローチにせよ，事例分析的なアプローチにせよ，欧米のプラットフォーム・ビジネスの研究は，主に国内の市場競争や産業構造変化を扱っており，国際競争力や国際分業構造についてほとんど言及していない。既存の欧米のプラットフォーム研究では，ビジネス・エコシステムの中に，国境や企業の国籍といったグローバル経済の要素は考慮されていない。

　ビジネス・エコシステムは，オープン標準を基盤としているため，国際的な技術スピルオーバーが発生しやすい。そのため，ビジネス・エコシステムに参加する企業は，先進国企業だけに限定されるものではない。既存研究では暗黙

のうちにビジネス・エコシステムを構成する企業を先進国企業のみに限定している。しかし、現実には、ビジネス・エコシステムが先進国企業と新興国企業から構成されるようなグローバルなビジネス・エコシステム、すなわちグローバル・エコシステムが頻繁に形成されている。

グローバル・エコシステムは、先進国企業と新興国企業から構成されるビジネス・エコシステムである。その基盤は国際的なオープン標準である。第1章で紹介したように、柔軟なオープン標準化が可能となったため、1990年代以降、頻繁に国際的なオープン標準が形成されている。このようなグローバル・エコシステムの存在は、1990年代半ば以降にとくに顕著となり、各国産業の成長拡大や国際競争力の点で各国産業に深刻な影響を与えている[7]。

日本のプラットフォーム・ビジネス研究は、欧米の既存プラットフォーム研究と異なり、産業成長や国際競争力を念頭に行われてきた。ただし、必ずしもプラットフォーム・ビジネス研究とは意図されずに始まっている[8]。このため後述のように、プラットフォーム企業の競争戦略の理論とは結びつけられていない。以下では、日本のプラットフォーム研究について紹介する。

日本のプラットフォーム研究の流れは大きく2つから成り立っている。1つは国際標準化の研究の流れである。もう1つは、日本の周辺諸国である台湾、韓国、中国の地域経済発展の研究である。地域経済発展がプラットフォーム・ビジネスの影響をうけているというものである。

まず国際標準化の研究を紹介する。国際標準化は企業間で技術知識を共有し企業間で互換性のある標準規格を作成することである[9]。国際標準は企業間の標準であるので、オープン標準の一種である。代表的な研究として、新宅・江藤 (2008) や小川 (2011) や梶浦 (2007) があげられる。これらの研究は、オー

---

[7] 当然、この背後に1990年代に新興国が市場開放を行い、世界経済に新興国産業が参入したことも重要な条件としてあげられる (Hoskisson et al., 2000)。

[8] 國領 (1995, 1999) や根来・釜池・清水 (2011) のようにプラットフォーム・ビジネスを産業構造の問題として研究した先駆的な研究もある。ただし、これらの研究は対象産業がネットワーク・ビジネスに限定されており、かつ、国際競争力の問題は扱っていない。

[9] 日本のオープン標準の研究はアーキテクチャ研究の一種としてとらえられている。オープン標準は、システムがモジュールに分解されるときに、各モジュールのインターフェース情報が企業間で共有される (オープン化) ということを意味している。つまり、オープン・インターフェース研究としてオープン標準の研究が行われている。

プンな標準規格を形成する手法が1980年代以前と，90年代以降で大きく異なっているという認識から始まっている。

1980年代以前はデファクト標準化やデジュリ標準化が主流であった。しかし1990年代以降は，とくにIT/エレクトロニクス産業を中心にコンソーシアムなどで標準を定めるコンセンサス標準化という新標準化プロセスが台頭した。この第3の標準化プロセスはデファクト標準化やデジュリ標準化と大きく異なる性格を持つというのが新宅・江藤（2008）や小川（2009）の研究の主張である。また，デファクト標準やデジュリ標準，コンセンサス標準といったオープン標準化を戦略的に活用することが，国際競争力構築の上で，重要であると主張している。

これらの研究で対象となっているオープン標準化を戦略的に活用している企業には，現在では，プラットフォーム企業と呼ばれるようなインテルやクアルコム，エリクソンなどの企業が含まれている。日本企業でオープン標準を活用した戦略は非常にまれであり，オープン標準化研究では海外企業が対象となることが多い。とくにプラットフォーム企業はオープン標準を戦略的に活用するので，標準化を主導する企業を調査するとプラットフォーム企業が分析対象となることが多い。実際，欧米の研究でもプラットフォーム戦略は標準競争戦略の1つとしてとらえることも多い（Stango, 2004）。その意味ではこれらの研究は欧米における標準化競争研究からプラットフォーム戦略研究の流れに対応する研究群である。

2つめの流れは，日本の周辺国の地域経済発展の研究の流れである。1990年以降，東アジア諸国，とくに台湾，韓国は，急速な発展を遂げた。さらに，2000年以降は中国がそれに続いた。これらの地域の急速な発展と欧米のプラットフォーム・ビジネスを結びつけた研究が行われている。

地域経済研究として，これらの地域の産業発展を考えると，従来型の発展とは異なるパターンの発展であることが，研究者の大きな関心を呼んでいる。従来，考えられていた地域経済発展は，産業の国際的な移転としてとらえられており，その大きなエンジンは，先進国産業の海外直接投資であった。先進国企業が，台湾，韓国，中国などに直接投資を行い，直接投資によって技術知識のスピルオーバーが起きるため，時間とともに地域経済が発展するという考え方である。これらの研究の代表としては，雁行形態論や国際的PLC（プロダクト・ライフ・サイクル）理論などがあげられる（Akamatsu, 1961, 1962; Vernon, 1966; 小島,

2004)。

　雁行形態論や PLC 理論で，国際的な産業移転が起こる契機は，先進国企業による新興国市場への海外直接投資 (FDI; foreign direct investment) である。FDI とは，たとえば，海外子会社を設置して海外生産拠点や海外販売拠点を設立することである。先進国企業が FDI によって，新興国で製品生産を行うと，有形・無形の資産が蓄積される。有形・無形資産は時間経過とともに，スピルオーバーを起こす。このスピルオーバーをうけて，新興国地域で，新興国資本の生産会社が誕生し成長する。当初は新興国企業は新興国市場のために生産を行っているが，最終的には，新興国企業が先進国に輸出を行うようになる。

　雁行形態論や PLC 理論での産業の国際移転は，新興国への FDI，技術スピルオーバーや新興国の国内市場規模などが重要な要因とされている。しかし，1990 年代の東アジアの地域経済研究では，これらの研究での主張とは明らかに違う特徴が報告された。

　まず国際的な産業移転のスピードが圧倒的に速かったのである。国際的 PLC 理論などでは，先進国で技術開発の結果，新製品ができてから直接投資による先進国企業の海外生産などを経て，長期間かけて産業移転することを想定していた。この間，発生する技術スピルオーバーは時間をかけて行われるものと PLC 理論では説明していた。いわゆる内部化理論では，技術ノウハウなどの無形資産はそもそも一般的な市場メカニズムでは国際的に伝播することは困難であり，多国籍企業の内部組織を使ってかろうじて国際的に移転されるものと説明してきた (Buckley and Casson, 1976; Teece, 1977, 1986a)。

　しかし，1990 年代以降見られる国際的な産業移転パターンは，彼らの主張とは大きく異なり，非常に短期間で国際移転することが指摘されている。しかも先進国企業の新興国地域への海外直接投資すら必要とせずに，産業の国際移転が起きたのである。

　川上 (2012) はこの現象を「圧縮された産業移転」と呼び，国際的なプラットフォーム・ビジネスやグローバル・エコシステムを前提にした，新興国産業の「吸収能力」の存在が，驚くべき短期間での国際移転を可能にしていることを指摘している。

　このような急激な産業の国際移転は，台湾だけでなく，中国 (本土) のエレクトロニクス産業でも頻繁に観察された。丸川・安本 (2010) は中国の携帯電話産業の成長プロセスを詳細に検証し，その背後に，半導体企業のプラットフ

ォーム・ビジネスが存在したことを指摘している。このような新興国の産業成長の特徴を丸川（2007）は，産業組織論の枠組みから「垂直非統合（vertical dis-integration）」という言葉で特徴づけている。垂直非統合とは，一般的に言えば，水平分業のことを指している。

ここで強調しているのは，事業成長が垂直統合的な産業構造ではなく，水平分業（レイヤー構造）を前提としたものであるという点である。同様の指摘は，東アジアのパソコン産業を調査した今井・川上（2007）でもなされている。このような垂直非統合の前提となっているのがプラットフォーム・ビジネスを行う企業の存在である。プラットフォーム企業は中核的な部品を汎用品（＝プラットフォーム製品）として，幅広い企業に販売する。たとえば，パソコン産業におけるインテルは中核部品（CPU）を供給する代表的なプラットフォーム企業であり，「垂直非統合」的な産業構造を前提とした事業成長を行っている（Grove, 1996）。

日本におけるこれら2つの研究の流れを見ると，日本国内のプラットフォーム研究は国際競争力や国際分業をテーマにしている点で，欧米のプラットフォーム競争戦略の研究とは異なる独自性を持っている。前述のように欧米のプラットフォーム戦略研究は国内の産業構造変化を念頭にしたものであって，国際競争力や国際分業を分析の範囲としていない。この点に欧米の既存研究の問題点がある。

一方，日本の研究は，必ずしもプラットフォーム企業の研究として開始されなかったため，前項で紹介したような米国や欧州で行われたプラットフォーム競争戦略の理論とは関連づけられていない。また，標準化戦略や，地域経済発展を研究目的としていることから，そもそもプラットフォーム企業は主な研究対象ではない。そして，プラットフォーム戦略を体系的に理解し，かつ，その成功要因の分析が行われていない。たとえば，プラットフォーム戦略では特徴的である，オープン標準を戦略的に用いる点や，共存企業との関係構築を行って，ビジネス・エコシステム全体を成長させる点などは，重視されていない。これらの視点は，欧米のプラットフォーム戦略研究でたびたび指摘されてきた視点であり，プラットフォーム戦略の体系的な理解のためには欠かせない。

4 本書における基本命題について

　欧米のプラットフォーム企業の研究は産業組織論の影響や経営学的な企業戦略研究の影響をうけながら発展していった。主に念頭にしているのは，国内事例であり，プラットフォーム企業の国際展開についてほとんど言及していない。一方，日本のプラットフォーム企業を対象とした研究は，プラットフォーム企業の国際展開の事例を扱ったものが多く，その影響の大きさから数々の研究が行われてきた。ただし，プラットフォーム企業の研究ではなく，国際標準研究や地域経済発展の研究として研究が行われており，そのため，既存理論との一貫性やプラットフォーム企業としての競争行動の包括的な理解は欠いている。
　結局，プラットフォーム企業の国際展開やグローバル・ビジネスについては，ほとんど研究が行われていないのが現状である。これはプラットフォーム企業がグローバル・エコシステムに与えている影響を考えると奇妙とすら言える。よって，本書では以下のような基本命題をもとに一連の研究を行う。

4.1 基本命題と下位命題
　本書によって解き明かしたい命題は以下のようなものである。

　基本命題
　　グローバル・エコシステムでオープン標準が形成されると，プラットフォーム企業がドミナントな競争優位を得る。プラットフォーム企業の成功は，急激な国際的産業構造の転換を引き起こす。

　グローバル・エコシステムとは，国際的に展開されるビジネス・エコシステムのことである。具体的には，先進国企業と新興国企業を含んでいるビジネス・エコシステムのことである。ここには，一般的な企業区分でいうところの製品企業，部品企業などが存在している。さらに，ビジネス・エコシステムのモデル化のところで説明したように，競争モデルから見ると，プラットフォーム企業という新しいタイプの企業が存在している。
　国際的に利用されるようなオープン標準が形成されると，グローバル・エコシステムにネットワーク効果が発生する。プラットフォーム企業はネットワー

ク効果を人工的・戦略的に発生させ，活用する戦略を持っている。活用する戦略とは二面市場戦略やバンドル戦略などである。グローバル・エコシステムでオープン標準が形成されると，これら戦略によって，プラットフォーム企業の競争力が拡大するはずである。このようなプラットフォーム企業の競争力は，ネットワーク効果を背景にしている。ネットワーク効果はエコシステムの拡大とともに増大するので，プラットフォーム企業がドミナントな競争力を得る可能性が高まる。

一方，このプロセスをとおして，プラットフォーム企業以外の企業では，先進国企業，新興国企業どちらが成長機会を獲得するのであろうか。先述の地域経済研究の知見を援用すると，新興国企業に成長機会・キャッチアップ機会をもたらすと考えられる。よって，プラットフォーム企業がグローバル・エコシステムで成功することは，新興国企業のキャッチアップの加速，ひいては，先進国企業と新興国企業の競争力の逆転が発生すると考えられる。

これらが基本命題の内容であるが，この基本命題をそのまま検証することは難しい。よって，次に示すように，下位命題(1)～(4)に分割して検証を行うこととする。下位命題(1)～(3)はプラットフォーム企業が競争戦略をもちいて国際競争力を獲得するメカニズムに関するもので，グローバルなプラットフォーム競争戦略の主効果（メインエフェクト）である。一方，下位命題(4)は，競争の結果，プラットフォーム企業が国際競争力獲得を達成すると国際的な産業構造にどのような影響が出るのかという，副次効果（サイドエフェクト）に関するものである。

下位命題(1)
プラットフォーム企業はオープン標準化を戦略的に活用して競争優位を得る。

下位命題(1)は，プラットフォーム企業の戦略のトリガーとなる戦略的標準化についての命題である。プラットフォーム企業はネットワーク効果を利用した戦略が競争力の源泉である。オープン標準化によってネットワーク効果を戦略的・意図的に発生させることを戦略的標準化と呼ぶ（戦略的標準化の具体的な内容は第3章で詳細に説明を行う）。戦略的標準化によって，自社の都合の良い部分にネットワーク効果を発生させることが可能であるため，戦略的標準化はたびたびプラットフォーム企業の競争戦略の発端となっている。

従来であれば国際的なオープン標準を形成することは非常に困難であったが,第1章で見たように,1980年代にコンセンサス標準化が新たな標準化方式として加わり,3つの標準化方式を柔軟に使うことができるようになった。プラットフォーム企業は,偶発的なネットワーク効果の発生を待っているのではなく,自ら,オープン標準の形成を促進して,人工的にネットワーク効果を発生させ,競争力を獲得していると考えられる。この点を命題化したものが下位命題(1)である。

下位命題(1)については,第3章のGSM携帯電話の中国市場導入の事例研究で検討する。

下位命題(2)
プラットフォーム企業は取引ネットワークのハブに位置取りすることによって複数の市場にまたがる情報を媒介して競争優位を得る。

下位命題(2)は,既存研究では暗黙の前提となっている条件を命題化したものである。既存研究では,プラットフォーム企業は複数の市場を情報媒介することによって,競争力を拡大すると考えている。複数の市場を媒介するためには,複数の市場の交差点,すなわち,ハブに位置取りすることが必要となる。これはプラットフォーム企業の基本戦略であると,既存研究は考えている。

プラットフォーム企業がハブに位置取りする,ということは当然のことかもしれないが,既存研究はこの命題に実証的なエビデンスを与えていない。これは,そもそも企業間の取引ネットワーク・データを使った実証研究が困難であることに由来している。本研究では第4章の半導体製造装置産業における取引ネットワーク・データを用いて実証研究を行い,この下位命題(2)に答える。

下位命題(3)
プラットフォーム企業は二面市場戦略,バンドリング戦略や企業間の関係マネジメントなど,市場構造に基づいた戦略を実行して競争優位を得る。

下位命題(3)はプラットフォーム企業のエコシステム・マネジメントに関するものである。理論モデルで見たように,ビジネス・エコシステムはプラットフォーム企業だけでなく,共存企業やユーザー企業も存在する。プラットフォー

ム企業は複雑なシステムの一部分を提供する企業であるので,自らの投資だけでエコシステムを拡大することはできない。エコシステム拡大のためには,共存企業やユーザー企業が積極的に投資をするように助成する必要がある。このため,プラットフォーム企業は自らの事業だけに集中するのではなく,市場構造に基づいて分業ネットワークを戦略的にマネジメントしなくてはいけない。

理論モデルで概観したように,プラットフォーム企業が行う分業ネットワークのマネジメントには特徴があり,二面市場の市場構造を念頭に,直接的・間接的な戦略行動を行う。直接的な戦略行動としてバンドル戦略があげられる。分業ネットワークのマネジメントでは,バンドリング戦略は周辺市場への参入として観察される。間接的な戦略行動として,エコシステムに潜在的な新規参入を担保するために,分業ネットワークにオープン性を維持する。これらは共存企業やユーザー企業との関係マネジメントとして観察される。このようなプラットフォーム企業の分業ネットワークのマネジメントを命題化したものが下位命題(3)である。

下位命題(3)については,第5章のパソコンのエコシステムにおけるインテルの周辺市場参入,第6章のインテルと台湾マザーボード企業における共存企業との関係マネジメント,第7章の中国の車載エレクトロニクスのエコシステムにおけるボッシュとデンソーのユーザー企業との関係マネジメントを題材に事例分析を行い検討する。

下位命題(4)
エコシステムがグローバルに拡大する過程で,プラットフォーム企業が台頭すると,国際的な産業構造の転換を引き起こしてしまう。

下位命題(4)は,基本命題の後半部分を命題化したものである。プラットフォーム企業がその戦略を成功させると,国際産業構造にどのような影響をもたらすのだろうか,という問いに答えるものである。プラットフォーム戦略の副次効果に関するものである。

基本命題(4)は,直感と反する逆説的な関係を提示している。グローバルなオープン標準は,現在のところ,先進国から生み出されている。そのためプラットフォーム企業はその多くが先進国企業である。よってプラットフォーム企業が国際的に台頭すると,結局,グローバル・エコシステムは先進国企業のみが

国際的に占拠してしまいそうである。しかし，下位命題(4)は逆のことが起こると主張している。下位命題(4)は，プラットフォーム企業が国際的に台頭すると，むしろ，新興国産業の国際的キャッチアップが促進されると主張している。

その理由は次の通りである。プラットフォーム企業の競争戦略は下位命題(1)～(3)で見たように，①オープン標準を活用する，②情報を媒介する，③市場構造を活用する，というものである。プラットフォーム企業がこのような戦略パッケージを遂行したときに，グローバル・エコシステムの共存企業やユーザー企業はどのような影響をうけるだろうか。新規企業と既存企業のうち，オープン標準の多用は，新規企業の成長を加速すると予想される。グローバル・エコシステムにおける新規企業は，これからキャッチアップを行おうとする新興国企業であることが多い。よって，プラットフォーム企業が成功すると，新興国産業のキャッチアップも促進され，最終的に国際的な産業転換を引き起こしてしまう，という主張が下位命題(4)である。

下位命題(4)については，第3～7章で扱った各エコシステムを対象に，第8章で検討する。

すべての下位命題(1)～(4)は参照した各章ごとに検討したのち，第8章で包括的に考察を行う。

4.2 本書が想定する産業構造

本書が想定する産業構造は，本章 *1.1* で説明したビジネス・エコシステムのモデルをさらに簡略化したモデルである。登場する企業は，プラットフォーム企業，共存企業，そして，ユーザー企業である。各企業は図2.20のように関

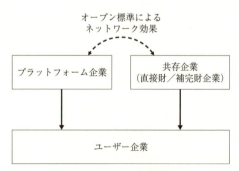

図2.20　本書が想定する産業構造

係し合っている。図中の矢印は製品やサービスの流れを表し，点線がオープン標準によるネットワーク効果を表している。

4.3 事例選択基準

本書は，ビジネス・エコシステム型の産業構造におけるプラットフォーム企業のグローバルな戦略行動を対象としている。ビジネス・エコシステムの概念は研究者によってばらつきがあるが，本書では本章第1節で定義したように，オープン標準が形成され，ネットワーク効果が産業進化に影響を与えている産業をビジネス・エコシステムと呼ぶことにする。さらに，このオープン標準が国際的に形成されている場合，グローバル・エコシステムが形成されている。このグローバル・エコシステムの形成過程におけるプラットフォーム企業の戦略行動が研究対象である。

この研究目的に沿って，第3~7章では，携帯電話（第3章），半導体製造装置（第4章），パソコン（第5・6章），車載エレクトロニクス（第7章）といったビジネス・エコシステムを取り上げている。いずれのエコシステムも，オープン標準が国際的に形成されている。第3章の携帯電話ではGSM携帯電話規格，第4章の半導体製造装置ではグローバル300mm標準規格，第5・6章ではパソコンが持つ各種のオープン・インターフェース規格，第7章の車載エレクトロニクスでは排ガス規制とAUTOSAR標準である。

これらエコシステムは1990~2000年代に急激に成長したことでも共通している。ただし，その成長のタイミングはややばらついており，パソコンや携帯電話は1990年代半ばから2000年代前半，半導体製造装置と車載エレクトロニクスは2000年代以降である。

システムの大きさはさまざまである。最も大きい携帯電話のシステムは，1つの国をカバーするような巨大システムである。半導体製造装置は1つの工場，車載エレクトロニクスは1つの自動車である。最も小さいものがパソコンである。しかし，これらエコシステムは，技術的にはいわゆるデジタル化や電子化の影響を強く受けているエコシステムと言える。つまり，システムがハードとソフトで構成されている点でも共通している。これらシステムの特徴として明確なインターフェースを持ちやすい点で共通している。

このような種々のシステム製品のグローバル・エコシステムについて，第

章	章タイトル	使用データ
第3章	戦略的標準化とグローバル・エコシステム：GSM 携帯電話の中国市場導入の事例	欧州企業および中国企業に対して聞き取り調査（2007〜2008年） （通信設備企業，標準化団体，通信オペレータ，端末企業等） 計21社21回の聞き取り調査 GSM 標準について Hillebrand（2001）他
第4章	グローバル・エコシステムでのプラットフォーム戦略の成功要因：半導体製造装置産業の実証研究	製造装置企業26社の13年分（1994〜2006年）のパネルデータ（(1)(2)(3) より作成）。(1) 取引データ：アジア主要半導体工場の装置納品データ（ED リサーチ，1998, 2007）(2) 市場成果（販売金額）：製造装置市場の装置ごと販売額のデータ（日経BP・グローバルネット，1999, 2001；グローバルネット，2005, 2009）(3) 工場データ（SEMI, 2005, 2009）。製造装置企業等へ計20社20回の聞き取り調査
第5章	エコシステム・マネジメントと周辺市場参入：インテルのプラットフォーム戦略	インテル社アニュアルレポート 業界紙：Microprocessor Report, Electronic Buyers' News 統計データ（1995〜2003年の価格と数量） HDD: Techno System Report, Memory: iSuppli, CPU: Microprocessor Report 製品資料については技術専門誌
第6章	共存企業との関係マネジメント：インテルと台湾ODM 企業の事例分析	インテルと台湾MB 企業を中心に聞き取り調査（2006〜2008年） （インテル，台湾マザーボード企業，日米パソコン企業など） （台湾，日本，米国拠点） 計18社31回の聞き取り調査
第7章	ユーザー企業との関係マネジメント：ボッシュとデンソーの比較事例	ボッシュとデンソーを中心に聞き取り調査（2008〜2015年）。 日本，欧州，インド，中国，ASEAN 地域の自動車企業，サプライヤー企業，開発ツールSW・半導体企業など計29社46回の聞き取り調査 （中国以外が含まれるのは各社のグローバルR＆D 戦略のため）

表2.3 使用したデータの一覧

3〜7章で事例分析・実証分析を行う。各章で用いた主なデータは以下の通りである。

使用したデータの詳細については，各章で説明を行っている。とくに留意したのは事例研究におけるインタビュー・データの扱いである。インタビュー情報はバイアスが混入しやすいことで知られている。第3, 6, 7章の各事例研究では約20〜40回程度のインタビューを行った。エコシステム型の産業構造では市場でのポジショニングによって，大きく見解が異なることがある。そのようなバイアスを避けるために，市場構造を念頭に，異なる市場ポジションの複数の企業にインタビューを行った。また，とくにグローバル・エコシステムは，異なる国籍の企業が混在するエコシステムである。インタビュー対象企業の国籍の違いもバイアスの原因になりやすい。そのため，複数国の拠点でのインタビューを心がけた。このようにして行ったインタビューから得られた情報について，文献情報（統計情報および技術情報）によってエビデンスを確認し裏づけを行った。

実証分析としては第4章で半導体製造装置産業の取引ネットワークのパネルデータを用いて行った。このようなテーマの既存研究では横断データ（1時点データ）が使われることが多かった。しかし横断データは個体の異質性をうまく処理することができない。とくにビジネス・エコシステム型の産業構造では異なるタイプの企業が混在することが当然である。そのためパネルデータを用い，企業ダミー変数によって企業の個体異質性の統計的統制を行った。

このようにして，できるだけバイアスを混入させないように注意しながら，分析を行った。

5 各章の構成

各章の関係を示したものが図2.21である。

第1章は問題提起，第2章は既存研究の理論モデルの整理と，本書の研究で明らかにする命題群の提示を行っている。第1章と第2章の内容について簡単にまとめると次のようになる。

第1章では1980年代に各国の標準化政策が転換した結果，頻繁に国際的なオープン標準が形成されるようになったことを報告した。そして，そのような環境の中でプラットフォーム企業の影響力が巨大になったことを指摘した。

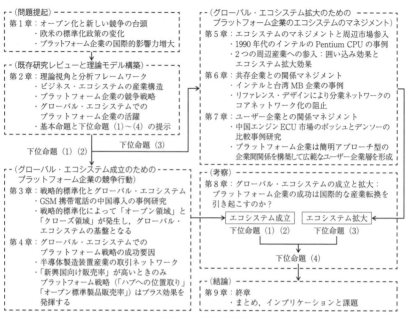

図 2.21　各章の構成

　第2章では，プラットフォーム・ビジネスにおける競争戦略について先行研究から理論モデルを整理した。まずビジネス・エコシステム型の産業環境の定義を行い，エコシステムとオープン標準の関係について確認した。その上で，エコシステム型産業で特徴的な競争戦略をとるプラットフォーム企業の競争行動について理論整理を行った。「取引ネットワーク上のハブへの位置取り」「戦略的標準化によるネットワーク効果の発生」「二面市場戦略」「バンドリング戦略」が，プラットフォーム企業の競争戦略の要素として抽出された。さらに第2章では，本一連の研究で解き明かしたい基本命題「グローバル・エコシステムでオープン標準が形成されると，プラットフォーム企業がドミナントな競争優位を得る。プラットフォーム企業の成功は，急激な国際的産業構造の転換を引き起こす」を提示し，実際に，各研究で解き明かす下位命題を提示した。

　第3章から第7章では，第2章で掲げた基本命題に答えるため，事例分析・実証分析を行った。第3・4章の「エコシステムの成立」では，グローバル・エコシステムを成立させるマネジメントについて扱う。第5〜7章の「エコシ

ステムの拡大」では，成立したグローバル・エコシステムを，プラットフォーム企業がどのように拡大させ，同時に，自社の競争力を維持・増大させるのかを扱う。各章の内容と主な結論は次のようになっている。

第3章のキーワードは，「戦略的標準化」である。プラットフォーム企業は頻繁にオープン標準化を行う。なぜこのようなオープン標準化がグローバル・エコシステムに影響を与えるのかを第3章では明らかにする。第2章で整理した理論モデルからだけでは，オープン標準化を契機にプラットフォーム企業がグローバル・エコシステムで競争力を得ることは自明ではない。そのため，同章ではGSM移動体通信産業の中国市場への展開の事例分析を詳細に行う。1980年代半ば以降，国際的なオープン標準化の手法としてコンセンサス標準化が頻繁に行われている。GSM移動体通信の標準化はコンセンサス標準化であった。この標準化ではシステムをオープン領域（非常に詳細に標準規格が設定される領域）とクローズ領域（ほとんど標準規格が設定されない領域）に二分化する。技術蓄積の小さい新興国産業にとってオープン領域は格好のキャッチアップの契機となる一方，このような標準化を推進したプラットフォーム企業にとってクローズ領域は自社が競争力を発揮できる領域となっている。戦略的標準化を契機にしたアーキテクチャの二分化によって，プラットフォーム企業が新興国産業を対象とすることで市場成果を拡大するメカニズムを明らかにした。

第4章のキーワードは「新興国市場展開とプラットフォーム戦略の関係」である。第2章で整理したプラットフォーム企業の競争戦略の理論モデルには地理的条件が含まれていない。新興国市場展開がプラットフォーム戦略とどのような関係にあるのかを探るのが，同章の目的である。実証分析に使用したのは半導体製造装置産業の1994～2007年の各企業の取引データおよび市場販売額から作成したパネルデータである。半導体製造では，さまざまな種類の製造装置が同じ技術世代であることが求められるため，幾度となく標準化の試みが行われてきたが失敗している。しかし1980年代のコンセンサス標準化の台頭を受けて，300 mmウェーハの世代ではオープン標準化が成功し強い影響力をもった。

実証分析の結果から，プラットフォーム企業にとって「高い新興国向け販売率」は，グローバル・エコシステムでプラットフォーム戦略を成功させるための必要条件であることがわかった。プラットフォーム企業は「ハブへのポジシ

ョニング」「オープン標準対応製品の高販売率」「新興国向けの高販売率」を戦略パッケージとして同時に行うことで初めて効果を発揮することができることが判明した。

第5章のキーワードは「周辺市場参入」である。代表的なプラットフォーム企業であるインテル社がプラットフォーム戦略をどのように遂行して，同社のエコシステムをグローバル・エコシステムに拡大したのかを1990年代の同社のプラットフォーム戦略を題材にして事例研究を行う。インテルはエコシステム形成のトリガーとしてオープン標準化を行った。同社のコア・ビジネスはパソコンのCPU（半導体チップ）である。インテルはエコシステムが拡大する過程で周辺市場への参入を行った。チップセット市場とマザーボード市場である。しかし，この2つの周辺市場参入は，異なる戦略目的をもったものであった。チップセット市場への参入は囲い込み戦略のためのものであり，本章で見た戦略的バンドリングに近い戦略であり，ライバルの互換CPU企業に対する競争力拡大に貢献した。対照的に，マザーボード市場への参入は，短期的なものであり，すぐに退出した。しかし，台湾のマザーボード産業に対して，インテルのマザーボード市場参入は十分なショックとなり，大いに台湾マザーボード産業を活性化させ，開発能力・生産能力への投資を誘発させた。

第6章のキーワードは「共存企業との関係マネジメント」である。プラットフォーム企業は自社だけで製品・サービスを完結できないという特徴がある。そのため共存企業との協力が必須となる。プラットフォーム企業が最新技術を継続的にプラットフォーム製品に投入すると，共存企業との共同問題解決プロセスが必要となり，その結果，特定の共存企業だけに分業ネットワークが限定されてしまう。コア・ネットワーク化が発生すると，エコシステム拡大を阻害してしまう。これを「コア・ネットワーク化のジレンマ」と呼ぶ。コア・ネットワーク化のジレンマを回避するためにプラットフォーム企業はリファレンス・デザインを用いて，オープン性を担保するような共存企業との関係マネジメントを行っている。

第7章のキーワードは「ユーザー企業との関係マネジメント」である。前章ではプラットフォーム企業と共存企業との企業間関係について分析したが，本章ではプラットフォーム企業とユーザー企業との企業間関係について事例研究を行う。同章では自動車の中核部品であるエンジンECU（Electronic Control Unit）に焦点をあてながら，中核部品企業2社（ボッシュとデンソー）の中国市

場での企業行動を比較事例分析する。ボッシュは第6章までで見てきたようなプラットフォーム企業的な戦略をとっている。一方，デンソーは伝統的製造企業がとる製品企業的な戦略をとっている。2社のユーザー企業（中国自動車企業）との企業間関係を比較事例分析し，プラットフォーム企業が簡明アプローチの企業間関係によって幅広いユーザー企業層を形成していることを明らかにした。

第8章では各章の研究結果を基に考察を行う。第3～7章で事例研究・実証研究を行ったが，それらの研究結果が第2章で提示した下位命題(1)～(4)が支持されたのかを考察する。考察の際に，エコシステム内の企業タイプ（「プラットフォーム企業」「共存企業」「ユーザー企業」）とエコシステムの発展段階（「成立」と「拡大」）をもとにした分析フレームワークを用いた。

考察の結果，下位命題(1)～(4)までがすべて支持されたが，その検討の中から，下位命題(4)に関しては次の①②のようなやや複雑な条件があることがわかった。①国際的な産業構造転換はユーザー企業の産業よりも，共存企業の産業で発生しやすい，②ユーザー企業の産業で「参入規制が存在する」もしくは「いち早く新規・既存企業の転換が起きる」場合，ユーザー企業産業で国際的な産業構造転換は発生しない。その場合，共存企業の産業に国際的な産業構造転換の圧力が集中し，より深刻な国際的産業構造転換が発生する。

国際的な産業構造転換とは，たとえば，パソコン産業では，プラットフォーム企業が台頭すると，ユーザー企業産業でいち早くアメリカの新興パソコン企業が競争力を拡大した。すると，共存企業産業では，台湾ODM企業が急速に興隆し，大規模な国際的産業転換が引き起こされた。プラットフォーム企業の台頭は，共存企業とユーザー企業の間で新しい国際的な結びつき（新興国の共存企業と先進国のユーザー企業，や先進国の共存企業と新興国のユーザー企業）を促進してしまうので，国際的な産業構造の転換をもたらすことが明らかになった。

終章では，本書での発見物をまとめ，アカデミック・インプリケーション，ビジネス・インプリケーションと本研究結果の今日的意義を提示する。そして，課題・展望を述べる。

第2部
グローバル・エコシステムの成立

第3章 戦略的標準化とグローバル・エコシステム:
　　　　GSM携帯電話の中国市場導入の事例

第4章 グローバル・エコシステムでのプラットフォーム戦略の成功要因:
　　　　半導体製造装置産業の実証研究

第3章

戦略的標準化とグローバル・エコシステム
GSM携帯電話の中国市場導入の事例

　前章ではプラットフォーム企業の競争戦略について理論モデルを整理した。理論モデルからは「ハブへの位置取り」「戦略的標準化」「ネットワーク効果」「二面市場戦略」「バンドリング戦略」といった戦略要素が抽出された。しかし，これらの要素の理論的説明からだけでは，プラットフォーム企業が競争力を得る過程で，なぜ新興国産業が成長するのかは明らかではない。

　本章では，プラットフォーム企業の戦略行動の中でも「戦略的標準化」に着目しながら，プラットフォーム企業の競争戦略がなぜ新興国産業の成長につながるのかを探る。1980年代半ば以降，欧米企業のプラットフォーム企業は戦略的標準化を行い，頻繁に国際標準（グローバル・スタンダード）を形成した。この標準化活動では，企業が集まり合議を行って標準策定を行うコンセンサス標準化が用いられることが多い。第1章で紹介したようにコンセンサス標準化は1980年代中頃より頻繁に使われるようになった新しい標準化方式である。

　戦略的標準化の事例としてコンセンサス標準化を行って国際標準となったGSM携帯電話産業を取り上げ，GSM携帯電話が中国市場に導入された際にどのようなことが起きたのかを事例研究する。事例研究の結果から，プラットフォーム企業が戦略的標準化を行うと，システムのアーキテクチャがオープン領域とクローズ領域に二分化されることがわかった。さらに，オープン領域には新興国企業の参入が起こり市場成長を牽引する一方，クローズ領域ではプラットフォーム企業が市場シェアを維持することがわかった。

1 はじめに

ほんの30年前であればグローバル・スタンダード（世界統一の互換標準）の形成は，ただの夢であった。度量衡のような基本的な標準ですら，グローバル・スタンダード化に失敗しているのだ[1]。ところが1990年代以降，驚くような勢いでグローバル・スタンダードが形成されるようになっている。インターネットは通信のグローバル・スタンダードを10年足らずで完成させてしまった。デジタル携帯電話は国際ローミングを可能にし，DVDは世界中のコンテンツ流通に利用されている。このようなグローバル・スタンダードの興隆によって，各国の産業は大きな影響を受けている。本章では，グローバル・スタンダード形成に大きな役割を果たしている新しい標準化プロセス，すなわちコンセンサス標準化に焦点を当て，産業進化に与える影響を明らかにする。

そもそも標準化プロセスは，産業進化や競争力に影響を与える重要な要因として理論的・実証的に盛んに研究されてきた（David and Greenstein, 1990; 新宅・許斐・柴田, 2000）。さまざまな標準化プロセスが産業標準（ドミナント・デザイン）の確立に影響を与えることが指摘されている（Anderson and Tushman, 1990）。

従来研究では，デファクト標準化とデジュリ標準化が取り上げられてきた。ところが，1990年代以降，新しい標準化プロセスが産業に影響を与えている。たとえばDVD記録方式（小川, 2009），パソコンのインターフェース方式（Gawer and Cusumano, 2002）など，多数の企業が連携してコンソーシアムを形成し，大規模なイノベーションを市場導入する際に標準化を行っている。この新しい標準化プロセスをコンセンサス標準化と呼び，研究対象として注目されている（新宅・江藤, 2008; 立本・高梨, 2010）。

表3.1に3つの標準化プロセスの比較を示す。デファクト標準は市場プロセスに基づいた標準であり，標準規格に基づいた製品の普及で標準が確立する。デジュリ標準は非市場プロセスに基づいた標準であり，法的正当性をもった標準として公的標準化機関で作成される。典型的なデジュリ標準は，法的正当性をもった「推奨標準」「強制標準」であるため，市場確立が暗黙のうちに仮定されている。これらの標準に対して，コンセンサス標準化は非市場プロセス

---

[1] ヤード・ポンド法とメートル・グラム法で二分されている。

標準化プロセス	標準設定 (standard-setting)	標準普及 (standard-diffusion)
デファクト標準化	市場プロセス	市場プロセス
デジュリ標準化	非市場プロセス	非市場プロセス
コンセンサス標準化	非市場プロセス	市場プロセス

表 3.1　3つの標準化プロセスの比較

(コンソーシアム等) で標準策定を行い，市場プロセスで標準普及が行われるハイブリッド型の標準化プロセスである。

　コンセンサス標準化は合議によって標準を定めるため，明らかにデファクト標準化とは異なる。さらに，コンセンサス標準は法的正当性がなく，市場確立を当然と考えることができない点で，デジュリ標準とも異なる。

　コンセンサス標準の台頭は，システムの複雑性が急速に増大し企業の協調が大きな利得をもたらすようになったことや，独禁法運用の見直しや標準化政策の整備によりコンソーシアム活動が奨励されたことが背景にある (宮田, 1997; 立本・小川, 2010)。1990年代には，大規模なイノベーションを市場導入する際にコンセンサス標準が頻繁に利用されることが観察されている (新宅・江藤, 2008)。

　ところが，コンセンサス標準化が利用された場合，グローバル・スタンダードの形成過程で，標準化を主導した先進国企業が競争力を失い，新興国企業が台頭する現象が多く報告されている。DVD産業では日本企業が標準化を主導したが，現在では中国企業がDVDプレイヤーの過半の市場シェアを獲得している (小川, 2009)。

　従来の標準化の競争戦略に基づけば，標準化を主導した企業にはさまざまな競争優位の源泉があるはずである。にもかかわらず，なぜ標準化を主導した企業が凋落するのだろうか。そして，その背後ではどのような産業進化が行われているのだろうか。本書では，これらの疑問に答える概念モデルを構築し，実際の事例に適用してみる。

2　概念の構成

2.1　標準化とグローバル・スタンダード形成

標準化は「産業がある技術を選択するプロセス」として定義できる。ある技

術を互換標準に選択することによって,企業にも消費者にも利益があることが多い。とくにネットワーク効果がある製品では,互換標準を実現することによる利益が大きい。

ネットワーク効果には,直接ネットワーク効果と間接ネットワーク効果がある。直接効果とはユーザー間のネットワーク効果であり,間接効果は補完財を経由したネットワーク効果である。直接効果だけでなく,間接効果も含めれば,多くのシステムがネットワーク効果の影響にさらされていると言える。たとえばハードウェアとソフトウェアで構成されている製品の場合,互換標準に由来するネットワーク効果を持っている。さらには言語や法体系すらネットワーク効果を持っている (Katz and Shapiro, 1994)。

ネットワーク効果が働く製品では,標準規格の利用者数が大きいほど,ユーザーの効用が大きくなる。これが,国境を越えて互換標準を持つこと,すなわちグローバル・スタンダードのメリットである。ネットワーク効果が大きいIT・エレクトロニクスの分野では,グローバル・スタンダードの形成がいつも試みられている。インターネットやデジタル携帯電話の例からわかるように,グローバル・スタンダードに大きなメリットがあることは明らかである。

ところが,グローバル・スタンダードの形成には,大きな困難が存在している。その根本的な理由は「統一の互換標準の利用に利益が大きい」ことは皆が認めるが,「どの標準規格を採用するか」について選好が異なることに起因している。このような意志決定の問題を,ゲーム理論では「両性の戦い」と呼ぶ (Besen and Farrell, 1994)。

両性の戦いの状況を解決するため,何らかの協調プロセスが必要になる。第2次世界大戦後,「デファクト標準化」と「デジュリ標準化」の2つが,代表的なグローバル・スタンダードを作り出す協調プロセスであった。

デファクト標準化は,もっとも素朴であるが,強力なグローバル・スタンダードの形成方法である。デファクト標準化では,個々の企業の一方向的な意志表示に任せて製品を市場に上市し,最も流通した技術が標準として採用される。ネットワーク効果が強く働く製品では,バンドワゴン効果のため市場取引の間にいずれかの技術が自律的に標準として確立する。

一方,デジュリ標準化によってグローバル・スタンダードを実現する方法も試みられている。その最も代表的な例が,ISO,IEC(国際電気標準会議)やITU(国際電気通信連合)のような国際標準化機関の存在である。これらの国際

標準化機関では，各国の国家標準機関と連携しながら，国際標準の実現を目指している。純粋なデジュリ標準化では公的標準化機関が標準を策定し，推奨標準規格や強制標準規格の形でグローバル・スタンダードを公開する。

このようにグローバル・スタンダード形成には，市場プロセスを用いるデファクト標準と，非市場プロセスを用いるデジュリ標準の2つが存在する。しかし，強い調整能力を持つ公的標準化機関が存在しないため，「国際標準化機関はデファクト標準を追認するのみのラバースタンプではないか」と批判されている（Besen and Farrell, 1991）。どの公的標準化機関も，ある技術に対して「統一かつ唯一」の国際標準として法的正当性を付与する強い権限を持っていないため，純粋なデジュリ標準化だけでグローバル・スタンダードを形成することは困難であると考えられている（Besen and Farrell, 1991; 原田, 2008）。

2.2 コンセンサス標準化の台頭

長い間，グローバル・スタンダードを形成する最も現実的な方法は，デファクト標準化だけであった。しかし，デファクト標準化は，市場プロセスを通じた一方向的な意志表示に依存するため，一定規模の複雑性を超えたシステムではうまく機能しないという問題がある。とくに多数の企業が協調することのメリットが大きい場合（すなわち大規模で複雑なシステムの場合），デファクト標準化よりもコンセンサス標準化の方が望ましいことが理論的に主張されている（Farrell and Saloner, 1988）。

デファクト標準化と比較して，コンセンサス標準化は，標準策定段階を合議で行うという特徴がある。合議による技術選択には，①大規模投資が必要で期待形成が重要な場合，②多様な要素技術が必要で綿密な調整が必要な場合に，明らかにメリットがある。

大規模な投資が必要な場合，企業はリスクを伴う投資を正当化するため，巨大なインストールベース（普及台数・ユーザー数）が実現するという期待が必要になる。非市場プロセスによる標準策定は，多数の企業間で期待形成することに適している。また多様な要素技術が必要な場合，企業間で技術選好に大きな差が生じる。この差を市場プロセスだけで調整することは非効率的であり，市場プロセス・非市場プロセスの双方を利用するコンセンサス標準が適している。1990年代以降，コンセンサス標準が，複雑な製品のグローバル・スタンダード形成に利用される傾向が強まっている。

2.3 コンセンサス標準化の性質

コンセンサス標準化が産業構造に与える影響を考察するために，そのアウトプットである標準規格がどのような性格を持つのかを考察する[2]。コンセンサス標準化における標準策定は，「市場プロセスに入る前に，複数の企業が共同で設計基準を決める人工物設計のプロセス」ととらえることができる。つまり，標準規格は，人工物の共同設計プロセスによって作り出された製品アーキテクチャー（基本的設計）であると言える。

複雑な人工物の共同設計については，一連のアーキテクチャ研究（Baldwin and Clark, 2000;藤本・武石・青島，2001; Garud, Kumaraswamy, and Langlois, 2002）によって，盛んに研究されており，次の2点が指摘されている。1点目は，製品開発前に複数企業が共同で設計基準を定めることによって，製品のサブシステムに明確なインターフェースをもたらし，モジュラー化を促進する点である。2点目は，たとえ製品がモジュラー・アーキテクチャになったとしても，すべてのモジュールが一様に明確なインターフェースを持つのではなく，むしろ「依存性を簡明に定義できるモジュール群」と「曖昧な依存性を多く含むモジュール群」の2つに分かれるという点である。前者をオープン領域と呼び，後者をクローズ領域と呼ぶ（Tatsumoto et al., 2009）。

標準化を巡る企業行動では，他の企業と協調して市場を広げる協調戦略（オープン戦略）と，他の企業を排除し利益を占有する排除戦略（クローズ戦略）の2つを組み合わせて実行することが一般的である（淺羽，1998; Brandenburger and Nalebuff, 1996;小川，2014）。協調戦略を重視した場合，製品アーキテクチャにはオープン領域が広めに設定され，排除戦略を重視した場合，クローズ領域が広めに設定される。

コンセンサス標準化では，他の標準化プロセスと比較して，オープン領域が広めに設定されやすい。他の標準化プロセスに対して，コンセンサス標準がオープン領域を広めに設定してしまう理由は，参加企業の戦略的行動から説明できる。

デファクト標準化とコンセンサス標準化の標準策定を比較した場合，前者は一方向的な意志表示（市場プロセス）を基盤とするが，後者は双方向的な情報交換（合議プロセス）が基盤である。合議プロセスは，市場プロセスでは達成

---

[2] コンセンサス標準化を含めた標準化研究の文献サーベイとして立本（2011c）を参照。

できないような，広範囲の技術情報の交換を実現することができる一方，広い範囲で標準化を行い，オープン領域を広く設定する傾向がある。コンセンサス標準化では参加メンバー全員のコンセンサス（同意）を得るために，広範囲の技術情報をオープンにして参加者の理解を促進することが必須であり，そうでなければコンセンサスが得られないことが多い。このためデファクト標準化に比べて，コンセンサス標準化の方が広いオープン領域を設定しやすい。

デジュリ標準化とコンセンサス標準化を比較すると，標準普及段階に大きな違いがある。デジュリ標準化は標準普及が法的正当性によって担保されているが，コンセンサス標準化は担保されていない。そのため，双方とも標準策定に合議プロセスを用いるにもかかわらず，デジュリ標準化よりもコンセンサス標準化の方が，標準普及を目指して，より広めにオープン領域を設定するインセンティブが強く働く。立本・高梨（2010）では，コンセンサス標準化では，標準を普及させ市場を拡大するために，オープン領域を積極的に活用する企業行動が報告されている。

2.4 アーキテクチャの二分化が産業進化に与える影響

コンセンサス標準化によってアーキテクチャがオープン領域とクローズ領域に二分化することは，グローバル・スタンダードの形成過程において，先進国企業と新興国企業の間の分業に大きな影響を及ぼす。この点を標準化が持つ「競争効果と反競争効果」（David and Steinmueller, 1994）から説明する。

競争効果とは，「標準化が暗黙的な技術情報を公開して明示化することにより，情報アクセスコストを下げること」に由来している。具体的には，①いままで情報にアクセスできなかった企業の新規参入が促進される，②標準化によって製品の多様性を制限するので，価格競争を促進する，③製品が多数の部品で構成されていた場合，部品間のインターフェースが明確に定義されるため，共存企業による直接財・補完財の開発が進みコスト競争が進む，等の影響を産業にもたらす。①②は，情報アクセスコストが下がることによって引き起こされる新規参入や価格競争などの直接的競争促進効果であるのに対して，③は直接財・補完財が流通することによる間接的競争促進効果である。

これに対して反競争効果は，「標準化の際に，技術情報を十分明示化（オープン化）せずに必要な情報を内部化（隠蔽化やブラックボックス化）したり，標準となるインターフェースをコントロールしたりすること」で生じる。具体的に

は，①十分に明示的な技術仕様が明示化・オープン化されず，標準に基づいた製品や補完財の開発が行えないので新規参入が進まない，②インストールベースが巨大化すると，過剰なスイッチングコストが生じ，別の技術をユーザーが選択できなくなる（技術ロックイン）ため，競争が阻害される，③特許を標準に組み込み（標準必須特許），高額なライセンス料を設定した場合，新規参入が進まない，等の影響をもたらす。

競争効果と反競争効果の2つを念頭に，二分化したアーキテクチャを再考すると，オープン領域とは「詳細に明示化されたインターフェースを持つため競争的効果を多く含む部分」であり，クローズ領域とは「インターフェースが十分に明示化されない反競争的効果を多く含む部分」であることがわかる。すなわち，オープン領域では競争促進的効果によって新規参入が促進されるが，クローズ領域では反競争的効果によって新規参入が進まない。グローバル・スタンダードの形成過程では，オープン領域とクローズ領域の二分化が，標準を採用した地域の産業に大きな影響を与える。

ここで先進国企業と新興国企業で構成されるグローバルなビジネス・エコシステムを考えてみる。アーキテクチャの二分化が起こるとオープン領域やクローズ領域では何が起こるだろうか。オープン領域では競争促進的な効果によって新規参入が進む。直接的競争効果によって，新規参入が起こり厳しい価格競争が発生する。さらに標準が製品の多様性を制限するため，価格競争がいっそう厳しくなる。先進国企業にとっては，独占的な技術情報に基づく差別化が困難になり，激烈な価格競争を余儀なくされる。このため，多くはオープン領域から退出したり，新しいビジネス形態を模索せざるえなくなる。これに対して，新興国企業は，いままでアクセスできなかった技術情報を得ることができるようになり，さらに流通する補完財を活用することによって新規参入の機会を得る。一般に，新興国企業は先進国企業よりも低コストオペレーションに優れるため，競争力を拡大することができる。

共存企業による間接的競争効果によって，オープン領域への新興国企業の参入はさらに助長される。共存企業は，製品市場の新規参入者，すなわち新興国企業に財・サービスを提供することがビジネスチャンスとなる。よって，共存企業間の競争は，新興国企業の技術知識と製品に必要な技術知識のギャップを埋めることによって行われる。共存企業間で熾烈な市場競争が発生し，使いやすい補完財が開発されていくので，ますます新興国企業の新規参入が加速され

2 概念の構成

る。

オープン領域とは対照的に，クローズ領域では明示的なインターフェースが存在しないため，新規参入が進まない。また，技術差別化が十分に機能するため，差別化競争が機能する。場合によっては，新規参入企業に対してコスト高になるような標準すら設定されている。クローズ領域では，既存企業である先進国企業が新規参入を行おうとする新興国企業に対して競争優位を構築することができる。以上の考察を整理すると，次のような仮説を導くことができる。

仮説1：標準化のアーキテクチャ二分化の効果
　企業が戦略的標準化を行うと，標準化対象の製品アーキテクチャはオープン領域とクローズ領域に二分される。

仮説2：オープン領域の産業成長に関する仮説
　仮説2-1：オープン領域では新興国企業が新規参入を行い，産業成長が行われる。
　仮説2-2：オープン領域では共存企業が財・サービスを提供して，新規参入した新興国企業の技術的なキャッチアップを促進する。

仮説3：クローズ領域の産業成長に関する仮説
　クローズ領域ではプラットフォーム・ビジネスを行う先進国企業が競争力を保持したまま成長する。

仮説4：オープン領域とクローズ領域の産業の相互作用に関する仮説
　オープン領域の産業成長とクローズ領域の産業成長が相互に影響し合い，拡大を繰り返すので，オープン領域では新興国産業の成長，クローズ領域では先進国産業の成長というような国際分業が観察される。

　仮説1はプラットフォーム企業が戦略的標準化を行うと，自社の戦略的意図に適合するように，詳細に標準化され技術情報の共有が広く深く行われる「オープン領域」と，ほとんど標準化されず技術情報が共有されない「クローズ領域」に，1つのシステムが二分されることを意味している。
　仮説2-1と2-2は，オープン領域の産業の成長プロセスに関する仮説である。

オープン領域は広く技術情報や産業のコンテクストの情報が共有される。そのため多くの新規参入が起こる。新規参入するのはいままで技術情報・産業コンテクスト情報が囲い込まれていたため，参入できなかった企業群である。それら企業群は，グローバル・エコシステムの観点では新興国企業である。新興国企業はオープン領域への参入をキャッチアップの好機と考えるため，多くの新規参入が起こり，オープン領域は新興国企業の成長が観察される点を仮説2-1で提示した。

さらに，仮説2-2で示したのは，そのようなキャッチアップを行う新興国企業の新規参入を助成するような製品（部品）やサービスが共存企業によって提供されるため，新興国企業のキャッチアップが加速する，というものである。オープン領域の技術情報は，広く共有されているため，共存企業はそのような情報を使ってさまざまな製品・サービスを開発することができる。新興国企業の新規参入が盛んになれば，その新規参入を助けるようなターンキーシステム[3]やプラットフォーム部品を開発し，提供することが共存企業にとっての大きなビジネスチャンスになる。洗練されたターンキーシステムやプラットフォーム部品の提供は，新興国企業の技術的なキャッチアップを促進する。

仮説3は，クローズ領域に関する産業成長プロセスに関する仮説である。クローズ領域では，技術情報が共有されないため，新規参入が起きない。もともとその領域の技術情報やノウハウを保持していた企業が競争力を維持したまま，既存企業が成長する。そのような既存企業とは，戦略的標準化を行った先進国のプラットフォーム企業である。つまり，クローズ領域では先進国のプラットフォーム企業が競争力を維持したまま成長を行う。

仮説4は，オープン領域とクローズ領域の相互依存関係についての仮説である。オープン領域とクローズ領域の二分化を契機に，オープン領域では多くの新興国企業の新規参入によって産業拡大が行われる。そうすると，もともと1つのシステムであったのだから，オープン領域の産業拡大に合わせて，クローズ領域の産業拡大が行われる。クローズ領域では先進国のプラットフォーム企業が競争力を維持して成長している。この結果，オープン領域では新興国産業，クローズ領域では先進国産業というような国際分業を行いながらエコシステム

---

[3] ターンキー（キーを回すだけ）で運用することができるシステムという意味。ノウハウなどが装置に組み込まれているので，ユーザーに高度なノウハウを必要としない。

の拡大が起こる，と考えられる．

仮説1〜4は，「ある地域でグローバル・スタンダードを採用した場合，その標準化を主導した先進国の企業の国際競争力が強まる」という単純な見解とは異なる．むしろ，標準化対象になったシステムのうち，オープン領域では新興国企業が活躍し，クローズ領域では先進国企業が活躍するという，国際分業の促進を意味している．

第3節では，GSM携帯電話方式の中国導入の事例を用いて，以上の考察の妥当性を検討する．

3 事例研究

3.1 データと調査方法

第2節で提示した仮説に対してその妥当性を検討するために，ケース研究を行った．

データは，中国へのGSM携帯電話標準の導入に関するものである．データの中心は2007年9月〜08年8月に行ったインタビューの一次資料と，文献から収集した二次資料である．インタビューは1回約2時間程度である．インタビュー調査は欧州・中国・日本の通信オペレーター企業，標準化団体，通信設備企業，端末メーカー・設計専門企業，部品企業に対して行った．合計して21社21回の聞き取り調査を行った（聞き取り対象については巻末のインタビュー・リストを参照）．

二次資料として，業界紙，学術誌，専門家による報告書，技術専門出版社が発行する技術解説書を参考にした．これらの資料の中に，欧州電気通信標準化協会（ETSI）が編纂したGSM標準化プロセス扱ったHillebrand（2001）と，NTTドコモが発行している『NTT DoCoMoテクニカル・ジャーナル』の1992〜2006年に発行された全号が含まれる（NTT DoCoMo, 1992-2006）．二次資料を通じて，インタビューの前に技術変遷をあらかじめ把握しておいた．

調査方法としてYin（1984）を参考にした．本研究では中国のGSM携帯電話産業におけるオープン領域とクローズ領域を比較しながら，産業進化の状況を産業レベル（*3.3*項）と企業競争レベル（*3.4*項）という2つの分析レベルから調査を行った．

3.2 技術：GSM 標準規格

3.2.1 GSM の標準化プロセス

GSM は欧州発のデジタル携帯電話の標準規格であり，現在ではグローバル・スタンダードになっている。GSM の標準化は，1982 年に欧州郵便電気通信主管庁会議（CEPT）内で開始され，89 年に欧州電気通信標準化協会（ETSI，1988 年設立）に標準化プロセスが移された。1990 年に GSM 標準化は完了し，92 年から欧州で商用サービスが開始された。

CEPT や ETSI は GSM 標準を「欧州互換のデジタル携帯電話標準」ととらえていたものの，その導入は欧州各国の通信政策や産業政策と深く関係しており，標準規格の策定中ですら，GSM を欧州各国に導入することは当然視されていなかった。独仏の有力国が提案する方式案と北欧諸国（スウェーデンやフィンランドなど）が提案する方式案で大きな対立があり，GSM 案として一本化することすら危惧されていた（最終的に北欧諸国が提案する方式が GSM となった）。

このような過程があったために，GSM 標準化では，できるだけ多くの国が GSM に賛同し自国に採用できるように，広範な情報交換，妥協，合意が行われた。とくに ETSI には通信設備企業に自由な参加が認められたため，企業間で活発な妥協・合意が見られた。また標準を採用するかどうかは，欧州委員会が強制するのではなく，各国の政府・オペレーターの判断で行われた（Hillebrand, 2001, chap. 2）。GSM 標準化では，標準普及を念頭において標準策定が行われ，標準策定後には市場競争が活発に行われたので日米の携帯電話よりも，コンセンサス標準化の性格が強いものとなった（Funk, 2002）。

3.2.2 GSM のアーキテクチャ：オープン領域とクローズ領域

GSM 標準は，モバイル・ステーション，ベースステーション・サブシステム，ネットワーク・サブシステムの 3 つから構成される（図 3.1）。この 3 つのサブシステムに応じて，携帯端末，基地局（制御装置を含む），交換機という 3 つの製品が存在する。携帯端末を扱う企業群を携帯端末産業と呼び，基地局・交換機を扱う企業群を通信設備産業と呼ぶ。

GSM 標準では，各サブシステム間のインターフェースとサブシステムが標準規格化されている。3 つのサブシステム間には明確なインターフェースが設置されているが，サブシステム内のインターフェースはそれほど明確ではない。

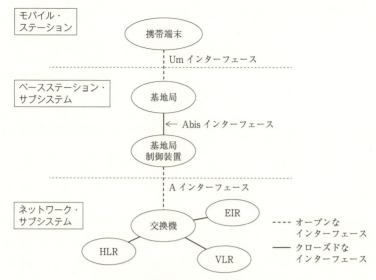

図3.1 GSM 携帯電話システムのアーキテクチャ

　たとえば各サブシステム間のインターフェース（AインターフェースやUmインターフェース）はプロトコルが定義・公開されているオープンなインタフェースであるのに対して，ベースステーション・サブシステムを構成する基地局制御装置と基地局間のインターフェース（Abisインターフェース）は名称定義されているものの，詳細に標準化されておらず，クローズドなインターフェースとなっている（米・尹，2005, p. 70; Bekkers, 2001）。クローズドなインターフェースは，反競争効果を発生させる。移動通信システムは，携帯端末を制御することを目的に標準化されているため，携帯端末は標準化されている度合いが大きい。それに対して，基地局の制御方法や，交換機がリアルタイムに通話者を探し出すアルゴリズムなどは，各通信設備企業の独自な技術となっており，標準化されていない。つまり，携帯端末は十分に技術情報が明示化されたオープン領域であるのに対して，基地局や交換機は，隠された情報が多いクローズ領域である。
　このことを確かめるために，GSM phase1 標準規格をもとにオープン度指数算出し，各セグメントごとに比較したものが表3.2である。オープン度はアーキテクチャのオープン領域とクローズ領域を区別する重要な指標であり，その概念については既存研究でたびたび指摘されてきた（Garud, Kumaraswamy, and

サブシステム	主要な構成モジュール	説　明	オープン度
モバイル・ステーション	携帯端末	移動通信システムの利用者の持ち運ぶ端末。携帯電話端末のこと。	83.6%
ベースステーション・サブシステム	基地局 基地局制御装置	無線通信を行う単位（セル）を構成する装置群。無線基地局のこと。	9.3%
ネットワーク・サブシステム	交換機、HLR, VLR, EIR	利用者の現在位置をデータベースに随時登録し、発呼に応じて通信相手を検索し通信を確立する。一般的には交換局のこと。	3.8%
その他	SIMカード 操作方法など	通信ネットワーク全体のオペレーション方法など。	3.3%

表3.2　各サブシステムのオープン度

Langlois, 2002; Baldwin and Clark, 2000; 藤本・武石・青島, 2001)。しかしながら、いままでのところ、オープン度の指標化（とくに数量化）について、既存研究で一致した見解があるわけではない。本研究では次のように測定を行った。

Openness（オープン度）：オープン度を以下のように操作化した。オープン度は、「人工物の設計要素の中で情報共有がされている割合」である。すなわち、素朴なオープン度の定義は以下のようになる。

$$\text{Openness} = \frac{情報共有された設計要素数}{全設計要素数}$$

情報共有された設計要素数とは、規格として策定された設計要素のことである。この大きさは、①規格書の項目数、②各項目ごとのページ数の積として計測することができる。①は質的な大きさ（項目数が多ければ、幅広い技術範囲の情報を共有している）、②は量的な大きさ（ページ数が多ければより詳細に技術情報を共有している）を示す。

一方、全設計要素数は、標準規格書に表されたシステムの大きさを表したものであり、いくつのモジュールによってシステムが構成されているのかによって判断することができる。この考え方に従い、下記のようにオープン度を操作化した。下式では、分子が情報共有された設計要素数を示し、分母が全設計要素数を示す。

$$\text{Openness} = \frac{\sum_{i=1}^{\text{nModules}} \text{Items}_i \times \text{Pages}_i}{\text{nModules}}$$

各変数は，Mouly and Pautet (1992) の "List of GSM Specification" のデータをもとに算出した。詳細は以下の通りである。

Items（規格項目数）：標準規格書では設計ルールのカテゴリごとに，標準規格書を項目分類している。この項目分類数は設計ルールの質的な広がりを示している。Mouly and Pautet (1992) に従い，各モジュールごとの GSM の各サブシステムの項目数を計量した[4]。

Pages（規格ページ数）：標準規格書では設計ルールについての守るべき数値や仕組みなどを記述している。この記述には濃淡があり，詳細に設計ルールを定めている部分と，大まかに仕組みを記述している部分がある。この記述量の大小は，設計ルールの量的な大きさと言える。

標準記述は標準化対象のモジュールについての記述（モジュールの挙動の標準仕様）と，他のモジュールとの関連性（モジュール間のインターフェースの標準仕様）についての記述の2つから構成される。後者は複数のモジュールに関係のあるものであるので，記述頁数を関連するモジュールに均等に配分して数え上げを行った。均等配分のため表3.3の Pages 列は小数点のついた値になっている[5]。

nModules（モジュール数）：全設計要素数として，サブシステムを構成するモジュール数を用いた[6]。モジュール数の特定には GSM のアーキテクチャ図を用いた。

GSM のサブシステムは主に3つあり，サブシステムごとのこれらの変数および算出したオープン度（Openness）を表したものが，表3.3である。

---

4) GSM 規格は 1990 年代後半，データ通信対応のためにバージョンアップを行っているので，厳密にはこの影響も考慮することが望ましい。しかし GSM 規格の各バージョンは上位互換となっており，GSM phase1 が全バージョンに影響力を持っているため，本書ではこのバージョンをオープン度の指数算出に用いた。

5) たとえば2つのモジュールで構成されるサブシステム A があったとする。モジュール1の規格項目数が10項目で，ページ数が20ページだとする。ただし，規格項目は自モジュール項目とインターフェース項目（複数モジュールにまたがる項目）がある。20ページのうち，自モジュール項目のページ数が15ページで，インターフェース項目（2つのモジュールにまたがるインターフェース）が5ページのとき，モジュール1のページ数を 15+5/2＝17.5 とと調整する。同様にモジュール2の規格項目数が5項目で調整済ページ数が5.5のとき，オープン度を (17.5+5.5)/2＝11.5 として計算した。

6) 全設計要素数として特許数も考慮したが，特定領域に特許出願が集中しているなどバイアスが大きいことが判明したため，モジュール数を用いた。

サブシステム	Items	Pages	nModules	Openness	Openness (%)
モバイル・ステーション	58	1,421.5	1	82,447	83.6%
ベースステーション・サブシステム	41	1,184.8	2	9,174	9.3%
ネットワークシステム・サブシステム	42	838.8	4	3,708	3.8%
その他	18	477.8	2	3,287	3.3%
合　計	159	3,923.0	9	98,617	100.0%

出所：Mouly and Pautet（1992）から筆者計算。

表3.3　オープン度の算出表

モバイル・ステーションのオープン度が最も高く83.6%であった。一方、ベースステーション・サブシステムやネットワーク・サブシステムのオープン度は低く、9.3%と3.8%であった。この結果は標準規格の作成が携帯端末を中心に行われているということを示しており、筆者が行ったインタビュー調査の知見とも一致した。

よって本書では、モバイル・ステーションをオープン領域、ベースステーション・サブシステムをクローズ領域とみなして、*3.3*項以降の分析を行った。

3.3　産業レベルの産業進化：中国のGSM携帯電話市場の推移

GSM標準の商用サービスが欧州で開始された2年後に、中国はGSM方式携帯電話を導入した。1994年に設立された中国連通（China Union）は中国国内の第2世代携帯電話需要の伸びを見込み、すでに欧州で商用化が進んでいたGSMの採用を決めた。中国郵電部の一部であった中国電信もこれに追随する形でGSMを採用した。中国電信はその後、中国移動（China Mobile）に分離・再編された。本格的な普及が始まったのは1999年以降である。1999年には、携帯電話の加入者は4330万人であったが、2005年には3億9342万人に達した（丸川、2007）。本書では1999年以降の中国の携帯電話産業を対象とする。

3.3.1　市場の成長と参入企業数

図3.2は、中国のGSM市場の市場規模、参入企業数の推移を示したものである。基地局市場規模について2002年のみ突出した値になっているが、これは全体の傾向を示したものではない。データの制約により、参入企業数について、端末はローカル企業のみであり、基地局は外資企業とローカル企業の合算

3 事例研究　99

図3.2　端末・基地局市場の規模と参入企業の推移

出所：データは，携帯端末市場規模について，1999～2004年まで木村（2006），2005～06年はiSuppli（2008）より。端末企業数は今井・許（2007）より。基地局市場規模・参入企業について中国電子工業年鑑（1999-2006）の各年，ただし2000年および03年について欠損値のため筆者推定。

値となっているが，参入傾向を見るには十分である。これらの留意点を踏まえて，データの分析を行う。

　端末市場は，1999年には1753万台の市場規模であったが，激しい価格競争が行われ，バラエティに富む製品が上市されたおかげで，2006年には1億3894万台にまで成長した。端末市場が成長したことに応じて，通話能力が必要となり，基地局市場も成長した。基地局は1999年には93万2000チャネルの市場規模しかなかったが，2006年には，1145万チャネルにまで成長した。もともと1つのシステムである端末と基地局は，相互補完的な性質があり，どちらかの市場が拡大すれば，残り一方の市場も拡大する。GSMでは，端末市場の拡大が，基地局市場の拡大も促した。

　参入企業数を比較すると，端末市場では活発な参入が起きているが，基地局市場では参入が起きていないことがわかる。端末市場では，1999年には10社以下であった中国地場系の携帯電話メーカーは，2006年には40社を超えている。この間，一貫して参入が拡大している。それに対して，基地局市場では新規参入が進まず，参入企業は15社程度である状態が長年続いている。

3.3.2 端末と基地局の市場シェアの比較

図3.3は，中国携帯端末市場における外資企業と中国企業の市場シェアの推移を示している。外資系は先進国の多国籍企業であり，中国企業はローカル企業である。先進国企業にはノキア，モトローラやサムスン電子が含まれる。一方，中国企業は，政府から製造認可を受けている正規企業と，製造許可なしに製造を行っている企業に二分される。後者の作った携帯電話を黒手机と呼ぶ。

黒手机は，グレー携帯電話（グレー製品）と呼ばれたり，ヤミ携帯と呼ばれたり，不正規品と呼ばれたりする[7]。ここではグレー携帯と呼称する。

2005年に中国政府は携帯電話生産・販売の認可規制を緩和し，07年には規制そのものを廃止したため，厳密には正規品と黒手机の区分はなくなっている。しかし企業の出自などにより，統計上，正規品と黒手机の区分が行われている。黒手机は，2005年以降，急激に台数を伸ばしており，大量に流通している。黒手机は中国の地場企業のみが製造しており，外資系企業は製造していない。

図3.4は，中国の基地局の市場シェアの傾向を示している。基地局市場の傾向を見ると端末市場とは対照的な状況であることがわかる。1999年以降，市

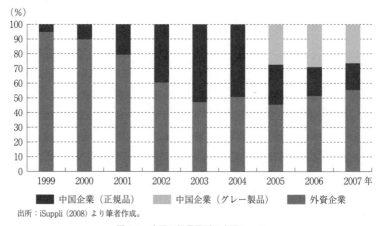

出所：iSuppli (2008) より筆者作成。

図3.3 中国の携帯電話の市場シェア

---

7) 中国市場ではヤミ携帯や黒手机を総称して山寨手机と呼んでいる。本書の説明にあるように政府の製造許可なしに生産されている携帯電話の意味が強いが，さらに，ライセンス料を支払っていない携帯電話，GSMA (GSM Association) の適合試験に合格していない携帯電話というような意味でグレー携帯と呼ぶこともある。いずれにしても正規品ではない携帯電話という意味合いである。

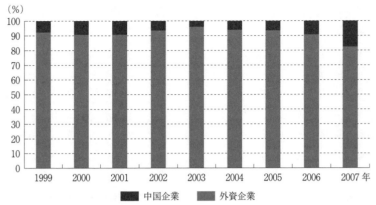

出所：iSuppli（2008）より筆者作成。

図3.4　中国の基地局の市場シェア

場拡大に合わせて，基地局市場も拡大したが，ほとんど新規参入は行われず，外資企業が高い市場シェアを維持する状況が続いている。これらの外資企業は，エリクソン，ノキアといった GSM 標準の規格策定に主導的な役割を演じた企業である。中国には華 為（Huawei）や中興（ZTE）のような世界トップ10に入るような通信企業もあり，通信産業の国際競争力は低くない。しかしながら，これらの有力な中国企業も大きな市場シェアを獲得するには至っていない。

3.4　企業競争レベルの産業進化：オープン領域とクローズ領域

3.4.1　オープン領域の競争パターン：端末市場の競争

1994年に中国に携帯電話が導入されてから90年末まで，中国での携帯電話のユーザーは，一部の富裕層であり一般の市民が利用するものではなかった。この時代は，外資企業が携帯電話をほぼ独占的に供給していた。しかし2000年前後に，より本格的に携帯電話の普及が始まると，市場拡大に合わせて多くの中国企業が携帯電話市場に参入した。とくに2000年から05年までの中国企業の伸びは著しく，市場の拡大に合わせて経済成長を達成する一方，市場で激しい価格競争が行われた。安価な端末はさらにユーザー数を増加させたため，ますます市場が拡大した。

携帯端末市場への中国企業の参入の事例を紹介する。標準化によって，携帯電話は移動体システムの中でオープン領域となり，直接的・間接的な競争効果

が発揮された。直接的競争効果について説明する。中国市場へのGSM導入決定をきっかけに技術的キャッチアップが開始された。携帯端末の機能が広範囲に標準化されていたため、キャッチアップが可能であった。中国政府は第8次5カ年計画（1991〜95年）で携帯電話端末の自主開発プロジェクトを電子工業部第7研究所で行い、開発チームは96年にサンプルを郵誘電部に納品した。プロジェクトの成果は、厦門のテレビメーカーである厦華や広州南方高科に移転され、開発チームの人材が各企業に転職したため、中国携帯電話産業の立ち上げに一定の役割を果たした。インターフェースが標準化されていたおかげで、短期間のうちに学習が行えたことが、短期間のキャッチアップを可能とした。

次に間接的競争効果について説明する。巨大な中国市場がGSMシステムに開かれるという期待から、補完的な財・サービスを提供する企業が多数中国市場に参入した。代表的な補完財は、半導体企業が提供するプラットフォーム部品である。新規参入した中国企業は技術蓄積が小さかったので、チップセットやプロトコルスタック、さらにはリファレンス・デザイン（参考設計図面）を一体化した、プラットフォーム部品が好まれた。たとえばルーセント（現アギア）は1997年に国有通信設備メーカーの東方通信に、98年に家電メーカーの康桂（KONKA）にプラットフォーム部品の提供を行った。ADI（アナログ・デベイセズ）もプラットフォーム部品を提供し、中興、科健、TCL、夏新などの中国企業が採用して携帯電話を開発した。最終的にプラットフォーム部品で業界標準になったのは、台湾半導体企業のメディアテックであった。同社は2004年末以降、携帯電話に使われるほとんどの電子部品をプラットフォーム部品に統合し、参考設計とともに提供し、中国携帯電話企業や中国系デザインハウス向けに販売し、過半の市場シェアを獲得した。これらプラットフォーム部品はGSM標準規格に適合するように作られており、技術蓄積の小さい企業でもGSM標準規格に対応した携帯端末が開発・生産できるようになっていた。

プラットフォーム部品に加えて、設計や製造などの補完的サービスを提供する企業も中国市場に参入した。彼らは設計受託を行うのでデザインハウスと呼ばれた。まず韓台企業が中国携帯端末企業に対して、設計・製造の請負サービスを提供した。韓国のデザインハウスA社は、1999年に中国企業向けの携帯電話の設計・生産受託を目的に設立され、2001年から03年まで順調に販売を伸ばし、夏新、波導、熊猫といった中国携帯電話企業に納入した。2000年以降、Compal、Arima、Quanta、Inventec、Wistronといった台湾ODM企業

が，中国企業に対して受託生産を行った。韓台企業のビジネスモデルに触発されて2001年から02年にかけて，中国でも外資系企業に勤務していた技術者が独立し，次々とデザインハウスを創業した。

プラットフォーム部品やデザインハウスの存在は，技術蓄積が小さい中国企業の新規参入を大いに助け，中国企業が市場シェアを獲得することに大きく貢献した。

3.4.2 クローズ領域の競争パターン：基地局市場の競争

携帯端末市場とは対照的に，クローズ領域に置かれた基地局市場には，ほとんど中国企業の参入が起こらなかった。この背景には，基地局がクローズ領域となり，インターフェースが隠蔽化されたことが関係している。

基地局は，無線基地局（BTS）と基地局制御装置（BSC）の2つから構成され，2つの間はクローズドなインターフェース（Abis インターフェース）である（Bekkers, 2001）。無線基地局は，基地局制御装置との連携が必要であるため，すでに設置してある基地局制御装置に接続する必要がある。この接続インターフェースはオープン・インターフェースではないため，その地域の基地局に先行して基地局制御装置を設置した通信設備メーカーが，無線基地局も提供することになる。こういった通信設備メーカーは，GSM 標準化を主導したプラットフォーム企業である欧州の通信設備企業であることが多かった。このためプ

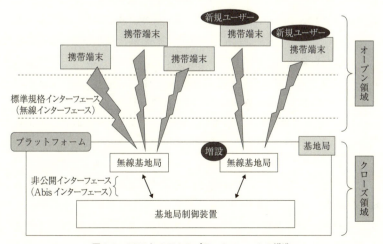

図3.5　GSMシステムのプラットフォームの構造

ラットフォーム企業が無線基地局の増設市場でドミナントな競争優位を得た。

GSM システムが中国全土に普及する中，接続インターフェース（Abis インターフェース）が秘匿化されていることは先行者優位のメカニズムとして強く機能した（図3.5）。

3.4.3 オープン領域とクローズ領域の相互作用

オープン領域にある携帯端末は，新規参入企業により多様で安価な端末が提供される。そのため，携帯端末を保持する消費者が急増した。それに伴い，基地局の能力の増強が必要となった。基地局能力を増強するためには，無線基地局を追加的に設置すれば良い。ただし，その際には，その地域にすでに設置されている基地局制御装置と接続できる無線基地局でないとならない。そして，その接続インターフェースは秘匿化されている。基地局制御装置は，その地域で一番はじめに基地局システムを設置したメーカーが設置するものであるから，結局，先行者企業が，基地局増強の投資市場では有利になるわけである。先行者企業は多くの場合，欧米の通信設備企業であった。

接続インターフェース（Abis インターフェース）の隠蔽化のため，中国企業は無線基地局市場に新規参入することも，市場シェア拡大することも難しかった（米・尹，2005，p. 70）。中国には華 為（Huawei）や中興（ZTE）といった世界的な通信設備企業も存在するが，彼らも中国の基地局市場シェア獲得に成功しなかった。先行者優位のメカニズムを標準規格に埋め込むことに成功したため，非欧州市場である中国インフラ市場で，欧州通信企業の優位が維持された。

中国市場における GSM 携帯電話システムの発展を端末市場と基地局市場を対比させながら整理したものが図3.6となる。端末市場はオープン領域，基地局市場はクローズ領域である。端末市場も基地局市場も，1990年代末から見ると急激に拡大している。端末は9.7倍の市場規模となり，基地局は6倍になった（なお，TRX は通信チャンネル数で，基地局の規模を計る際に用いる単位である）。

しかし，2つの市場には大きな違いが存在する。それは参入企業の数である。オープン領域である端末市場では参入が頻繁に起こり，参入企業数が増加しながら市場が拡大していった。この様子は図3.6から確認することができる。図3.6右の市場シェアの内訳を見ると，拡大前の1999年には，市場シェアのほとんどを欧米企業が占有していたことがわかる。拡大後の2007年の市場シェアを確認すると，およそ半分のシェアが中国ローカル企業によって占有されて

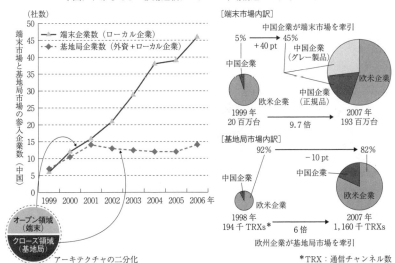

図3.6 中国市場におけるGSM移動体通信システムの発展

いる。つまり，拡大の大きなエンジンとなったのは，中国ローカル企業であったがことがわかる。

一方，クローズ領域である基地局市場の状況は，これとは大きな違いがある。基地局市場も，端末市場の成長に合わせて，市場規模が拡大していった。拡大前の1998年と，拡大後の2007年の市場規模を比較してみると6倍にもなっている。しかし，その市場シェアの内訳を確認してみると，拡大後の2007年であったとしても，その過半シェアを欧米の通信設備企業が占有していることがわかる。1998年と比較すると，2007年の中国ローカル資本の通信設備企業の市場シェアも伸びているが，依然として欧米企業が強い競争力を基地局市場で維持していることがわかる。

図3.7は2007年の中国のGSM基地局市場の市場シェアを企業ごとに集計したものである。中国ローカル企業にはグローバル企業である華為(Huawei)や中興(ZTE)が含まれている。とくに華為はグローバル市場ではトップ3に入る巨大企業である。通信設備市場で強い競争力を持っていることで知られている。にもかかわらず，中国のGSM携帯電話の基地局市場では中国ローカル企業が，GSM標準リーダー企業たちに対して苦戦していることが図3.7から把握することができる[8]。

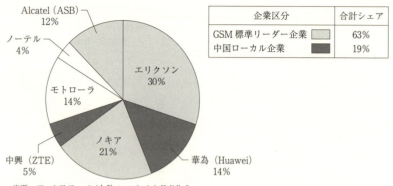

図 3.7　中国 GSM 基地局の市場シェア（2007 年）

　GSM 携帯電話のエコシステムでは，オープン領域とクローズ領域で対照的な市場成長が確認された。オープン領域の端末市場では，新規参入企業である中国ローカル企業が参入しながら市場成長が行われた。クローズ領域の基地局市場では，既存企業である欧米企業が競争力を維持しながら市場成長が行われた。端末市場も基地局市場も，GSM 携帯電話のエコシステムの一部であるが，その成長経路は標準化によって，オープン領域になったか，クローズ領域になったかで大きく異なるものとなったわけである。

4　議論と結論

　GSM 標準規格におけるオープン度を念頭に，携帯電話市場と基地局市場の参入企業数の差を考察した。
　まず仮説 1 について。GSM 携帯電話の標準化では欧米の通信設備企業による戦略的標準化が行われた。表 3.2 の各サブシステムのオープン度の比較により，オープン領域の端末分野と，クローズ領域の基地局・交換機分野に二分されたことがわかる。これは欧米の通信設備企業の主力ビジネスが基地局や交換機などの通信インフラ設備事業であったことに起因する。この点は仮説 1 の妥

---

8)　中国の基地局市場について，本分析では GSM システムを対象にしている。2014 年以降，新技術世代である LTE システムが導入されたため，すべての方式を含む基地局市場全体では大きな市場シェア変化が起こる可能性がある。

当性を表している。

次に仮説2について。オープン領域の産業成長に関する仮説2-1に関して，オープン度の高い携帯電話市場では多くの新規参入が行われ，中国ローカル企業が市場シェアの約半分を獲得するに至った。これは仮説2-1の妥当性を表している。図3.2に示す端末の参入企業数の推移からも，仮説2-1の妥当性が確認できる。

仮説2-2については，*3.4.1*項で企業レベルの参入プロセスを詳細に事例分析した。端末市場への参入の際に，半導体企業が提供したプラットフォーム部品が中国企業の端末市場への新規参入を強く後押ししたことがわかった。これは仮説2-2の妥当性を表している。

仮説3について。仮説3はクローズ領域の産業成長に関するものである。図3.2に示す基地局の参入企業数の推移，および，図3.7のGSM基地局市場シェア内訳からも，仮説3の妥当性が確認できる。戦略的標準化を行った欧米の通信設備企業は，図3.5に示されるような先行者優位のメカニズムをクローズ領域のサブシステムに組み込んでいた。クローズ領域のサブシステム間（基地局制御装置と基地局）の接続インターフェース（Abis）が隠蔽化されているため，キャッチアップ企業が後から参入したりシェア拡大したりすることを阻んだ。

図3.7で紹介したように，GSM基地局の市場シェアの内訳を確認すると，エリクソンやノキアのようにGSM標準の標準化活動を主導した企業のシェアが高い（合計シェア63%）のに対して，中国ローカル企業のシェアは低かった（19%）。

GSM標準化では通信設備企業が主導して標準化を行い，通信インフラ（基地局など）をクローズ領域としてほとんど標準規格を作らなかったし，接続インターフェースの隠蔽化も行った。このため，華為（Huawei）や中興（ZTE）のような中国ローカル企業の参入に対して参入障壁となったと解釈できる。

GSM標準では欧州の通信設備企業が標準化を主導したため，端末側がオープン領域になり，通信設備側がクローズ領域となった。そのため端末市場に中国企業が盛んに参入し市場シェアを拡大していった。逆に通信設備側は欧州企業が市場シェアを維持した。

このような事例解釈に対して，「通信設備は端末に比べて開発投資を多く必要とするため，通信設備市場に中国企業の参入が少なかったのではないか」という批判もあり得る。しかし，中国には有力な通信設備企業が存在している。

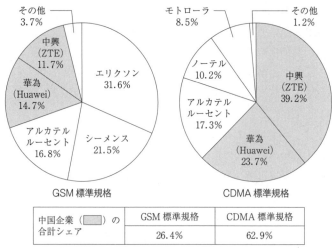

出所：日本貿易振興機構（2011）pp. 7-8。

図3.8　標準規格別の中国通信設備市場シェア（2009年）

彼らは通信設備市場において強い競争力をもっており，通信設備市場で市場シェアを獲得できなかったのは，GSM 標準そのものに原因があると考えるのが妥当である。この点は GSM 標準と CDMA 標準という2つの方式を比較するとより明確になる。

中国には，第2世代携帯電話として GSM 標準と CDMA 標準の2つの方式が導入された。GSM 標準と同じ第2世代の通信方式である CDMA 標準は米国で標準化された標準規格である。当時スタートアップ企業であったクアルコムが主導して CDMA 標準の標準化を行った。クアルコムのメインビジネスは通信半導体提供と技術ライセンスである。クアルコムの強みは符号化の部分（通信を行う半導体の部分）であったので，携帯端末の半導体部分がクローズ領域となっており，通信インフラ部分はクローズ領域となっていない。

日本貿易振興機構（2011, pp. 7-8）の2009年度の通信設備市場データによれば（図3.8），中国企業の合計シェアは，GSM 方式では 26.4% に対して，CDMA 方式では 62.9% となっており，大きな差がついている。GSM 方式では基地局市場がクローズ領域とされ，中国企業の新規参入を阻害するような参入障壁構築が行われていたと考えられる。

最後に，仮説4について。仮説4はオープン領域とクローズ領域の相互作用的な成長に関するものである。先に示した図3.2の端末・基地局市場の市場規

模の推移，および，図3.3と図3.4の端末・基地局市場の国籍別市場シェアを確認する。オープン領域（端末市場）の市場規模拡大に合わせて，クローズ領域（基地局市場）の市場拡大が行われている。一方，その市場シェア内訳を見ると，オープン市場（端末市場）では中国企業の躍進が確認されるのに対して，クローズ市場（基地局市場）では戦略的標準化を行った欧米通信設備企業が市場シェアを維持している。これらの事実は仮説4の妥当性を示していると考えられる。

本章では，近年，グローバル・スタンダードが頻繁に形成されることに着目し，この影響を標準化プロセスの視点から説明した。コンセンサス標準化は非市場プロセスと市場プロセスを用いる新しい標準化プロセスであり，オープン領域を大きめに設定するという特徴がある。このため，グローバル・スタンダード形成過程で新興国企業の新規参入を促進している。同時に，コンセンサス標準化は，各企業の戦略に強く影響されるため，クローズ領域も内包することになる。プラットフォーム企業は，コンセンサス標準のこのような特性を用いて，戦略的標準化を行い，自社の国際競争力を拡大している。

ただし，これは，先進国企業の一方的な産業成長を意味していない。オープン領域では新興国企業が盛んに新規参入を行う一方で，クローズ領域では新規参入が進まず，先進国企業が競争力を維持するという国際分業が拡大することになる。中国のGSM携帯電話導入の事例では，このような国際分業を観察することができた。

4.1 プラットフォーム企業の戦略的標準化：
オープン領域とクローズ領域の設定

本章の事例研究ではプラットフォーム企業の戦略的標準化が観察された。戦略的標準化ではプラットフォーム企業は，自社の収益を守るためには，自社事業に近い領域は標準化せずにクローズ領域にしておくことが望ましい。一方，自社が属するエコシステムを拡大させるためには，自社事業以外の領域に関してはオープン標準を設定し，普及させることでエコシステムの拡大を狙う。これによって，システム・アーキテクチャの中にオープン領域とクローズ領域の2つが形成されることになる。

このようなプラットフォーム企業の戦略的標準化にとって，コンセンサス標準は使い勝手の良いものとなっている。コンセンサス標準を使った場合，コン

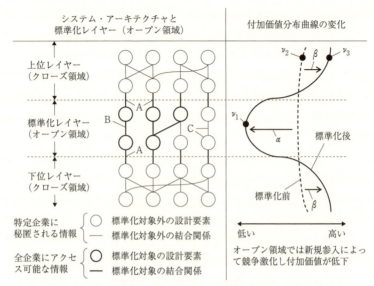

図 3.9 戦略的標準化によるオープン領域とクローズ領域

ソーシアムで大規模に企業が集まり合議を行うため，他の標準化方式よりも柔軟かつ広範囲に標準規格を設定することができる。さらに，コンセンサス標準化では，企業同士で合意さえできれば，アーキテクチャのどの部分に対しても標準化領域を設定することができる。標準化される領域の技術情報はオープンに共有され，新規参入も容易になるためオープン領域と呼ばれる。プラットフォーム企業は，自社の主とする事業領域以外はオープン標準を設定する用意がある。

プラットフォーム企業が戦略的にある特定の領域をオープン領域に設定すると，全体アーキテクチャに変化が起こる。図3.9はこの変化を説明したものである。本研究の事例で扱ったGSM規格携帯電話の例では，端末分野はオープン領域であり，基地局などのインフラ分野はクローズ領域であった。

標準化対象の領域（標準化レイヤー）は，規格化された知識を誰もがアクセスできるオープン領域となる。アーキテクチャのオープン化は多数の新規参入を誘発し，図3.9のαに示すようにオープン領域の付加価値が低下する。ここでは低付加価値でも十分収益を上げることができる新規企業や新興国企業が活躍する。

一方，クローズ領域で事業を行う企業は，オープン領域の多数の新規参入と

いう事業環境変化を最大限に活用するために，自社の事業を再編してクローズ領域に集中したり，自社が提供する製品（部品）をプラットフォーム化したり，さらにはクローズ領域からオープン領域をコントロールするためのビジネスモデル構築が必要とされる。この動きが図3.9のβに示すように，クローズ領域の高付加価値化を引き起こし，最終的に標準化前から標準化後へと付加価値分布曲線に大きな変化を生じさせるのである。

とくに留意が必要なのは，βの力は戦略的標準化の際に考えられたビジネスモデルによって生ずるということである。多くの過去の研究では，オープン領域の変化だけに気をとられ，クローズ領域の変化に注目していなかった。ビジネスモデルとしては，たとえばGSMの事例では，基地局と基地局制御装置の間のインターフェースを秘匿して，能力増強市場での競争力を獲得するというような戦略のことである。オープン領域の端末分野では頻繁な新規参入が起こりながら市場成長が行われた。そのため急速に通信能力の増強が必要となった。クローズ領域の基地局分野でも，通信能力増強のため基地局の増設が必要となった。ただし，この能力増強用の基地局を供給することができたのは，当該地域に基地局制御装置を初期に設置することができた通信設備企業だけであった。端末市場の拡大に合わせて通信設備市場も拡大したが，クローズ領域であった通信設備市場では先行者優位が実現するようなメカニズムが組み込まれていた。これは，GSM標準化を主導した通信設備のプラットフォーム企業が行った戦略的標準化によって引き起こされたものであった。

このプロセスを，図3.9を使って確認する。標準化後のオープン領域の付加価値（図3.9のν_1）と，標準化前のクローズ領域の付加価値（図3.9のν_2）とを比較すればわかるように，特段の戦略をとらなかったしても，オープン領域と比べてクローズ領域の付加価値は高い。しかしαに示す付加価値低下の背後には新規企業・新興国企業の市場参入の多発が存在する。この変化を利用した戦略をとった企業だけがβによる付加価値上昇（図3.9のν_3）の恩恵を受けられるのである。このような戦略の代表的なものが戦略的標準化を契機にした新興国市場への国際展開戦略である。このため，クローズ領域に2つの企業があるとき，一方の企業が国際展開戦略をとらず，他方の企業が国際展開戦略をとったとしたら，後者が競争優位を勝ち取る。新興国市場への国際展開戦略をとった企業は，αの力の背景にある「新興国企業の新規参入」という環境変化を事業収益化のために活用し，持続的にβの力を享受することができるからで

ある。

　このような標準化の原理を活用した，プラットフォーム企業の戦略的標準化を説明すると次のようになる。プラットフォーム企業にとって，戦略的標準化は，標準化レイヤー（＝標準規格化がとくに詳細に行われる領域）だけでなく，その上下レイヤーを含めたシステム全体のアーキテクチャを設計することになる。どこをオープン領域にして，どこをクローズ領域にすれば自社が収益をあげながら，かつ，エコシステム拡大を達成できるかを構想する必要がある。自社の収益だけでなく，エコシステム拡大も考えるわけであるから，サプライヤーや新規参入企業との新しい分業構造も構想することを意味する。

　一般的な理解では，標準化は図 3.9 の A に示すようにクローズ領域とオープン領域の間のインターフェースを規定し，そのインターフェース情報をオープンにすることと理解されている。しかし，ここで説明したようなプラットフォーム企業の意図を反映した戦略的標準化では，標準化は，単なるインターフェースではなく，ある一定の幅を持った領域（＝レイヤー）に対して行われる。これは，標準化した領域の技術情報をオープンにし，新規参入を促進するためである。図 3.9 の B に示すように設計要素や結合関係が詳細に規格化される場合もあれば，C に示すように標準化領域にありながら標準化されない設計要素や結合関係もある。詳細に標準化されれば，情報が共有されやすくなるので，標準化レイヤーのオープン度が増す。ここで，アーキテクチャのオープン度とは，B と C の比率のことである。より B の割合が多ければ，オープン度は高くなる。オープン度が高ければ，エコシステムの拡大効果は大きくなる。

　プラットフォーム企業の戦略的標準化に対して，共存企業・ユーザー企業も対応を迫られるときがある。自社の事業領域が標準化対象のオープン領域になった場合である。その場合は，戦略的標準化の影響を強く受けるからである。新規参入して共存企業となろうとする企業の場合，オープン領域の登場は絶好の事業機会である。一方，既存の共存企業は事業シフトを行う必要がある。いずれの場合も，プラットフォーム企業の戦略的標準化を観察し，標準化レイヤー内の標準規格化される B や標準規格化されない C の存在を詳細に把握し，標準化後の付加価値変化をいち早く理解する必要がある。共存企業やユーザー企業にとっては，戦略的標準化によって引き起こされる付加価値分布曲線のシフトを契機に，新規参入や，事業シフトを行う収益化戦略が可能となる。

4.2 プラットフォームの分離効果：
戦略的標準化のグローバル・エコシステムへの影響

プラットフォーム企業の戦略的標準化が，なぜ先進国企業と新興国企業の国際分業に影響を与え，なぜ新興国企業が成長機会を獲得するのか，を時系列的に整理し直したものが図3.10である。プラットフォーム企業の戦略要素としては「オープン領域とクローズ領域」および「先進国企業と新興国企業」の2つが戦略的要素となる。

前述のプラットフォーム企業の戦略的標準化の議論で見たように，標準化を戦略的に行った場合，1つのシステムがオープン領域とクローズ領域に二分される。アーキテクチャの二分化である。このように，オープン領域とクローズ領域の濃淡をはっきりとつけることが，戦略的標準化の第1段階となる。

戦略的標準化の第2段階では，オープン領域に新規参入者を呼び込み，自らはその新規参入者を手助けするようなプラットフォームを提供する事業へとビジネスモデルを変化させる。このようなビジネスモデルの変化は，自らの組織体制の変更を伴うため，強いリーダーシップと戦略性が必要となる。

オープン領域の参入者には，新規企業や新興国企業が多く含まれる。オープン領域は，技術情報が公開されているため，技術蓄積が重要な競争要因でなく

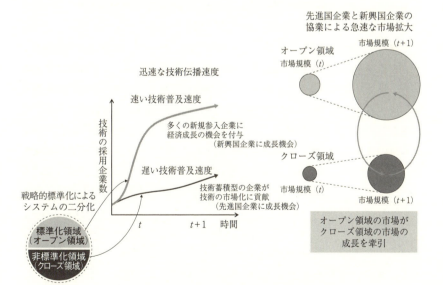

図3.10　アーキテクチャの二分化と新興国産業の成長

なる。ここで重要な成功要因は，柔軟な投資戦略による生産規模拡大や，ローコスト・オペレーションであり，これらに秀でる新規企業や新興国企業が活躍することになる。生産規模の拡大は，プラットフォームの普及にもつながる。

戦略的標準化の第3段階では，新規企業や新興国産業はプラットフォームを受容しながら，短期間の間に大規模な投資を行うことにより，成長機会を享受している。そして，先進国産業は新興国産業にプラットフォームを大量に提供することによって経済成長を達成している。先進国産業と新興国産業の間で，国際分業が成立することによって，需要創造が行われ，経済成長が実現している。

プラットフォームによってシステムが二分されることで，先進国企業と新興国企業の協業が可能となり，さらに新規参入によってコスト競争や投資が行われ，需要が創造されることを「プラットフォームの分離効果 (separation effect of platform)」と呼び，グローバル市場への影響が注目されている (Tatsumoto et al., 2009)。

5 まとめ

本章では，GSM 携帯電話システムの中国市場導入を事例研究した。そして，プラットフォーム企業の戦略的標準化が，製品アーキテクチャをオープン領域とクローズ領域に二分してしまう点を指摘した。オープン領域は技術情報がオープン標準として広範囲に開放されるため，新興国産業にとっては新規参入の絶好の機会となる。さらに，オープン領域は共存企業が新興国産業の新規参入を助成するような財・サービスを提供するため，新興国産業の新規参入がさらに進む。一方，クローズ領域では，このようなメカニズムが働かないため新規参入は進まないが，オープン領域が拡大するにつれて，クローズ領域の市場も拡大していく。このため，クローズ領域向けに製品・サービスを提供しているプラットフォーム企業は，高い競争力を維持しながら事業拡大が可能となるのである。

本章では，プラットフォーム企業の戦略的標準化が，アーキテクチャの二分化（オープン領域とクローズ領域）を促し，新興国産業の新規参入を助成することで，プラットフォーム企業も自ら収益を上げることを指摘した。

次章では，本章で見たようなプラットフォーム企業の戦略的標準化が，第2

章で整理したようなプラットフォーム競争戦略とどのような関係にあるのかを，半導体製造装置産業の取引ネットワークを題材にした定量分析から明らかにする。

第4章

グローバル・エコシステムでの
プラットフォーム戦略の成功要因

半導体製造装置産業の実証研究

　前章までプラットフォーム企業の競争戦略について整理を行った。第2章の理論モデルからは「ハブへの位置取り」「戦略的標準化」「ネットワーク効果」「二面市場戦略」「バンドリング戦略」といった戦略要素が抽出された。第3章の事例分析からは戦略的標準化が製品アーキテクチャの二分化(オープン領域とクローズ領域への分化)をもたらし，新興国産業に採用されながら，エコシステムが成長していくことを指摘した。

　本章では，これらのプラットフォーム企業の競争戦略の有効性について，半導体製造装置産業の取引データを用いて実証分析を行う。半導体製造装置産業では，長い間，製品戦略によって競争優位が獲得されてきたが，2000年前後の300 mmウェーハ技術世代にオープン標準を策定したことにより，プラットフォーム戦略をとる企業が生まれた。本章ではこの間の取引パネルデータを用いてプラットフォーム企業の競争行動について実証分析を行い，「ハブへの位置取り」「オープン標準対応製品の販売率」「新興国市場向け販売率」といった戦略間の関係について検討を行う。

　実証分析の結果から「ハブへの位置取り」「オープン標準対応製品の販売率」「新興国市場向け販売率」は強い交互作用を持っており，「新興国市場向け販売率」が一定以上高くなければ，グローバル・エコシステムでプラットフォーム戦略が効果を発揮しないことがわかった。またネットワーク分析の結果からコミュニティ間の媒介機能がプラットフォーム企業に集中していく様子が確認された。

1 はじめに

　プラットフォーム企業はビジネス・エコシステムの中心的な企業となることが多いため，学術的・実務的に大きな関心を集めている。Eisenmann (2007) は，Forbes誌のトップ100にランクインしている企業のうち，実に60社がなんらかの意味でネットワーク効果を利用したビジネスを行っていると報告しており，これらは戦略的にはプラットフォーム戦略であると考えられる。このような背景からプラットフォーム研究には多くの研究蓄積がある。たとえば，代表的な研究としては，Gawer and Cusumano (2002), Rochet and Tirole (2003), Hagiu and Yoffie (2009), Hagiu (2006), Evans *et al.* (2006), Eisenmann *et al.* (2011), Gawer and Henderson (2007), Gawer (2009) などがあげられる。

　これら研究に共通するコンセプトは「ネットワーク効果」「補完財企業」「オープン標準」などであり，ビジネス・エコシステム全体をマネジメントすることの重要性を説いている。また，日本における戦略的標準化やオープン＆クローズ戦略の研究（淺羽，1998; 新宅ほか，2000; 新宅・江藤，2008; 山田，2008; 妹尾，2009; 小川，2009, 2014; 渡部，2011）も，その一連の研究で紹介されている代表的企業はプラットフォーム企業もしくはプラットフォーム戦略を遂行している企業であり，その結論は，先の欧米の研究と共通しているところも多く，この分野が国際的に注目されていることを示唆している。

　しかしながら，これらの研究には問題がある。既存研究は事例研究と理論研究が大部分であり，定量的な実証研究を欠いている点である。つまり，第2章で整理したような「ハブへのポジショニング」や「戦略的標準化」といったプラットフォーム戦略が本当に効果を持つのかという疑問や，それら戦略が効果をもつ条件について，実証的なエビデンスはいまだ乏しいままなのである。このように実証研究が少ないのは，今日のプラットフォーム企業の影響力の大きさを考えれば不可解ですらある。近年では，とくに計量経済の分野で，ネットワーク効果の大きさを測定する定量研究が行われているが (Clements and Ohashi, 2005; Corts and Lederman, 2009)，主に価格戦略にフォーカスしているため，より包括的に見たプラットフォーム戦略の効果や条件などはよくわかっていない。さらに，前章の通信産業の事例で見たように，プラットフォーム企業が新興国市場の拡大を契機に影響力を拡大するという報告が，近年，複数されてい

1 はじめに

るにもかかわらず（今井・川上, 2007; 丸川・安本, 2010; 渡部, 2011; 川上, 2012），新興国市場への展開とプラットフォーム戦略がどのような相互作用をもたらしているのかについて，いまだよくわかっていない。

本章では，2000年頃の半導体産業の300 mm 標準への技術世代転換の際の半導体製造装置の取引データを用いて，プラットフォーム戦略の有効性を実証的に検証する。

半導体製造装置は露光機やコータ・デベロッパー，エッチャーなどさまざまな種類があり，これらの半導体製造装置が連携し合って1つの製造ラインを構成する。半導体製造には微細化寸法・ウェーハ口径をもとにした技術世代が存在し，製造装置間で同一の技術世代に基づかないと，半導体製造ができない。このため，半導体製造のロードマップを作成したり，製造装置間で互換性を保つためのオープン標準を作成したりしている。とくにこの傾向は1990年代後半に半導体製造装置の価格が高騰してくると強くなった。このよう中で300 mm ウェーハ標準が作成された。後述するように300 mm 標準は，ウェーハ口径・形状のような材料の標準化にとどまらず，自動搬送システムの標準化，ファクトリーデザインの標準化，CIM ソフトウェアの標準化など，生産工場に関して広範な標準化が行われた。

300 mm 標準化は，半導体産業というグローバル・エコシステムに大きな影響を与えたと言われている。本章では，このオープン標準化の際の半導体製造装置企業の戦略行動を実証研究の対象とする。半導体製造装置企業では，従来，製品の技術的な高度さを競争尺度とする製品戦略が盛んであったが，先述のように，オープン標準の重要性が高まると，プラットフォーム戦略をとるものが出現し始めた。

検証するプラットフォーム戦略は，「ハブへのポジショニング」というプラットフォーム企業の基本戦略である。さらに，その基本戦略が，「オープン標準対応製品の販売」や「新興国市場への販売拡大」といった戦略と，どのような関係にあるのかを実証的に検証する。

実証分析の対象データとして，製造装置企業と半導体企業との製造装置取引データと，製造装置市場の販売額からパネルデータを作成した。各戦略の効果を推定するために，相互作用を含めないモデルと，相互作用を含めたモデルを作成して重回帰分析を行った。各企業の異質性に対処するために企業ダミーおよび企業サイズ（従業員数）や提供する装置種類をコントロール変数としてモ

デルに投入した。成果変数として各企業ごとの製造装置の販売額を用いた。

実証分析では「ハブへのポジショニング」の度合い（媒介中心性）が売上高に対してどのような影響を与えるのかを，「オープン標準対応製品の販売率」「新興国向け販売率」といった調整変数を考慮しながら推定した。実証分析の結果を先取りすると，「ハブへのポジショニング」「オープン標準対応の販売率」「新興国市場向けの販売率」は強い交互作用を持っていることがわかった。プラットフォーム戦略を機能させるためには，新興国市場向け販売率が高いという条件が必要である。その条件下で「ハブへのポジショニング」の効果は統計的有意にプラスになる。この効果は「オープン標準対応の販売率」を高めると拡大することがわかった。逆に，新興国向け販売率が低い場合は，「ハブへのポジショニング」の効果はマイナスであり，「オープン標準対応の販売率」を高めるとマイナスが拡大することがわかった。

2 プラットフォーム戦略の先行研究と仮説導出

2.1 プラットフォーム戦略の先行研究

2.1.1 取引ネットワーク上のポジショニング

第2章で整理したように，プラットフォーム企業の最も基本的な戦略は，取引ネットワークのハブにポジショニングすることである。この点については理論研究，事例研究ともに，ハブへのポジショニングがプラットフォーム企業の競争力を高めていることを認めている（国領，1995, 1999; 富士通総研ほか，2013）。ハブへポジショニングすることにより，取引ネットワークに流れる情報について，「情報アクセス優位」と「情報コントロール優位」が生まれる。これは古典的な社会ネットワーク理論に由来する優位性である。

情報アクセス優位は，ハブに位置取りすることによって，ネットワークの他の企業よりもすばやく情報にアクセスすることができるようになるという優位性である。情報コントロール優位はそのようにすばやくアクセスした情報を次の企業に伝達する際に，自分に有利な情報のみを伝達したり，自分に有利なように一部を変更して情報伝達したりすることによって生じる優位のことである。

Gawer and Cusumano (2002) はプラットフォーム企業であるインテルが，ビジネス・エコシステムの中で自社が直接関係する市場以外にも補完財市場など

直接関係しない市場の企業とも関係を持ち，情報を収集したり，情報を集約してオープン標準規格を作成したりする様子を，プラットフォーム・リーダーシップとして報告している。このような行為はハブにポジショニングすることから生じる優位を活用していると考えられる。

情報媒介の意味で取引ネットワークのハブになっていることを示すために，社会ネットワーク研究では媒介中心性というネットワーク構造の指標を使っている (Freeman, 1977; Wasserman and Faust, 1994)。媒介中心性はネットワーク上の情報伝達に着目し，あるノード（企業）がネットワーク上の情報伝達にとって不可欠である程度を表している。複数のグループを媒介したり，所属メンバーの大きいグループ同士を媒介するような結節点になったりした企業は媒介中心性が高くなる（媒介中心性については本章末 Appendix 1 を参照）。

取引ネットワークの中で，ハブ，すなわち，媒介中心性の高いポジションに位置取りすると複数市場の媒介を行うことが可能となる。これは二面市場戦略をとる際の基本的な競争優位となる。二面市場戦略は，業界でオープン標準が広く普及し，複数の市場間にネットワーク効果が発生すると，その利用範囲が大きくなる。そのためハブに位置取りしたプラットフォーム企業の競争優位は一段と強固なものとなる。

2.1.2 オープン標準への態度

プラットフォーム企業は業界全体に関係するようなオープン標準に対して積極的に関与すると報告されている。オープン標準は，第 1 章で見たように，標準化アプローチごとにデファクト標準，コンセンサス標準，デジュリ標準といった 3 つの標準に分類される。デファクト標準は自社 1 社で定めるような標準規格のことであり収益に直結することが明白であるため，非互換の標準規格を掲げるライバル企業との熾烈な標準戦争を引き起こしやすい。しばしば報告されるビデオコンソールの標準規格戦争は，このデファクト標準規格の標準戦争である（生稲, 2012）。当然，プラットフォーム企業は，このようなオープン標準に対しては積極的に対処している。

デジュリ標準は公的組織によって定められる標準規格であり，フォーマルな標準化手続きを行うことで知られている。ISO や IEC などが代表的な公的標準機関である。デファクト標準が「事実上の標準」と呼ばれるのに対して，デジュリ標準は「法的な標準」と呼ばれる。法的な標準と呼ばれるのは，その標

準化が公的機関で行われることと,その普及がしばしば強制法規的に行われるためである。そのため,安全規格などにデジュリ標準は用いられやすい。プラットフォーム企業はこのようなオープン標準にも対応するが,とくに国際的なデジュリ標準の作成は,国際的に標準普及を強制できるような組織が存在しないために,「デジュリ標準はデファクト標準のラバースタンプである」というように批判されている(Bessen and Farrell, 1991)。どの公的標準化機関も,ある技術に対して「統一かつ唯一」の国際標準として法的正当性を付与する強い権限を持っていないため,純粋なデジュリ標準化だけで国際的標準を形成することは困難であると考えられている(Bessen and Farrell, 1991;原田,2008)。

近年,国際的なオープン標準を形成する際に頻繁に用いられているのがコンセンサス標準である(新宅・江藤,2008)。コンセンサス標準化はコンソーシアムやフォーラムなどを企業が形成して標準規格を策定する標準化方法のことである。第1章で見たように,1980年代半ば以降に,頻繁に利用されるようになった標準化方法である。ビジネス・エコシステム全体に関係するような大きなオープン標準を形成するために,プラットフォーム企業は頻繁にコンセンサス標準を利用している(新宅・江藤,2008)。ただしコンセンサス標準は1社だけで行う標準化ではなく,プラットフォーム企業と共存企業,さらにユーザー企業とも関連しながら標準規格を策定していく。USB規格(Gawer and Cusumano, 2002)や,本研究で取り上げる半導体工場の300 mm技術世代標準などは,コンセンサス標準となる。

コンセンサス標準は,デファクト標準と異なり,通常,その標準普及がそのままプラットフォーム企業の収益に直結するかどうかは明確ではない。しかし,プラットフォーム企業にとっては,2つのメリットがあるため,コンセンサス標準化を頻繁に用いる。1つめは,多様な企業と話し合いを持つことにより,巨大で複雑なシステムに対してオープン標準を策定できる点である。このような調整機能がなければ,複雑なシステムに対して,統一的な標準を策定することは難しい。2つめに,たとえ直接的に収益化が明確でなかったとしても,オープン標準が普及することでエコシステムが拡大すれば,最終的に自社の収益につながる可能性が拡大する。この2つの理由から,プラットフォーム企業は頻繁にコンセンサス標準化を用い,そこで作成されたオープン標準を自社製品やサービスに頻繁に使用している。

2.1.3 新興国市場への態度

プラットフォーム企業の新興国市場への態度についての既存の実証研究は少なく，主に事例研究をベースとした報告のみである。これらの研究は主に日本で行われた研究が多い。

川上（2012）はプラットフォーム企業であるインテルが台湾ノートパソコン産業に対して積極的に支援を行い，その結果，パソコンの世界需要が拡大したさまを描いている。また，今井・許（2009）や丸川・安本（2010）では，プラットフォーム企業である半導体企業のメディアテック社（台湾）が，中国本土の携帯電話端末産業に対して大量にプラットフォーム製品を提供したため，同産業の成長につながった旨を報告している。当然，この背景にはパソコンにおける各種のオープン標準やGSM標準規格の影響が存在すると考えられるが，明示的な議論とはなっていない。

国際的な標準形成と新興国市場への展開の関係について明示的に議論をした研究は少ないが，例外的な研究として小川（2009）があげられる。ここでは，プラットフォーム企業として明確に記述されていないものの，国際標準化によって，新興国産業に受け入れられるようにシステム製品の分業が行われ，それを利用した企業行動について説明が行われている。これらの企業は，今日の研究文脈でとらえると，戦略的標準化を用いたプラットフォーム企業の企業行動であると考えられる。

これらの研究では，プラットフォーム企業がターンキーソリューションとして製品を新興国産業に提供することによって，新興国産業がキャッチアップして市場成果を高めることが主張されている。先進国産業は十分に技術蓄積が行われているため，ターンキーソリューションは必ずしも必要ない。むしろ差別化要因をなくしてしまう可能性がある。一方，技術蓄積が十分ではない新興国産業にとっては，このようなターンキーソリューション製品はキャッチアップの好機となるため，歓迎されるものとなる。さらに，このようなターンキーソリューション製品は，オープン標準が普及すると，そのオープン標準に対応したターンキーソリューションを提供することが容易になるため，余計に加速することが指摘されている（今井・許，2009; 小川，2009）。

オープン標準化が行われると，巨大で複雑なシステムについて共通認識が産業内に生まれ，どの部分をターンキーソリューションとして提供するのが良いのかが明確になる。今井・許（2009）は，GSM標準規格が中国に普及した際に，

中国の携帯電話端末メーカー向けに，台湾の半導体企業であるメディアテック社がターンキーソリューションとして半導体チップと電子基板を提供したことを報告している。同様に，小川（2009）はDVD規格に対応したDVDプレイヤーを製造していた中国メーカー向けに，三洋電機が光学部品と機構部品で構成されるターンキーソリューションを提供したことを報告している。このように，プラットフォーム企業は，オープン標準をベースとしてターンキーソリューション製品を提供することが多いが，そのようなターンキーソリューションの積極的な需要先として，技術蓄積の小さな新興国企業が対象となることが多い。このような背景から，プラットフォーム企業は，オープン標準に対応した製品を積極的に新興国産業へ販売展開すると考えられる。

次項では，プラットフォーム企業の競争戦略の有効性について，半導体製造装置産業の取引データを用いて実証分析を行う。半導体製造装置産業では，長い間，製品戦略によって競争優位が獲得されてきたが，2000年前後の300 mmウェーハ技術世代にオープン標準を策定したことにより，プラットフォーム戦略をとる企業が生まれた。実証研究ではこの間の取引パネルデータを用いて，プラットフォーム戦略の効果について検討を行う。

2.2 研究デザイン

主な対象データは半導体製造装置産業の取引ネットワーク・データである。半導体企業は，半導体デバイスを製造するために半導体製造装置を購入する。半導体製造装置企業の多くは独立企業であり，関係の深い半導体企業が存在するものの，機会主義的な取引も多く行われており，半導体企業と半導体製造装置企業の間には，複雑な取引ネットワークが形成されている。半導体製造プロセス分野では，1990年代以降，技術の複雑化・投資の高騰化に対応するためにオープン標準化が進んだことで，複数の領域でネットワーク外部性が頻繁に発生し，複雑なビジネス・エコシステムを形成するようになった。

統計分析に先立ち，予備調査を行った。予備調査には，インタビュー・データと文献を用いた。インタビューは，主に2005年から2008年にかけて行われた。デバイス・メーカー，製造装置企業，搬送関連企業，材料企業，ソフトウェア企業，さらに業界団体などの20社に対して合計20回のインタビューを行った（聞き取り対象については巻末のインタビュー・リストを参照）。半導体デバイス企業，製造装置企業，業界団体というように，多様な主体にインタビューを

行った理由は，ビジネス・エコシステムが多様な主体から構成されており，1つの分野の企業（たとえば製造装置企業）だけにインタビューを行うと，情報バイアスが大きいと考えたためである[1]。この予備調査をもとに，前述の仮説をテストするための実証分析を行った。

2.3 研究対象と仮説導出

本書では，半導体製造装置産業における 300 mm 標準化を研究対象として取り上げる。300 mm 標準は，シリコンウェーハ口径の拡大を反映した技術世代の標準のことである。シリコンウェーハ口径を 300 mm と定めたことから，300 mm 標準と呼ばれる。半導体デバイスはシリコンウェーハ上に微細な電子回路を形成して製造する。半導体の技術世代は，この電子回路の加工寸法（デザインルールやプロセスルールと呼ばれる）と，シリコンウェーハの口径（ウェーハサイズ）の2つによって規定される。デザインルールが微細になれば，同じ面積のシリコンウェーハから多くの半導体デバイスを得ることができる。同じように，ウェハーサイズが大型化すれば，1枚のウェーハから半導体デバイスをより多く得ることができる。デザインルールは 1990 年代にはミクロン（μ）のオーダーであったが，2000 年前後より nm（ナノメーター）のオーダーへと突入し，2010 年代以降の先端技術世代では 32 nm に達している（1 nm は，10 億分の1 m）。ウェーハサイズは，1990 年代には 6〜8 インチが主流であったが，2000 年以降の投資では 12 インチ（300 mm）の大口径ウェーハが先端工場では広く採用されている。

半導体製造には，電子回路の図面のパターニングを行うリソグラフィー装置（露光機）やコータ・デベロッパー装置，パターンに沿ってシリコンを削り取るエッチング，各種膜を生成するスパッタ装置，熱処理装置や洗浄装置，シリコンウェーハを搬送するための自動搬送装置，クリーンルームの建設技術など，さまざまな要素技術を必要とする。技術世代ごとにこれらの広範な要素技術を統合することが求められるのである。そのため，これらの製造装置間でウェーハ口径や製造装置間でやりとりするパラメータなどについて，オープン標準を定めて，同じロードマップを共有して，技術世代の選択をすることにメリット

---

[1] この調査成果は富田・立本（2008）としてまとめられている。本文記載のヒアリング回数は追加調査をしたため，富田・立本（2008）とは異なっている。

があるわけである。

2.3.1 半導体産業におけるオープン標準の歴史

1970年代～80年代には、これらの技術世代の選択は投資戦略に応じて各社ばらばらに行われていた (Scace, 2000)。しかし、1990年代より、半導体産業と半導体製造装置企業は、半導体技術ロードマップ委員会 (ITRS) が作成した「ITRSロードマップ（半導体の技術世代目標を記した計画表）」やSEMATECH等の半導体技術開発コンソーシアムにより、半導体技術世代に関する情報共有を産業レベルで行ってきた (垂井, 2008)。この理由は、半導体製造技術の複雑化が進み、「半導体デバイスを作成する工程・装置が複雑多岐であり1社だけですべてのプロセスの統合を行うことが困難になったこと」「プロセス開発や製造装置の研究開発に巨額投資が必要となり、各社で情報を共有して技術開発のマイルストーンを共有し研究開発投資のリスク低減や重複投資回避を行う必要性」などがあげられる。産業レベルで情報を共有化し、標準化を推進してきたわけである。

ただし、ここに至っても、いまだ各社はウェーハ口径競争を行っていたため、オープン標準プロセスはデファクト標準化プロセスであった。たとえば6インチ世代はIBMが採用したラインがデファクト標準になったし、8インチ世代はインテルが採用したラインがデファクト標準になった。

1994年になり次の技術世代（300 mm 世代＝12インチ世代）が議論されるようになると、工場投資額が急激に上昇することが判明し、フォーマルな標準化の必要性が議論されるようになった。このような動機を背景に種々のコンソーシアム、アライアンス、イニシアチブが結成された。300 mm 標準化は、従前のデファクト標準化と異なり、コンセンサス標準化で行われたことは特筆するべきことである。

300 mm 標準化は1994年に、日系・海外の関連メーカーを巻き込んで始められた（図4.1）。日系では、JEIDA、JSNM、SIRIJ、EIAJ、SEAJ[2]などの半導体企業・半導体製造装置企業関連5団体が協力してJ300を組織し、300 mm 標準化を推進した。これに対して、海外では、米国SEMATECHなどが中心

---

[2] 各略称は以下を示す。JEIDA（日本電子工業振興協会），JSNM（新金属協会），EIAJ（日本電子機械工業会），SEAJ（日本半導体製造装置協会）。

2 プラットフォーム戦略の先行研究と仮説導出 127

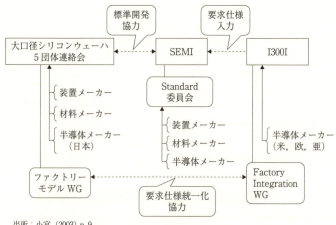

出所:小宮(2003) p. 9。

図 4.1　300 mm 標準化活動に関係する団体と SEMI

となり，I300I を組織した。J300 と I300I の間で会議やワークショップを幾度も重ね，標準化活動が進められた。といっても J300 や I300I は半導体製造装置のユーザー企業である半導体企業が主体であるので，300 mm 工場に必要な要求仕様についてのとりまとめが主な活動であった。このユーザーの要求仕様をもとに，実際の標準化活動を行ったのが，材料企業と半導体製造装置企業のコンソーシアムの SEMI である。

SEMI では，1994 年にシリコンウェーハ形状についての標準化を開始し，自動搬送装置やそれに使うデータプロトコルの標準化を行い，1998 年には標準化の完成を見た(小宮，2003)。このオープン標準に対応した製品(半導体製造装置)は 2000 年前半に市場化が行われた[3]。

2.3.2　300 mm 標準化活動の歴史

SEMI の 300 mm の標準化活動は 1994 年から開始された。図 4.2 に示したように，まずウェーハの外形標準が作成された。1995 年にはウェーハを運ぶキャリア，96 年にはファクトリーデザイン，そして 1997 年には CIM (Compu-

---

[3]　大手半導体製造装置企業である東京エレクトロンのアニュアルレポートによれば，同社の半導体製造装置部門の売上の内，300 mm 対応装置の売上高が 50% を超えたのは 2003 年であると報告している(東京エレクトロン，2003)。

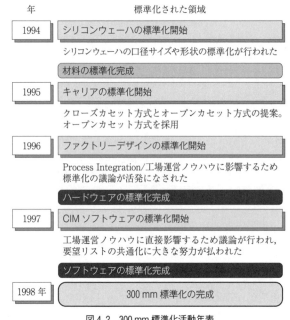

図 4.2　300 mm 標準化活動年表

ter Integrated Manufacturing) が段階的に標準化された。ウェーハが最初に標準化されるのは，ウェーハのサイズ，枚数，ピッチ（ウェーハ間の間隔）などがキャリア，搬送機器，製造装置のインターフェースに影響を及ぼすからである。

　もちろん，システム開発の各段階の標準化において，利害関係者間の意見がまとまらないこともあったが，その都度，話し合いの場が設けられ，各種標準の合意形成がなされていった。

　標準化が集中して行われたのは，半導体製造プロセスの中でも前工程の生産システムである。図 4.3 は実際に標準化された搬送システムの概略を示したものである。すべてはウェーハの搬送に関わる標準である。ウェーハの物理形状，ウェーハを収めて運ぶキャリア，キャリアを運ぶ搬送機器，搬送機器からキャリアを受け取るロードポート，ロードポートからウェーハを受け取り，実際に微細加工等をする製造装置，さらには生産システム全体を制御するソフトウェア（CIM ソフトウェア）といった具合である。

　300 mm 標準化による工場と従来の工場で，大きく異なるのは次の 2 点である。1 つめは，局所クリーン技術の導入である。300 mm 工場では局所クリー

2 プラットフォーム戦略の先行研究と仮説導出 129

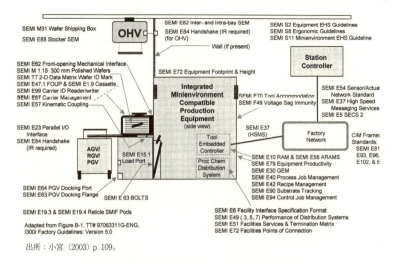

出所：小宮（2003）p. 109。

図 4.3 300 mm 工場用に開発された SEMI 国際スタンダード

ン技術が導入されたため，クリーンルームの設計能力は従来よりもクリティカルな要素ではなくなった。さらに，搬送システムには多くの標準規格が盛り込まれ，Selete や I300I での評価も行われたため，従来よりも濃密なコミュニケーションが少なくても立ち上がるようになった。300 mm 工場のランプアップ期間（施工から量産開始までの期間）が大幅に短縮された一因は，この効果による。さらに，クローズ・キャリアの導入により，無形の工場運営のノウハウは無価値化されていった。

　300 mm 標準化のもう1つの特徴は，工場のインテリジェント化であった。装置間をネットワークで結ぶことによって，レシピ管理や工程内在庫管理を行うようになっていったのである。200 mm 工場時代にも，このような試みは，一部の先端的な工場で行われていた。しかし，それは，すべての装置に対して行われていたわけではなく，局所的に行われていたに過ぎなかった。300 mm 工場では，統一的なフレームワークが標準規格化されたため，最適なマテリアルハンドリングを自動的に計算するようになっていった。フレームワークに対応したシステムは，CIM システムとして，外販されるようになった。

　図 4.4 は半導体装置市場の売上高の推移を表している（単位は 1000US ドルである）。2000 年と 04 年に半導体製造装置への投資がピークになっているのがわかる。当初，300 mm 世代の製造装置は 2001 年には本格的に普及すると考え

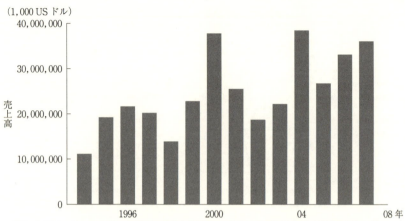

図 4.4　半導体製造装置の売上高推移（全地域）

出所：日経BP・グローバルネット（1999, 2001）およびグローバルネット（2005, 2009）から作成した。なお、原データは、『世界半導体製造装置・試験/検査装置市場年鑑』の各年版より作成。

られていた。しかし，2001 年に IT バブルが崩壊すると，半導体デバイス各社は工場投資を急激に控えた。そのため，300 mm 世代の製造装置が本格的に普及し始めたのは 2003～04 年となった。

2.3.3　300 mm 標準化による半導体産業・製造装置産業の変化

次節以降の仮説導出・実証分析に対する理解を助けるために，分析対象の期間に半導体産業・製造装置産業に起こったことを短く説明する。

1990 年代に標準化活動を行った 300 mm 標準は 2000 年代以降に普及していった。300 mm 世代では工場投資コストの高騰をうけて，コンソーシアムで 300 mm オープン標準が策定された。

300 mm 世代以前では，先進国の半導体企業は半導体製造装置企業とのダイアド的関係（1対1の関係）に基づいて，個別に必要となる装置を購入し，カスタマイズして装置間の相互調整を半導体企業自らが行って技術ノウハウを蓄積してきた。

しかし，300 mm 世代ではこのような技術ノウハウの優位性が低下してしまった。300 mm 世代では，①クローズ・キャリアの導入によって，従来の半導体生産で重要であったクリーンルーム管理などの工場運営のノウハウが低下し，②工場のインテリジェント化が進み，レシピ管理や工程内在庫管理が装置に体化したり，工場全体の管理に関するノウハウも CIM ソフトウェアとして外販

されたりした。

 既存の技術優位性が低下してしまったにもかかわらず，先進国の半導体企業（とくに日本の半導体企業）は 300 mm オープン標準の採用に積極的ではなく，その後，競争力をつけてきた後発の新興国半導体企業との競争に苦戦を強いられた。

 半導体製造装置産業でも変化が起きた。従来どおり，先進国の半導体企業（日本の半導体企業など）を販売先に限定した製造装置企業は，売上を伸ばすことはできなかった。一方，新興国半導体企業に対して，300 mm オープン標準対応の製造装置をもとに，装置間の調整ノウハウも含めて複数の装置をいわばパッケージとして販売する戦略をとった製造装置企業は，大きな市場成果を獲得できた。新興国の半導体企業は，半導体工場のオペレーションノウハウを十分に持っていないがキャッチアップをしたいと考えていたからである。

 日本の半導体企業は，このような後発の優位を活用した新興国の半導体企業との競争に苦戦した。一方，半導体製造装置産業では，新興国の半導体企業への販売を積極的に行った装置企業が，プラットフォーム企業として新興国半導体企業の成長とともに大きな成長を遂げた。

 300 mm 標準化活動の最中に，このような産業の変化を予想した関係者は少なかった。300 mm 標準に対応した製造装置を用いるのは，先進国の半導体企業だと当然視されていた。300 mm 標準化活動に熱心に行ったのは先進国の半導体企業と装置企業だった。先進国の半導体企業は自分たちが 300 mm 標準対応の製造装置を使うと考えていた。しかし，結果を見ると，300 mm 標準対応の製造装置を最も使ったのは新興国の半導体企業であった。

2.4 仮説導出

 2000 年頃に起こった半導体製造装置の 300 mm 技術世代への移行について，半導体製造装置企業の行動に関する以下の 4 つの仮説を設定する。これらの仮説はすべてプラットフォーム企業が戦略として行う企業行動を反映したものである。

 まず，取引ネットワークにおけるポジショニングについてである。先行研究の項でも見たように，プラットフォーム企業は取引ネットワーク上のハブに位置取りすることが戦略上の基本的な方針となる。このポジショニング戦略に加えて，オープン標準を活用したり，新興国市場へと展開するなどの戦略を同時

に行って戦略効果を拡大すると考えられる。これらの戦略行動を分析するために，まずは，ポジショニング戦略について仮説を設定する。

取引ネットワーク上のハブは，ネットワーク構造を表す指数の中で媒介中心性として表現することが先行研究で行われている（Wasserman and Faust, 1994）。媒介中心性は，ネットワーク上のノードについて，①橋渡しする2つのネットワークがそれぞれ大きいほど，②橋渡しするノードが少ないほど，大きな値を示すネットワーク指標である。

仮説1　取引ネットワーク上のポジショニングに関するプラットフォーム企業の行動仮説

取引ネットワーク上の媒介中心性が高いポジションに位置取りした半導体製造装置企業は，市場成果が大きくなる。

仮説1はプラットフォーム企業がハブに位置取りして競争力を拡大するというものである。仮説1は直線的すぎる仮説かもしれないが，多くのプラットフォーム企業研究が指摘している点でありながら（Iansiti and Levien, 2004a; 根来・足代，2011; 国領，1999; 井上・真木・永山，2011），実証的にはほとんど検証されていない。また，後に続く仮説2や仮説3は，仮説1で示されるポジショニング戦略を基盤としているため，仮説1を設定することは重要である。

次に，この仮説1を基盤としながら，オープン標準に関するプラットフォーム企業の戦略について仮説2を構築する。半導体製造装置産業では，2000年頃に起こった300 mm標準がオープン標準であると言える。オープン標準を採用した製品を積極的に扱うことは，新しい技術世代が広がることを後押しすることであり，プラットフォーム企業にとってはエコシステムの拡大を意味する。また，オープン標準が広がり，複数の製造装置市場間に補完性が生じ，市場間にネットワーク効果が生じると，ハブに位置取りしているプラットフォーム企業にとっては，二面市場戦略を採用したり，バンドル戦略を採用したりする機会が増大し，一般的な企業よりも市場成果を上げやすくなる。よってオープン標準について次の仮説を設定する。

仮説2　オープン標準に関するプラットフォーム企業の行動に関する仮説

媒介中心性の高いポジションに位置取りしている半導体製造装置企業は，オープン標準に対応した装置を販売することで，高い市場成果を得る。

次に新興国市場への展開についての仮説3を構築する。既存研究では，プラットフォーム企業は大規模なオープン標準化が起こると，ターンキーソリューション製品を市場に提供する。

半導体産業では，プラットフォーム企業が製造工程のターンキーソリューション化を進めたため，工程のプラットフォーム化の現象が1990年代後半より起こっていると言われている（新宅ほか，2008; 立本・富田・藤本，2009）。半導体デバイス製造には，数多くの種類の半導体製造装置が必要である。これらの半導体製造装置を組み合わせて，半導体デバイス企業は，製造プロセスを作ることになる。すべての製造プロセス装置をいちいち検証しながら製造ラインを設計することができれば理想的である。しかし，そのようなことはコストがあまりにもかかりすぎる。そのため，工程のプラットフォーム化が起こっている。

その際にターンキーソリューションの積極的な需要先として，既存研究では先進国産業ではなく新興国産業をあげている。十分技術蓄積のある先進国産業にとっては，そのようなターンキーソリューション製品は不必要であるばかりでなく差別化の要因を喪失させてしまう危険性もある。一方，技術蓄積が少ない新興国産業にとっては，そのようなターンキーソリューション製品は絶好のキャッチアップの契機となるため積極的に採用する意義がある。よって次の仮説を設定する。

仮説3 新興国産業に関するプラットフォーム企業の行動に関する仮説
　媒介中心性の高いポジションに位置取りしている半導体製造装置企業は，新興国産業を販売先に選ぶことで，平均的な企業よりも，高い市場成果を得る。

最後に新興国産業への展開とオープン標準の戦略的活用の関係についての仮説4を設定する。仮説2および仮説3で，プラットフォーム企業の「オープン標準を戦略的活用」と「新興国産業への販売展開」という戦略を仮説化した。それでは，この2つの戦略の間の相互作用はどうであろうか。オープン標準化とは技術情報を標準規格化し，広く共有できる状態にすることである。これらのオープン標準に対応した設備は，先進国企業よりも，キャッチアップを行い

たい新興国企業にとって，より価値のあるものである。そのため，「オープン標準を戦略的活用」と「新興国産業への販売展開」という2つの戦略を同時に用いると，その効果には交互作用的な効果が期待されるはずである。この現象を仮説4として仮説化する。

仮説4　新興国産業への展開とオープン標準の戦略的活用の関係
　媒介中心性の高いポジションに位置取りしている半導体製造装置企業は，新興国産業を販売先に選ぶことで，オープン標準対応の装置販売の効果が大きくなる。

このように構築した仮説1〜4を実証研究で明らかにする。

3　実証分析

3.1　データ

　実証分析の目的は，半導体製造装置企業のプラットフォーム戦略の効果について明らかにすることである。実証分析の分析単位は半導体製造装置企業である。分析対象の企業間ネットワークとして，半導体企業と製造装置企業間の取引ネットワークを実証分析の対象とした。

　調査対象として東アジア（日韓台）の半導体製造装置の取引ネットワークを選択した。東アジアは半導体製造の世界的な中心地であり活発に半導体工場への投資が行われている。実証分析に使用したデータセットは，次の3つのデータおよび各社財務情報（有価証券報告書等とホームページ上の公開情報）を統合して作成した。①半導体企業と半導体製造装置企業間の取引データ（各工場への装置納品データ），②各半導体製造装置企業の装置市場ごとの販売額データ，および③各工場のプロファイルデータである。

　①取引データとしては，アジアの主要半導体工場の装置納品データ（EDリサーチ，1998, 2007）を用いた。②市場成果としては，製造装置市場の市場販売額のデータ（日経BP・グローバルネット，1999, 2001; グローバルネット，2005, 2009）を用いた。③装置導入を行った各工場の情報については，導入ラインの技術世代（デザインルールやウェーハサイズ）を含む工場データ（SEMI, 2005, 2009）を用いた。なお，①取引データと②販売額データは，1994年から2006年までの各

3 実証分析

年・各製造装置企業ごと単位のパネルデータとなっている。

使用した取引データは，1994年から2006年までの日韓台の主要な半導体工場で行われた製造装置の取引（8798件）をカバーしている。半導体企業には日本，韓国，台湾の37社，製造装置企業には日本，米国，欧州の26社を含んでいる。この製造装置26社の販売金額合計は，後述の製造装置販売額データの10年分の販売金額（全世界販売金額）の約70%を占める。製造装置企業は，非常に小規模な企業から大企業までさまざまであるが，今回取り上げた26社はグローバル・ビジネスを行っている大企業であると言える。

取引データは半導体企業と製造装置企業の関係を示す二部グラフであり，このデータから毎年の取引ネットワークを再現した。取引ネットワークには，半導体企業と製造装置企業の双方が含まれる。取引ネットワークから，後述するネットワーク変数（媒介中心性）を算出し，各企業のネットワーク的な特性とした。これにより製造装置企業26社の13年分（1994~2006年）までのパネルデータを作成した。ここに市場シェアなどのパフォーマンス変数や，戦略変数などを加えて分析のもととなるデータセットを作成した。

市場販売額のデータには，「露光装置」や「コータ・デベロッパー装置」など8種類の製造装置が含まれる。これら8種類の製造装置は，同じ技術世代でないと1つの製造ラインを構成することができない。そのためロードマップやオープン標準が必要となる。2000~03年頃に300mmウェーハの技術世代へと技術移行が起きた。データは，このときの動きをカバーしている。市場販売額データは地域ごとに集計されているが，取引データと範囲を合わせるため，日韓台市場の販売データを市場販売額として用いた。

さらに，300mm標準対応製品の販売状況を把握するため，取引データ（各工場への納品データ）と工場プロファイルデータから，300mm標準を採用した工場に納入したか否かを判別した。300mm標準を採用した工場への納品は，300mm標準に対応した製造装置を納品したものと判断できる。

このようにして，「取引データ」「販売金額データ」「工場プロファイルデータ」の3つのデータから，分析用の1つのデータセットを作成した。そのうえで，統計分析としてパフォーマンス変数を被説明変数とし，ネットワーク変数やプラットフォーム戦略変数などを説明変数とする回帰モデルを複数作成し比較を行った。回帰モデルとしては，後述のように線形加法モデルと，交互作用モデルを作成した。

3.2 変　数

以下の変数を作成し，回帰モデルに投入した。

3.2.1 パフォーマンス変数

製造装置の販売額（jtk_sales）：パフォーマンス変数として装置市場での競争優位を示す販売高を選んだ。販売額データから，今回の分析対象である日韓台地域の市場販売額を算出して用いた。為替レートの調整にはIMFの年平均為替レートを用いて，米ドルで標準化を行った（単位は1000USドルである）。

3.2.2 競争戦略変数

媒介中心性（bts）：第2章で理論構築したように，プラットフォーム戦略とは複数の市場を連結する企業ネットワーク上のブリッジングを利用した戦略である。ネットワーク上の特性を代表するためにさまざまなネットワーク中心性指標が考案されており（Wasserman and Faust, 1994; Newman, 2010），2つの企業群を連結するブリッジング特性については媒介中心性（betweenness centrality）が知られている（Freeman, 1977）。

媒介中心性とは，あるネットワークにおける企業の媒介力（伝達力）に注目した指標である。ネットワークを形成する企業は，ネットワークを通じて情報のやりとりを行っていると考えられる。そのときに，「もし当該の企業が存在しなければ，ネットワーク上に情報が広がっていかない」ようなポジションにいるとき，伝達の意味でその企業の役割は大きいと考えられる。もし当該の企業が存在しなければ，企業ネットワークは2つに切断されてしまい，互いのネットワークは情報交換することができなくなるわけである。このようなネットワーク上のポジションのことをハブと呼ぶ。ハブは，1つだけの企業で形成されることもあるし，何社かの集合で形成されている場合もある。実際には，切断という基準は厳しすぎるため，ある頂点が他の頂点間の最短経路上に位置する程度を基準としたものが媒介中心性である。つまり，媒介中心性は，①橋渡しする2つのネットワークそれぞれが大きいほど，②橋渡しする企業が少ないほど大きな値を示す[4][5]。

---

4) 本書は，媒介中心性算出に統計パッケージRのigraphパッケージを用い（Csardi and Nepusz, 2006），前述の取引データから各年の半導体企業と製造装置企業の取引ネ

オープン標準（300 mm 標準）対応製品の販売率（Ro300: Ratio of 300 standards）：プラットフォーム戦略としてオープン標準の普及を利用することも代表的な戦略である。各社が 300 mm 半導体工場標準を利用して事業を行っている程度をオープン標準対応製品の販売率という戦略変数として回帰モデルに投入した。オープン標準対応製品の販売率の算出は，半導体企業の取引データから，各企業が 300 mm 半導体工場へ装置を納品している取引の件数と，非 300 mm 半導体工場へ装置を納品している取引の件数を算出し，前者を分子，前者と後者の和を分母とする変数を作成して回帰モデルに投入した。

新興国市場向け販売率（EMSR: emerging market sales ratio）：当該半導体製造装置企業がその年に販売した製造装置売上高のうち新興国市場向けに販売した割合を半導体製造装置の販売額データから計算し，回帰モデルに投入した。対象としている販売額データは日本，韓国，台湾であり，当時の先進国市場として日本市場，新興国市場として韓国，台湾市場とした。

コントロール変数：ネットワーク変数や戦略変数などではとらえきれない各企業固有の特性や，各年の経済変化について，コントロール変数として次に挙げる各変数を作成し回帰モデルに投入した。

年ダミー（year dummy）：各年固有の経済的変動を考慮するために，コントロール変数として年ダミーを作成して回帰モデルに投入した。

企業ダミー（firm dummy）：ネットワーク変数や戦略変数などではとらえきれない各企業固有の特性について，コントロール変数として企業ダミーを作成して回帰モデルに投入した。

従業員数（nEmpl）：代替的な仮説として企業規模が市場シェアに影響を与えるということを考慮し，各企業の毎年の従業員数を有価証券報告書から抽出し，

　　ットワークを作成し，この取引ネットワークを無向グラフとしてみなし，重複タイを削除したうえで，媒介中心性の算出を行った。

5) 取引ネットワーク自体は有方向ネットワークであるが，それに沿って形成される情報交換のネットワークは双方向（無方向）ネットワークである。そのため，取引ネットワークを無方向ネットワークとしてデータ化した。

　　マイナーではあるが重要な点として重複タイを削除した点がある。重複タイは，交換される情報の重み付けしていると考えられる。そのためモデルによっては重複タイを認めた媒介中心性も考えられる。しかし，今回は，(i) 媒介中心性では情報の到達のみを取り上げたかった点，(ii) 情報の重み付けとしては他の変数（nProc）を回帰モデルに投入している点という 2 点から，重複タイを除外したネットワークで媒介中心性の計算を行っている。

Statistic	N	Mean	St.Dev.	Min	Max
jtk_sales	182	606,577.90	733,778.80	19,507	3,939,386
bts	182	30.598	37.135	0	161.202
nEmpl	182	15,652.56	35,319.99	160	323,827
nProc	182	2.819	1.751	1	8
Ro300	182	0.145	0.235	0	1
EMSR	182	0.328	0.14	0.014	0.702

(a) 作成した変数の記述統計

	jtk_sales	bts	nEmpl	nProc	Ro300	EMSR
jtk_sales	1					
bts	0.743	1				
nEmpl	−0.021	−0.142	1			
nProc	0.534	0.507	−0.181	1		
Ro300	0.132	−0.03	−0.019	0.046	1	
EMSR	0.334	0.222	−0.153	0.08	0.615	1

(b) 作成した変数間の相関テーブル

表4.1 各変数の記述統計と相関係数

対数化したものをコントロール変数として回帰モデルの中に投入した。

対応プロセス製造装置の種類数（*n*Proc）：半導体製造工程は，非常に多くの半導体製造プロセスによって構成されている。たとえばパターニングやエッチング，さらには熱処理といったものである。これらは製造装置企業が提供する製造装置によって処理される。対応プロセス製造装置の種類数が多いと，販売金額が大きくなる。そのためコントロール変数として回帰モデルの中に投入した。

表4.1に分析に用いた変数の記述統計と相関係数を示す。各変数間の相関係数を見ると，0.8以上の高い相関を持っている変数は存在しないので多重共線性の問題は発生していないとみなし，回帰分析を行った[6]。

4　分析結果

分析は2段階に分けて行った。前半の段階は単純な線形加法モデルの回帰モデルで推計を行った。後半では交互作用モデルに回帰モデルを拡張して推計を

---

[6]　回帰モデルの推定には統計ソフトRを用いた（R Development Core Team, 2011）。

行った。いずれも OLS 推定を用いた。
　線形加法モデルとは，一次式のみを含んでいる回帰モデルのことである。経営学の実証分析では，通常，線形加法モデルを用いている。それに対して，交互作用モデルは，交互作用項（2つの変数の積項）を回帰モデルに含んでいる点が，線形加法モデルとは異なる。
　線形加法モデルの場合は，他の変数の存在を考慮することはできても，他の変数の水準への依存関係までは明らかにできない。一方，交互作用モデルは，ある変数の効果が別の変数の水準に依存している。たとえば，交互作用モデルでは，ハブに位置しながらオープン標準普及を行うと，ハブに位置することの効果が追加的に大きくなるというモデルを表現することができる。ハブへの位置取り効果が，オープン標準の普及の値に依存しているわけである。この意味で，交互作用モデルは状況依存的なモデルである。
　表4.2に線形加法モデルの推計結果，表4.3に交互作用モデルの推計結果を示す。

4.1　回帰モデル（線形加法モデル）の推定結果

　回帰モデルの非説明変数は前節で説明したパフォーマンス変数（日韓台市場での販売額：jtk_sales）である。m1からm5までは，統計的統制を行って効果を明確に観察するために26社分の企業ダミー（firm dummy）と，13年分の年ダミー（year dummy）および従業員数（nEmpl）を投入した。m5.1はm5と同じモデルであるが，標準化偏回帰係数を推定した。回帰分析から推定した回帰係数，標準誤差，および統計的有意確率の結果を表示した（表4.2）。
　m1は，ネットワーク変数の媒介中心性とコントロール変数として企業ダミー（26社分），年ダミー（13年分）を投入したモデルである。m1の決定係数は0.809である。媒介中心性（bts）が販売額に，正に大きな影響力があることがわかる。btsは1％水準で統計的有意である。
　m2では，コントロール変数として従業員数（nEmpl），企業ダミー，年ダミーの3種類の変数を投入し，これにより媒介中心性（bts）がどのような影響を受けるのかを見た。媒介中心性の偏回帰係数は小さくなるものの依然として符号は正であり，1％水準で統計的有意であった。
　m3では，媒介中心性と上記のコントロール変数のほかに，対応プロセス種類数（nProc）を投入した。nProcの符号は正で，5％水準で統計的有意であっ

300 mm 標準の半導体製造装置産業への影響（線形加法モデル）

	従属変数					
	jtk_sales					
	m1 (1)	m2 (2)	m3 (3)	m4 (4)	m5 (5)	m5.1 (6)
bts	4,705.954*** (1,546.756)	4,614.143*** (1,554.867)	3,743.769** (1,566.500)	3,736.850** (1,586.517)	3,515.084** (1,598.603)	0.178
nEmpl		−0.903 (1.278)	−0.620 (1.260)	−0.622 (1.265)	−0.563 (1.266)	−0.027
nProc			95,858.800** (38,356.380)	96,169.210** (39,671.700)	95,206.060** (39,656.500)	0.227
Ro300				12,428.750 (384,633.800)	−28,289.060 (386,213.600)	−0.009
EMSR					409,382.700 (376,873.500)	0.078
Constant	1,408,612.000*** (202,384.800)	1,418,087.000*** (203,177.500)	971,207.400*** (267,962.200)	969,971.100*** (271,611.000)	882,423.100*** (283,151.700)	0.000
firm dmmy	Yes	Yes	Yes	Yes	Yes	Yes
year dmmy	Yes	Yes	Yes	Yes	Yes	Yes
Observations	182	182	182	182	182	182
AIC	5,166	5,167	5,161	5,163	5,164	5,164
R^2	0.847	0.848	0.854	0.854	0.855	0.855
Adjusted R^2	0.809	0.809	0.815	0.814	0.814	0.814
F Statistic	22.318*** (df=36;145)	21.654*** (df=37;144)	22.016*** (df=38;143)	21.302*** (df=39;142)	20.825*** (df=40;141)	20.825*** (df=40;141)

注：$p<0.1$;$p<0.05$;$p<0.01$。

表4.2　回帰モデル（線形加法モデル）の推計結果

た。この傾向は m4, m5 でも一貫して同じであった。対応プロセス種類数を多く持つことは売上規模に対してプラスの効果を持つことを示唆している。

　m4 では 300 mm 標準製品の販売率（Ro300）を変数として投入した。m5 ではさらに，当該製造装置企業の新興国販売の比率を示す EMSR を投入した。Ro300, EMSR ともに，m4, m5 で統計的有意ではなかった。

　m1 から m5 までを解釈すると，次の2つのことが明らかになった。1つめは，取引ネットワークにおいて，媒介中心性の高いポジション，すなわちハブに位置取りしている企業は売上高が大きい傾向がある。2つめは，対応プロセス工程数が多い企業は売上高が大きい，という2点である。

　しかしながら，オープン標準対応製品の販売率を示す Ro300 や新興国向け販売率を示す EMSR は，両方とも，統計的に有意にならなかった。つまり，プラットフォーム戦略の特徴であるオープン標準普及を戦略ツールとして活用する点や，新興国半導体企業への販売を促進しながら自社の販売額を拡大するというような戦略行動の効果について，この回帰モデルから明らかにすることはできなかった。

この結果は，表4.2で掲げた回帰モデルが単純な線形加法モデルである点が問題である可能性がある．表4.2で推定した回帰モデルは，「高い媒介中心性への位置取り」「オープン標準対応製品の販売率」「新興国向け販売率」の3つの戦略を，それぞれ独立した戦略として推定を行っていた．しかし，これら3つの戦略は仮説4で提示したように交互作用を持つかもしれない．この点を確認するためには，各戦略に対して媒介中心性との交互作用を設定した回帰モデルを推定する必要がある．よって，次項で回帰モデルに交互作用項を投入した交互作用モデルに拡張して推定を行う．

4.2 回帰モデル（交互作用モデル）の推定結果

単純な線形加法モデルの回帰分析では，オープン標準対応製品の販売率Ro300や新興国向け販売率EMSRの効果は統計的に有意にならなかった．本項では回帰モデルを交互作用モデルに拡張して推定を行う．交互作用モデルに拡張した推定結果が表4.3である．

m6からm9の各モデル全体の決定係数およびAICを見る．すべてのモデルの決定係数は0.8を超えており，各回帰モデルは観測値の分散をよく説明している．各回帰モデルのF統計量はすべて統計的に有意である．またパラメータ数を考慮したモデルの適合度を示したAICでは，m9がm1からm9までのすべてのモデルの中で最小である．m9が最も適合度が高いことを示している．m9.1で各標準化偏回帰係数を見ると，btsとRo300とEMSRの交互作用項が最も大きな効果を持っていることがわかる．次に大きいのがbts×Ro300である．プロセス工程数 nProc はいずれのモデルでも正に統計的有意であった．

交互作用モデルの場合，回帰モデルに投入された各変数の評価はやや複雑である．ある変数の効果が，他の変数の大きさによって変化するからである．この効果は表4.3の推定結果のテーブルからのみでは評価することができない．以下では，縦軸にマージナル効果，横軸にモデレーター変数（調整変数）をとったマージナル効果図を描画し，モデル評価を行う．なお，各マージナル効果図には破線でマージナル効果の95%信頼区間を付記した（マージナル効果とモデレーター変数についてはAppendix 2を参照）．

m6ではbtsとRo300の間に交互作用項を設定したモデルを推定した．交互作用項は正に統計的に有意であり，btsの主効果は有意ではなくなった．Ro300の主効果も負であるが統計的有意ではない．

300 mm 標準の半導体製造装置産業への影響（交互作用モデル）

	従属変数				
	jtk_sales				
	m6 (1)	m7 (2)	m8 (3)	m9 (4)	m9.1 (5)
bts	2,404.475 (1,538.809)	−9,636.307*** (3,589.126)	−9,798.974*** (3,619.599)	−2,330.778 (3,833.895)	−0.118
nEmpl	0.060 (1.209)	−0.231 (1.161)	−0.181 (1.170)	−0.148 (1.103)	−0.007
nProc	104,839.800*** (37,655.920)	114,709.700*** (36,174.650)	117,874.100*** (37,022.720)	152,874.600*** (35,851.920)	0.365
Ro300	−46,163.030 (366,048.400)	137,653.900 (354,221.600)	−39,207.210 (544,054.800)	1,260,631.000** (596,321.800)	0.405
EMSR	326,534.400 (357,736.100)	−304,188.300 (383,195.300)	−396,643.100 (440,570.100)	−103,829.300 (420,969.800)	−0.020
bts × Ro300	16,201.330*** (3,931.131)	4,914.665 (4,857.229)	4,275.438 (5,094.097)	−82,604.430*** (20,889.410)	−1.072
bts × EMSR		33,658.870*** (9,147.659)	33,904.670*** (9,192.474)	13,722.980 (9,869.565)	0.282
Ro300 × EMSR			455,671.800 (1,061,611.000)	−2,325,296.000* (1,193,809.000)	−0.380
bts × Ro300 × EMSR				183,789.000*** (43,006.550)	1.264
Constant	812,588.700*** (268,883.200)	1,132,572.000*** (271,878.500)	1,151,245.000*** (276,128.300)	814,253.600*** (272,006.600)	0.000
firm dmmy	Yes	Yes	Yes	Yes	Yes
year dmmy	Yes	Yes	Yes	Yes	Yes
Observations	182	182	182	182	182
AIC	5,145	5,130	5,132	5,111	5,111
R^2	0.871	0.882	0.883	0.896	0.896
Adjusted R^2	0.833	0.847	0.846	0.863	0.863
F Statistic	23.035*** (df = 41;140)	24.823*** (df = 42;139)	24.107*** (df = 43;138)	26.922*** (df = 44;137)	26.922*** (df = 44;137)

注：$p<0.1; p<0.05; p<0.01$．

表4.3　回帰モデル（交互作用モデル）の推計結果

　交互作用モデルはやや解釈が複雑である．btsの主効果が統計的有意でないことは，このモデルm6でbtsの効果がないということを意味しているわけではない．btsの効果はRo300の効果への依存効果（すなわち交互作用）が存在しなければ統計的に有意であるとは言えない，と解釈する．つまりm5（表4.2）とm6（表4.3）を比較すると，m5で示したようなbtsの効果は，実はRo300との交互作用を内包しており，m6で示した交互作用モデルを構築すると，btsの主効果は統計的有意ではなく，btsとRo300の交互作用項が有意であるので，btsの効果はRo300の値に依存する交互作用効果の部分が大きかったことを意味している．

　逆に言えば，媒介中心性（bts）とオープン標準（Ro300）に強い交互作用が存在しているので，単に媒介中心性が高いと言うだけでは，販売額に正の影響

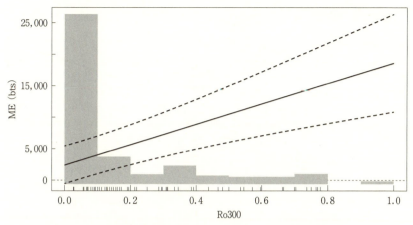

図 4.5　300 mm 標準製品販売比率と媒介中心性のマージナル効果図（モデル m6）

を及ぼすとは言えない。m5 で媒介性中心性が正に効果を持つように見えたのは，オープン標準の効果を正しく考慮していなかったためであると言える。本来は，媒介中心性オープン標準の間に，無視できない交互作用が存在していたわけである。これを解釈すると，媒介中心性が高い企業が，同時に，オープン標準活用を行ったときに，販売額へプラスの効果を統計的有意にもたらすと解釈できる。

次に，オープン標準対応製品の販売率 Ro300 が媒介中心性 bts の効果を増減する効果を，マージナル効果図を書いて確認する。

マージナル効果は，回帰モデル式において ME (bts) ＝ Δjtk_sales/Δbts で定義される bts の効果である。bts のマージナル効果は，モデレーター変数である 300 mm 標準対応製品の販売比率 Ro300 の値に依存している。マージナル効果について実線の直線で記し，その信頼区間（±95%）については点線で記した。モデレーター変数の値域を表すため，X 軸にはラグをつけ，さらに頻度を表すためヒストグラムを同時に描画した。

図 4.5 のマージナル効果を見てみるとオープン標準対応製品の販売率 Ro300 が増えるに従って，媒介中心性 bts のマージナル効果が大きくなっていることがわかる。すなわち，媒介中心性の高い企業が，オープン標準対応の製品販売率を高めると，販売金額が大きくなることを意味している。

図 4.5 より媒介中心性のマージナル効果 ME (bts) は，オープン標準対応製品の販売率 Ro300 の値によって変化し，次の 2 つの値域に区分できることが

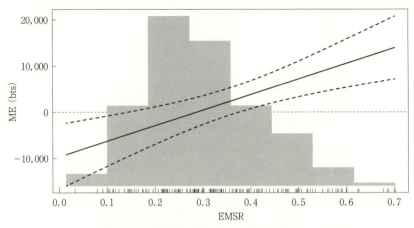

図 4.6 媒介中心性と新興国向け販売率のマージナル効果図（モデル m7）

わかる。

i) Ro300＜0.05 の範囲では，ME（bts）の値は統計的有意ではない。
ii) 0.05＜Ro300 の範囲では，ME（bts）は統計的有意に正である。

これらの結果は，Ro300 がほとんどの範囲で統計的有意に正の効果を持っており，逆に統計的有意に負の効果を持っている範囲は存在しないことを示している。この戦略変数間の効果は，仮説2で掲げたプラットフォーム戦略のオープン標準の活用効果の存在を支持している。

さらに，m7 では，媒介中心性 bts と新興国販売比率 EMSR の間に交互作用を設定して推定を行った。この結果，bts と EMSR の相互作用項は正に有意になったが，bts の主効果は負に統計的有意になった。EMSR の主効果も負に推定されたが，統計的に有意とはならなかった。

媒介中心性 bts の効果は，主効果としては統計的有意に負であり，EMSR との交互作用効果としては統計的有意に正である。主効果と交互作用効果で効果の方向が逆転しているため，それらを総合した効果がどのようになるのかはマージナル効果の図を描いて評価しないとわからない。

モデル m7 をもとに，媒介中心性 bts と新興国向け販売率 EMSR のマージナル効果を把握する。m7 の bts のマージナル効果は，EMSR の値に依存している。そのため，EMSR の値を横軸に，ME（bts）を縦軸にとったものが図 4.6 である。実線が ME（bts）と EMSR の間の回帰直線であり，破線はその 95%信頼区間である。また，ヒストグラムは EMSR の出現頻度を示している。

m7 では，bts の主効果はマイナスで有意であった。これは図4.6では EMSR=0 のときに，ME (bts) がマイナスで，しかも，95% 信頼区間の中に ME (bts)=0 のケースが含まれていないことを示している。回帰直線の傾きから EMSR と ME (bts) の間にはプラスの関係があることがわかる。これは交互作用がプラスであることを反映している。

図4.6より媒介中心性のマージナル効果 ME (bts) は，新興国向け販売率 EMSR の値によって変化し，次の3つの値域に区分できることがわかる。

ⅰ) EMSR<0.15 の範囲では，ME (bts) の値は統計的有意に負である。
ⅱ) 0.15<EMSR<0.38 の範囲では，ME (bts) は統計的有意ではない。
ⅲ) 0.38<EMSR の範囲であると，ME (bts) は統計的有意に正である。
ⅰ) からⅲ) までの各ケースは次のように解釈できる。

ⅰ) のケースのように新興国販売比率が低い半導体製造装置企業の場合，媒介中心性を高めたとしても，その効果は，統計的有意に負である。媒介中心性を高めれば高めるほど，売上高は減少する。つまり無理に媒介中心性を高くすることは販売額の減少を招く。

ⅱ) のケースのように新興国販売比率が中くらいのときは，媒介中心性を高めたとしても，その効果は明確ではなく，統計的有意ではない。EMSR のヒストグラムからわかるように多くの企業はこの中くらいのケースに該当する。

ⅲ) のケースのように新興国販売比率が高い半導体製造装置企業の場合，媒介中心性 bts を高めることで販売額を統計的有意に増加させることができる。

ⅰ) 〜ⅲ) の各ケースは，単に媒介中心性を高める（＝ハブに位置する）だけでは，必ずしも販売額増加の効果を持たないことを意味している。新興国向けの販売率が高いときに，媒介中心性の効果がプラスになることがわかる。この結果は，仮説3を支持している。

m7 で，bts と EMSR の間に交互作用を設定すると，bts と Ro300 の交互作用項は統計的有意とならなかった。ここから bts と Ro300 と EMSR の間に交互作用が存在する可能性が示唆される。そのため，より高次の交互作用項を含む m9 を作成した。なお，同じモデルの標準化編回帰係数を算出したものが m9.1 である。

m6，m7 と比較すると，m9 は決定係数および AIC から最も適合度の高いモデルとなっている。よって，いままでの分析結果を考慮しつつ，最終的に m9 を用いて仮説1〜4の成否を判断する。

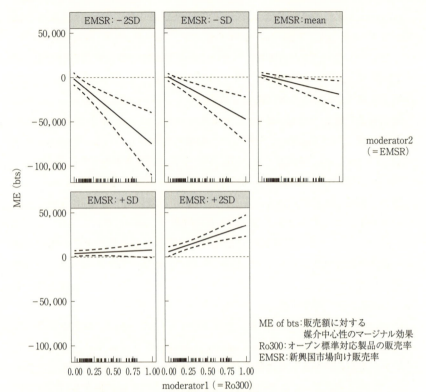

図4.7 媒介中心性，オープン標準活用，新興国販売比率のマージナル効果図（m9）

　m9では，bts，Ro300，EMSRの間の交互作用項は正に統計的有意であった。m9は，仮説4で掲げた「媒介中心性の高いポジションに位置取りしている半導体製造装置企業は，新興国産業を販売先に選ぶことで，オープン標準対応の装置販売の効果が大きくなる」という，プラットフォーム戦略の効果を支持している。m9についてもマージナル効果のグラフを描画する。

　m9は3元配置の交互作用モデルであり，モデレーター変数が2つ存在する。Ro300をモデレーター変数1，EMSRをモデレーター変数2とした。マージナル効果を図示するため，モデレーター変数2を値に応じて5つのケースで，モデレーター変数1とマージナル効果との関係を示した。5つのケースは，モデレーター変数2が平均値（mean）のケースと，±1SD，±2SDのケースを図示した（SDは標準偏差の意）。

　図4.7はモデルm9をもとに媒介中心性のマージナル効果が，オープン標準

対応製品の販売率 Ro300 と新興国向け販売率 EMSR の水準でどのように変化するのかを示したものである。横軸は Ro300 の水準であり，縦軸は ME (bts) である。回帰直線として EMSR の水準が平均値のもの（Mean in EMSR），平均よりも標準偏差1つ分もしくは2つ分低いもの（-SD/-2SD in EMSR），平均よりも標準偏差1つ分もしくは2つ分高いもの（+SD/+2SD in EMSR）の5つの回帰直線を表示している。

各回帰直線は95%信頼区間を示す破線を付記している。信頼区間に ME (bts)＝0 を含むか否かを調べることによって，マージナル効果が5%水準で統計的に有意か否かを確かめることができる。ME (bts)＝0 を信頼区間に含んでいた場合は5%水準で統計的にマージナル効果は有意ではない。逆に ME (bts)＝0 を信頼区間に含んでいない場合は5%水準で統計的にマージナル効果は有意である。

5つの回帰直線は大きく2つのグループに分けられる。新興国市場向け販売率が平均もしくは小さいグループ（Mean, -SD, -2SD）と，新興国市場向け販売率が大きいグループ（+SD, +2SD）である。

新興国市場向け販売率が平均／小さいグループは，オープン標準対応製品の販売率 Ro300 と ME (bts) の関係がほぼ全域にわたってマイナスである。すなわち，新興国市場向け販売率が平均／小さいと，媒介中心性を高めたとしても販売額への効果はマイナスである。オープン標準対応製品の販売率 Ro300 が高まると媒介中心性のマージナル効果 ME (bts) がマイナスになるというのは，先進国の半導体デバイス企業が，新興国の半導体デバイス企業よりも 300 mm 標準を採用する率が小さいことが背景にあると思われる。本来，媒介中心性は売上高に対して正の効果を持つはずであるが，300 mm 標準を無理に採用させようとすると，その効果がマイナスになると解釈できる。

一方，新興国市場向け販売率が高いグループ（+SD/+2SD）では，ME (bts) は Ro300 の全域において正であり，しかも，Ro300 と ME (bts) とは正の関係にある。とくにこの傾向は，+2SD の回帰直線では顕著である。これは次のように解釈できる。新興国市場向け販売率が高いグループは，ME (bts) が正であり，媒介中心性が高いと販売額へは正の影響がある。しかも，その効果は，Ro300 の水準を上げることにより，引き上げることができ，とくに新興国市場向け販売率が高いグループ（+2SD のグループ）では，Ro300 が ME (bts) に与える正の効果が顕著である。

まとめると，m9 は「媒介中心性」「オープン標準対応製品の販売率」「新興国市場向け販売率」の間に強い交互作用が存在することを示しており，仮説4を支持している。交互作用が存在するため，仮説1～3はモデレーター変数の水準に影響される。図4.7のマージナル効果図を確認すると，新興国市場向け販売率が低い場合（EMSR＜mean）に仮説1～3を支持せず，逆に新興国市場向け販売率が高い場合（＋SD＜EMSR）に仮説1～3を支持している。以下，EMSR＜mean を新興国市場向け販売率が低い場合，＋SD＜EMSR を新興国市場向け販売率が高い場合として解釈する。

新興国市場向け販売率が低い場合は，媒介中心性のマージナル効果 ME (bts) がほとんどの区間で統計的有意にマイナスである。これに対して，新興国市場向け販売率が高い場合は，媒介中心性のマージナル効果 ME (bts) がすべての区間で統計的有意にプラスである。このことは新興国市場向け販売率が高いという条件下で，仮説1が支持されることを意味している。

さらに，媒介中心性のマージナル効果 ME (bts) とモデレーター変数 Ro300 との関係を確認すると，新興国市場向け販売率が低い場合は，傾きが統計的有意にマイナスであるが，新興国向け販売率が高い場合は，傾きが統計的有意にプラスである。このことは新興国市場向け販売率が高いという条件下で，仮説2が支持されることを意味している。

最後に，媒介中心性のマージナル効果 ME (bts) と新興国市場向け販売率の水準の関係を確認すると，新興国向け販売率が低い場合は媒介中心性のマージナル効果 ME (bts) はほとんどの区間で統計的有意にマイナスであるが，新興国市場向け販売率が高い場合には媒介中心性のマージナル効果 ME (bts) はすべての区間で統計的有意にプラスである。つまり，新興国市場向け販売率が高くなると媒介中心性のマージナル効果は増加する。このことは，仮説3が支持されていることを意味している。

モデル m9 の結果は，「媒介中心性」「オープン標準対応製品の販売率」「新興国市場向け販売率」の間に交互作用を主張する仮説4を支持しており，新興国市場向け販売率が高いという条件の下で仮説1～3を支持している。この結論は，前述のモデル m6 や m7 の結果とも整合的である。新興国市場向け販売率が高いという条件が「取引ネットワークのハブに位置取りする」「オープン標準対応製品の販売率を高める」というプラットフォーム戦略を機能させるために必須の条件であることがわかった。

5 ネットワーク分析

5.1 取引ネットワークの状況

　前節の回帰分析では「ハブへのポジショニング（高い媒介中心性）」と「オープン標準対応製品の販売率」「新興国向け販売率」の交互作用が，販売額拡大に正の効果を与えることを統計的に明らかにした。しかしながら媒介中心性というネットワーク構造値で各企業のポジショニングを代表させていたため，取引ネットワークで何が起きているのかについては必ずしも明らかになっていない。本節の分析ではネットワーク分析の手法（機能ノード法）を用いてその詳しいメカニズムを検証する。対象となる取引ネットワークは前節と同じデータである[7]。

　まず前節で分析対象とした取引ネットワークがどのようなものであるのかを把握するため，1994年から2006年までの取引ネットワーク図を隔年間隔で作成した。作成したネットワーク図が図4.8である。

　各ノードは，半導体製造装置の取引ネットワークを構成する半導体製造装置企業と半導体企業を示している。同じ濃さのノードは，同じコミュニティに属している。コミュニティの判定はアルゴリズムに従って行った[8]。たとえば1994年の取引ネットワークは4つのコミュニティから構成されていることがわかる。

　ノードとノードを結ぶタイは半導体装置の取引（納品）を示している。タイは実線と破線で線を引き分けてある。破線はコミュニティ内の取引である。実線はコミュニティ間の取引である。第2章で整理したプラットフォーム企業の競争戦略の観点からは，コミュニティ間の取引が重要である。

　さらに半導体製造装置のノードのリム（ノードの縁）は，ノード機能法によって判定したノードの役割に応じて濃さを分けた。ノード機能法は媒介中心性をもとに算出される。情報媒介をより細かく見ると，情報をコミュニティ間で媒介するのか，コミュニティ内で媒介するのかに分けることができる。この点

---

[7] ただし，コミュニティ識別のクラスタリングに関して，取引タイの重み付け情報を付加した方が明確な分析ができるため重複タイを認めたデータを用いている。

[8] アルゴリズムにはspinglass法を用いた。統計ソフトR上でigraphパッケージを用いて算出した。

150 第4章 グローバル・エコシステムでのプラットフォーム戦略の成功要因

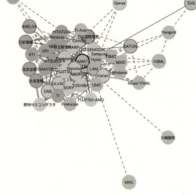

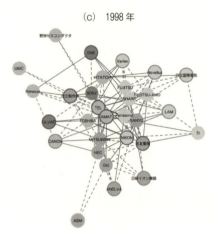

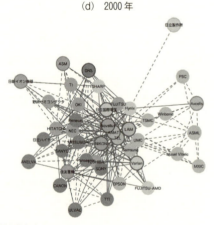

注：HITACHI は半導体企業，日立製作所は半導体製造装置企業を示している。

図4.8 半導体製造装置

に注目して，ノードの役割を決定するのがノード機能法という考え方である[9]。ノード機能法の詳細については本章末 Appendix 3 を参照してほしい。なお，取引ネットワークにおいては，コミュニティは頻繁に取引を行うコミュニティ，

---

[9] ノードの機能地図は生物学における遺伝子の複雑ネットワークなどで用いられる（Guimerà and Amaral, 2005）。また実際のアルゴリズムについては竹本氏のホームページを参照した（竹本, 2013）。ノード機能法の詳細については本章末の Appendix 3 を参照のこと。

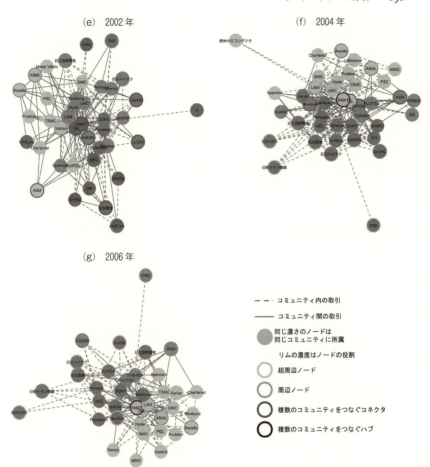

の取引ネットワーク図

すなわち1つの市場であると考えられる.

各年のネットワーク図で複数のコミュニティが存在することが確認できる. 2004年や2006年のネットワーク図を注意深く観察すると, AMAT (アプライド・マテリアルズ社) が複数のコミュニティをつなぐハブとして機能していることがわかる. AMATはコータ・デベロッパーやエッチング装置を中心に幅広く製造装置を手がける装置企業である.

2006年のネットワーク図に注目すると, 大きく2つのコミュニティが存在

している。薄い網かけのグループは，TSMC や UMC などを含む台湾半導体産業を表していると考えられる。一方，濃い網かけのグループは，RENESAS（ルネサスエレクトロニクス），ELPIDA（エルピーダ），NEC や TOSHIBA（東芝）など日本の半導体産業を代表していると考えられる。図 4.8 では，代表的な韓国半導体企業である Samsung（サムスン電子）は日本半導体産業と同じグループであるが，Hynix は台湾半導体産業と同じグループである。

2006 年の取引ネットワークでは，ノード機能法により AMAT はハブに位置していると推定される。これは AMAT のノードからコミュニティ間を媒介する紐帯が多く出ていることからも理解できる。つまり，AMAT は台湾半導体産業のグループに属していながらも，日本半導体産業と台湾半導体産業の 2 つのグループを強力に媒介している。このことから，AMAT はプラットフォーム戦略を行っていると考えられる。

興味深いことにプラットフォーム競争戦略の観点から解釈すると，半導体産業で重要だと思われている露光機企業（ステッパー企業）は情報媒介の意味からは，ハブに位置しておらず，プラットフォーム戦略をとっているとはいえない。露光機は，加工線幅を決定する重要な製造装置であり，技術世代を決める決定的な装置である。しかも，各種の製造装置の中で最も単価が高い製造装置である。にもかかわらず，露光機を手がけていない AMAT の方が，プラットフォーム競争戦略の観点からはプラットフォーム企業であるということができる。AMAT はより幅広い種類の製造装置を手がけており，半導体製造装置だけでなく，半導体製造プロセスに関わるソリューションまで提供する有力な装置企業である。同様の事業形態を持っている企業として東京エレクトロンがあげられる。

AMAT に注目しながら，もう一度，1994 年のネットワーク図を見ると，AMAT はハブに位置していない。1994 年から 2002 年までのネットワークを見ると，AMAT は 1996 年にハブ・ノードとなるが，そのほかの年ではハブ・ノードとなっていない。つまりハブ・ノードへの位置取りを継続的に維持することができていない。

対照的に，2004 年から 2006 年までのネットワーク図を見ると，AMAT はいずれの年でもハブ・ノードに位置取りすることに成功している。プラットフォーム戦略を実施することに成功している。その背景には，2003 年以降，300 mm 標準に対応した半導体製造装置が普及拡大したことがあると考えられる。

5.2 各コミュニティの経年的な変化

1994〜2006年までの各年の取引ネットワークの推移を図4.8で観察すると，1990年代には複数のコミュニティが混在しながら，半導体産業と装置産業のエコシステムが成長していることが見て取れる。一方，2000年代（とくに2004年以降）は，はっきりと2つのコミュニティに分割しているように見える。2つのコミュニティとは，日本半導体産業を中心とするコミュニティと，台湾半導体産業を中心とするコミュニティである。前述のように，韓国半導体産業については，サムスン電子は日本半導体産業と同じグループに属し，Hynixは台湾半導体産業と同じグループに属している。

この理解を確認するため，各コミュニティの系統が経年的にどのように変化したのかを図4.9のように整理した。図4.9は横軸に年，縦軸に各コミュニティに所属する企業数をとっている。コミュニティは線種で区別している。1994年から2006年までの取引ネットワークからコミュニティを抽出すると，7つのコミュニティが抽出された。

1994年には4つのコミュニティであったが，最終的に2006年には大きく2つのコミュニティに集約されたことがわかる。途中，いくつかのコミュニティが誕生しているが，単年もしくは数年で消滅してしまったコミュニティが存在することがわかる。

これらのコミュニティの中で，比較的長期間存在したものは，commun-

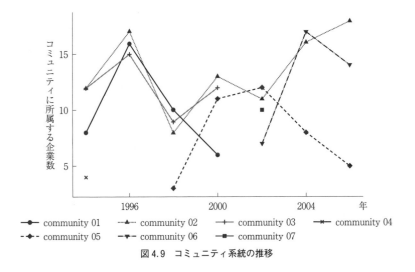

図4.9 コミュニティ系統の推移

ity02 である。community02 は 1994 年には存在し，2006 年まで継続した。なお，消滅したコミュニティに所属していた企業は，他のコミュニティに所属替えすることが普通である。また，継続しているコミュニティには新規所属企業，もしくは，所属替えする企業が存在するため所属企業数（community size）が増減する。

2006 年における community02 の所属企業は，ASML, TEL, AMAT, LAM, Axcelis, Varian, Spansion, Hynix, TSMC, UMC, Winbond, MXIC, ProMos, PSC, SMIC, Chartered, Nanya, Inotera である。同様に，community06 の所属企業は，NIKON, SOKUDO, 日立ハイテク, 日立国際電気, Novellus, ULVAC, 住友重機, 日新イオン機器, NEC, Renesas, Panasonic, SONY, ELPIDA, Samsung である。1994 年に存在して community02 以外のコミュニティに所属していた企業は，2006 年には community05 もしくは community06 に所属替えをしている。

1998 年にどのコミュニティも，所属企業数が減少しているのは，前年におこった通貨危機の影響であると考えられる。通貨危機の影響により半導体工場への投資を抑制したため，製造装置の取引（納品）が減少したためであると考えられる。

各年の取引ネットワークの全体の状況の推移を見るため，ネットワークのモジュラリティを算出して，その推移を見たものが図 4.10 である。ネットワークのモジュラリティとは，アルゴリズムによってコミュニティ分割を行った際に，コミュニティ間の紐帯が多いと小さくなり，コミュニティ間の紐帯が少ないと，大きくなる指標である。ネットワークがインテグラルであるか，モジュラーであるかを示している指標であると言える。

1994 年から 2000 年までを見ると，1998 年に大きくモジュラリティが増大しているが，それ以外の年ではモジュラリティが減少している。モジュラリティが減少しているというのは，取引ネットワークの企業が複雑に依存し合っている状態である。取引ネットワークがインテグラルであると言い換えることができる。

1998 年は通貨危機という特殊な年であったことを考えると，この年のモジュラリティが突出して大きいのは異常値であると考えられる。この点を考慮して，1994 年から 2000 年までの傾向を読み取ると，取引ネットワークはよりインテグラルに変化していったと解釈できる。

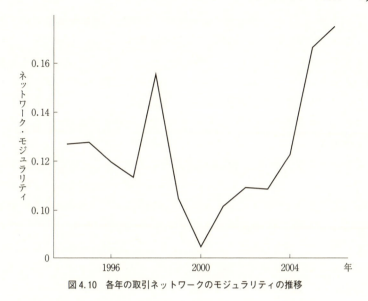

図4.10 各年の取引ネットワークのモジュラリティの推移

　一方，2000年以降を見ると，今度はモジュラリティが増大している。モジュラリティが大きいという意味は，取引ネットワークがいくつかのコミュニティに分割され，かつ，そのコミュニティ間の紐帯が少ないことを示している。とくに2005年，2006年はモジュラリティが大きくなっている。つまり，取引ネットワークがモジュラーになったことを意味している。

　1994年から2006年までのネットワーク・モジュラリティの絶対的な水準を見ると，約0.1～0.15であり高い水準であるとは言えない。ただし，絶対的な水準は各産業ごとに異なるものであるので，直ちに，その意味を解釈するのは難しい。それに対して各年のモジュラリティの相対的な比較は，この取引ネットワークの時系列的な特性変化を表しているので，解釈しやすい。

　ネットワーク・モジュラリティの時系列的な推移から判断すると，半導体企業・装置企業のエコシステムは，1990年代はインテグラルな傾向を強めていったが，2000年代以降，モジュラーな傾向が強まったと言える。

5.3　製造装置企業の取引ネットワーク上のポジショニング

　各製造装置企業が取引ネットワーク上でどのようなポジションに位置取りしたのかを把握するために，ノード機能法を用いて整理を行った。ノード機能法

は，ネットワーク・データから，各ノードの z 値と P 値を算出してノードの機能（役割）を推定する。z 値は各ノードの所属コミュニティの内部ノードへの紐帯数を標準化した値であり，z 値が大きいノードは所属コミュニティ内の影響力が大きいノードである。P 値は，あるノードが複数のコミュニティに属しているほど大きくなる指標値である。P 値は 1 に近いほど，多くのコミュニティに所属しており，0 に近いほど単一のコミュニティに属しているととらえることができる。

この z 値と P 値で作成した座標に各ノードをプロットしたものを z-P 図とここでは呼ぶ。z-P 図では，右上に近い領域にプロットされるノードはハブ・ノードであると考えられる。ハブ・ノードは複数のコミュニティの情報媒介を行い，かつ，情報媒介の絶対的な量が大きいノードである。

これに対して，右下の領域にプロットされるノードは，複数のコミュニティを媒介しているが，情報媒介の絶対的な量が，ハブ・ノードよりも小さいノードである。このようなノードのことを，コネクタ・ノードと呼ぶ。

図 4.11 では，各年ごとに z-P 図を描画した。各年におけるアプライドマテリアルズ（AMAT）のポジションを見ると，多くの年で右上にポジショニングしていることがわかる。この意味では，AMAT は 1990 年代からプラットフォーム戦略を指向していると言える。

ただし，2001 年以降，AMAT の右上の領域へのポジショニングが顕著になるように見える。とくに，2003 年以降では，他の企業が全体的に左下へシフトしている傾向がある中で，AMAT だけは右上の領域へのポジショニングを維持している。東京エレクトロン（TEL）も同様に右上の領域にポジショニングしているが，z 値がやや AMAT より小さい。

さらに，各年ごとに，半導体製造装置企業のノード機能を特定し，その内訳を示したものが図 4.12 である。

今回対象となった取引ネットワークで登場するノード機能は，超周辺ノード，周辺ノード，コネクタ・ノード，ハブ・ノードの 4 種類のノード機能である。コネクタ・ノードはハブではないが複数のコミュニティを結びつけるノードのことである。ハブ・ノードは複数のコミュニティを結びつける媒介中心性の極めて高いノードのことである（ハブとコネクタを区分する水準の詳細については，本章末の Appendix 3「ノード機能法」を参照）。

超周辺ノードは 1994 年から存在し，2006 年にかけてやや増加している。し

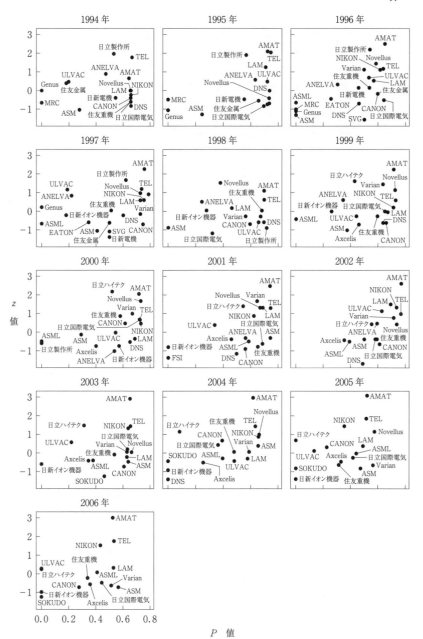

図 4.11 半導体製造装置企業のネットワーク・ポジション（各年）

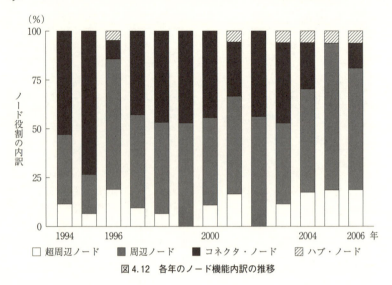

図4.12 各年のノード機能内訳の推移

かし,大きな変化はないように見える。それに対して,周辺ノードとコネクタ・ノードは,1994年から2006年にかけて大きく変化している。

周辺ノードは1994年には全体のノードの40%程度であった。しかし,その後,増加傾向を示し2006年には全体の70%程度になっている。一方,コネクタ・ノードは,1994年には50%超存在したのに,その後,急激に減少し,2006年には10%弱となっている。とくに2003〜2006年の減少が著しい。

プラットフォーム企業は複数コミュニティ間のハブ・ノードに位置取りすると考えられる。複数コミュニティを媒介するハブ・ノードは,1996年に初めて登場するが,その後また消失する。再び登場するのは2001年であるが翌年に消失し,その後は,2003年から2006年まで継続的に登場する。ハブ・ノードと特定されたのは,半導体製造企業のアプライド・マテリアル社である。2003年から2006年という時期は,300 mm標準が実際に普及を開始した時期である。東京エレクトロンの「アニュアルレポート」によれば,2000年以降に300 mm標準の対応装置の出荷が始まり,同社の半導体製造装置の売上高内訳のうち300 mm標準の対応装置の割合が50%を超えたのが2003年のことである(本章末のAppendix 4「工程分析」を参照)。

このような各ノードの内訳数の傾向から,次のような解釈ができる。2003年以前の300 mm標準普及前は,各コミュニティを媒介する多くの半導体製造

装置企業が存在した。これはコネクタ・ノードが一定以上存在することがサポートしている。しかし，2003年以降，300 mm標準が普及すると次の3つの傾向が強く生じた。

1つめは，複数のコミュニティを媒介するハブ・ノードが継続的に発生した。このようなハブ・ノードにはプラットフォーム戦略をとる企業がポジショニングしていると考えられる。

2つめは，プラットフォーム企業が複数コミュニティを媒介してしまうので，従来，複数コミュニティを媒介していたコネクタ・ノードが急激に減少した。

3つめは，複数コミュニティを媒介するコネクタ・ノードが減少する一方で，周辺ノード，超周辺ノードが急増した。つまり，複数コミュニティを媒介する機能は，ハブ・ノードに位置取りするプラットフォーム企業に集約化され，それ以外の企業は周辺ノードに位置取りするようになっていった。

要約すると次のように言うことができる。従前には複数コミュニティを媒介していたコネクタ・ノードは，2003年以降は周辺ノードに追いやられ，コミュニティ間を媒介する機能がハブ・ノードに集約されていった。このことは，ハブ・ノードのバーゲニング・パワーを増加させたと考えられる。つまり，このようなハブ・ノードに位置取りすることによってプラットフォーム戦略の効果的は高まったと考えられる。

6　まとめとインプリケーション

本章では，半導体製造装置産業の取引データと製品別売上高データを用いて，プラットフォーム競争戦略の効果を検証した。半導体製造装置産業はさまざまなプロセス装置企業で構成される。互換性確保のため，300 mm標準化が行われた。プラットフォーム戦略としてオープン標準の普及を活用することは典型的な競争戦略である。プラットフォーム戦略の有効性に関する実証分析として回帰分析を行いつつ，その背後にあるメカニズムの理解を補うため，ノード機能法を用いた取引ネットワーク分析を行った。

実証分析では，交互作用を考慮した回帰分析を行うことにより，プラットフォーム戦略の効果を推定した。この結果，媒介中心性の高い企業は市場成果として販売額が高い傾向があるものの，その効果は，単に媒介中心性の高いポジションに位置取りするから発揮されるものではなく，高い新興国市場向け販売

率に依存しているものであることが明らかになった。このような効果は,「媒介中心性」「オープン標準対応製品の販売比率」「新興国向け販売率」の交互作用として統計的に支持された。

　実証分析の結果に基づけば,新興国の半導体企業に対して,オープン標準に対応した半導体製造装置を販売することで,媒介中心性のマージナル効果(販売額に対する効果)が大きくなる。逆に,新興国向け販売率が平均もしくはそれより低い場合は,オープン標準対応の製造装置の販売率を増やしたとしても,媒介中心性の効果は増えずに,むしろ,マイナスになってしまう。

　つまり,プラットフォーム競争戦略として,
　i) 取引ネットワークのハブに位置取りする:媒介中心性を高くする,
　ii) オープン標準対応製品の販売率を高める:オープン標準を戦略的に活用する,
　iii) 新興国向けへの販売率を高める:新規参入者への製品販売を促進する,
の3つの戦略をパッケージとして同時に行うことによって,交互作用効果が発生し,これがプラットフォーム戦略の効果を発揮させていることがわかった。

　つづく,ネットワーク分析では,オープン標準が普及した2003年以降,複数コミュニティを媒介するようなハブ・ノードが継続的に出現することがわかった。同時に,それまで複数コミュニティを媒介していたコネクタ・ノードは周辺ノードへと追いやられ,複数コミュニティの媒介機能をハブが一手に受け持ってしまうため,ハブに位置どりするプラットフォーム企業のバーゲニング・パワーが強まる様子が観察された。

　1990年代にはコミュニティ間の媒介をコネクタ・ノードの企業が行っていた。この間,取引ネットワークのモジュラリティは低かった。しかし,2003年以降,ハブ・ノードのプラットフォーム企業にコミュニティ間の媒介機能が集中し,取引ネットワークのモジュラリティが高くなった。プラットフォーム戦略を採用する企業によって取引ネットワークの構造変化が発生し,ネットワークのモジュラリティが高くなったと考えられる。つまり,プラットフォーム企業の戦略行動によって,取引ネットワークのモジュラー化が促進されたわけである。

　実証分析とネットワーク分析の結果を総合すると次のように結論づけることができる。既存研究では,プラットフォーム競争戦略として,先に掲げたi)の媒介中心性が高いこと,すなわち,ハブに位置取りすることのみが強調され

ていた。しかし，今回の実証研究より，そのような高媒介中心性は，高い新興国市場向け販売率に支えられているものであることが明らかになった。単に媒介中心性が高いだけでは，プラットフォーム競争戦略の効果を発揮させることはできない。今回の実証研究の結果から，高い媒介中心性，オープン標準活用，新興国への販売展開の3つの要素をパッケージとして同時に活用し，交互作用効果を利用することがプラットフォーム戦略のメカニズムであることが明らかになった。

　さらに，プラットフォーム戦略は，プラットフォーム企業以外にも大きな影響を与えてしまうことが，ノード機能法を使ったネットワーク分析から明らかになった。プラットフォーム企業はハブに位置取りすることによって，複数コミュニティの媒介機能を一手に引き受けてしまう。そのため，従前には複数コミュニティを媒介していた企業であっても，周辺ノードへと追いやられてしまい，バーゲニング・パワーを失う可能性がある。プラットフォーム競争戦略は取引ネットワークの構造そのものに大きな変化をもたらしてしまうことがわかった。

　グローバル・エコシステムでプラットフォーム戦略が成功するためには，高い新興国市場向け販売率が必須の条件となる。そのため，プラットフォーム戦略はグローバルなビジネス・エコシステムでは，新興国産業に技術水準のキャッチアップ機会を提示することになる。半導体産業においては，韓国・台湾の半導体産業がこの機会を最大限に活用したと考えられる。

　本章が明らかにしたプラットフォーム企業の競争戦略について，2つの点から評価することができる。1つめは，ビジネス・エコシステムにおいて，プラットフォーム企業がオープン標準を利用し，新興国向け販売を積極的に行うという競争戦略が，取引ネットワーク上のポジショニングと強く関係している点である。

　本研究が既存のプラットフォーム戦略の研究と異なるのは，プラットフォーム企業の基本戦略を「複数のコミュニティをブリッジングする」と明確に定義し実証分析を行ったことである。

　既存研究ではもっぱらプラットフォーム企業のビジネス・プロセスに着目していたが，本研究では，取引ネットワークにおけるポジショニングと競争戦略に焦点を置いた。このような分析フレームワークを採用することによって，プラットフォーム企業の取引ネットワークにおける競争戦略の定量的判断が可能

となった。その結果，プラットフォーム競争戦略が効果を発揮するのは「ハブへのポジショニング」だけでなく，「オープン標準対応製品の販売率」と「新興国市場向け販売率」の2つとの交互作用を起こしているケースであることが明らかになった。単にハブにポジショニングするだけでは十分ではない。

2つめに，このような分析をグローバルな取引ネットワークにまで拡張した点である。先進国企業と新興国企業は，グローバル・エコシステムの参加者として協力と競争を行っている。国際競争力を念頭に置いた場合，グローバル・エコシステムの取引ネットワークの詳細に踏み込んだ分析が必要である。しかしながら既存研究では，エコシステム型の取引ネットワークのモデル化が不十分であった。このため，プラットフォーム企業のグローバル・エコシステムにおける影響が十分に認識されていなかった。本実証分析によって，プラットフォーム企業のグローバル戦略の影響が明らかになった。

ネットワーク分析の結果を詳細に観察すると，プラットフォーム戦略は広範に取引ネットワークの構造変化を引き起こしてしまう。コミュニティ間の媒介機能がプラットフォーム企業に集約されていく一方，従前はコミュニティ間を媒介していたノードは周辺ノードに追いやられてしまうためバーゲニング・パワーを失う。

複数コミュニティを媒介していた企業の多くは，既存の先進国の装置企業である。これらの既存先進国企業はプラットフォーム企業が成功する過程で競争優位を失っていく。一方，プラットフォーム戦略は，新規参入者促進を行うため，この間，キャッチアップ企業にとっては，技術水準のキャッチアップ機会となる。韓国や台湾の半導体産業はこのチャンスを最大限に利用して技術世代のキャッチアップを行っていたと考えられる。つまり，プラットフォーム競争戦略は，グローバルな産業構造転換を引き起こす可能性があることを示唆している。

本章では半導体製造装置の取引データをもとにした実証分析を行い，プラットフォーム戦略の効果について検証を行った。しかし，実際のプラットフォーム戦略はもっと複雑なものである。単に自社の利益を追求するだけでなく，エコシステムの拡大も考慮する必要がある。このようなエコシステムのマネジメントについて，次章では代表的なプラットフォーム企業であるインテルの1990年代のPentium CPUの題材に事例分析を行い，そこで行われた2つの周辺市場参入の持つ戦略的意義について，エコシステムのマネジメントの観点か

ら明らかにする。

Appendix 1　媒介中心性について

取引ネットワークの分析では媒介中心性というネットワーク指標を用いた。ネットワーク分析では各ノードのネットワーク上の特性を表現するために，中心性指標を用いることが一般的である（Wasserman and Faust, 1994）。中心性指標にはいくつか種類が存在する。図4.A.1 は例示するネットワークの各ノードの中心性指標を示したものである。

各中心性指標は何らかの意味で当該ノードがネットワークの中心であることを示している。次数中心性は紐帯（ノードが持つエッジの数）の観点から，当該ノードが中心である度合いを表現している。C, D, E, F が最大次数=3.000 を持つため，この4つのノードが，図4.A.1 のネットワークの次数中心であるが，次数中心性が最大であっても他の中心性で最大であるとは限らない。

固有値中心性は，ノードが持つ紐帯数を「より紐帯を持つ頂点からの紐帯を重く評価する」という調整を行ったもので，重み調整した次数中心性である。近接中心性はノードから自分以外のノードへの平均到達次数（ステップ数）の逆数を指標化したもので，距離の意味での中心性である。媒介中心性は，ネットワークの情報媒介の意味で「なくてはならない頂点」になっている度合いであり，情報媒介の意味での中心である。

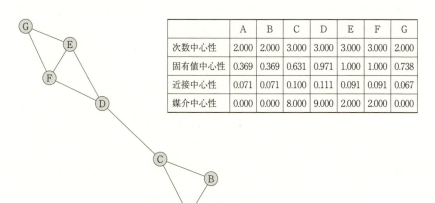

	A	B	C	D	E	F	G
次数中心性	2.000	2.000	3.000	3.000	3.000	3.000	2.000
固有値中心性	0.369	0.369	0.631	0.971	1.000	1.000	0.738
近接中心性	0.071	0.071	0.100	0.111	0.091	0.091	0.067
媒介中心性	0.000	0.000	8.000	9.000	2.000	2.000	0.000

図4.A.1　各ネットワーク中心性指標

本書では媒介中心性を用いている。媒介中心性が大きいほど，①橋渡しする2つのネットワークそれぞれが大きい，②橋渡しするノードが少ない，という特徴を持っている。この2つの特徴からネットワーク分析ではハブとなるノードを特定するために媒介中心性を用いることが多い。

ノード i の媒介中心性 $C_b(i)$ の定義は次式の通りである。

$$C_b(i) = \sum_{i \neq j \neq k} \frac{g_{jk}(i)}{g_{jk}}$$

$C_b(i)$：頂点 i の媒介中心性
$g_{jk}(i)$：頂点 jk の最短経路のうち頂点 i を通るものの数
g_{jk}：頂点 jk の最短経路の数

Appendix 2 交互作用モデルについて

本章では実証分析を行うに当たり，いくつか統計的な分析ツールを用いた。とくに統計分析中で用いた交互作用モデルについて，本文中では説明できなかった点について補って説明を行う。

交互作用項を含めた線形回帰モデルをここでは交互作用モデルと呼ぶ。交互作用モデルは経営学の実証分析だけでなく，社会科学の実証分析でも頻繁に用いられるモデルである。しかしながら誤用が多く，慎重な使用が求められるモデルである。政治学の分野で交互作用モデルを使用した実証分析をサーベイした Brambor et al. (2006) は，「線形加法モデルと交互作用モデルは似たようなモデルと認識されるが，異なるモデルである。その結果の解釈について誤りが多い」と指摘している。以下に交互作用に関する基本的な説明を行う。

典型的な交互作用モデルは，次の式で表される。

$$Y = b_1 X + b_2 Z + b_3 XZ + \epsilon \tag{1}$$

(1) の Z をモデレーター変数（調整変数）と呼ぶ。ϵ は誤差項で正規分布を仮定する。

(1) 式は (2) のように変形すると，X の効果が Z の値によって増減することが明確になる。

$$Y = (b_1 + b_3 Z)X + b_2 Z + \epsilon \tag{2}$$

このとき，X が1単位増加したときの Y への効果のことを，X の Y へのマージナル効果（marginal effect）と呼ぶ。(2) の X の Y へのマージナル効果は

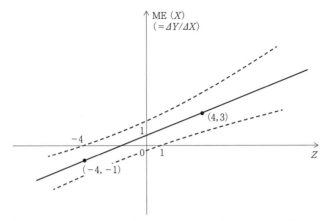

図4.A.2 Z をモデレーター変数とした X の Y に対するマージナル効果図

ME(X) や $\frac{\Delta Y}{\Delta X}$ などと表現し，(3) のように表せる．

$$\begin{aligned}\mathrm{ME}(X) &= \frac{\Delta Y}{\Delta X} \\ &= b_1 + b_3 Z\end{aligned} \tag{3}$$

ME(X) が Z の値に依存することは明らかである．さらに Z の値に影響するということは，①Z の値域が ME(X) に影響する，②Z の値が ME(X) の信頼区間にも影響する，という重要な特徴がある．

①Z の値域が ME(X) に影響するという特性は (3) 式より明らかである．②Z の値が ME(X) の信頼区間にも影響する，という特性は，マージナル効果 ME(X) の標準誤差が Z の値に依存することからわかる．マージナル効果 ME(X) の標準誤差 $\sigma_{\mathrm{ME}(X)}$ は次のように表すことができる．

$$\begin{aligned}\sigma_{\mathrm{ME}(X)} &= \sigma_{\frac{\Delta Y}{\Delta X}} \\ &= \sqrt{var(\hat{b}_1) + Z^2 var(\hat{b}_3) + 2Z cov(\hat{b}_1 \hat{b}_3)}\end{aligned} \tag{4}$$

ただし，$\hat{b}_1$ と $\hat{b}_3$ は b_1 と b_3 の推定値を表す．$var(\hat{b}_1)$ と $var(\hat{b}_3)$ は $\hat{b}_1$ と $\hat{b}_3$ の分散を示し，$cov(\hat{b}_1 \hat{b}_3)$ は $\hat{b}_1$ と $\hat{b}_3$ の共分散を示す．マージナル効果 ME(X) の標準誤差 $\sigma_{\frac{\Delta Y}{\Delta X}}$ が Z の値に依存しているので，Z の変化によってマージナル効果 ME(X) の信頼区間の大きさも変化する．

図4.A.2は①②を直感的に理解するための図である．下式の (5) のマージナル効果を表したものである．

$$Y = X + Z + 0.5XZ$$
$$= (1+0.5Z)X + Z \qquad (5)$$

(5) 式の X の Y へのマージナル効果 (ME(X)) はモデレーター変数の値に依存している。$Z=4$ のとき，X が1単位増加すると，Y は3増加する。$Z=-4$ のときには，X が1増加すると，Y は-1減少する。X の効果が Z の値（水準）に依存していることがわかる。

このとき Z がもしも $1<Z$ の値しかとらないとしよう。そのとき，ME(X) は常に正の値になる。しかしもしも $Z<-2$ の値しかとらない場合，ME(X) は常に負の値になるわけである。これが①の Z の値域が ME(X) に影響するという意味である。

さらに，Z の値によって，ME(X) が統計的有意か否か，が変化する。図4.A.2には破線で ME(X) の信頼区間が記されている。この信頼区間の中に0が含まれるときには ME(X) は統計的有意ではない。$-4<Z<1$ の区間では，ME(X) の効果は統計的有意ではない。すなわち効果があるとは言えない。$Z<-4$ のときには統計的有意に負のマージナル効果があり，$1<Z$ のときには統計的有意に正のマージナル効果がある。

②にあげたように，交互作用モデルでは Z の値が ME(X) の信頼区間にも影響する。図4.A.2の信頼区間が Z の値によって変化しているのはこのためである。信頼区間が Z の値で変化するので交互作用モデルの推定結果を解釈するためには通常の回帰テーブル（回帰係数の推定値一覧）では十分でない。モデレーター変数 Z の値によって X のマージナル効果がどのように変化するかを，マージナル効果図で確認する必要がある。

Appendix 3　ノード機能法

ノード機能法は，ネットワーク上のノード間のつながり情報から，ノードの機能を推定するアルゴリズムである。Guimerà and Amaral (2005) によって紹介された。彼らは，ノード機能法を使ってタンパク質遺伝子の結合ネットワークのデータを題材に，各ノードの機能を推定している。ノード機能としては，ハブやコネクタ，周辺ノードなどが推定される。プラットフォーム企業はハブに位置取りするポジショニング戦略をとるので，プラットフォーム戦略を遂行している企業を，取引ネットワークから推定する際にノード機能法は役立つ。

Appendix 3 ノード機能法

ノードの機能を判断するアルゴリズムは，大きく2つの段階に分けられる。

第1段階として，取引ネットワークを複数のコミュニティに分割する。分割基準には Q 値（Modularity Q）が用いられる。Q 値を最大化するようにコミュニティ分割が行われる。ノードごとに所属するコミュニティが特定される。

第2段階として，ノードごとに，z 値と P 値を算出する（通常，統計で用いられる z 値や P 値とは全く異なるものである）。z 値は所属コミュニティの内部ノードへの紐帯数を標準偏差で標準化したものである。z 値が高いとそのコミュニティの中で影響力が大きいことを示す。

一方，P 値は当該ノードが複数のコミュニティを媒介している度合いを示す。そして，各ノードの z 値と P 値によって，各ノードを機能区分する。Guimerà and Amaral (2005) は，次の R1～R7 のように7つのノード役割を提唱している。ノード機能法では，図4.A.3のように z 値と P 値の組み合わせによって，各ノードの役割を R1～R7 であると推定する。

［ノード機能法による各ノードの役割］

R1: Ultra-peripheral nodes. 超周辺ノード

R2: Peripheral nodes. 周辺ノード

R3: Non-hub connectors. ハブではないが，複数のコミュニティをつなぐコネクタ

R4: Non-hub kinless nodes. ハブではないが，多くのコミュニティにつながるノード

R5: Provincial hubs. コミュニティ内のハブ

R6: Connector hubs. 複数のコミュニティをつなぐハブ

R7: Kinless hubs. 多くのコミュニティにつながるハブであるが所属コミュニティがない

R1～R7 と z 値・P 値との対応づけを行ったものが図4.A.3である。Guimerà and Amaral (2005) は，バイオロジカルなネットワークを前提にR1～R7 までの7つのノード役割の提示を行っているので，取引ネットワークのノードに厳密にあてはまるわけではない。しかし，ハブであるのか否かや，複数のモジュールをつなぐハブであるのか，という点は参考になる。

R1～R7 の区分のうち，プラットフォーム戦略の視点から重要なのは，次の2点である。1つめは，ハブとそれ以外のノードの区別である。z 値が2以上のノードは，とくに紐帯が多いノードであると認識されハブと特定化される。

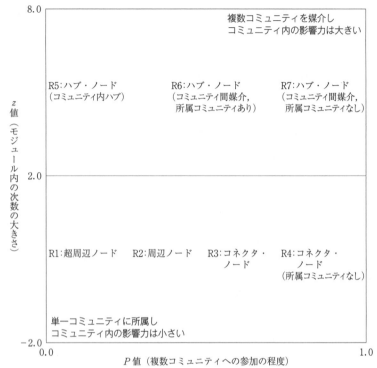

図4.A.3 z値とP値とノード機能の対応

出所：Guimerà and Amaral（2005）を参考に筆者作成。

R1～R4までは，多くのノードやコミュニティにつながるかもしれないが，ハブと言えるほど紐帯数は多くない。R5～R7まではハブと言えるほど紐帯数が多い。

2つめは，そのようにハブとして特定されたノードが，コミュニティ内のハブであるのか，コミュニティ間を媒介するハブかという区別である。これは主にP値によって行われる。R5はコミュニティ内のハブであるのに対して，R6やR7はコミュニティ間を媒介するハブである。コミュニティ間の情報を媒介するという意味で，プラットフォーム企業はR6もしくはR7のノードの位置取りしていると考えられる。

Appendix 4 工程分析：リソグラフィ工程への投資状況の分析

本章 **4.2** の回帰分析を用いた実証分析により，プラットフォーム企業がオープン標準を戦略的に活用し，新興国販売率を増加させながら，自社の市場成果（売上高）を向上させていることがわかった。またネットワーク分析により，2003年以降，複数コミュニティ間の媒介機能がハブに集中し，プラットフォーム企業のバーゲニング・パワーが強くなっていったことがわかった。

では，この間，新興国半導体企業の技術キャッチアップの視点からはどのような変化があったのか，という点を工程分析によって補う。注目する工程はリソグラフィ工程である。リソグラフィ工程は，半導体工場の基本的な能力を決める大変に重要な工程である。

図 4.A.4 はリソグラフィ工程への台あたり投資額と投資金額合計の推移を示したものである。X軸は各年，Y軸は台あたり投資額（単位は1000USドル）を表している。投資単価というのは，リソグラフィ工程用の半導体製造装置への投資金額を製造装置台数で基準化したものである。たとえば，韓国で露光機が合計100万ドル分販売され，販売台数が4台だったときには，台あたり投資額は25万ドル／台となる。一般的に言って，リソグラフィ工程への台あたり投資額が大きいほど，技術世代的に先端の装置を購入していると考えられる。

各折れ線グラフの点の大きさは投資金額合計の大きさを示している。投資金額合計は各地域ごとに集計されているため，半導体企業数が多いと，大きくなる傾向がある。

図 4.A.4 より次の点がわかる。まず，回帰分析や取引ネットワークの分析で対象とした日本・韓国・台湾について比較してみる。1994年から1996年までは，やや日本の方が台あたり投資額は大きいものの，日韓は同じような水準でリソグラフィ工程への投資をしていた。台湾は，台あたり投資額の点から日韓の水準を下回っている。

1997年以降は，韓国が日本を台あたり投資額で上回るようになる。しかし，2000年までは日韓の差は一定範囲に収まっている。2001年以降になると，この差が大きく開くようになる。図 4.A.4 で示している台あたり投資額はあくまで目安の指標であるので，細かい差は重要ではない。しかし，2001年以降の日韓の差は大きなものであり無視できない。つまり，2001年以降は平均的な生産ラインにおいて韓国が装置の技術世代で先行している可能性が高い。

170　第 4 章　グローバル・エコシステムでのプラットフォーム戦略の成功要因

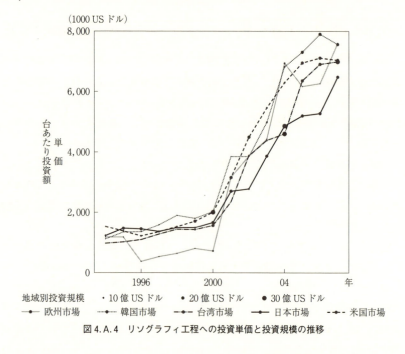

図 4.A.4　リソグラフィ工程への投資単価と投資規模の推移

　次に日本と台湾を比較する。2001 年では台湾は日本よりも投資単価が低い水準であるが，2002 年には台湾が日本を追い抜いている。2004 年には日本が台湾を追い抜き返したが，一時的なものであり，翌年の 2005 年には再び台湾が大きく上回った。その後，台湾の台あたり投資額は日本よりも高い水準にある。

　図 4.A.4 より明らかになったのは，2001 年から 2004 年の間に，日本と韓国・台湾の間でリソグラフィ工程への投資単価の逆転が起きていることである。この間，半導体産業では 2 つの大きなショックが起こっている。1 つめは，2001 年の IT バブルの崩壊である。2 つめは，2000 年から 2004 年にかけて 300 mm 標準対応の半導体製造装置が普及したことである。大手半導体製造装置企業である東京エレクトロンの「アニュアルレポート」では次のようにこの状況を説明している[10]。

---

10)　「アニュアルレポート」の発行年と，状況年は 1 年ずれる点に留意すること

2000年の状況

『現在，世界的な設備投資縮小の影響を受けて，200ミリウェーハ用装置市場は縮小しています。しかし当社の300ミリウェーハ用装置の受注は好調です。すでにすべての300ミリモデルが出そろっており，半導体製造装置部門の受注全体に占める300ミリ装置の割合は20％近くに達しています。……300ミリへの移行は当社製品の市場シェアをさらに高める絶好の機会ととらえています。』（東京エレクトロン，2001, p. 6）

2001年の状況

『(2002年3月期を総括するとどのような年でしたか？という問いに答えて）半導体製造装置業界は業界始まって以来の最大のダウンサイクルを経験しました。過去にも何度かありましたが，今回のダウンサイクルはこれまでと比較して，規模・スピードの両面で業界の歴史始まって以来の大きなものでした。……しかし，暗い話ばかりではありませんでした。……ちょうど移行期にある300ミリウェーハ対応装置においても業界をリードしていることが確認されました。』（東京エレクトロン，2002, p. 8）

2002年の状況

『2002年の初め一部の半導体部品において品薄感が広がり，半導体メーカーの設備投資意欲が高まりました。しかし需要が継続的に増加せず，結果的には過剰在庫になる部品が多く，本格的回復には至りませんでした。……装置別動向としては，……口径別では米国や韓国のメーカーや，台湾のファウンドリーメーカーを中心に300ミリウェーハ対応ラインの投資が増えつつあり，装置本体の売上比率としては50％に迫りつつあります。』（東京エレクトロン，2003, p. 21）

2003年の状況

『……現在，多くの半導体メーカーでは新規の設備投資を300 mmウェーハ対応装置で行う傾向が高まっております。……この結果，300 mm装置は我々の半導体製造装置部門売上の50％以上を占めるようになり，2004年3月期において，当社300 mm製品の多くがナンバー1のマーケットシェアを獲得しているということが，我々の調査で明らかになっています。……」
（東京エレクトロン，2004, pp. 2-5）

2004年の状況

『2005年3月期においては，パソコンや携帯電話の堅調な需要に加え，デ

年	東京エレクトロンの「アニュアルレポート」で説明される産業状況	韓国のリソ工程への投資状況	台湾のリソ工程への投資状況
2000	・半導体市場の好況をうけ投資が拡大 ・300 mm 対応装置の出荷が開始される	・韓国はリソ工程への台あたり投資額で日本を上回る ・しかし，その差は一定範囲内	
2001	・ITバブル崩壊を受けて，投資が急激に縮小	・韓国の台あたり投資額が日本を大きく上回る ・以降，日韓差は縮小しない	・台湾は日本よりも低い水準 ・しかし，その差は一定範囲内
2002	・半導体市場は本格回復に至らず ・半導体設備への投資も軟調 ・300 mm 対応装置が半導体製造装置の売上高の50%に迫る		・台湾の台あたり投資額が日本を追い抜く
2003	・300 mm 対応装置が半導体製造装置の売上高の50%を超える ・半導体設備投資規模はいまだ2000年水準に戻らず		
2004	・半導体設備投資規模は2000年の水準に戻る ・多くの新規投資が300 mm 対応ラインで行われる	・韓国の台あたり投資額が米国を抜き，世界トップとなる	・日本が台湾の台あたり投資額を追い抜く。ただし，この逆転は一時的
2005			・再度台湾が日本の台あたり投資額を追い抜く ・台湾の台あたり投資額の水準は米国に近くなる

表 4.A.1　2000～04 年の半導体製造装置の産業状況

ジタル家電関連市場が活況を呈しました。これらに搭載される半導体や液晶パネルに対する需要も旺盛となり，設備投資が活発に行われました。……大幅な業績の向上を達成することができました。』(東京エレクトロン，2005, p.6)

　『ウェーハ口径別では多くの半導体メーカーが 300 mm ウェーハ対応工場の投資に移行するなか，当社はこの分野に注力しました。』(同上，p.24)

　これらの状況をまとめたものが**表 4.A.1**である。

　2001年から2005年までの東京エレクトロンの「アニュアルレポート」から2000年に 300 mm 対応装置への移行が始まったものの，01年にはITバブルの崩壊に伴って急激な投資縮小が起こったことがわかる。しかし，2002年以

降，再び 300 mm 対応装置への半導体企業の投資が再開され，03 年には東京エレクトロンの半導体製造装置セグメント売上高の 50% を超えることになる。つまり，2003 年には本格的な 300 mm 対応装置への移行が起きたことがわかる。

　この間，2001 年には韓国半導体産業のリソグラフィ工程への台あたり投資額の水準が大きく日本を超え，さらに，02 年には台湾半導体産業が日本を超えた。この時期に，製造工程に導入する技術世代で日本と韓国・台湾の逆転が起きたと思われる。韓国・台湾のリソグラフィ工程への台あたり投資額は，その後も伸び続け，2004 年には韓国は米国を抜き，2007 年には台湾は米国に迫るものとなった。一方，日本の半導体産業の投資はこれには遠く及ばない水準であった。2001 年から 2005 年までのリソグラフィ工程への投資状況を見ると，韓国・台湾の半導体産業が 300 mm 標準に対応した製造装置を積極的に購入することで，キャッチアップを急速に行っていったことが裏付けられる。

第3部
グローバル・エコシステムの拡大

第5章　エコシステム・マネジメントと周辺市場参入：
　　　　　インテルのプラットフォーム戦略

第6章　共存企業との関係マネジメント：
　　　　　インテルと台湾ODM企業の事例分析

第7章　ユーザー企業との関係マネジメント：
　　　　　ボッシュとデンソーの比較事例

第5章
エコシステム・マネジメントと周辺市場参入

インテルのプラットフォーム戦略

　第3章と第4章でエコシステムがグローバルに形成される際にプラットフォーム企業が国際的なオープン標準を用いてグローバル・エコシステムを形成し複数市場を仲介するハブになる例が観察された。

　しかしながらオープン標準を用いてグローバル・エコシステムを形成しただけでは，そのエコシステムが速やかに拡大するかは不明である。エコシステムはプラットフォーム企業だけでできているわけではない。共存企業やユーザー企業が投資を行うことによって初めてエコシステム拡大が達成される。拡大サイクルに失敗すると，せっかくグローバル・エコシステムが成立しても，ほとんど影響力を持たない小さなエコシステムで終わってしまう。迅速なエコシステム拡大を促すためにプラットフォーム企業は共存企業やユーザー企業に働きかけ，積極的にエコシステム・マネジメントを行う。

　プラットフォーム企業のエコシステム・マネジメントの代表的手法として周辺市場参入があげられる。第2章の理論モデルでは周辺市場参入はバンドリング戦略に分類される。ただし，実際の周辺市場参入は，より複雑な戦略的意図が存在する。

　本章では周辺市場参入を使ったエコシステム・マネジメントをインテルのPentium CPUのビジネスを題材に事例分析を行う。インテルはパソコンの中核半導体を提供する企業であり，代表的なプラットフォーム企業として知られている。

　1990年代にインテルはパソコンの新しいアーキテクチャのオープン標準を策定し，Pentium CPUを上市した。しかしPentium CPUの普及は遅々としたものであった。エコシステム形成には成功したものの，エコシステム拡大は順

調ではなかった。この問題の打開に大きな効果を持ったのが、「チップセット市場参入」と「マザーボード市場参入」という2つの周辺市場参入であった。

2つの周辺市場参入は異なる戦略的意図を持っていた。チップセット市場参入の目的は「バーゲニング・パワーの増大」であったが、マザーボード市場参入は「共存企業を刺激しエコシステムを拡大」させることだった。

本章では、この2つの周辺事業参入に注目しながら、Pentium CPU の事例分析を行い、周辺市場参入がエコシステム・マネジメントのためにどのような役割を果たすのかについて明らかにする。

1 はじめに:問題意識

半導体企業のインテルは代表的なプラットフォーム企業として知られ、既存研究で詳細な事例分析がされている (Gawer and Cusumano, 2002; Gawer and Henderson, 2007)。

インテルは半導体企業でありパソコン企業ではない。にもかかわらず、パソコン産業のエコシステムの中でプラットフォーム企業として中心的な役割を担っている。なぜ一介の部品企業にすぎなかったインテルがパソコン産業のプラットフォーム企業となり巨大な影響力を持つようになったのか。この疑問が本章の大きな動機である。たとえば自動車にとって、カーナビゲーションがいくら重要になったからといって、カーナビ企業が自動車のプラットフォーム企業になるということを想像することは難しい[1]。しかし、パソコンの分野では、そのようなことが現実に起こっている。

1980年代のインテルは、一貫して部品企業であった。パソコンの中で基幹部品である CPU[2] を供給していたとしても、やはり単なる有力な部品企業で

---

1) 本章は立本 (2007b) をもとに加筆修正を行った。2007年当時は、カーナビが自動車のプラットフォームになるということは全く想像もされなかった。しかし、現在では自動走行などを前提に、デジタル地図が重要なプラットフォームになりつつある (WSJ, 2015b)。

また、Android OS を車載 OS として搭載することをめざすコンソーシアム (Open Automotive Aliance: OAA) がグーグル社を中心に結成されている (佐藤、2014)。同様に、アップル社は iOS を車載 OS のプラットフォームとして「iOS in the car」の提供を開始している (朴、2014)。本章の問題意識は、現在では現実のものとなっている。

2) CPU (Central Processing Unit) はパソコンの主要半導体で計算機能を提供する。

あった。もしインテルが単なる部品企業であったならば，今日のような規模の会社にはなっていなかっただろう。

本章で説明するように，インテルがパソコンのエコシステムでプラットフォーム企業として認められたのは 1990 年代の Pentium CPU の成功の影響が大きい。インテルはすでに CPU 企業として大きな影響を持つようになっていたが，それでも，当時のインテルはパソコン企業から見れば「単なる中核部品企業」であった。Pentium CPU を成功させ，パソコンのエコシステムを全世界に広げる過程で，インテルはプラットフォーム企業としての地位を確固たるものにしていったのである。

エコシステム拡大のうえで，「競争力を維持しながら，自社のプラットフォーム製品・サービスを普及させる」ことが重要な戦略目標である。プラットフォーム企業はエコシステム形成のトリガーとしてオープン標準化を行う。戦略的標準化である。しかし，このようなオープン標準化だけで，自社のプラットフォーム製品が普及するとは限らない。実際，インテルの戦略製品であった Pentium CPU は，市場導入して 2 年が経過しても市場シェアは 3% ほどであった。プラットフォーム製品の普及がなければ，エコシステムの拡大もない。このとき重要な役割を果たすのが周辺市場参入である。

第 2 章の既存研究サーベイで紹介したように，周辺市場参入は戦略的バンドリングに相当する。理論研究から導き出される戦略的バンドリング戦略の目的は市場の囲い込み・競合企業の排除である。しかし，プラットフォーム企業はもっと複雑なバンドリング戦略を行っている。囲い込みだけがバンドリングの目的ではない。エコシステム拡大を目的に共存企業の投資を刺激するためのバンドリングも行う。本章の事例では，インテルのマザーボード市場への参入は共存企業である台湾マザーボード企業の投資を刺激するためであった。複雑なプラットフォーム企業のバンドリング戦略を理解するために，本書では，2 つの周辺市場参入（チップセット市場とマザーボード市場への参入）に焦点をあてながら，インテルの Pentium CPU のケースについて扱う。

2 1990 年代初頭のインテルの困難

まず 1990 年代初頭にインテルが置かれていた状況について紹介する。1986 年にインテルは世界で初めて，パソコン向けの 32 bit CPU である 386 CPU を

発売した。386 CPU は大成功し，インテルは「優雅な独占」を享受した。後継にあたる 486 CPU も市場に受け入れられ，インテルの売上高は順調に拡大していった。

しかし，市場が拡大し続けているにもかかわらず，パソコン向け CPU の供給企業が，ほぼインテル 1 社であるという状況はすぐに新規参入者を呼び寄せた。新規の互換 CPU 企業や，ワークステーション向け CPU 企業などが，パソコン向け CPU 市場に相次いで参入した。より安い CPU を求めるパソコン企業は新しい CPU 企業が参入することを歓迎した。1990 年代初頭のインテルの CPU ビジネスの脅威を簡単に整理すると，次の 4 つになる。

2.1 互換 CPU 企業の台頭

インテルにとって，CPU 事業の売上高が，自社の売上の大部分を占める。このため，インテルが作り上げた x86 CPU[3] 市場を他社に侵食されることが，最も大きな脅威であった。インテルの x86 CPU シリーズと同じ処理をすることができる（同じソフトウェアを動作させることができる）CPU を互換 CPU と呼ぶ。互換 CPU はライバルの半導体企業が開発販売していた。

図 5.1 は CPU 市場への参入企業数と CPU 製品のモデル数（派生モデル数）の推移を示したものである。インテルが発売した製品モデルは純正 CPU モデル数として集計し，競合企業が発売した製品モデルは互換 CPU モデル数として集計している。CPU 企業数が多ければ競争が厳しいことを示している。また，発売 CPU モデル数に占める互換 CPU の割合が増えれば，インテルにとって競争が激化していることを示している。

CPU 企業数を見ると，1970 年代から 1980 年代前半には CPU 企業数が多かったが，1986 年は減少していることがわかる。これはインテルの CPU 製品の事業戦略と深く関係している。インテルは 1970 年代には DRAM を主力製品としており，CPU 製品については競合他社にライセンス生産を積極的に認める戦略をとっていた。しかし 1985 年にインテルは戦略転換を行い，CPU 製品を事業の主軸に置く戦略を開始した。インテルは 386 CPU を他社へライセン

---

3) x86 CPU とは，CPU の命令セットが 8086 と互換性のある CPU のことを指す。命令セット上で互換性がある CPU 同士の間では，同じソフトウェアやハードウェアが動作する。

2 1990年代初頭のインテルの困難   181

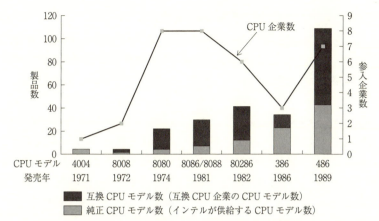

データ出所：cpu-collection. de (2007) *cpu collection detabase*, http://www.cpu-collection.de, date of access 2007/02/02 を筆者集計。

図5.1 参入企業数と製品モデル：パソコン向けCPU（X86アーキテクチャ）市場の推移

スしなくなり，参入企業数が減少した。

　ところが，1989年の486 CPUでは，再び，参入企業数が増加していることが図5.1から読み取ることができる。この増加は，インテルのライセンスをうけず，独自に互換CPUを開発した半導体企業がCPU市場に参入したことを意味している。その中には，CyrixやAMDのような互換CPU企業が含まれていた。

　互換CPU企業は，後発の利を最大限に活かしてインテルと競争した。CPUビジネスは，CPUに対応するソフトウェアやハードウェアを提供するサードパーティを育成することが大変重要になる。CPU企業はソフトウェア・ベンダーやハードウェア・ベンダーのために開発環境の提供をしたり，セミナー等を通じて技術情報の提供をしたりする。先発CPU企業のインテルは膨大なコストをかけてこのような活動を行っていた。これに対し，後発の互換CPU企業は，このようなコストを払うことなく，互換CPU販売のみに集中してビジネスを行うことができた。

　これに加えて互換CPUは価格競争上，有利な状況であった。互換CPUは製品設計上，安いコストを実現することを可能としていた。たとえばCyrixの互換CPUは，CPU内に大量のキャッシュを積み込み，ハードウェア回路ではなく，ソフトウェア（マイクロコード）で，x86 CPUの命令セットを実現していた。コストパフォーマンスの良いCPUを市場に投入することで，互換CPU

企業はボリュームゾーンでの市場シェアを拡大していった。

インテルは，特許・著作権の侵害でこれら互換 CPU 企業と係争し，撃退を試みた。しかし，特許の侵害訴訟だけでこれら互換 CPU 企業を完全に排除することは難しそうであった。

2.2 パソコンの価格低下

1981 年の IBM PC 登場以降，パソコン市場は右肩上がりに拡大成長をしてきた。ところが，1990 年に初めてパソコン市場の成長が鈍化した。パソコン業界では，「パソコンは成熟段階に移行し価格競争に入ったのだ」という認識が広がった。この動きに最も早く対応したのは，Dell や AST リサーチといった新興パソコン企業であった。彼らは，台湾で育っていたパソコン製造企業（パソコン ODM 企業）から調達を行うことで，安価な製品を北米市場に投入した[4]。

一方，低価格化の動きに最も影響を受けたのがコンパックのような自社開発力のある古参のパソコン企業であった。コンパックはハイエンドマシンを中心に製品ラインナップをつくり，高い収益を享受していた。パソコン市場全体に低価格化が進むことでコンパックの経営が苦しくなっていった。

1992 年に，コンパックは新 CEO のファイファーを迎え，低価格パソコンを開発するため設計を見直す戦略を発表した。この戦略には部品調達を見直すことも含まれていた。部品の中でとくに高価格な CPU はコスト削減の焦点であった。CPU をインテル 1 社に依存するとコスト削減が進まないので，互換 CPU 企業に対してパソコン企業は積極的に支援を行った。パソコン企業の中に互換 CPU 企業を受け入れる土壌ができつつあった[5]。

---

4) ODM とは original design manufacturing のこと。パソコン ODM 企業とは，パソコンの生産請負だけでなく，部品調達，さらには設計までを受託する企業のことである。川上 (2012) に台湾 ODM 産業の成長が詳細に紹介されている。台湾 ODM 企業にはフォックスコン・グループが含まれる。2016 年にシャープを買収した鴻海精密工業はフォックスコン・グループの中核企業である。

5) IBM とコンパックは，当初 Pentium CPU を採用しないと発表していた。コンパックは，自社の戦略商品である Presario シリーズのパソコンに互換 CPU 企業である AMD の CPU を採用すると発表した。

2.3 RISC CPU 企業の台頭

一方，ワークステーション向け CPU 企業がパソコン市場に参入してくる動きがあった。ワークステーション向け CPU は，パソコン向けよりも処理能力が必要であり，異なるアーキテクチャで設計されていた。この CPU を RISC CPU と呼ぶ。

1990 年代初頭に RISC CPU をパソコンの市場に導入しようという動きが起こった。代表的な動きが，1991 年の ACE コンソーシアム[6]であった。ACE コンソーシアムでは，RISC CPU をハイエンドのパソコンに導入し，3D CAD などワークステーションで行われきた作業を，パソコンでできるようにしようと計画した。

マイクロソフトもこの動きに同調し，RISC CPU のための OS（Windows NT）を開発，1993 年にリリースした。Windows NT では，Windows 用のアプリケーションが動作する。ハイエンドからミッドレンジのパソコンが RISC CPU を搭載して普及する可能性があった。

2.4 旧技術世代への停滞

1990 年に入って，パソコン市場に大きな変化が起きた。ユーザーの使用環境の変化である。CUI（Character User Interface: 文字ベースのインターフェース）から，GUI（Graphical User Interface: グラフィカルベースのインターフェース）へとユーザーの使用環境の変化が始まった。

1990 年に OS 企業のマイクロソフトは GUI に対応した OS の Windows 3.0 を発売した。Windows 3.0 が爆発的に普及したため，パソコン企業各社は Windows に対応したグラフィックス能力を持つパソコンを発売しようとした。このため Windows 用のグラフィックス・アクセラレータ市場が急速に立ち上がった。グラフィック・アクセラレータ企業は，1992 年に VL バス（信号線）と呼ばれるインターフェースを策定した。VL バスは構造が簡単であることもあり瞬く間に普及した。

6）　ACE コンソーシアムは，コンパック，Microsoft, MIPS Computer Systems, Digital Equipment Corporation, the Santa Cruz Operation, Acer, Control Data Corporation, Kubota, NEC Corporation, NKK, Olivetti, Prime Computer, Pyramid Technology, Siemens, Silicon Graphics, Sony, Sumitomo, Tandem, Wang Laboratories, Zenith Data Systems で構成されていた。

VLバスは486 CPUの外部バスに依存した規格であり，Pentium CPUへ世代移行を進めるインテルにとっては，まったく不都合なバスであった。VLバスはグラフィック・アクセラレータとCPUとの依存性が高く，CPUを高性能に進化させることが不可能なバスであった。VLバスは旧世代のテクノロジーであり，CPUの性能進化を停滞させてしまうようなレガシーなバスであった。

VLバスのようなレガシーな技術が普及してしまうと，ユーザーは古いCPUに依存した資産を蓄積してしまうことになる。そうなれば，Pentium CPUの普及は，非常にゆっくりとしたものになってしまう。このようなレガシーな技術の普及は，CPUの進化を脅かしてしまうものだった。

3 新しい技術世代への移行

3.1 本質的問題：古い技術世代への停滞

前節であげた4つの困難のうち，インテルにとって直接的な問題は互換CPU企業の台頭で競争が激しくなることであったが，より本質的な問題は最後にあげた「古い技術世代にパソコンが停滞してしまう」ことであった。

そもそもパソコンはCPUだけで性能が決まるわけではなく，さまざまな部品企業が電子部品を提供し，パソコン企業がそれらを統合することによって性能が決まる。それら電子部品は互いに電気信号をやりとりするために共通のプロトコルが必要になる。これがバス規格である。

先述のVLバス規格は古い世代の規格を延命させたものであり，大量のデータを高速に処理するためには不向きなものであった。新しい技術世代（アーキテクチャ）が必要であった。

この問題に対して，RISC CPU企業たちは，高速のワークステーションで使われていたアーキテクチャをパソコンに持ち込むことで解決しようとした。RISC CPU企業たちのアーキテクチャは，従来のパソコンと互換性がない代わりに，高速処理が可能となる。このような動きに対抗するためにも，一刻も早くインテルは新しい世代のアーキテクチャをパソコンで実現する必要があった。

さらに，古い技術世代に停滞することは，競合の互換CPU企業が有利な競争環境を作り出してしまう元凶にもなっていた。互換CPU企業は，コストパフォーマンスの高いCPUを開発・上市していたため価格競争を仕掛けてくる傾向にあった。パソコン企業達はすでに厳しい価格競争にさらされていたため，

低価格の互換 CPU を採用する傾向が強かった。インテルにとってこのような価格競争は決して望ましいものではなかった。

3.2 アーキテクチャから見たパソコン

技術世代の変化を説明するために，パソコンのアーキテクチャの概要を説明する。図 5.2 はパソコンの主要部品であるマザーボードの写真である。マザーボードはパソコン内部の電子基板のことである。このマザーボードに CPU, HDD, DRAM, グラフィックカード（グラフィックス・アクセラレータ）などを搭載して，電源ユニットを組み合わせ，筐体に格納してパソコンは完成する。図ではマザーボード上の CPU やチップセットを示している。

よりわかりやすく，主要な電子部品とその依存関係を示したものが図 5.3 である。インテルが提供している電子部品の範囲がプラットフォーム製品化前（1990 年以前）とプラットフォーム製品化後（92 年以後）で，異なっていることがわかる。インテルのプラットフォーム製品とは，このチップセットと CPU の統合セットのことである。

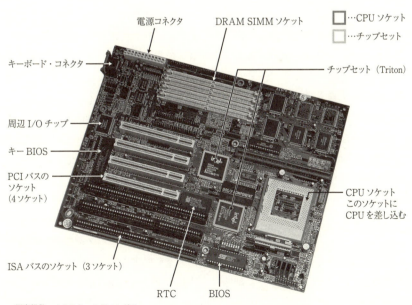

図 5.2　マザーボード写真

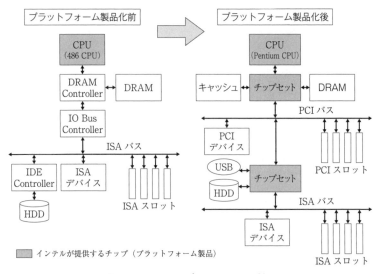

図5.3　インテルのプラットフォーム製品

　アミのかかっている半導体が，インテルが提供している半導体である。プラットフォーム製品化前はCPUのみをインテルは提供していた。それに対して，プラットフォーム製品化後はCPUに加えて2つのチップセットも提供している。チップセットは，従来，有力なパソコン企業が自社で開発することが多かった。しかし，プラットフォーム製品化に際して，インテルはチップセット市場に参入して自ら供給を行った。
　半導体や電子部品を結んだ線は，データをやりとりする信号線を示している。1つの信号線に複数の部品が連結されているのでデータの衝突やデータの渋滞なく使うために決まり（プロトコル）を定めるのが通例である。信号線の物理的な形状と電気信号的なプロトコルを総称してバス規格と呼ぶ。
　プラットフォーム製品前と比較すると，プラットフォーム製品化後にはPCIバスという新しいバス規格がある。このPCIバス規格を策定することが，インテルのプラットフォーム戦略の第一歩であった。新しいバス規格を定めるということは，新しいパソコンのアーキテクチャを提案するということに等しい。
　このようなプラットフォーム戦略は，1993年のPentium CPUの市場投入のタイミングで行われた。Pentium CPUの投入は，インテルにとって単なる新CPU投入ではなく，プラットフォーム・ビジネスという新しいビジネスへの

挑戦であった。従来の延長にはない，新しいことを次々と行った。まずチップセット間の信号規格であるバス規格（PCI バス規格）を，PCI SIG というコンソーシアムで規定した。SIG とは Special Interest Group の略で，一般的に言えばコンソーシアムのことである。新しいエコシステムをつくる端緒として，オープン標準化を開始したのである。

3.3 新しいアーキテクチャへの一歩：PCI バスの策定

　新しいエコシステムをつくるため，インテルはまずコンソーシアムを作り，バス・プロトコルの標準化を行って PCI 規格を策定した。PCI はバス規格であり，CPU のアーキテクチャではなく，コンピュータのアーキテクチャである。従来，バス規格の標準化を行うのは完成品を扱うパソコン企業の役割であった[7]。CPU 企業であるインテルが，完成品のパソコンの基本設計に介入することは，事業分野が違うばかりか，顧客であるパソコン企業と利害衝突を起こす恐れもあった。

　そのため，当初，PCI の規格化は CPU の周辺のバス（ローカルバス）[8]に限定されたものであった。既存のローカルバス上の CPU と DRAM 間の転送速度は限界にきており，何らかの新しいバス規格が必要であった。新しいローカルバスを策定することは CPU 企業であるインテルにとって自らの事業に直結する問題であった。PCI バスは，当初，CPU とチップセット間の接続用バスという位置づけであった。PCI 規格の第 1 版（Rev. 1.0）は，1992 年 6 月にインテルの名前で発表された。PCI 規格 Rev. 1.0 は，CPU 企業として必要な標準規格の整備をインテルが行ったものであった。

　これに対して，1993 年 4 月に発表された PCI 規格の第 2 版（Rev. 2.0）は大

---

7) 従来，バス規格はパソコン企業がデファクト標準として規定していた。たとえば PCI 規格以前に有力であったバス規格として AT バス規格が存在する。AT バス規格は 1984 年に IBM が発売した IBM PC/AT パソコンに採用されたバス規格であり，IBM が 1 社で定めたデファクト標準であった。AT バスという名称は，IBM PC/AT 機に採用されたバスである，という意味合いである。拡張機器の開発のため，IBM は回路図を公開したものの，信号のアクセスタイミングなどは公開しなかったため AT バス用の拡張機器間で互換性がとれない事態が生じた。1987 年に AT バスは IEEE で機構的電気的特性が規定され，ISA バス（Industry Standard Architecture Bus）という新しい名称を与えられたが，業界では AT バスの名称が広く通用した。

8) ローカルバスの転送速度が CPU の処理能力のボトルネックになりやすい。

きく異なるものであった。PCI バスの標準化の対象を，ローカルバスだけでなく，システムバス（拡張 IO のためのバス）まで広げたからである。システムバスはパソコン全体に関係するものであり，CPU 企業だけでなくパソコン企業も関係する。そのため PCI Rev. 2.0 は，インテルの名前ではなく，PCI SIG の名前で発表された。インテル単独ではなく，コンソーシアムとして PCI 規格を公開したわけである。PCI SIG の初期の参加企業は，インテル，DEC，コンパック，IBM，NCR の 5 社であった。PCI Rev. 2.0 は，CPU 企業のインテルがパソコンのアーキテクチャまで標準化するという大きな方向転換であった[9]。CPU 企業であるインテルがプラットフォーム戦略を開始するきっかけとなることであった。

3.4 Pentium CPU の上市と普及の遅れ

表 5.1 は 1994 年末の北米の世代別 CPU 普及台数を整理した表である。Pentium CPU は，1993 年 3 月に初めて市場に投入された。Pentium CPU は互換 CPU 企業や RISC CPU 企業に対して競争優位を獲得するために重要な戦略商品であった。しかし，1994 年末になっても，Pentium CPU の普及率は，3% 程度に過ぎなかった。

この普及の遅れは互換 CPU 企業の台頭が影響していた。互換 CPU 企業がターゲットとしていた CPU セグメントは，386 CPU や 486 CPU のような旧世代の CPU を搭載したパソコンであった[10]。互換 CPU 企業の製品は，インテルの純正 CPU を互換 CPU に置き換えるだけで最先端の CPU のパフォーマン

---

9) 1995 年 6 月にクロック周波数の 66MHz の PCI Rev 2.1 が規定された。このため，66MHz を示す信号ピンが増えた。Pentium CPU に関して言えば，PCI Rev. 2.1 が広く普及したバージョンである。1998 年 12 月に PCI Rev. 2.2 が公開された。この時期は，ちょうど Pentium II から Pentium III CPU の登場とあいまって，PCI バスを使用するデバイス自体が 3.3V バス・システムへ移行していた時期であった。そのため，低消費電力システムへの対応を取り入れた。

10) 1993 年に投入された Pentium CPU の普及が計画通りにいかなかった理由として Pentium CPU の処理能力が旧世代の CPU である 486 CPU に対して整数演算性能で劣っていたという理由もある。互換 CPU 企業は 486 CPU を改良した 486 互換 CPU を相次いで発売したため，パソコンユーザーは Pentium 世代の CPU を購入するよりも，486 互換 CPU を購入して CPU を置き換えた方が Pentium CPU のパソコンを購入するよりも高パフォーマンスを得ることができた（http://ascii.jp/elem/000/000/915/915669/index-2.html，2017 年 2 月 7 日アクセス）。

CPU	台数（1,000台）	シェア（%）
486 CPU 世代	26,900	38
386 CPU 世代	19,500	28
286 CPU 世代以下	11,800	17
Motorola 68000	9,200	13
Intel Pentium CPU	2,300	3
Power PC	370	1
合　計	70,070	100

出所：内田（1994）。データ元：IDC。

表5.1　1994年末の北米における世代別CPUの普及率

スを得ることのできるものだった。互換CPUは最新CPUであるPentium CPUへの移行を疎外するものだった。

　この状況に対してインテルの最大の戦略は「Pentium CPUを搭載したパソコンを速やかに大量普及させることにより，Pentium CPUを大量生産・供給する」というものであった。最新CPUであるPentium CPUの大量生産・供給があるからこそ，多額の開発費，製造費をかけても，安価にCPUを提供して利益を回収するビジネスができるのであり，さらに，補完財市場（ソフトウェア等）も活性化する。最新CPUを大量に普及させることがRISC CPU企業や互換CPU企業に対するインテルの最大の戦略であった。

　しかしCPU普及とパソコン普及は鶏と卵の問題であり，簡単に解決できる問題ではない。インテルはどうにかしてPentium CPUをもっと迅速・大量に販売できるような新しい仕組みを作る必要があった。このためにインテルは積極的に周辺市場に参入し，エコシステムを直接的にマネジメントして共存企業の投資を刺激していった。

4　2つの周辺市場参入：エコシステムのマネジメント

4.1　チップセット事業への参入

　Pentium CPUの普及が進まない状況の中，インテルは新しい役割をチップセット事業に与えた。同社のチップセット事業は1986年に開始したASIC事業に由来している。ASIC事業は，パソコンの周辺の半導体を作るというものである。もともとインテルは，CPUだけでなく，周辺的な半導体も提供して

いる。たとえば，IBM PC/AT 用にキーボードコントローラ，タイマーコントローラなどを提供していた。

ただしインテルはチップセット事業を積極的に行っていたわけではなかった。チップセット事業は，CPU 事業に比べて粗利率が低く，さらに，大変厳しい競争環境にあった。

当時のチップセット事業は，インテルにとって儲からない事業であったので，チップセット事業に投資することには，社内で賛否両論があった。中核事業のCPU 事業は粗利 40％ を超える高収益（1988～90 年）であり，チップセット事業での粗利はそれよりも低かった[11]。

PCI 規格の実現性が見え始めた 1991 年頃，インテルは組織改編を行った。チップセット事業（IMD 事業部：Integrated Microprocessor Division）は，マイクロプロセッサ事業本部に属することになった。IMD 事業部は，PCI 事業部と改名された（Yu, 1998）。

インテルは新しい役割をチップセット事業に与え，チップセット事業を本格的に行うようになった。手始めに PCI 規格を実装したチップセットを，自社のチップセット事業部で開発することを始めた。さらに，そのようなチップセットを CPU と同じロードマップで開発する方針を打ち出した（Yu, 1998）。

インテルのチップセット事業部は，1992 年に 420TX（Saturn）を試行的に作成した。Saturn チップセットは，486 CPU 用にデザインされたテストマーケット的な製品であった。1992 年の Comdex（パソコンの展示会）で Saturn のデモンストレーションを行った。このデモンストレーションで，ISA 上のグラフィック性能と PCI 上のグラフィックス性能を比較して同社のチップセットの優位性を訴えた。デモンストレーションは大成功であり，CPU とチップセットを同一のロードマップの上で開発することの有効性が確かめられた（Yu, 1998）。

---

[11] インテルがチップセット事業を本格的に行う際に低い利益率がいつも問題になった。チップセット事業部は，「もし高性能のチップセットが供給されなければ，インテル製の高速の CPU は市場に受け入れられない」と社内を説得した。この意見には説得力があったが，だからといって，すんなりとチップセット事業に予算がついたわけではなかった。チップセット事業では，さまざまな工夫をして低い利益率でも事業を行える環境を構築していった。たとえば，チップセットの製造について，当初は自社工場ではなく，外部のサプライヤーに製造を委託した。後に，自社の工場と外部工場の両方を自社チップセットのために使用するようにした（Burgelman, 2006. 邦訳 pp. 263-264）。

リリース	チップセット型番	名称	対応プロセッサ
1992年11月	420TX	Saturn	i486SX/SX2/DX/DX2, Intel DX4
1993年3月	430LX	Mercury	Pentium 60/66 MHz (P5)
1994年3月	430NX	Neptune	Pentium (P54C), MMX Pentium
1994年3月	420EX	Aries	i486SX/SX2/DX/DX2, Intel DX4
1994年3月	420ZX	Saturn II	i486SX/SX2/DX/DX2, Intel DX4
1995年1月	430FX	Triton	Pentium (P54C), MMX Pentium
1995年10月	430MX	Mobile Triton	Pentium (P54C), MMX Pentium
1996年2月	430VX	Triton II VX	Pentium (P54C), MMX Pentium
1997年2月	430TX	Triton II TX	Pentium (P54C), MMX Pentium

表5.2 チップセットとCPUの発売スケジュール

　CPUとチップセットが同一のロードマップで開発されるようになったので，新CPU発売と対応チップセットの発売が同時期にされるようになった。表5.2はCPUのモデルと，対応したチップセットの発売スケジュールを示している。Pentium CPUにはいくつかの派生モデル（バージョン）があり，主なものだけでもP5, P54C, MMX Pentium, PentiumIIが存在する[12]。表5.2からインテルはCPUとチップセットを同じロードマップで開発していたことがわかる。

　1995年にインテルは430FX（Triton）を発売した。このTritonシリーズが初期の最もヒットしたチップセットとなった。1995年は**4.3**項で述べる「インテル3-2-1プロジェクト」の年である。PCIチップセットは，1994年には400万ユニット，95年には2000万ユニット，96年には，7000万ユニット販売し，インテルはわずか数年でパソコン向けチップセットの最大のサプライヤーとなった（Yu, 1998, p. 57）。

4.2 マザーボード事業への参入

　Pentium CPUの市場普及があまりに遅いため，チップセットを自社供給するだけでは不十分のように思われた。この状況に対処するため，インテルは

---

12) Pentium CPUには，複数バージョンが存在する。最も初期に発売されたPentiumは，P5と呼ばれ，バイポーラ，BiCMOSプロセスを使ったダイサイズの大きいものであった。P54CからはCMOSプロセスを用いた。

Pentium CPU 対応のマザーボードも自社供給することを決めた（*Electronic Buyers'News,* Oct. 2, 1995）。しかし，それは従来マザーボードを供給していたサプライヤーや，マザーボードを自社開発していたパソコン企業と激しく競合することを意味していた。

インテル社内にもマザーボード事業への参入に大きな批判があった。インテルは CPU 事業で年間 40% 以上の粗利を出していた。マザーボード事業を行うことは，利益率を下げることを意味していた。事業ドメインを逸脱しているとの批判もあった。マザーボードは組立技術を基盤としており，半導体企業の技術基盤とは大きく異なるという批判もあった。しかし，インテルにとって，速やかに Pentium CPU へ世代移行させることが重要であった。

開発した最新 CPU をいち早く立ち上げるためには，CPU だけでなく，その周辺の半導体チップとの統合が必要である。とくに，拡張 IO 機器が関係する部分（システムバス）や，メモリ（DRAM）が関係する部分（ローカルバス）が調整されていなければ，インテルの最新 CPU を装備したパソコンが発売されることはない。この周辺半導体チップやバス調整の問題が端的に表れるのがマザーボードの開発であった。

4.2.1 パソコン企業とマザーボード企業

従来，新世代の CPU に対応したマザーボードを一番早く開発するのは，コンパック，Hewlett-Packard, IBM のような技術力のあるパソコン企業であった。彼らは自社のサーバー製品やパソコン製品のためにマザーボードを内製していた。新しい CPU が市場に導入されると，まず，その最新 CPU に対応したサーバー用のマザーボードを開発する。サーバー用マザーボードは，プレミアム・マージンを取ることができる。そして，その後 18 カ月程度をかけてゆっくりとパソコン用のマザーボードを開発して市場に投入していく世代ウィンドウ戦略をとっていた。コンパックや IBM のような開発力のあるパソコン企業に頼っていては，Pentium CPU の普及が遅れることは明らかであった。

一方，Dell や Gateway2000 などの新興パソコン企業は，コンシューマ向けのボリュームゾーンのパソコンを得意としたが，最新 CPU 向けのマザーボードを自社で開発する方針をとっていなかった。彼らはマザーボード企業が新世代の CPU に対応したマザーボードを開発するのを待って採用を行っていた。

このようなマザーボード企業には台湾企業が多く含まれていた。従来，台湾

マザーボード企業は新 CPU が発売されると，その新 CPU が普及しそうだと判断したときだけ開発投資を行ってマザーボードを開発した。逆に，新 CPU があまり普及しなさそうだと見ると開発を先送りした。新世代 CPU に対応したマザーボードの開発は，新チップセットや新しい技術を使った電子回路設計が必要なためリスクが高いからである。十分に利益が取れることが明確になるまでは，マザーボードの開発や生産をためらうのが当然であった。

このような状況の中，インテルは Pentium CPU 向けのマザーボードの自社供給を開始した。1993 年当時，インテルのマザーボード製造は，オレゴン，プエリトルコ，アイルランドのインテルの工場で行われていた。それらの工場では，もともと産業用のボードコンピュータが製造されていた (The Wall Street Journal, Oct. 31, 1995)。インテルはまず手始めに 1993 年に，オレゴン，プエリトルコ，アイルランドの 3 工場を中心に Pentium CPU 用マザーボードを 100 万枚生産した (Electronic Buyers' News, May 30, 1994)。1994 年度には 400 万～500 万枚と急激にマザーボードの生産数を増やしていった (Electronic Buyers' News, Oct. 2, 1995)。

しかし，インテルのマザーボード生産量は，世界のマザーボードの市場規模から言えば小規模なものであった。1994 年当時，世界のパソコン向けマザーボードの供給量の 8 割を生産していたのは，台湾のマザーボード企業であった。Pentium CPU を普及させるためには，台湾マザーボード企業に Pentium CPU 向けのマザーボードを開発生産してもらうことが必要であった。

4.2.2 台湾マザーボード企業の対応

台湾ではパソコン企業向けにマザーボードを供給する専門サプライヤー (すなわちマザーボード企業) が台頭していた[13]。パソコン産業の黎明期にはパソコ

---

13) 台湾のパソコン産業の誕生は，1983 年にさかのぼる。1983 年に IBM PC/XT が発売されると，その模造品パソコンを台湾メーカーが製造するようになった。かれらは，Apple II の模造品も手がけていたため，当然の流れとして，IBM PC 互換機市場へと参入した。

しかし，1984 年，IBM は，BIOS を侵害しているとして台湾メーカーを台湾政府に提訴し，85 年には，台湾政府当局と共同して BIOS 侵害業者の検挙を行った。1986 年には，IBM と台湾メーカーの間で和解がなされた。その後，台湾メーカーは，自社ブランドで PC を製造し，欧州への輸出を積極的に行うものと，北米の大手メーカーの OEM 先 (生産委託先) として，PC や MB の OEM 専業メーカーになるものとがあっ

ン企業がマザーボードを自社開発・内製することが一般的であったが，新興パソコン企業の多くはマザーボードを内製せず，外部から調達することが多かった。そのような新興パソコン企業向けにマザーボード企業が台頭していた。1987年に設立された Elite-group は，そうした台湾マザーボード企業の最初の企業であった。

　台湾マザーボード企業のマザーボードは，米国マザーボード企業の同等製品に比べて2割程度安価であった。このため，1990年代初めに，米国市場でパソコンの激しい価格競争が行われると，主要なパソコン企業は台湾企業からマザーボードを調達するようになっていった。台湾マザーボード企業からの調達率は，1992年に32%，93には48%，94年には50%を超えた（水橋, 2001）。

　当時，台湾マザーボード企業は，世界生産の80%を生産していた。1994年には1750万枚を生産した（*Electronic Buyers' News*, Jan. 30, 1995; Mar. 4, 1996）。このシェアはマザーボードの外販市場におけるシェアであることには留意が必要である。有力なパソコン企業はマザーボードを内製していたからである。しかしそれでもマザーボード市場に対して，台湾企業は大きな影響力を持っていたことは確かである。

　1993年，インテルは台湾マザーボード企業に最新CPUであるPentium CPUに対応したマザーボードを製造することを求めた。しかし，台湾マザーボード企業は，Pentium CPU向けのマザーボードを製造することに積極的ではなかった。北米でのCPU世代別シェアでPentium CPUは3%程度程度であり，いまだ486 CPUに対応したマザーボードが圧倒的に売れていた。このような中で，台湾マザーボード企業はPentium CPU向けのマザーボードの開発生産を躊躇した。

4.3 インテル3-2-1プロジェクト

　1994年末に，インテルは95年の自社のマザーボードの生産量を大幅に引き上げることを発表した。この計画は「インテル3-2-1プロジェクト」と呼ばれた。3-2-1の意味は，3000万ユニットのPentium CPU，2000万セットのチップセット，1000万枚のPentium CPU対応マザーボードを1995年に出荷するというものであった（*Microprocessor Report*, Vol. 9, No. 11, Aug. 21, 1995）。

　　た。

マザーボード1000万枚という量は、当時の台湾の全体生産量の20〜30%にもあたるものであった[14]。台湾のマザーボード企業は、インテルに強いプレッシャーを感じざるをえなかった。

さらに、インテルは、1995年6月に自社のPentium CPU向けの新しいマザーボード[15]の価格を11%下げた。インテルのマザーボード製品は高価な部類であったが、この値下げにより、インテルのマザーボードは160ドル/Unitになった。同じような機能を持つ台湾企業製のマザーボードは140〜160ドル/Unitであったため、一見すると、依然として台湾メーカー製のマザーボードに価格競争力があるように見える。しかし、インテルはチップセットも含めた価格を提案し、販売をすることができた。このため、マザーボードのみを販売する台湾マザーボード企業は、強い価格圧力に対応しなければならなかった（*Electronic Buyers' News,* Jun. 26, 1995）。

インテルのこういった努力にもかかわらず、インテルの自社マザーボードの1995年の生産量は、目標の1000万枚に到達せず、結局500万〜800万枚にとどまった（王, 1997; *Electronic Buyers' News,* Mar. 4, 1996）。

ただし、マザーボード1000万枚という目標が未達に終わった点について、単なるインテルの能力不足であったのか、それとも戦略的行動であったのかについては、より詳細な検討が必要である。この点について次項で検討を行う。

4.4 マザーボード市場からの撤退と標準規格化

インテルは1995年のマザーボードの大増産計画が未達に終わるのをただ見ているわけではなかった。1995年7月にマザーボード規格であるATX規格（ATX 1.0規格）を発表し、さらに1995年末にATX規格に基づいて台湾のベンダーにマザーボードの生産委託を行った。一定数量のマザーボードは自社生産するが、それを超える数量については、台湾マザーボード企業から供給をうけるという方針に転換した（王, 1997）。

ATX規格はマザーボード上の電源位置やCPUや外部IOコネクタのレイアウトを細かく規定する標準規格であり、マザーボードのコモディティ化を強く推し進める性格の規格であった。インテルはATX規格に準拠してマザーボー

---

14) 1994年の台湾のマザーボード輸出unit数（1unitは1枚）は、およそ3000万unitであった。
15) この製品系列はZappaという名称であった。

発表年月	フォームファクター名	提唱メーカー
1984 年	AT	IBM
1985 年	BabyAT	IBM
1995 年 7 月	ATX	インテル
1997 年 12 月	MicroATX	インテル
1999 年 2 月	FlexATX	インテル
1997 年 2 月	NLX	インテル，IBM，DEC
2001 年 3 月	miniITX	VIA

表 5.3　マザーボード形状（フォームファクター）の標準規格と発表年

ド設計を行い，その設計図をもとに台湾マザーボード企業からマザーボードを調達し，市場で販売した。ATX 規格に対応したマザーボードが市場に登場したので，インテル以外のパソコン企業も ATX 規格のマザーボードを調達するようになった（*Electronic Buyers' News,* Mar. 4, 1996)。その後，インテルは**表 5.3**のように新しいマザーボード規格を次々と発表していった。

　1996 年に入ると，インテルは台湾の主要マザーボード企業に自社のマザーボードの技術をライセンスし始めた。その第一弾として，Acer に技術をライセンスした（*Electronic News*（*10616624*），Jun. 29, 1996, Vol. 42, Issue 2101, p. 2)。さらに，複数の台湾マザーボード企業に対しても Pentium CPU 用のマザーボードの技術ライセンスを行った（*Electronic Buyers' News,* Mar. 4, 1996, Issue 996, p. 12)。

　1996 年 5 月には，インテルは台湾の 5 大マザーボード企業と製造技術提携契約を締結した。前述のようにインテルは 1996 年のマザーボードの自社供給量のうち，自社生産を 600 万枚に制限し，それを上回る出荷分はすべて台湾マザーボード企業に生産委託することを決めた（王，1997)。当時のインテルのマザーボードの主要顧客は，Dell, Gateway2000, Micron Electronics などの新興パソコン企業であった（*Electronic Buyers' News,* Apr. 28, 1997)。

4.5　チップセットの大量供給

　台湾企業にマザーボードの生産委託をしたインテルであったが，チップセットに関しては，自社チップセットを供給し続けた（図 5.4)。

　台湾のマザーボード企業は，SIS や VIA といった台湾半導体企業が設計した互換チップセットをマザーボードに使用することもあった。しかしほとんどの場合，台湾マザーボード企業はインテルのチップセットをマザーボードに使

4　2つの周辺市場参入　197

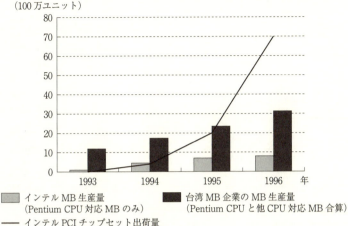

図 5.4　マザーボードとチップセットの生産量の推移

出所：*Electronic Buyers' News* ほか。
情報ソースは次の通りである。インテル MB 生産量について。1993 年については *Electronic Buyers' News*, May 30, 1994 および他資料より推定。1994 年については *Electronic Buyers' News*, Oct. 2, 1995。1995 年については *Electronic Buyers' News*, Mar. 4, 1996。1996 年については *Electronic Buyers' News*, Apr. 30, 1997。
台湾 MB 生産量について。1993, 1994 年については *The Wall Street Journal*, Oct. 31, 1995。1995, 1996 年については *Electronic Buyers' News*, Apr. 28, 1997。ただしいずれもデータ出所は MIC。
インテル PCI チップセット出荷量については Yu (1998) を参照した。

用した。インテルは世界最大のチップセットメーカーになり，台湾のチップセット企業は大きな打撃をうけた。

4.6　継続的なオープン標準化

インテルは自社 CPU を大量に販売することで初めて，多額の CPU 開発費用を回収し，高い収益をあげることができる。自社 CPU の大量普及のサイクルを回すことがインテルの基本戦略である。

この基本戦略実現のためにオープン標準化が大きな役割を担っている。CPU を大量普及させるためには，パソコンの大量普及が必要である。このため，インテルは CPU 企業であるにもかかわらず，完成品であるパソコンの標準化をさまざまな領域で行った。とりわけ，1990 年代半ばから後半になると標準化への関与を急激に増やした。

すでに，チップセット参入やマザーボード参入の事例で見たように，インテ

分類	名称	'90	'91	'92	'93	'94	'95	'96	'97	'98	'99	'00
ローカルバス	PCI 1.0			■								
I/O バス	PCI 2.0					■						
電源	ACPI 1.0							■				
MB 形状	ATX						■					
周辺機器バス（低速）	USB1.0						■					
周辺機器バス（高速）	USB2.0											■
HDD インターフェース	Ultra DMA							■				
グラフィックバス	AGP 1.0								■			
オンボードサウンド	AC97							■				
PC 全体設計	PC98:System Design Guide								■			
メモリ I/F	PC100 など								■			

注： ■ は，インテル社がかかわった標準規格が発表された年。

表5.4　インテルが主導したオープン標準

ルは CPU 周辺の領域について，たびたびオープン標準化を行っている。表5.4 はインテルが主導したオープン標準の領域と標準規格発表の年をまとめたものである。

このようなインテルの標準化の目的は大きく 2 つある。第一は，エントリーレベルのパソコンを急速にコモディティ化させ，大量普及に弾みをつけることである。マザーボードを標準規格化すれば，台湾マザーボード企業から最先端の CPU 用向け安価なマザーボードが供給されるようになる。周辺市場が活性化することが，この種の標準化の目的であるので，必ずしも自ら周辺市場に新規参入する必要はない。しかし，多くの場合，単にオープン標準を策定しただけでは，想定したスピードで周辺市場が拡大しないことがある。その場合，マザーボード市場への参入で見たように，自ら周辺市場に参入し，市場を活性化させる。オープン標準化と周辺市場参入を同時に行い，周辺市場を刺激している。こういったケースでは，周辺市場から短期間のうちに撤退することが多い[16]。

---

[16] インテルは周辺市場に参入し，安価に製品供給することをたびたび行っている。これはエコシステムの拡大のために，自ら参入して周辺市場を活性化させることが目的である。そのため，このような参入は短期間のうちに撤退を行うことが多い。Gawer and Henderson (2007) は，インテルの周辺市場へ参入計画した 27 事例を調査し，同社が自社特許の特許共有を行いながら，同時に，周辺市場に参入することを報告している。特

第二の目的は高機能なCPUパワーの恩恵を実感できるような機能（PnP機能やマルチメディア機能）を標準機能として定義し，パソコンユーザーの裾野を広げることである。同時にCPUパワーを要する機能を標準化して，いつも最新のCPUをユーザーが購入することを促進している。高いCPU処理能力を用いた新しい使用用途をオープン標準として策定し，普及させている。USB規格などの新機能の標準化は，高いCPU処理能力に付加価値を認めてもらうことに大きく貢献した。

　表5.5は表5.4の標準化がどのように行われたのかを整理したリストである。この表からインテルが標準化を行う場合，その形態には3つのパターンが存在することがわかる。(i)単独で標準化を行う場合（デファクト標準化），(ii)大規模アライアンス，フォーラムやSIGなどのいわゆるコンソーシアムで標準化を行う場合（コンセンサス標準化），(iii)少数の共存企業・ユーザー企業と共同して標準化を行う場合（デファクト標準化もしくはコンセンサス標準化）のケースがある。

　(i)インテルが単独で標準化を行う場合，CPUに直接関係する周辺のインターフェースは単独で標準化を行っている。例としては，グラフィックバスインターフェースやメモリインターフェースがある。これらはCPUのパフォーマンスに直接影響を与える。そのためインテル単独でインターフェースの標準化を行っている。このようなインテル単独の標準化は，公的標準化機関で策定された標準規格のベースとして，さらに条件を追加した自社標準を発表することもある。たとえば，メモリI/Fの領域ではJEDEC標準の上に，インテルが単独でさらに制約の厳しいPC100という標準規格を設定している。

　また，自社のCPU製品の普及に決定的に影響を及ぼすものに関しても，インテル単独で標準化を行っている。マザーボードの形状の規格であるATX規格は当初インテル単独で標準化を行った。

　(ii)大規模アライアンス，フォーラムやSIGなどコンソーシアムで標準を決めたケースとしては，PCIやUSBが挙げられる。PCI規格やUSB規格はその性質上，多くのデバイス企業に参加してもらう必要性がある。ただし，これらのフォーラムやSIGの初期の参加メンバーは限られており，初期の参加メン

　許共有を行うと競合社も特許を使用することができるため，インテルの参入は不利になる。しかし，周辺市場の活性化が目的ならば，このような戦略は合理的である。

分 類	名 称	標準完成年	標準化区分	標準化モード	標準化形態
ローカルバス（CPU 周辺）	PCI 1.0	1992	デファクト標準	インテル単独	もともとインテルが単独で発表。その後，標準化組織の PCI イニシアチブへ発展。
I/O バス（周辺機器周辺）	PCI 2.0	1993	コンセンサス標準	有力共存企業・ユーザー企業とともにコンソーシアム発足	標準化組織の PCI イニシアチブで発表。インテル，DEC，コンパック，IBM，NCR が初期メンバー企業。
電 源	ACPI 1.0	1996	デファクト標準	有力共存企業・ユーザー企業と共同発表	マイクロソフト，インテル，東芝が中心となり発表。
MB 形状	ATX	1995	デファクト標準	インテル単独	インテルが発表した PC/AT 互換機用のマザーボードの規格。
周辺機器バス（低速）	USB1.0	1996	コンセンサス標準	有力共存企業・ユーザー企業とともにコンソーシアム発足	USB フォーラムで発表。コンパック，インテル，マイクロソフト，NEC が初期メンバー企業。
周辺機器バス（高速）	USB2.0	2000	コンセンサス標準	有力共存企業・ユーザー企業とともにコンソーシアム発足	インテルとマイクロソフトが中心となって USB フォーラムへ。
HDD インターフェース	Ultra DMA	1996	コンセンサス標準/デジュリ標準	有力共存企業と共同して発表。その後，ANSI で標準化	Quantum とインテルが発表し，1998 年に ANSI によって ATA/ATAPI-4 として標準化。
グラフィックバス	AGP 1.0	1996	デファクト標準	インテル単独	インテルが発表したビデオカードとメインメモリ間の専用バス（データ伝送路）規格。
オンボードサウンド	AC97	1996	デファクト標準	インテル単独	インテルが 1996 年に提唱したサウンド機能を実現するための LSI の規格。
PC 全体設計	PC98:System Design Guide	1997	デファクト標準	有力共存企業と共同して発表	もともとマイクロソフトの著作（1997 年）として発表。1998 年からマイクロソフトとインテルの共著として発表。
メモリ I/F	PC100	1998	デファクト標準	インテル単独	インテル独自。

表 5.5　標準化の形態

バーで具体的な仕様などを策定した後に，後から参加する企業が初期メンバーの成果を利用する，というプロセスを経ていた。

(iii) 少数の共存企業・ユーザー企業と共同して標準化を行う場合もあった。たとえば，電源規格である ACPI や，HDD とのインターフェースである Ultra DMA などは，インテルとその分野で有力なメーカーとで標準化規格を策定した。生まれた標準規格は実質的にデファクト標準的な性質を持つ場合もあれば，コンセンサス標準的な性質を持つ場合もあった。マイクロソフトと共同して発表した「PC98: System Design Guide」は前者の特徴が強かった。Ultra DMA は後者の特徴が強く，後に ANSI で ATA/ATAPI-4 として標準規格化された。

5 プラットフォームの完成

5.1 プラットフォームの完成：オープン領域とクローズ領域

表 5.4 で見るようにインテルが行った標準化は，一見，パソコンのすべてを標準化したように見える。しかし，その標準化対象領域を精査するとプラットフォームの外部インターフェースのみを標準化していることがわかる（プラットフォームは CPU とチップセットで構成されている）。

図 5.5 はインテルが Pentium III の世代で最終的に完成させたパソコンのアーキテクチャを示している。アミのかかったボックスの半導体（CPU と 2 つのチップセット）の部分が，インテルのプラットフォーム製品である。各矢印は電子部品間のインターフェースを示している。◆▶は標準規格化されているオープン・インターフェースを示している。◆▶は技術情報が秘匿化されているクローズ・インターフェースを示している。◇▷はライセンス・インターフェースである。インターフェースに特許が設定されており，特許ライセンスを受けなければ使用することができない。

図 5.5 からプラットフォームから外部の電子部品に対してオープン・インターフェースが設定されていることがわかる。たとえば，メモリとのインターフェースや HDD とのインターフェースである。インテルはプラットフォームの外部インターフェースを徹底的に標準化していった。

対照的に，プラットフォーム内部のインターフェースは，標準化を伴わないクローズ・インターフェースか，ライセンスによって限られた相手企業だけに

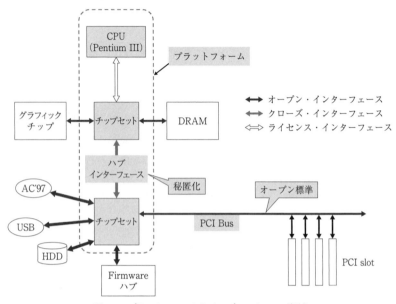

図 5.5　プラットフォームとオープン・クローズ領域

生産を認めるライセンス・インターフェースとなっている。このライセンスは特許に基づいて行われている。技術情報をコントロールするため，インテルはラインセンス相手企業を慎重に選択している。もしライセンスをうけずに，ライセンス・インターフェースを使用した場合，積極的な知財係争を起こしている。

　プラットフォームの内部はクローズ領域にしてライバル企業の参入を認めず，外部はオープン領域にして周辺市場の活性化を促した。この傾向はCPUの世代を経るに従って強くなっていった[17]。

　クローズ領域化は，特許ライセンスの許諾と，技術情報の隠蔽化の2つの方法で行われた。特許ライセンスによる許諾は，CPUとチップセットの間のローカルバスに対して主に行われた。ローカルバスとは，CPUとチップセット

---

17)　PentiumII CPU の世代では，ノースブリッジは MCH（メディアコントロール・ハブ）へ，サウスブリッジは IO コントロール・ハブへとそれぞれ改称された。PCI バスは，サウスブリッジ側の ICH チップセットの下に置かれることとなり，MCH と ICH は，独自仕様の専用インターフェースで接続されることになった。この結果，CPUとチップセットの間は，完全にブラックボックスになった。

の間のバス(信号線)のことで，図5.5の⇔のバスのことである。ライセンスのもととなる特許は，ローカルバスのバス・プロトコルに組み込んだ特許がライセンスの基盤となっている。チップセットとCPUの2つを自社供給することによって，特許をバス・プロトコル内に組み込むことが可能となっている。特許ライセンス許諾には，Pentium CPUとピン配置互換のCPUを作ることができないという条件が含まれており(実際には一定期間後にピン配置互換のCPUを作ることを制限するものであった)，ライセンス許諾をうけた互換CPU企業は直接的にはインテルのチップセットを利用できなくなった。

技術情報の秘匿化は，NDA(秘密保持契約)を使って行われた。NDAを結ばずに得られるCPUのインターフェース情報は著しく限定された。インターフェース情報は互換CPU開発のために利用される可能性があるからである。性能向上や互換CPUを作るために必要とされるインターフェース情報は，インテルとNDAを結ばない限り，入手することができなくなった[18]。

プラットフォーム内部は特許による保護を行い，さらに情報隠蔽化もしたために，インテルが構築したプラットフォーム内部に互換CPU企業が参入することができなかった。

プラットフォームの外部インターフェースに接続される部品(DRAM，HDD等)は，インターフェースが標準化されてしまったため，大変厳しい価格競争にさらされるようになった。また，完成品であるパソコンも，CPUとチップセットが連携して提供する機能が標準規格化されため，コモディティ化が急速に進み価格下落していった。

一方，プラットフォーム内部にあるCPUの価格は安定的に推移し，平均販売単価がほとんど下がることがなかった。これにより，インテルは高い粗利益率を保ったまま1990年代を通して約8倍もの売上高の成長を達成することに成功した。

---

18) Pentiumの仕様書である *Pentium Processor User's Manual*, Vol. 3: Architecture and Programming Manualでは，Pentium本来の性能を発揮させるために必要な情報(たとえば，複数の命令セットを同時に使った場合のパフォーマンスの影響度合いなど)はNDAを締結したうえでインテルからマニュアルを入手すること，としている。互換CPU企業にとって，情報が公開されていた486 CPUとは異なり，Pentium互換CPUを設計することが格段に難しくなった。

5.2 クローズ領域：特許係争とピン互換の禁止

インテルは，互換CPU企業がインテルのプラットフォームを利用することを排除した。このために特許を巧みに使った。たとえば，AMDとVIAの事例から，その一端を知ることができる。

1995年，AMDとインテルは，新しい特許ライセンス協定を締結した。この協定には，重要な規定が2つあった。1つは486 CPU以降の世代のチップについては，インテルのマイクロコード利用を禁止するというものであった。AMDにとってさらに深刻であったのは，Pentium CPUの次の世代以降は，ソケットの流用を禁止するというものであった。AMDがPentium CPUとピン互換CPUを作ることを禁止したわけである。AMDは，「ソフトウェア的には，インテルの命令セットと完全なソフトウェア互換性を持つ製品を出せる」ことになったが，ピン互換CPUを作ることはできなくなった。このため，インテルがチップセットで築いたプラットフォームに対して，AMDは互換CPUを供給することができなくなった (Jackson, 1998)。

インテルは，Pentium CPUに対応したソケットの使用を互換CPU企業に認めない方針を強くとった。Pentium CPUに続くP6 CPU世代のローカルバス (P6バス) では，バス・プロトコルを使用する際にインテルの特許ライセンスを求めた。ピン互換の互換CPUや，互換チップセットを作るためには，インテルのライセンスをうけることが必要になった。

1999年に互換チップセットを製造するVIAとインテルとの間で起こった係争は，このライセンスに関するものであった。当時インテルは，次世代メモリにRAMBUS規格を用いようとしていたが，その方針に反してVIAはPC133規格に準拠したチップセットを発売した。このためVIAはインテルからライセンス契約の無効を主張された。表5.6はインテルがVIAに対して侵害を主張した特許リストである。

この係争でわかることは，チップセットを供給しているインテルにとって，チップセットとCPU間のローカルバスに関する特許を押さえることで，ローカルバスをコントロールすることができるということであった。さらにその出願日を見ると，これら特許がずっと以前の技術開発フェーズで作られたものではなく，プラットフォーム戦略を遂行している最中に出願されたものであることがわかる。図5.5のようなオープン領域・クローズ領域を念頭に特許ポートフォリオが構築されていったと考えられる。このような特許係争によって，

米国特許番号	タイトル	出願日	成立日
US5333276	Method And Apparatus For Priority Selection of Commands	1991/12/27	1994/ 7/26
US5548733	Method And Apparatus For Dynamically Controlling The Current Maximum Depth Of A Pipelined Computer Bus System	1994/ 3/ 1	1996/ 8/20
US5581782	Computer System With Distributed Bus Arbitration Scheme For Symmetric And Priority Agents	1994/ 3/ 1	1996/12/ 3
US5740385	Low Load Host/PCI Bus Bridge	1994/12/19	1998/ 4/14

出所：*Nikkei Electronics* (1999.7.26) p. 36。

表5.6 インテルが VIA に対して侵害を主張した関連特許

P6 (Pentium Pro や PentiumII) 世代以降，ピン互換の CPU を発売できるメーカーはいなくなった。

5.3 オープン領域：周辺機器市場の拡大と CPU の価値増大

チップセットには，さまざまなオープン標準規格が盛り込まれていった。そのような標準規格化の多くは，インテルが主導して策定・発行したものであった。標準規格化は，CPU ビジネスにとって，「高い CPU 能力を必要とするような，ユーザーにとって魅力的な機能」をパソコンで実現するという意味合いがあった。この典型的な例が USB 規格である。

USB 規格は現在では広く利用される規格であり，マウスやキーボードなどの入力機器，マイクやカメラなどのマルチメディア機器，外部 HDD や半導体メモリなどのストレージ機器やインターネット接続機器とパソコンをつなぐことに頻繁に利用されている。

CPU ビジネスから見たときに，USB 規格の重要な点は「USB 規格を実装したパソコンは，多量の CPU パワーを必要とする」という点にある。USB で定義されている部分，すなわち USB のプロトコルは，大きく物理層，制御層，および OS 内 USB 制御プロトコル層の3つの部分から成り立っている。物理層は電気的な信号配列・手順等を定義している。制御層は，物理層から上がってきた信号に対して，ある程度の解釈を行う。OS 内 USB 制御プロトコルは，アプリケーションが扱えるように USB デバイスから上がってきた信号をデータ化する。

USB 規格の特徴的なポイントは，OS 内 USB 制御プロトコルの部分である。

USB 規格は，OS 内 USB 制御プロトコルの部分が大きめに作られており，OS を高速に動かす処理能力の高い CPU が必要となる．つまり CPU の処理能力に USB 規格に対応した機器の処理能力が依存している[19]．

　USB 機器に対応した PC は常に高い処理力を持つ最新 CPU が必要となる．CPU の処理能力が高いパソコンは USB 機器との通信パフォーマンスが高くなる．逆に CPU パフォーマンスが低ければ，USB 機器との通信パフォーマンスが低くなる．USB 規格は，最新 CPU が提供する高い処理能力を，ユーザーに魅力のある機能として提供するという意味合いがあった．

6　プラットフォーム戦略の効果

6.1　パソコンと主要部品の平均販売単価の推移

　プラットフォーム戦略の効果を検証するために，パソコンとその部品の平均販売価格の推移を図 5.6 で確認する．平均販売価格とは当該年の総出荷額を総出荷数で基準化したものである．

　インテルは Pentium CPU 世代からプラットフォーム戦略を推し進めた．Pentium CPU の発売は，1993 年であるが，プラットフォーム戦略の影響が出始めたのは，Pentium CPU の普及がある程度進んだ 1995 年以降のことと考えられる．よって，1995 年以降の推移を観察してみる．

　1995 年以降，パソコンの平均販売単価（ASP: average sales price）やキーパーツである HDD や DRAM の平均販売単価は大きく下落している．最も価格下落率が大きいのは DRAM である．2003 年には 1995 年のおよそ 20% の水準にまで価格が下落している．HDD も 1995 年の 40% の水準にまで下落している．完成品であるパソコンの価格は，およそ 60% の水準となっている．

　その一方で，インテルの CPU の平均単価に関しては，2001 年と 2002 年に大きな価格下落を起こしている．この価格下落はインターネットバブルの崩壊によるものであると考えられる．しかし，それ以外の年では，安定的に価格が推移している．2003 年には，再び，1995 年の 90% の水準に回復している．

19）　このように USB のデータ転送処理を OS の機能として実装するのではなく，USB 半導体で処理するというアプローチも考えられる．分散処理的なアプローチである．その場合は USB 機能と CPU 処理能力との依存関係は小さくなり，ユーザーは高い処理能力を持つ最新 CPU を購入する必要がなくなる．

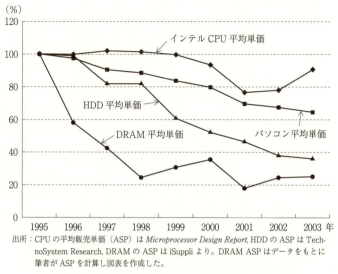

出所：CPU の平均販売単価（ASP）は *Microprocessor Design Report*，HDD の ASP は TechnoSystem Research，DRAM の ASP は iSuppli より。DRAM ASP はデータをもとに筆者が ASP を計算し図表を作成した。

図 5.6 パソコンとキーパーツの平均販売価格の推移

　注意して CPU の価格推移を見ると，単に価格下落を防いでいるだけではなく，1997 年や 1998 年には，1995 年よりも高い平均単価を記録している。2003 年の平均価格水準は，1995 年の平均価格水準の約 90％ である。実に 8 年間で 10％ しか価格下落していないことになる。つまりインテルの CPU は，同じパソコンの主要部品である HDD が大きく価格下落していた時期であっても，ほとんど価格下落しないか，むしろ価格が上昇するというようなことが起きている。プラットフォーム戦略の成功によりインテルは非常に強いバーゲニング・パワーを得ていたのである。

　さらに，完成品であるパソコンの平均単価とインテル CPU 平均単価の推移に注目すると興味深いことがわかる。完成品であるパソコン価格は一貫して価格下落をしているが，CPU の平均単価は安定的である。価格下落するパソコンの平均単価に対して，安定的に推移するインテル CPU 平均単価という構図が見て取れる。

　インターネットバブル崩壊を受けて，2001 年・2002 年の CPU 販売平均単価は下落しているが，その影響が収まると，2003 年には再び販売単価が回復している。プラットフォーム戦略は，平均単価下落を抑える役目があると考えられる。プラットフォーム内部にクローズ・インターフェースを配置してある

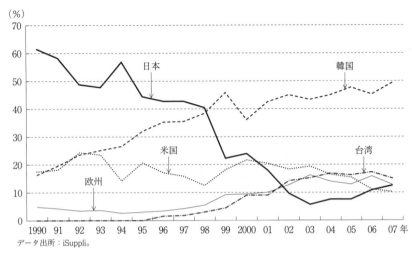

図 5.7　DRAM の国籍別の売上高シェアの推移

ので，プラットフォーム普及時に内部部品（すなわち CPU）の価格が維持される。

インテルのプラットフォーム戦略では，プラットフォーム外部にはオープン・インターフェースを配置する。プラットフォーム外部に置かれた主要部品（DRAM や HDD）は，オープン・インターフェースを介して接続される。標準化されたオープン・インターフェースは製品の互換性を担保するため，DRAM や HDD では製品の差別化が難しくなる。標準化されたインターフェースは，製品の差別化競争ではなく，同質的な製品の大量生産による投資競争に拍車をかけた。

プラットフォーム化は「製品差別化による競争」から「大量生産による投資競争」への変化を強く後押しした。このような競争パターンの変化は，先進国企業と新興国企業では異なる影響をもたらした。図 5.7 は DRAM 市場の主要トップ 20 社の売上高を国籍別に集計して，そのシェアの推移を示したものである[20]。

韓国 DRAM 半導体が世界トップシェアになったのは，1992 年であると指摘

---

[20]　各年ごとに主要企業の DRAM 製品の売上高を集計した。年によっては 20 社の参入がない年もあった。

されることもあるが（伊丹，1995, p. 256），必ずしも全体的な傾向を反映した指摘ではない。1992年はサムスン電子が企業ごとのシェア集計でDRAMのトップシェアになった年であるが，国籍別の企業シェア合計では1990年代前半まで日本が優位であった。

日本のDRAM産業の優位が大きく崩れるのは1990年代後半である。この間，インテルのプラットフォーム戦略の結果，DRAMやHDDでの競争パターンは，製品差別化競争から投資競争へと大きく変化した。日本のDRAM産業は2000年前後で多くシェアを落とす一方，韓国DRAM産業はシェアを増加させている。プラットフォーム化によって起こった「製品差別化による競争」から「大量生産による投資競争」という変化は，韓国DRAM産業にとって成長をもたらす一方，日本DRAM産業はシェアを大きく失うことへとつながった。

日本と韓国の対比だけでなく，台湾DRAM産業の推移も注意が必要である。1995年以降に台湾DRAM企業がトップ20にランクインしている。この時期のDRAM産業は，先進国企業にとってはすでに競争が厳しく利益率が小さいと考えられていたが，新興国企業にとってはそうではなかった。先進国企業が小さいと考える利益率は，新興国企業にとってはいまだ大きなものだった。さらにオープン・インターフェースに接続さえすれば，パソコン市場にDRAMを提供できるという競争環境も新興国企業にとっては新規参入の好条件であった。

台湾半導体産業の成長は，欧州DRAM産業のシェア拡大とも関係している。欧州DRAM企業は台湾半導体企業にDRAM技術をライセンスするのと同時に生産委託も行うビジネスを行っていた。2000年頃の台湾DRAM産業は，①欧州InfineonからDRAM技術移転と生産委託をうける企業（Mosel, ProMOS, Nanya, Winbondなど台湾DRAM企業），②日本Elpidaから技術移転と生産委託をうける企業（Powerchip Semiconductor），③それ以外の企業に分かれていた（中根，2002a）。①のグループは欧州DRAM産業の拡大と表裏一体であった。欧州最大手DRAM企業であったInfineonと台湾DRAM企業の連合で，DRAM業界の第4位の勢力となることができた（中根，2002b）[21]。

---

[21] その後のDRAM産業の推移を注記する。Infineonは2006年に半導体部門をQimondaとして分社化した。Qimondaは造語で，Qiは中国語の「気」を表すなど，台

韓国・台湾DRAM産業といった新興国半導体産業は、プラットフォーム化によって拡大したパソコンのエコシステムの中で、DRAMの大量供給企業として成長機会を得たのである。一方、先進国のDRAM産業、とくに日本DRAM産業は、プラットフォーム化によってDRAMの差別化が失われ、大量生産への投資競争が主流になると、大きくシェアを落とすこととなった。

6.2 周辺産業への影響：台湾産業の成長

インテルが行ったプラットフォーム戦略は、自社のCPUビジネスのためのものであるが、インテルだけが恩恵を享受したわけではない。インテルのプラットフォーム戦略を契機に、台湾マザーボード企業もビジネスを拡大したことを忘れてはならない。

1995年のマザーボードの標準化（ATX 1.0規格）以降、台湾産業は急速に成長し、世界需要の約70〜80％を供給するに至った。台湾のマザーボード輸出額は、2000年には1990年時点の8倍に達し、同国を支える主力産業のひとつとなった。この点を裏付けるのが図5.8の台湾のマザーボードおよびノートパソコンの生産高の推移である。

Pentium CPUの市場導入にあたってインテルは台湾マザーボード企業に対して、Pentium CPU向けのマザーボード生産の要請を行っていた。ただし、それは、世帯普及率がまだほんの数％という最先端のCPU向けのマザーボードを生産してほしいという要請であり、台湾マザーボード企業にとってみればリスクの高いビジネスであった。台湾マザーボード企業は販売リスクを無視することはできず、生産は低調であった。このような状況を反映して、1993年にはインテルは自社でPentium CPU用のマザーボードを生産した。リスクの高い初期段階にはプラットフォーム企業が自ら補完財を手がけることが必要であった。

湾・中国半導体産業との連携を強く意識したものであった（PC Watch, 2007）。Qimondaは2007年には市場シェアで第3位となったが、その後、激しい市場競争の末、2009年に破産した。現在は半導体特許のライセンスを主事業とするキマンダ・ライセンシングへと承継されている。

Elpidaは2008年には市場シェアで第3位となったが、市場競争の激化の結果、2012年に更正法を申請し適応された。その後、Elpidaは米国Micronの傘下となった。現在、DRAM市場は韓国DRAM企業（サムスン電子、Hynix）および米国DRAM企業（Micron）が主なプレイヤーとなっている。

6 プラットフォーム戦略の効果

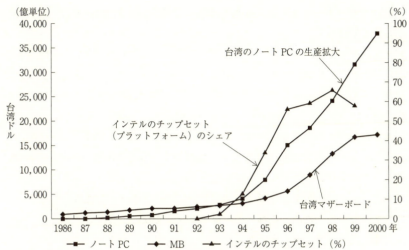

図5.8 台湾ノートPC・マザーボードの生産とチップセットシェアの推移

出所：マザーボードとノートブックパソコンの生産高はThe Internet Information Search System, Department of Statistics, Ministry of Economic Affairs, R. O. A. チップセットのシェアはDataquest。

一方，1995年から96年にかけてのインテルと台湾マザーボード企業が行った棲み分けのあり方は，注目に値する。1995年をインテルはPentium CPU普及の年ととらえ，Pentium CPU向けマザーボードの大増産を行った。この大増産計画は，1994年の時点で台湾マザーボード企業に知らされており，台湾マザーボード企業側でもPentium CPU向けのマザーボードを増産して，インテルの増産に対抗する処置がとられた。結局，インテルは自社で1000万枚のマザーボードを供給するというインテル3-2-1プロジェクトの目標を達成することはできなかったが，Pentium CPU対応のマザーボードを大量普及させることに成功した。

興味深いのは1995年7月にATX規格（ATX 1.0）を発表した点である。ATX規格は，マザーボードのレイアウトなどを細かく決めており，調達のための購入仕様として使うことのできるほど詳細に定められた標準規格である。1996年には，インテルは自社でのマザーボード生産量を限定し，台湾マザーボード企業にATX規格に準拠するマザーボード生産を委託する契約を行った。ATX規格準拠のマザーボードに移行したことにより，台湾マザーボード企業にとっては個別顧客への対応リスクが小さくなり，技術への安定的な投資ができるようになった。

台湾マザーボード産業は，これを契機に年間生産額約 40bil NTD（1995 年）から約 170bil NTD（2000 年）へと，5 年間で約 4 倍の躍進を遂げた。さらにマザーボードで蓄積した技術力と生産能力を使ってノートパソコンの生産高も急激に拡大した。台湾のマザーボードとノートパソコンの急激な成長が図 5.8 で確認できる。Pentium CPU 向けのマザーボードの初期のリスクをインテルが受け持ち，さらに，マザーボード製品の標準化（ATX 規格）を行うことで，パソコン企業が台湾企業からマザーボードの調達をすることが容易になった。

さらに，1995 年以前はチップセットに関しても多くの困難が存在していた。さまざまな企業がチップセット供給をしており，チップセット市場は混沌としていた。パソコン企業が自社パソコン向けにチップセットを独自設計している例もあった。このため，これらのチップセットを使いこなすことが台湾マザーボード企業の競争力の一端であった。

1995 年の「インテル 3-2-1 プロジェクト」以降，インテルは Pentium CPU 向けのチップセットを大量供給した。その結果，ほとんどの台湾製のマザーボードは，インテル製のチップセットを使うこととなった。図 5.8 からインテルのチップセットのシェア拡大が，台湾マザーボードやノートパソコンの生産拡大と相関していることが見て取れる[22]。台湾マザーボード企業は，インテルが供給する最先端 CPU に対応したチップセットを，いかに早くマザーボードに搭載して量産するかが競争力となった。マザーボードに搭載する機能での差別化が難しくなった一方，製造品質や納期遵守，製造コストでの競争優位を確立することになった。

マザーボードの標準規格を決め，さらにマザーボードを設計するための重要部品であるチップセットを供給することによって，Pentium CPU ベースのパソコンは，1995 年以降，急激な成長を遂げることができた。インテルが一連のプラットフォーム戦略をとることによって競争のルールが大きく変わり，標準に準拠したマザーボード製品を大量に供給することが競争ルールとなった。この新しい競争ルールを背景に台湾マザーボード産業は大きな成長を遂げた。プラットフォームを供給する先進国企業の存在を前提として，新興国産業の経

---

[22] 1998 年から 99 年にかけてインテルのチップセットの市場シェアが下落している。これは他の半導体企業にチップセットのライセンス生産を認めたためである。インテルからライセンスを受けて生産されたインテル系チップセットの市場シェアは依然高かった。

済発展が大きく刺激されたわけである。

6.3 インテルの困難はどうなったのか？

6.2で紹介したインテルの困難は，プラットフォーム戦略によってどうなったのかを説明する。

6.3.1 互換CPU企業台頭の脅威

インテルはCPUとチップセットを統合設計してプラットフォーム製品化し，さらにチップセットを台湾マザーボード企業に提供することによって，世界中にインテルのプラットフォームが普及した。

インテルのプラットフォームは，プラットフォームの外側を徹底的にオープン・インターフェースにし，内部はクローズ・インターフェースにした。場合によっては，特許係争やNDA締結による保護を行った。外部をオープン領域，内部をクローズ領域にしたわけである。

互換CPU企業のAMDやCyrixは，486CPU時代（旧世代のCPU）には，インテルのCPUの代替品として自社の互換CPUを提供した。その典型例がピン互換形式による互換CPUの提供であった[23]。ピン互換であれば，インテルが構築してきたバスやチップセットなどはそのままにして，CPUだけを互換CPUに置き換えれば良かった。

しかし，インテルのプラットフォーム戦略によって，互換CPU企業は，チップセットを自社で独自に開発しなくてはならなくなった。そして，そのチップセットをマザーボード企業に採用してもらえるように働きかけなくてはならなくなった。独自のチップセットの開発や普及は大きな負担であった。互換CPU企業は市場シェアを拡大することが困難となった。

競合企業のCyrixは，独自にチップセットを開発・普及させることができなかった。このため，一般的なパソコンのCPU市場からは撤退し，1998年にMediaGXという低価格パソコン向けの一体型CPUを発売した。MediaGXは，1000ドルパソコン向けのワンチップマイコンとして，画像処理プロセッサな

---

[23] ピン互換とは，互換CPUがインテルのCPUのインターフェースとまったく同じインターフェースを備えること。インテルのCPUの代わりに，互換CPUを置き換えれば，そのままマザーボードが動作する。

どを CPU と統合した製品であった。この 1000 ドルパソコン向け CPU はコンパックに採用されて，一定の成功を収めた。しかし，インテルが 1998 年に低価格パソコン向け画像処理プロセッサを持つ Chips & Technologies 社を買収し，低価格のグラフィック統合チップセットを発売したので MediaGX は苦境に立たされた。その後，1997 年に Cyrix は，National Semiconductor に買収された。さらに 1999 年に，互換チップセットメーカーの VIA（台湾）に，National Semiconductor の Cyrix 部門は買収され，パソコン市場向けの CPU からは撤退した。

　もうひとつの競合企業の AMD は，1995 年インテルから技術供与ライセンスをうけるという意思決定をした。その際に，将来世代の CPU に関して，ピン互換の CPU の開発をやめることを条件にしてライセンス契約が締結された（Jackson, 1998）。AMD は，インテルが提供するチップセットを利用することができなくなった。インテル以外のチップセット企業が，AMD 用のチップセットを開発し，市場に提供したが，そのシェアは全体のチップセットの市場から見れば小さいものであった。以前であれば，ある世代のインテル CPU が陳腐化すれば，価格の安い AMD の CPU が売れるというサイクルが繰り返されてきたが，そのようなサイクルがなくなってしまった。AMD とインテルの市場シェア差は，歴然としたものになった。

6.3.2　パソコン企業の競合によるパソコン価格低下

　インテルのプラットフォーム戦略は，パソコンの低価格化が進んでいく中で 3 つのメリットをもたらした。

　1 つめに，チップセットをインテルが供給することにより，スムーズに次世代の CPU を市場に導入することができるようになった。CPU の世代交代をスムーズに進めることによって，最新の CPU を短期間で普及させることができるようになった。以前は，新しい世代の CPU に対応したチップセットをパソコン企業が開発していたために，CPU の世代交代がスムーズに進まないことがあった。パソコン企業は，新しい CPU をサーバー市場からパソコン市場へと時間的にずらしながら投入していく世代ウィンドウ戦略をとっていた。そのため，新しい CPU を用いたパソコンが大量に出荷されるようになるには，かなりの時間を要した。チップセットを自ら供給することで，このタイムラグを大幅に削減することに成功した。

2つめにパソコンが持つさまざまな機能を標準化し，チップセットに取り込んでいったため，パソコンのほとんどの機能がチップセットに取り込まれていった。取り込まれた機能は標準化されていたために，インテルのチップセットを使ったパソコンは，どのパソコン企業のパソコンであっても，同じ標準機能を持つパソコンとなった。これにより，パソコンのコモディティ化が急速に進行し，パソコン企業が独自に持つ差別化領域はどんどん小さくなっていった。コンパックのように独自にR＆Dをするパソコン企業の力が相対的に小さくなり，自社でR＆D部門を持たないDellやGateway2000といった新興パソコン企業が台頭した。彼らは管理費率が小さく流通網に自社の強みを集中させた[24]。

3つめに，図5.6で見たようにパソコン平均販売価格が下がっても，CPUの平均販売価格が下がらなくなった。対照的に，プラットフォームの外に置かれたDRAMやHDDの平均販売価格は，急激に下落した。パソコンの平均販売価格が下がることによって，パソコンの普及は進み出荷台数は大幅に増えた。パソコンの普及を追い風にして，インテルは高い粗利率を維持したまま，1990年代を通して約8倍もの売上高の成長を成し遂げることができた。

これら3つのメリットを通して，パソコン企業とインテルとのバーゲニング・パワーが逆転した。インテルは中核部品企業から，プラットフォーム・リーダーへと変わった。そして，パソコンのエコシステムのイノベーションをインテルが集中して行う構図ができあがった。

6.3.3 RISC CPU企業の台頭

1980年代後半～90年初頭にかけて，RISC CPUとそれを支援したACEコンソーシアムは，結局RISC CPUをベースとしたパソコンを普及させることができず，姿を消していった。RISC CPUベースのパソコンを普及させることができなかった大きな理由は，RISC CPUベースのパソコンの価格を安くすることができなかったためである。

RISC CPUベースのパソコンが普及せず，RISC CPUの集荷数量が伸びない。

---

[24] 1987～90年までの平均売上高一般管理費は，コンパックが7％に対してDellが5％。平均マーケティング費はコンパックが12％に対してDellが14％。1991年以降，コンパックは，一般管理費とマーケティング費を併合して申告しているため，同様の比較ができない。

よって，RISC CPU の価格を下げることができない。RISC CPU の価格が下がらないために，RISC CPU ベースのパソコンの出荷数量が伸びない，といった悪循環が続いた。一時期はインテル CPU よりもはるかに処理能力の高い RISC CPU であったが，インテルが CPU への研究開発投資を大規模に行えたのに対して，RISC CPU は大規模投資をすることができなかった。多額の投資によって，インテル CPU は世代を経るごとに，搭載するトランジスタ数を増やしていき RISC CPU に対抗できるようになっていった。RISC CPU は市場から姿を消していった[25]。

6.3.4 旧世代技術への停滞

高速なグラフィック・デバイスに対応した VL バスについては PCI バスが代替し主流になっていった。VL バスに対応したデバイスは，その後ほとんど上市されなくなっていった。当初 VL バスに対応していたグラフィック・アクセラレータ製品は，PCI バスに対応していった。

低速なデバイスに関しては，依然として旧世代のバス規格である ISA バスをターゲットにした開発が行われた。インテルのチップセットでは，PCI バスと ISA バスの間にバスブリッジを設けて互換性を確保し，レガシー性の問題を解決した。

7 まとめと考察

7.1 発見事実

本章の研究では，インテルが 1990 年代に行ったプラットフォーム戦略について明らかにしてきた。インテルが行ったプラットフォーム戦略は，次のように要約される。

(1) インテルは PCI 規格の標準活動をトリガーとしてオープン標準化を行い，新しいパソコンのアーキテクチャに対応した Pentium CPU を上市した。しかし，Pentium CPU の普及は思ったように進まなかった。
(2) 事態を打開するため，インテルはチップセット市場に参入した。その

---

[25] 2016 年現在，RISC CPU はパソコン以外の分野，とりわけ省電力性を必要とする分野で，ARM，SH，MIPS 等が活躍している。

際，インテルはチップセット事業部とCPU事業部を組織統合して，同じロードマップを共有して開発できるようにした。CPUとチップセットをプラットフォーム製品化し，チップセットを大量に供給した。プラットフォーム製品の内部はクローズ領域として囲い込みを行い，内部インターフェースをライバル企業がライセンスなしで使用した場合，厳しい特許係争をしかけた。このため互換CPU企業は最終的に排除されていった。

(3) インテルはマザーボード市場にも参入し，Pentium CPUに対応したマザーボードを供給した。その目的は台湾マザーボード企業の投資を刺激するためであった。台湾企業がPentium CPUに対応したマザーボードを生産するようになると，生産委託し，自社生産を控えた。さらにマザーボードに関する製造技術の移転を行ったり，標準規格を策定したりして，Pentium CPUに対応したマザーボード市場の活性化に努めたため，マザーボード市場は拡大した。

(4) CPUとチップセットを統合したプラットフォームは，当初，既存のパソコン企業には受け入れられなかった。従来は，最新のCPUに対応したチップセットは力のあるパソコン企業が独自に設計開発するものであった。インテルのCPUとチップセットで作ったプラットフォームを受け入れ，世界中に大量普及させたのは台湾マザーボード企業であった。

(5) インテルは，「プラットフォーム内部はクローズ領域に，外部はオープン領域」にするプラットフォーム戦略をとり続けた。この間，台湾のマザーボード生産高は1990年代を通して8倍となり世界需要の80%以上を供給するようになった。標準化された機能を搭載したパソコンが，世界中に大量普及していった。この結果，パソコンのコモディティ化が急速に進み，パソコンやその基幹部品であるHDDやDRAMの販売価格は急速に下落した。HDDやDRAMは差別化競争ではなく，投資競争へと変化した。対照的に，プラットフォーム戦略を成功させたインテルは強いバーゲニング・パワーを手に入れ，CPUの販売価格は高値で維持された。

7.2 2つの周辺市場参入

7.2.1 囲い込みとしての周辺市場参入

チップセット市場への参入は，自社のCPUへの囲い込みとして強力な効果

を発揮した。インテルは，CPUとチップセットを同じロードマップで開発することにより，プラットフォーム製品として同時期に上市するようになった。最新CPUと対応チップセットは，一体のプラットフォーム製品として機能するようになった。チップセットにはCPUの処理能力を大量に使うような最新の機能が搭載された。そのような機能はオープン標準になったものも多かった。USB規格などはその代表例であった。

CPUとチップセットを一体開発して作ったプラットフォーム製品化は，囲い込みのバンドリング戦略として機能したが，それは主にインターフェースに含まれた特許のライセンス許諾先を制限することで行われた。最終的にピン互換の形式のライセンスは行われなくなり，互換CPU企業はインテルのチップセットを使ったパソコンを利用することはできなくなった。特許ライセンス許諾を得ないまま，このインターフェースを利用した場合，厳しい知財係争をインテルから受けることになった。また，インターフェースに含まれる技術情報はNDAを締結しないと提供されなくなった。

プラットフォーム戦略を実施する際に，インテルは組織改編し，CPU事業部とチップセット事業部を同じ事業部に置いた。高利益率のCPU事業部と，低利益率のチップセット事業部を同一の事業部にすることで，事業部間のインセンティブをそろえるためである。

CPUとチップセットでバンドリング戦略を行う際に，2つの事業部は足並みをそろえる必要がある。チップセット事業部が低利益率という背景からリスク回避するために「最新CPUが十分普及してから対応するチップセットを開発する」というような行動をしてしまっては，プラットフォーム戦略として失敗である。チップセット事業部もリスクをとってチップセット開発を最新CPUと同時期に上市する必要がある。チップセット事業部がこのような行動を行うためには，組織統合を行ってCPU事業部とチップセット事業部を同一組織にする必要がある。つまり，プラットフォーム企業のためのバンドリング戦略を効果的に行うためには，組織統合が必要であることが明らかになった。

7.2.2 刺激策としての周辺市場参入

マザーボード市場への参入ではエコシステム拡大のための巧妙な戦略が観察できた。インテルは初期にはマザーボードを自社で開発・生産・供給したものの，マザーボードの標準規格を策定したり，台湾マザーボード企業へ生産委託

したりして，最終的には台湾企業がマザーボードの主要供給元となった。インテルのマザーボード市場への参入は，台湾企業がスムーズに最新のマザーボードを生産拡大するように刺激することが目的であった。この刺激策は大いに成功し，台湾マザーボード産業は世界需要の8割を供給するほどの大規模産業へとなった。

オープン標準化はエコシステム形成のための重要な戦略手段であるが，それだけでは，エコシステム拡大が起こるかどうかは，明らかではない。今回のマザーボード参入の例のように，共存企業を刺激する手段が必要となる。プラットフォーム企業が自ら周辺市場へと参入し，周辺市場を刺激することは有効な方法である。

第2章で見たように既存の理論的視点から見ると，プラットフォーム企業が周辺市場に参入するのは，一見，囲い込みのためのバンドリング戦略のように見える。しかし，より注意して見ると，マザーボード市場への参入は周辺市場の刺激が戦略目的であり，自社による周辺市場の囲い込みではなかった。

プラットフォーム企業の周辺市場への参入は，エコシステム拡大のための手法として有効である。その際に，周辺市場にオープン標準を策定すると，「刺激」の有効性が拡大する。たとえば，インテルは自社でマザーボードを供給しながら，マザーボードの規格であるATX規格を策定・公開した。周辺市場参入に際して，プラットフォーム企業がどのような行動をとっているかを注意深く観察することで，プラットフォーム企業が「囲い込み戦略」をとろうとしているのか，「刺激戦略」をとろうとしているのかを把握することができる。

7.2.3 プラットフォーム企業の台頭と新旧企業の交代

インテルがチップセット事業やマザーボード事業に参入しプラットフォーム戦略を実行する過程で，IBMやコンパックといった既存企業との軋轢は強まっていった。IBMやコンパックのような開発力のある企業は，チップセットやマザーボードを自社開発して，製品差別化の源泉としていたからである。インテルが最新のCPUに対応したチップセットやマザーボードを販売してしまうと，これらのパソコン企業は差別化の源泉を失うこととなってしまう。このため，これらの企業は互換CPU企業を援助したりして，インテルのバーゲニング・パワーを喪失させようと試みた。

一方，DellやGateway 2000といった新興パソコン企業は，最新CPUに対

応したチップセットやマザーボードが大量に供給されることを歓迎した。彼らは自社でチップセットを開発するのではなく，外部の半導体企業から調達していたからである。そのような調達チップセットは，従来であれば，最新CPUの発売から遅れて上市されていた。このため最先端CPUを使ったパソコン分野ではどうしても不利な立場になってしまう。インテルが最新CPUとチップセットを同時に発売してくれることは新興パソコン企業にとって歓迎すべきことであった。

台湾のマザーボード産業やノートパソコンODM産業を刺激して，マザーボードやノートパソコンの生産を拡大したことも，新興パソコン企業にとって歓迎すべきことであった。当然，台湾産業は，この恩恵を最大限にうけ，産業規模は8倍にまでなり，世界需要の80%にまで生産規模は拡大した。

このような利害関係の対立を見ると，プラットフォーム戦略には，新旧企業の交代を促進する働きがあると思われる。というのはプラットフォーム戦略を実行する過程で，もともと共存企業やユーザー企業が行っていた機能の一部が，プラットフォーム製品に取り込まれるからである。これはプラットフォーム企業の競争優位を確立のために行われる。また，そのようにプラットフォーム製品を構成した方が，「新しい」共存企業・ユーザー企業にとっては付加価値が高いということもある。「新しい」共存企業・ユーザー企業にとっては，プラットフォーム企業が取り込み標準化した機能は，自らの競争力の源泉ではない。むしろそのような機能はプラットフォーム製品の標準機能として提供された方が自らのビジネスのためには都合がよい。このため，プラットフォーム戦略が実行されると，共存企業・ユーザー企業の新旧交代が起こりやすくなると考えられる。

7.3 まとめ

本章では，プラットフォーム戦略の実際を知るために詳細な事例分析を行った。プラットフォーム企業のインテルは，戦略的標準化を行い，パソコンの製品アーキテクチャをオープン領域とクローズ領域に二分した。これにより，パソコンのエコシステムが拡大するに従って，自社に付加価値が獲得できる仕組みが完成した。

さらに共存企業との関係構築に，巧妙な戦略を使っていることもわかった。チップセット事業のように周辺市場に参入して囲い込みを行うケースがある一

方で，マザーボード事業のように新規参入して周辺市場を刺激するケースもあることがわかった。プラットフォーム企業は共存企業との関係構築に多くのリソースを割いており，その中に戦略的行動が多く含まれる。

　本章ではプラットフォーム企業が，周辺市場参入を使ってエコシステムのマネジメントを行っていることを明らかにした。周辺市場参入は，①周辺市場を囲い込むことにより自社のバーゲニング・パワーを強化する，②周辺市場を刺激して活性化させエコシステムを拡大させる，という2つの異なる目的があることがわかった。このような戦略目的の異なる周辺市場参入を使い分けることにより，プラットフォーム企業は巧みにエコシステムのマネジメントを行っている。

　本章ではマクロ的な視点（産業構造の視点）から，プラットフォーム企業のエコシステムのマネジメントを探った。次章では，よりミクロな視点（企業間関係の視点）からエコシステムのマネジメントに接近する。インテルと台湾マザーボード企業との間で行われる最新マザーボード開発の共同問題解決プロセスを題材に，プラットフォーム企業が共存企業との関係構築をどのようにマネジメントしているのかを明らかにする。

第6章
共存企業との関係マネジメント
インテルと台湾ODM企業の事例分析

　前章ではマクロ的視点（産業構造の視点）からプラットフォーム企業のエコシステムのマネジメントを探った。プラットフォーム企業のインテルは，半導体企業でありながら完成品であるパソコン全体のアーキテクチャを考え，「オープン標準化」「周辺市場への参入」「共存企業のエコシステムへの呼び込み」を行っていた。この過程で，自社の付加価値獲得を維持しながらエコシステムの拡大を行っていた。第6章と第7章ではミクロ的視点（企業間関係の視点）からプラットフォーム企業のエコシステムのマネジメントを探る。

　第6章では，エコシステム拡大のために最も重要な「共存企業との分業ネットワーク」のマネジメントを扱う。プラットフォーム企業はエコシステムの拡大を常に維持したい。そのためには，分業ネットワークが少数の特定共存企業のみに依存する状態——"分業ネットワークのコア・ネットワーク化"——を防がなければならない。プラットフォーム企業はどのような関係マネジメントを共存企業に対して行っているのだろうか。この疑問に答えるために，台湾マザーボード企業が最新CPUに対応したマザーボードを開発するプロセスに，プラットフォーム企業のインテルがどのように関与しているのかを事例分析する。

　事例分析の結果から，プラットフォーム企業のインテルは共存企業との複数の関係性を利用して，リファレンス・デザインを開発・提供することで，知識スコープとタスクスコープのアラインメントを実現し，新規参入を担保するようなオープン性を維持することで，分業ネットワークのコア・ネットワーク化を防いでいることがわかった。

1 はじめに

エコシステム型の産業ではプラットフォーム企業は共存企業・ユーザー企業と企業ネットワークを構築する。このネットワークのことを分業ネットワークと呼ぶ。1社ですべての問題を解決することはできないので，多くの企業にとって分業ネットワークをどのようにするかは大きな問題である。

この問題意識を反映して，複数の企業が共同して問題解決を行う分業ネットワークの研究には，多くの蓄積がある（Powell, Koput, and Smith-Doerr, 1996; Dyer and Singh, 1998; 藤本・西口・伊藤，1998）。さらに近年では，より広く複数企業が共同してイノベーションを起こすオープン・イノベーションの研究も関心を集めている（Chesbrough, 2003; West et al., 2014）。これらの分業ネットワークの研究は，組織間問題解決の研究とも整合的な結論を示しており，効率的な共同問題解決のためには，組織間の協調的な問題解決が重要であると強調している（March and Simon, 1958; Powell, Koput, and Smith-Doerr, 1996）。

ところが既存文献で指摘される分業ネットワークと1990年代以降に急速に立ち上がったデジタル製品分野で観察される分業ネットワークとでは大きな違いが存在する（Langlois and Robertson, 1992; Chesbrough and Teece, 1996）。1990年代に急激に立ち上がったパソコン産業，デジタル携帯電話産業，DVD産業の分業ネットワークは，モジュラー・アーキテクチャに影響されたオープン・ネットワークを形成しており（国領，1999），新しい分業ネットワークの中で，どのような調整メカニズムが働いているかを明らかにすることが重要な課題となっている。

しかし，オープン・ネットワーク下の組織間協業について，理論的な研究は多いものの（Langlois and Robertson, 1992; Garud and Kumaraswamy, 1995），問題解決プロセスにまで入り込んだ詳細なプロセス研究は少ないため，現実にどのような組織間の調整メカニズムが働いているのか不明な点が多い。本章は，このような疑問に基づき，オープン・ネットワークにおける組織間の共同問題解決のプロセス研究を行う。

2 既存文献サーベイ

本章では,まず企業間問題解決パターンと分業ネットワークについて既存文献を整理する。既存研究では分業ネットワークが対象とする製品アーキテクチャを基盤にして,分業ネットワークの持つ特性が研究されている(立本,2013)。

多くの既存研究では,自動車などの「インテグラル・アーキテクチャ」とパソコンなどの「モジュラー・アーキテクチャ」の2つの製品アーキテクチャを対比させながら,その背後にある2つの分業ネットワークが比較されている。既存文献のレビューをもとに,2つの分業ネットワークの比較を整理したもの

分業ネットワークが対象とする製品アーキテクチャ	インテグラル・アーキテクチャ	モジュラー・アーキテクチャ
代表例	自動車	パソコン
特徴	機能と部品の間が多対多の複雑な関係で連結,部品間のインターフェースが明確でない	機能と部品の間が1対1で連結され,部品間のインターフェースが明確に定義
問題解決の調整メカニズム	他企業との知識共有のために高い調整能力を構築する必要。長期取引,能力を基準とした取引相手の分類,信頼を基盤とした能力評価。→関係特殊的技能・資産が蓄積され,相互調整メカニズムによる問題解決	部品間にオープン標準に基づいたインターフェースが定義されているので,企業間の知識共有や調整なしで完成品の開発が可能→オープン標準に基づいたインターフェースを介した自律調整メカニズムによる問題解決
背後の分業ネットワーク	コア・ネットワーク完成品企業を中心に,関係特殊的能力に秀でた限定された部品企業で構成	オープン・ネットワークプラットフォーム企業を中心に,関係特殊的資産を必要とせず,活発な新規参入企業も含めて構成
新規参入のハードル	高い	低い
ネットワークの例	自動車のサプライヤー・ネットワーク(系列取引)	パソコン産業のネットワーク
完成品の特徴	・高いインテグリティが実現された完成品 ・生産に熟練が必要で急激な生産拡大が難しい	・多様な部品の組み合わせが行われ,多様な完成品 ・急激な生産拡大も可能
イノベーション	・複数のモジュールを調整統合する,システミック・イノベーション	・多様なモジュールの組み合わせによって発生する,モジュール・クラスター型イノベーション

表6.1 2つの分業ネットワークの比較

図6.1 2つのアーキテクチャ

が表6.1である。以下の説明はこの表6.1をもとにして行う。

2.1 製品アーキテクチャと企業間問題解決パターン

製品開発プロセスにおける問題解決で重要なコンセプトが製品アーキテクチャである。製品アーキテクチャとは，部品（構造）と機能との対応関係のスキームのことであり，インテグラル・アーキテクチャとモジュラー・アーキテクチャの2つに区分することができる（Ulrich, 1995）。図6.1は2つのアーキテクチャの概念図を示したものである。

インテグラル・アーキテクチャは，部品と機能の間が多対多の複雑な関係で連結されており，部品間のインターフェースも明確ではない。一方，モジュラー・アーキテクチャは，部品と機能の間が1対1で連結されており，部品間のインターフェースは明確に定義されている。インテグラル・アーキテクチャの代表的な製品は自動車であり，モジュラー・アーキテクチャの代表的な事例はパソコンである（Fujimoto, 2007）。

現在まで，主に自動車のようなインテグラル・アーキテクチャ製品に焦点を当てた企業間問題解決の調整メカニズムの研究は数多くなされており，重要な洞察が示されている（藤本・西口・伊藤，1998）。これらの研究は，効率的な共同問題解決のためには企業間での知識共有が重要であると指摘している（Dyer and Nobeoka, 2000）。さらに，サプライヤーとの効率的な調整能力を保持するためには，企業の組織内部に知識共有を基盤とした高い調整能力を構築する必要があるとしている（Takeishi, 2001）。完成品企業と部品サプライヤー間の効率的な問題解決を追求する結果，「長期的取引」「能力を基準とした取引相手の分類」「信頼を基盤とした能力の評価」を通じて，企業内に関係特殊的技能・資産が蓄積され，相互調整メカニズムによる効率的な問題解決が行われる（Williamson, 1979; Asanuma, 1989; Sako, 1991)。

　一方，モジュラー・アーキテクチャ製品における企業間問題解決は，これとは異なる調整メカニズムを持っている。モジュラー・アーキテクチャでは，各部品間にオープン標準に基づいたインターフェースが明確に定義されており，規約を守りながら複数部品を組み合わせることによって，完成品を容易に開発することができる。明確なインターフェースのおかげで，モジュラー・アーキテクチャ製品に部品を提供する企業は，企業間の知識共有や相互調整を必要とせず，自社の事業領域のみに知識と活動を集中することが可能となる（Baldwin and Clark, 2000）。この結果，インテグラル・アーキテクチャとは対照的に，モジュラー・アーキテクチャでは，効率的な問題解決に関係特殊的技能・資産の蓄積を必要としない。

2.2 知識スコープとタスクスコープ

　2つのアーキテクチャの背後にある問題解決メカニズムを知識スコープとタスクスコープの観点からとらえたものが図6.2である。(a) インテグラル・アーキテクチャと (b) モジュラー・アーキテクチャのいずれの場合も，A社とB社が分業を行っている。両社のタスクの範囲を示しているものがタスクスコープである。(a)(b) いずれの場合も，タスクスコープのパターンだけを見れば，同じ分業パターンである。しかし，知識スコープを見ると (a)(b) で大きく異なることがわかる。知識スコープは各タスクスコープの背後にある知識の範囲を示したものである。

　(a) インテグラル・アーキテクチャではA社とB社は，自社のタスクを超えた知識を有しており，さらに，その知識を2社で共有している。インテグラル・アーキテクチャの製品は，機能と構造の対応関係が複雑であるので，自社

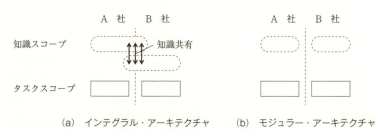

図6.2　知識スコープとタスクスコープ

のタスクスコープを越えた知識を持ち（境界を越えた知識所有），さらに，その知識を他社と共有する（知識共有）ことが必要となる。この種の共同問題解決は高い組織能力を必要とする。このためインテグラル・アーキテクチャの製品を，複数社で解決するのは多大なコストがかかることになる。このような知識は粘着性のある知識（sticky information）になりやすく（von Hippel, 1994），特定の相手との分業が必要となる。境界を越えた知識所有や知識共有が進むと，知識スコープとタスクスコープのアラインメント（整合的な配置）を維持することが難しくなる。この場合，分業ネットワークからモジュラリティが失われやすくなる。

それに対して，(b) モジュラー・アーキテクチャの場合，A社とB社のタスクスコープと知識スコープは同じである。「境界越えの知識所有」も「知識共有」も必要ない（Baldwin and Clark, 2000）。2社の分業で知識スコープとタスクスコープのアラインメントが維持されている状態である。この種の共同問題解決は，高い組織能力を必要としないため，迅速な問題解決を可能にする。知識スコープとタスクスコープのアラインメントが守られているとき，分業ネットワークにモジュラリティを維持しやすく，特定の相手に限らない幅広い企業との分業を可能にする。

現実の製品のアーキテクチャは，インテグラルな部分とモジュラーな部分の混合物になっていることが多い。このため，知識スコープとタスクスコープのアラインメントを戦略的に行うことが必要となる（Sosa, Eppinger, and Rowles, 2003）。企業間分業のように，分業が企業をまたがる場合，このような知識とタスクのアラインメントはいっそう難しいものとなる。

2.3 分業ネットワーク

2つのアーキテクチャが異なる共同問題解決メカニズムを持っているため，背後にある分業ネットワークの性質も大きく異なっている。インテグラル・アーキテクチャの分業ネットワークでは，効率的な企業間問題解決を追求すればするほど，参加企業に関係特殊的能力・資産が蓄積される。そして最終的には，完成品企業を中心とした関係特殊的能力に秀でた部品企業で構成される分業ネットワークが形成される。

この分業ネットワークは知識共有や相互調整を通じて優れた問題解決能力を発揮し，製品に高いインテグリティを実現する（Dyer and Nobeoka, 2000）。反面，

新しい企業が，この分業ネットワークに参加する場合には，関係特殊的資産が障壁となる。なぜなら，関係特殊的資産の形成には粘着性のある暗黙的知識の共有が前提となり，その知識獲得には膨大な時間がかかるからである (von Hippel, 1994)。それゆえ，この分業ネットワークは，限定された参加者によるコア・ネットワークを形成する傾向がある (Langlois and Robertson, 1992)。日本における自動車のサプライヤー・ネットワーク（しばしば系列ネットワークと呼ばれる）は，このような分業ネットワークの代表例である。

　一方，モジュラー・アーキテクチャの背後にある分業ネットワークでは，関係特殊的能力・資産を必要としないため，蓄積の少ない新しい企業であっても，分業ネットワークに参加することが可能となる。この分業ネットワークのことをオープン・ネットワークと呼ぶ（国領，1999）。分業ネットワークに参加する企業に，高い相互調整能力は求められない。かわりに，インターフェースを介した自律的な調整メカニズムが働く。この結果，多様な部品の組み合わせが柔軟に行われ，バリエーションに富んだ完成品が開発される (Sanchez and Mahoney, 1996)。さらに，関係特殊的資産を求めないため，新規企業の活発な参入が発生し，急激な生産拡大も可能となる。1990年代以降，パソコン産業に代表されるように急速に台頭した新しい産業は，オープン・ネットワークに支えられており，そこでは，モジュール・クラスター型イノベーションが活発に行われている (Baldwin and Clark, 2000)。

　モジュール・クラスター型イノベーションで，重要な役割を果たしているのが技術プラットフォームを提供しているプラットフォーム企業である (Gawer and Cusumano, 2002)。オープン・ネットワークでは，プラットフォーム企業を中心としながら，相互調整メカニズムではなく，インターフェースを介した自律的調整メカニズムを基盤とした分業が行われる。そして，多くの新規参入が可能であるので，モジュール・クラスター型のイノベーションを創発する巨大なエコシステムが形成される (Iansiti and Levien, 2004a)。

2.4　コア・ネットワーク化のジレンマ

　オープン・ネットワークにとって，プラットフォーム企業は重要であるが，同様に，プラットフォーム企業にとってもオープン・ネットワークは重要である。なぜなら，プラットフォームの価値を決めるのは，プラットフォームを利用するエコシステムで創出される数々のモジュール・クラスター型イノベーシ

ョンだからである。多様なモジュールの組み合わせによって発生するモジュール・クラスター型イノベーションは，特定企業で限定されたコア・ネットワークでは実現することが困難である。よって，プラットフォーム企業にとって，オープン・ネットワークのコア・ネットワーク化は，避けなくてはいけないものとなる。

　ところが，プラットフォーム企業が，技術イノベーションの中心的な担い手となることは，事業戦略上，重大なジレンマを引き起こすことになる。なぜなら，プラットフォーム企業は，断続的にプラットフォームに技術イノベーションを組み込むことで，製品のイノベーションを加速しているが，そうした活動は同時に，分業ネットワークのモジュラリティを奪ってしまう危険性があるからである。

　モジュラー・アーキテクチャは，明確なインターフェースの設定によって，容易で柔軟な組み合わせ開発を可能とするが，同時に，システム統合と検証には相当の労力と能力が必要である（Baldwin and Clark, 2000）。プラットフォーム企業が，不断の技術イノベーションを行い続けている場合，システム統合と検証のコストは莫大なものとなる。この結果，モジュラー・アーキテクチャの製品とは言っても，自律的調整メカニズムだけでは十分ではなく，相互調整的なメカニズムが必要となる傾向がある（Brusoni and Prencipe, 2001）。

　相互調整的なメカニズムの拡大は，反面では，モジュラー・アーキテクチャ下の自律的調整メカニズムに依拠したオープン・ネットワークを破壊し，プラットフォームの価値を左右するエコシステムすら消失させてしまう危険性すらあるのである。

　つまり，プラットフォーム企業は，自らが技術イノベーションを起こせば起こすほど，事業基盤であるオープン・ネットワークのモジュラリティを破壊してしまうというジレンマを抱えているのである。これがコア・ネットワーク化のジレンマである。

　コア・ネットワーク化は本来，共同問題解決のためには望ましいものである。共同問題解決を熱心に行えば，自然とコア・ネットワーク化が進む。しかし，コア・ネットワーク化が進むと，オープン・ネットワークへ新しい企業の参加が難しくなり，最終的にはエコシステムの拡大を阻害してしまう。

　プラットフォーム企業は，エコシステム拡大のためには，事業上避けることのできないコア・ネットワーク化のジレンマを解決しながら，プラットフォー

ムの開発を行う必要がある。つまり特定の企業に限定されない普及可能性 (diffusibility) を獲得するような協業プロセスをプラットフォーム企業は実現する必要がある。しかし，既存研究では，必ずしもこのようなプロセスは明らかではない。

本研究は，このような疑問に基づき，代表的なモジュラー・アーキテクチャ製品であるパソコン分野で，技術プラットフォームを提供しているインテルと台湾マザーボード企業との協業を題材にして，オープン・ネットワークにおける企業間の共同問題解決プロセスに対する探索的研究を行う。

3 事例研究

3.1 調査の対象と方法

3.1.1 方法と事例選択基準

本研究では，1つの事象に対する複数ケースの詳細な分析を行った。分析レベルはそれぞれの企業間取引であり，ネットワークレベルではなく，ダイアドレベルである。本書では，オープン・ネットワーク型の産業としてパソコン産業を対象とし，技術プラットフォーム企業としてパソコン用プロセッサ最大手である米国インテル社と，技術プラットフォーム採用企業として世界需要の90％以上を生産する台湾マザーボード（MB: Mother Board，以下 MB）企業との協業プロセスを分析する。

3.1.2 データ

データは，パソコン産業に関する2年間のフィールド研究を通じて入手した。データの中心は2006年〜2008年に行ったインタビューの一次資料と，文献から収集した二次資料である。二次資料には，業界紙，学術誌，専門家による報告書，技術専門出版社が発行する技術解説書を含む。これら二次資料によって，インタビューに先立ち，業界における技術変遷をあらかじめ把握しておいた（立本，2007a）。

インタビューの内容は，「1990年代から2000年代にかけてインテルと台湾MB企業がどのような協業を行っていたのか」，というものである。1993年以降，インテルはCPUだけでなく，周辺回路であるチップセットも提供開始し，

95年にはプラットフォームを完成させた。以降，プラットフォームには，さまざまなイノベーションが組み込まれ，パソコンの製品イノベーションにも大きく貢献した。

本調査では，一次資料の妥当性を確認するために，直接の調査対象であるインテルと台湾MB企業以外に，3つのグループにもインタビューを行った。1つめは台湾MBの購入者にあたる日系・米系パソコン企業である。2つめは，インテルと台湾MB企業の双方と情報交流があるEDAベンダーである。3つめは，複数のMB企業と情報交流できる立場にある部品サプライヤーである。これらのインタビューを行うことで，より客観的なデータ把握が可能となった。

インタビューは，パソコン企業・MB企業・半導体企業・ツール等企業・部品企業の18社に対して31回行われた（聞き取り対象については巻末のインタビューリストを参照）。インタビューは半構造型で所要時間は2時間ほどであった。インタビュー対象には本研究の興味の対象であるインテルを含んでいる。本研究の主な関心はプラットフォーム企業であるインテルと台湾MB企業の関係についてであるが，多様な企業に対してヒアリングを行っている。その理由はバイアスを除去しながら，両者の関係をより多角的に把握する必要があったからである。また，インタビュー対象者が在席する拠点によって，バイアスがかかる可能性があるため，台湾拠点以外に日本拠点，米国拠点に対してもインタビューを行った。

3.1.3 産業構造

図6.3はインテルと台湾MB企業の関係について示したものである。台湾MB企業は，プラットフォーム企業のインテルにとって，共存企業である。イ

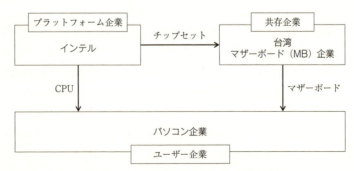

図6.3　インテルと台湾マザーボード企業の関係

ンテルはパソコン企業に対して CPU を販売している。パソコン企業はその CPU を搭載する MB が必要となる。MB を開発生産しているのが台湾 MB 企業である。台湾 MB 企業に対して，インテルはチップセットを販売している。

インテルは，CPU をパソコン企業に対してプレミアム価格で販売し，同時に，チップセットを台湾 MB 企業に対して安価に販売している。CPU の価格が他の電子部品と比較して高値で維持されていることは第 5 章で触れた通りである。台湾 MB 企業はパソコン企業に対してインテルの CPU に対応した MB を販売している。

図 6.3 で見るように，インテルの CPU 販売戦略は典型的な二面市場戦略となっている。技術的には CPU はチップセットと近い関係にある。それだけを考えると CPU を台湾 MB 企業に販売することが当然のように思える。しかしインテルは二面市場戦略をとるために，CPU はパソコン企業に販売し，チップセットは台湾 MB 企業に販売している。インテルにとって二面市場戦略を用いることが CPU 価格を維持するバーゲニング・パワーの源泉となっている。

このような市場構造を維持するために，台湾 MB 企業が最新 CPU に対応した MB を，タイミング良く，大量に供給することが必要である。このためには，インテルと台湾 MB 企業との間に共同問題解決が必要となる。この詳細については次項以降で紹介する。

3.1.4 技術：マザーボード，チップセット，CPU

マザーボード（MB）とはパソコンの主要部品であり，CPU やチップセット，DRAM 等を実装したプリント回路基板のことである。MB 上に搭載された CPU は，チップセットを介して DRAM や HDD にアクセスをする。チップセットは，各デバイスのコントローラとして機能する[1]。

インテルは，CPU とチップセットの両方を開発し，技術プラットフォームとして MB 企業に提供している。MB には，100 点程度の電子部品と数十点程度のコネクタが実装され，それらを回路で結線する。CPU やチップセットは中核部品であるものの，MB を構成する部品のほんの一部にすぎない。つまり，

---

[1] CPU は高価なので，MB 企業が購入するのではなく，パソコン企業が購入して，MB をパソコンに組み込む段階で CPU を実装する。チップセットは，MB 企業が購入する場合と，パソコン企業が購入して貸与する場合の 2 つが存在するが，いずれの場合も MB 企業が設計し，生産ラインで実装され，MB 製品としてパソコン企業に納入される。

CPU やチップセットから見たときに，MB はシステム製品であるということができる。

CPU やチップセットと MB との間には，明確なインターフェースが設定されているが，ソフトウェアとハードウェアの観点から両者は密接な関係がある。ソフトウェア的観点としては，MB 上に存在する BIOS が関係している。BIOS とは，CPU やチップセットと各種 I/O を制御するための基本的なソフトウェアのことである。インテルは，CPU とチップセットを MB 企業に提供するが，BIOS は MB 企業が開発したり購入して自分で準備するものである。両者が連携して機能することにより，たとえば，USB 機器（USB マウスや USB メモリ）をパソコンに容易に接続することが実現される。インテルが提供するチップセットには，USB 以外にも新機能が次々に搭載されるが，これらは BIOS との連携で成立していることが多い。さらに，インテルにとって重要な点は，ハードウェア的な連携である。インテルは一貫して CPU 処理速度を向上させている。このことは，最終的には，MB 上に走る電子信号の速度も向上させることを意味している。MB 上の信号速度が上がると，さまざまな問題が発生する。たとえば，信号高速化によって信号タイミングを同期させることが困難となり，従来であれば問題のなかった MB 上の回路配線で信号が取得できなくなるといった問題が起こる。この問題をシグナル・インテグリティの問題と呼び，新しい CPU やチップセットが上市されるたびに検証が必要となる。

3.2 フィールド調査の結果

3.2.1 各 MB 企業のプロファイルとモチベーション
(1) MB 製品のセグメント
台湾 MB 企業が行っている事業には，自社ブランド MB 製品，OEM/ODM 供給用 MB 製品[2]，ノーブランド MB 製品の 3 つのセグメントがある。各製品セグメントの特徴をまとめたものが**表 6.2** である。
　自社ブランド MB 製品は，DIY 市場[3]向けに自社流通網を使って販売されて

---

2) OEM は Original Equipment Manufactuering の略で，委託者ブランドで製品を生産すること。生産請負とほぼ同義。ODM は Original Design Manufacturing の略で，委託者ブランドで製品を設計・生産すること。生産だけでなく，設計も行う（JETRO，2013）。

MB 製品のセグメント	市場規模	市場特性
自社ブランド MB 製品	・利益率高い ・市場規模小さい	・DIY 市場向け自社流通 ・高信頼性 ・最新機能を搭載するなど差別化が必要
OEM/ODM の MB 製品	・利益率低い ・市場規模大きい	・パソコンメーカー向け市場 ・高信頼性
ノーブランド MB 製品	・利益率低い ・市場規模大きい	・新興国向け市場 ・低信頼性 ・低価格

表6.2　マザーボード製品のセグメント情報

おり利益率が高いが市場は小さい．OEM/ODM 供給用 MB 製品は，利益率は小さいが，パソコン完成品メーカー向けに大規模な市場がある．世界の MB 需要の 90% を台湾 MB 産業が供給しており，ブランド MB 市場と OEM/ODM 市場の比率は，25%：75% である．ノーブランド MB 製品は，ブランド MB 製品と同様に DIY 市場向けに販売されるが，自社の流通網を使っていない．このため，ノーブランド MB 製品は，統計上把握することが困難であるが，新興国市場を中心に相当規模の市場があると考えられる．ノーブランド MB 製品は，ブランド MB 製品よりも品質上信頼性がないと見なされており，価格はブランド MB 製品よりも低い傾向がある．

(2)　各 MB 企業のプロファイル

フィールド調査の結果，台湾 MB 企業は，4 つの企業セグメントに分類されることが明らかになった．本研究では，各セグメントから代表的な企業 (A〜D 社) を取り上げて記述を行う[4]．各 MB 企業のプロファイルを整理したものが**表6.3**である．

A 社の MB 事業は，従来，ほぼ 100% が自社ブランド MB 製品であったが，2000 年以降の MB 製品の低価格化に対応するため，OEM/ODM 製品事業も開始した．現在の両事業の割合は，自社ブランド製品 70%：OEM/ODM 製品

---

3)　Do It Yourself 市場．パソコンの組立を自分自身で行うエンドユーザー向けの市場．
4)　2000 年以降，D 社に代表される小資本 MB 企業は，急速に淘汰され少数になっていった．現在 A〜C 社のような企業が台湾の MB 産業を支えている．しかし，1990 年代中頃〜2000 年頃までは D 社のような MB 企業の数は多かった．

企業	企業セグメント	企業特徴	製品ポートフォリオ			市場シェア
			自社ブランドMB	OEM/ODM MB	ノーブランドMB	
A社	技術リーダー	・自社ブランドMB中心 ・技術力に定評。最新技術をMBに搭載 ・インテルと協業（初期より） ・リーダー企業的存在	70%	30%	—	31.5%
B社	フォロワー	・自社ブランドMB中心 ・フォロワー企業的存在 ・インテルと協業して技術蓄積	60%	40%	—	11%
C社	大規模生産（企業向け専業）	・生産面の規模の経済 ・電子部品サプライチェーンに強み ・OEM/ODM向けMBの大手	—	80〜90%	—	12.3%（企業セグメント全体では44.8%）
D社	小規模生産（消費者向け専業）	・ノーブランドMB中心 ・技術蓄積大きくない ・インテルのプラットフォーム製品に依存 ・小規模企業。柔軟で素早い事業展開が得意 ・D社と同類の企業は多数存在	—	—	100%	数%（企業セグメント全体では12.7%）

表6.3　各マザーボード企業区分のプロファイル

30%である。同社は，高い技術力を背景にした自社ブランドの構築に成功している。技術力に定評があり，台湾MB企業の中で最も初期にインテルと協業を開始した企業である。自社ブランドの価値を守るために，同社はMB企業の中で最も信頼性に力を入れている。このため，同社はBIOSも購入品ではなく，自社開発したものを使っている。とくに最新の技術を自社のMBに搭載することに熱心であり，同時に，それをMBに実装したときに起こる問題を評価・検証する能力を十分持っている。

　B社のMB事業は，自社ブランド製品60%，OEM/ODM製品40%という比率である。A社と同様に，自社ブランド製品を事業の中心に置いているが，A社ほどのブランド確立と市場シェア獲得ができていないため，フォロワーのポジションにある。このため，B社は新しい技術情報を早く入手しようと，

インテルとの協業を通して技術蓄積を行う動機が強い。

C 社の MB 事業は，80～90% が OEM/ODM 製品事業である。同社の強みは，生産面の規模の経済と，電子部品企業とのサプライチェーンである。OEM/ODM 製品は，利益率が低いものの大量需要が存在する。これに応えるためには，大規模生産能力が必要不可欠であり，これに対応できるのは C 社の以外では数社しかない。さらに大規模生産を背景に，電子部品の大量購入も可能となるので，大幅なコストダウンが期待できる。

D 社の MB 事業は，ノーブランド MB 製品が中心である。技術蓄積はそれほど大きくないが，小規模企業であるため，柔軟で素早い事業展開を行うことができる。D 社の基本的な事業戦略は，最新の CPU やチップセットに対応した MB をできるだけ早く市場に投入し，プレミアを得ることである。D 社のグループに分類される企業は，インテルがパソコンのプラットフォームの提供を始めた 1990 年代に新規参入した企業が多く，相当数の企業が存在する。

2004 年の各社の市場シェアは，A 社 31.5%，B 社 11%，C 社 12.3%，D 社数%である。ただし，C 社が属する企業セグメントには，同様の形態の企業が複数社存在し，それらを合計すると 44.8% となる。D 社が属する企業セグメントにも多数の企業が存在し，合計市場シェアは 12.7% であるが，先述のように統計上数量を把握しづらいノーブランド製品が多く含まれ，実際には，これよりも大規模の市場シェアがあると考えられる（市場シェアの出所：Citigroup Investment Research）。

3.2.2 プラットフォームの開発プロセス

インタビュー調査の結果から，インテルは A 社や B 社のような特定の台湾 MB 企業との間で知識共有を行い，反対に，C 社や D 社のような大部分の企業群とは知識共有を行わなくても良いようなプロセスを構築していることが明らかになった（図 6.4）。

インテルはエンジニアリング・サンプル（ES: Engineering Sample）が工場からでき上がってくるまでは，自社だけでチップセットを設計している。ES 完成後は，A 社と守秘義務契約（NDA: Non Disclosure Agreement）を締結して，CPU やチップセットに関する技術情報のやりとりを行う。

A 社は入手した技術情報と新しい CPU やチップセットの ES を用いて，自社の MB に新しい CPU やチップセットを組み込んだ場合のシステム・パフォ

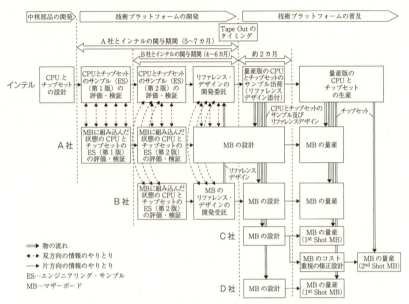

図6.4 インテルと各台湾マザーボード企業の協業プロセス

ーマンスを検証する。MBには，インテルのCPUやチップセットだけではなく，サードパーティのデバイスやA社が開発したBIOSが搭載されており，これらを組み合わせたときの信頼性も同時に検証される。もしCPUやチップセットのハードウェアやソフトウェアのバグを見つけた場合には，自社内で調整を行うとともに，インテルに対してもフィードバックを行う。

A社はインテルからCPUやチップセットなどの情報を競合他社より広範囲で入手できる。そのため，A社はCPUやチップセットの内部情報をもとに開発することによって，MBのパフォーマンスや信頼性を競合他社より高くすることができる。このような信頼性を高める取組みが，A社の自社ブランドMB製品事業を支えている。

インテルはTape Out（半導体設計の出図）前の5～7カ月の間に，A社と自社のCPUやチップセットをシステムに組み込んだ場合の検証をする。そして，これと並行して，第1版のES検証終了後，B社に対してリファレンス・デザインの設計を依頼する。4～6カ月間のリファレンス・デザイン開発中に，インテルとB社は相互調整的な問題解決を行う。リファレンス・デザインとは，新しいCPUやチップセットを組み込んだMBの参考設計のことであり，イン

テルのCPUやチップセットとともにMB企業に提供される。

　もともとインテルでは1990年代半ばまで，台湾MB企業に提供するリファレンス・デザインを自社で開発していた。しかし，これでは，台湾MB企業が開発中に直面するシステム的な問題を解決できないことに気がついた。インテルは，あくまで半導体企業であり，顧客である台湾MB企業が直面する問題を把握することが難しかったのである。たとえば，インテルでは一般的な電子部品を使って参考設計を作成していた。しかし，この電子部品の中には，台湾では入手できない電子部品も含まれていており，台湾MB企業は同等部品を使うしかなかった。

　このような簡単なケースでも，半導体企業であるインテルが，それが問題であると把握することは困難であった。なぜなら，インテルにとって，それが何を意味するのかがわからないからである。

　たとえば，同等品で代用してMBを設計した場合，シグナル・インテグリティの問題が発生する可能性がある。インテルのCPUが高速になっていく中で，電子部品がどのような特性を満たせば「同等品」であるのかは，難しい判断を伴う[5]。しかし，インテルが自社でリファレンス・デザインを開発する場合，同社の高い技術力を背景に，簡単に同等の代替部品を選び出してしまうため，「同等の代替部品」が問題であるということに気がつくことが難しいのである。

　このため，インテルでは1990年代の後半から台湾MB企業にリファレンス・デザインの開発を依頼するようになっていった。さらにリファレンス・デザインの性質も，量産に「そのまま使える」程度にまでフィージビリティが高められていった。リファレンス・デザインには，生産にそのまま使えるレベルのBOM[6]リストや実装機に使える実装パターンデータも添付されるようになった。リファレンス・デザイン通りに部品を揃え回路パターンを引けば，システム検証をほとんど行わなくても，量産が可能となる。このため，従来に比べて，開発リードタイムや生産リードタイムを劇的に短縮することが可能となっ

---

[5]　このような問題はハードウェアだけではなく，インテルのレファレンス・デザインで推薦するBIOSのソフトウェア・ベンダーもその一例である。インテルが推薦するBIOSはアメリカのソフトウェア・ベンダー製品だったが，台湾MBメーカーはコストダウンのため，他のサードパーティ製BIOSをよく使用した。

[6]　Bill of Materials: 部品表の意。

た。

　インテルはB社にレファレンス・デザインを開発委託し，開発費を負担するかわりに，インテルはレファレンス・デザインの所有権を得る。このレファレンス・デザインはB社が，台湾MB企業の"好み（flavor）"の下で開発したものであるので，他の台湾MB企業にとっても，高いフィージビリティを持っている。

　リファレンス・デザインの受託企業となることは，MB企業にとって，必ずしも好ましいことではない。なぜなら，自社の技術を埋め込んだリファレンス・デザインは，CPUやチップセットとともに，他のMB企業に配布されてしまうので，自社の技術が部分的にせよ，外部に流出してしまうことにつながるからである。このため，C社は，リファレンス・デザインの受託を行っていない。

　それにもかかわらずB社がリファレンス・デザインの受託を行っている理由は，同社が置かれている市場ポジションと関係している。B社はブランドMB事業を中心としているため，C社が属する企業グループのOEM/ODM事業と競合することが少ない。このため，自社が開発したリファレンス・デザインが，他の企業に提供されたとしても，事業上の損失が少ない。それよりも，事業の中心であるブランドMB製品では，A社よりも市場シェアが小さいフォロワーであることを懸念している。技術蓄積を行い，さらに，インテルに認められるMB開発能力を身につけることによって，自社のブランドを引き上げるような品質を実現する可能性を重視している。B社はインテルから依頼されたレファレンス・デザインを開発することによって，競合他社より早くインテルの最新CPUやチップセットの技術仕様を知ることができる利点もある。

　C社は，OEM/ODM市場を中心に大きなシェアを持っており，B社のようにリファレンス・デザインの開発委託をうけて，自社のノウハウが流出するリスクを冒す必要がない。最新CPUが上市されると，それに対応したチップセットを購入する。チップセットにはリファレンス・デザインが添付される。リファレンス・デザインを，ほとんどそのまま用いて，実装ラインに流すバージョンのMBを1_{st} shot MBと呼ぶ。1_{st} shot MBは，最新CPUの発売とほぼ同時に上市することができる。C社は，1_{st} shot MBに加えて，リファレンス・デザインにコストダウンを重視した修正設計を行い，ユーザーに好まれるような付加機能を付加することによって，2_{nd} shot MB，3_{rd} shot MBを短期間のう

ちに上市する。

　D社は，4社の中で最も技術蓄積が少ないが，リファレンス・デザインを使えば，最新CPUに対応したMBを短期間に上市することができる。D社の基本的な戦略は，1st shot MBを早く上市することで，time-to-marketのプレミアを獲得することである。D社は，C社のような大資本企業とも，1st shot MB市場では競合することになる。通常であれば，小資本の製品開発力では，大資本のC社に負けてしまう。しかし，リファレンス・デザインを用いることによって，1st shot MB市場では，対等な競争ができる。1st shot MB市場では，迅速な意志決定など，資本以外の要因で，競争優位が獲得できるため，D社にもC社に打ち勝つ機会がある。

　インテルのプラットフォーム開発プロセスをまとめると，A社とB社とは協業プロセスを構築しているが，大半の市場シェアを占めるC社やD社とは協業プロセスを行っていない。さらに，A社とB社の協業プロセスの目的は異なっており，A社とは半導体開発をシステムの視点から検証することに置かれている。それに対して，B社との協業プロセスでは，システム開発の知識をリファレンス・デザインに転化することが重視されている。このリファレンス・デザインをもとに，C社やD社はMB開発を行うので，短期間のうちに量産開始が可能となるのである。

3.2.3　知識と企業の境界のマネジメント

　図6.5は，フィールド調査から明らかになったプロセスを，知識スコープとタスクスコープのマネジメントという視点から整理したものである。

　インテルは，MB企業を技術レベル・市場ポジションごとに分類し，異なる関係性のマネジメントを行うことによって，知識共有による問題解決の迅速化を行っている。そして同時に，知識とタスクのスコープの調整を行い，インテグラルになりがちな問題を，最終的にはモジュラーなソリューションとして提供することに成功している。

　1つめの関係性（A社）は，ごく少数の高い能力のある企業との協業によって，タスクスコープを越え，知識共有を伴いながら問題解決を行う。ここでは，インテルが提供するCPUやチップセットをシステム視点で検証した場合の不具合を中心的に解決される。自社の製品である半導体に対して，システム知識を使った検証が行われるのである。しかし，この段階では，暗黙の内にA社

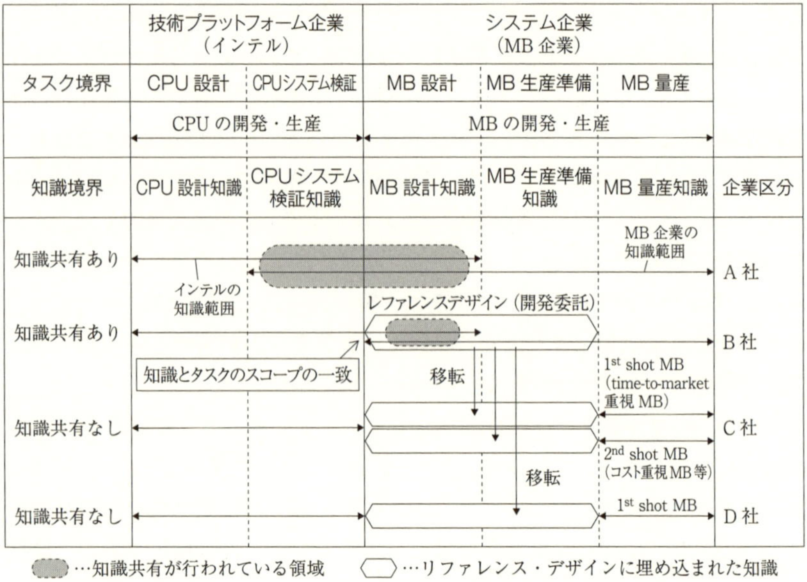

242　第6章　共存企業との関係マネジメント

タスク境界	技術プラットフォーム企業 (インテル)		システム企業 (MB企業)			
	CPU設計	CPUシステム検証	MB設計	MB生産準備	MB量産	
	CPUの開発・生産		MBの開発・生産			

図6.5　技術プラットフォームとシステム企業間の知識とタスクの境界の違い

の能力を前提としたプラットフォーム開発が行われてしまうので，普及可能性はいまだ担保されていない。

　2つめの関係性（B社）は，情報の受取手が容易に受け取れるレベル程度に解決方策を仕立てる。1つめの関係性では，問題は2つの主体にまたがるインテグラルな存在であった。しかし，2つめの関係性では，問題の解決策をタスクのスコープを越えないように作成することで，インテグラルな問題の構造をモジュラルな構造へと転換している。この段階でプラットフォームに普及可能性が獲得される。

　そして，3つめの関係性（C社，D社）においては，知識共有プロセスを構築しない。代わりに，知識スコープとタスクスコープのアラインメントが守られるような解決方策をリファレンス・デザインとして配布することにより，複数のMB企業に競わせながら受容させていく。リファレンス・デザインに知識スコープを転化させた結果，技術蓄積の小さい企業でも，技術蓄積の大きい企業と同様に，情報の移転を受けることができ，モジュラリティを維持した分業を行うことが可能になっている。

　つまり，技術プラットフォーム企業は，「異なる関係性の組み合わせによっ

て，知識スコープとタスクスコープのアラインメント」を短期間に実現し，多数の企業へ技術プラットフォームを利用した開発・生産展開を促していたのである。

4 ディスカッション

4.1 コア・ネットワーク化のジレンマと分業ネットワーク構築

本章では，コア・ネットワーク化のジレンマに対して，プラットフォーム企業がどのように対処しているのかを明らかにした。プラットフォーム企業は，企業間協業プロセスを戦略的に管理することによって，製品にモジュラリティを獲得する分業ネットワーク上の仕組みを作り，オープン・ネットワークのコア・ネットワーク化を防いでいる。

プラットフォーム企業は，複数の完成品企業との関係性をマネジメントすることによって，最小限の相手と知識共有を実現しながら，一方で，短期間の間に知識スコープとタスクスコープを再度一致させることができる。この間に，リファレンス・デザインを開発して，知識共有を必要としない普及容易なプラットフォームを実現する。そして多数の企業がプラットフォームを利用した開発生産をすることを促しながら，オープン・ネットワークのエコシステムを維持している。

本章で明らかになったプロセスは，製品アーキテクチャと分業ネットワークの構造について，新しい知見をもたらす。すなわち，製品アーキテクチャが分業ネットワークの構造を決定するだけではなく，分業ネットワークの構築戦略が製品アーキテクチャを決定するという作用の存在である。企業は，製品アーキテクチャから分業ネットワークへの影響力を強める戦略を考慮すると同時に，分業ネットワークから製品アーキテクチャへの影響力を強める戦略を考慮しなくてはいけない。従来，研究では前者のみが研究の焦点となってきたが，本章では後者に焦点を当てた。両戦略は表裏一体の関係であり，補完的な関係であると同時に，相互作用的関係である。両戦略を同時に用いることにより，思いも寄らないほどの強い作用が生まれる。たとえば，インテルは，CPUと同時にチップセットも供給するプラットフォーム戦略を開始したが，それと同時に，そのチップセットを台湾MB企業に提供する分業ネットワーク戦略を行ったため，パソコン産業に垂直統合から水平分業へという劇的な変化が生まれた。

当然，このような分業ネットワーク構築には強いマネジメントが必要である。この分業ネットワークの構造は，自然にできるものではない。モジュラー・アーキテクチャを実現する分業ネットワークは，最終的な青写真を戦略的に描きながら，強いマネジメントによって構築するものである。自ら主体的に，協業相手を探し出し，何を協業プロセスの対象とし，誰と協業プロセスを構築しないのかを，考えなくてはならない。本章で明らかになったプロセスでは，技術蓄積レベルや市場ポジションの異なる複数の相手を選び出し，協業する知識領域を明確に変え，場合によっては協業しないことによって，プラットフォームに普及可能性（diffusibility）を獲得していた。

　次に，コア・ネットワーク化のジレンマ克服の一般性を考察する。コア・ネットワーク化のジレンマの克服とは，すなわち，プラットフォーム企業が技術イノベーションを起こしながらも，共存企業との関係マネジメントにより，分業ネットワークをオープン・ネットワークに保ち，エコシステム拡大を維持するマネジメントであった。

　我々は，このような事例を1990年代に立ち上がったデジタル製品分野で頻繁に観察することができる。たとえば，中国のGSM携帯電話端末市場では，台湾半導体企業のメディアテックが提供するベースバンド半導体がプラットフォームを形成している。メディアテックは，端末設計専門企業（デザインハウス）との協業プロセスを通じて，レファレンス・デザインを完成させ，プラットフォームに普及可能性を確保することに成功している。半導体企業と完成品企業との間に知識共有は必要とされず，分業ネットワークがコア・ネットワーク化することがない。この結果，中国GSM携帯電話市場では，技術蓄積の小さい新規参入企業が多発し，メディアテックのプラットフォームを基盤としたエコシステムが構築されている（今井・川上，2007; 丸川，2007; Yasumoto and Shiu, 2007）。

　半導体産業にも，同様の事例を観察することができる。半導体産業では，1990年代から現在に至るまで技術世代が進み，最小加工寸の縮小が絶え間なく続いている。このような状況下で，日本の半導体産業関係者は，製造装置を購入すれば半導体を生産できる時代は終わり，半導体企業と製造装置企業が緊密に結びつかなくては，最先端半導体を生産できなくなると主張した。しかし，現実に起こったことは，露光機と計測装置のようにプロセス上の関連性の強い製造装置企業同士が協業プロセスを構築し，レファレンス・デザインを半導体

企業に提出することで，半導体企業と製造装置企業との間に知識共有を必要としない半導体生産プロセスが開発されたのであった。プラットフォーム化した半導体製造装置は，台湾や韓国企業をメンバーとするオープン・ネットワーク型の半導体産業に普及していった（新宅ほか，2008）。

いくつかの事例に共通して見られる背景は，プラットフォームに対してオープン・ネットワークを求める参加企業は，新興国の新規参入企業であるという点である。彼らは，技術蓄積が小さく，知識共有には膨大な時間が必要である。素早い成長のためには，知識共有を必要とせずにすぐに利用できるプラットフォームが彼らにとって必要なのである。そして，プラットフォーム企業は，エコシステムを消失させないために，こうした新興国新規参入企業と関係を絶え間なく構築し続けることによって，オープン・ネットワークを維持している。たとえば，インテルがプラットフォーム化に際して関係を構築した企業は，台湾のMB企業であって米国MB企業ではなかった。この点はエコシステムの成立や拡大を考えるうえで，大きな示唆を与えている。

4.2 エコシステム型産業への転換点

本章で明らかにしたことは，製品アーキテクチャの変化は分業ネットワークの構造に依存しており，分業ネットワークの構築戦略が製品アーキテクチャに影響するというものであった。本章と既存理論との関係を表したものが，図6.6である。

既存の理論では，絶え間ないイノベーションが発生した場合，問題解決のためには，知識共有を基盤とした企業間の協業が必要であり，分業ネットワークはコア・ネットワーク化するというものであった。図6.6の①に示すように，インテグラル・アーキテクチャの背後にあるコア・ネットワークは，より深い知識共有を必要とするためコア・ネットワークが強化される（Dyer and Nobeoka, 2000）。同様に，知識共有を必要としないモジュラー・アーキテクチャの背後にあるオープン・ネットワークであっても，図6.6の②が示すように，イノベーションを契機に知識共有が必要となり，コア・ネットワーク化する（Takeishi, 2001）。この結果，製品アーキテクチャはインテグラル・アーキテクチャに近づく。たとえば，日本の自動車産業における電子化は，車内ネットワークの整備を契機に，自動車企業と部品サプライヤー間の分業ネットワークのコア・ネットワーク化を強めている。

246　第6章　共存企業との関係マネジメント

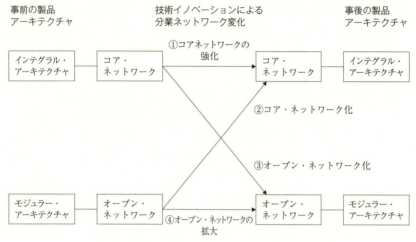

図6.6　製品アーキテクチャと分業ネットワークの変化

　しかし，本章の研究によれば，絶え間ない技術イノベーションが発生した場合でも，分業ネットワークがコア・ネットワーク化しない可能性がある。そして，分業ネットワーク構造の影響をうけて，イノベーション下であってもモジュラー・アーキテクチャ製品がインテグラル・アーキテクチャに転換しない可能性を示唆している。本章が示した分業ネットワーク構築戦略によるコア・ネットワーク化のジレンマ克服は，オープン・ネットワークのコア・ネットワーク化（図6.6の②）を防ぎ，不断の技術イノベーション下でもオープン・ネットワークを拡大させる（図6.6の④）。そして，このオープン・ネットワークを維持するメカニズムは，従来，実務家や研究者が予想していたものよりも，強く堅牢な力を持っているかもしれない。

　なぜなら，このメカニズムの背後に先進国と新興国との間の強い補完的な分業メカニズムと，その分業メカニズムを利用したプラットフォーム企業が存在しているからである。デジタル製品分野では，先進国企業がプラットフォームを提供し，新興国の新規参入企業が完成品を開発・生産するという国際分業が成立している。技術蓄積のある先進国プラットフォーム企業と，成長の機会を求める新興国の新規参入の共存企業との間に，強い相互補完的な関係が存在する。これが分業ネットワークをオープン・ネットワークに保ち，エコシステム拡大を維持する力の源泉である。

　半導体産業はこのメカニズムの好例である。2000年以降，ロジック半導体

の設計寸法（デザインルール）の微細化が進み，製品アーキテクチャはインテグラル化の傾向を強めた。微細化が進むと半導体の機能と物理構造との間の対応関係が複雑になり，機能間に簡明なインターフェースを維持することが難しくなるためである。設計と製造との間の分業ネットワークは綿密な調整ができるようにコア・ネットワーク化すると思われた。コア・ネットワーク化すれば垂直統合型の半導体企業が有利になると実務家や研究者は予想した。

しかし，現実に起きたことは，まったく逆のことであった。設計専門企業（ファブレス企業）と製造専門企業（ファンダリ企業）の水平分業は維持され，技術世代を牽引していった。クアルコム（米国）などのファブレス企業がスマートフォンに対応した新しい半導体を設計して大成功をおさめた。その間，ファンダリー企業のTSMC（台湾）は，オープン・ネットワークを維持するために，オープン・イノベーション・プラットフォーム戦略（OIP戦略）をとり，分業ネットワークの基盤となる設計と製造の水平分離を強固に守った（セミコンポータル，2011）。OIP戦略の中で，TSMCはファブレス企業にデザインキットを提供して，幅広いファブレス企業が同社の受託生産サービスを利用できる状況を守った。

通常は，製品アーキテクチャがインテグラル化しようとすると，簡単にコア・ネットワーク化が起こる（図6.6の②）。しかし，本章の研究で見たインテルの事例のように，プラットフォーム企業が分業ネットワークに対して強力にエコシステム・マネジメントを行っている場合は，オープン・ネットワークを維持しようとする力が強固に働く（図6.6の④）。

プラットフォーム企業は，分業ネットワークのコア・ネットワーク化を避けるため，新規参入の共存企業を分業ネットワークに取り込む努力を続ける。そして，プラットフォームの普及可能性を必須の条件としてとらえ，多大な努力を伴ったとしても，これを実現しつづける。このため一度オープン・ネットワークになった分業ネットワークが再びコア・ネットワーク化することは難しいかもしれない。

最後に，このような観点に立った場合，どのようなときにコア・ネットワークがオープン・ネットワーク化するのかを本章と前章の研究をもとに指摘する（図6.6の③）。前章のマクロ分析で紹介したように，インテルはこのようなオープン・ネットワークの分業ネットワークを構築するにあたり，そのトリガーとして戦略的標準化を頻繁に繰り返した。たとえばMB領域にオープン標準

を設定し，パソコンがモジュラー・アーキテクチャに転換するのを促した。

そして，同時に，自ら MB 事業に参入して MB 市場を刺激し，台湾 MB 企業がインテルの最新 CPU に対応した MB を開発するように，同社の分業ネットワークの中に取り込んでいった。この際，本章で見たように，リファレンス・デザインを配布するなどしてモジュラリティを守ったまま，MB 開発が可能なプロセスを維持した。

製品アーキテクチャと分業ネットワークのどちらも，モジュラリティを求めるような戦略をとった場合，いままでインテグラル・アーキテクチャ製品であった製品は大きな作用によって，モジュラー・アーキテクチャに転換される。製品アーキテクチャは，背後に分業ネットワークを有しており，分業ネットワークの慣性力のため，技術的な意味での構造転換下だけでは，アーキテクチャの転換につながらない。製品アーキテクチャの転換と分業ネットワークの変化という 2 つの視点から，アーキテクチャ転換をとらえる必要があるだろう。

おわりに

本章では，プラットフォーム企業と共存企業との間の関係マネジメントについて扱った。プラットフォーム企業はリファレンス・デザインを提供することで「知識とタスクのスコープのアラインメント」を実現してコア・ネットワーク化を防ぎ，オープン・ネットワークを維持してエコシステム拡大を助長するマネジメントを行っていた。

次章では，プラットフォーム企業にとって，共存企業と同様に重要な企業，すなわちユーザー企業との関係マネジメントについて扱う。プラットフォーム企業は，ユーザー企業から見れば中核部品企業である。しかし，同じ中核部品を扱う企業であっても，プラットフォーム企業的なアプローチを行う企業と，製品企業的なアプローチを行う企業とでは，ユーザー企業との関係マネジメントがどのように異なるのかを比較事例研究を通して明らかにする。

第7章
ユーザー企業との関係マネジメント
ボッシュとデンソーの比較事例

　前章ではミクロ的視点（企業間関係の視点）から，プラットフォーム企業と共存企業との関係について扱った。本章でも引き続きミクロ的視点から，共存企業と同様に重要な企業，すなわちユーザー企業との関係マネジメントについて扱う。

　ユーザー企業から見たときに，プラットフォーム企業は中核部品企業である。この意味では，プラットフォーム企業は部品を製造する企業である。部品企業にとってユーザー企業との関係は最重要事項である。ではユーザー企業との関係マネジメントは，プラットフォーム企業と一般的な部品企業で同じなのだろうか，それとも，異なるのだろうか。

　本章では自動車の中核部品であるエンジンECU（Electronic Control Unit）に焦点を当てながら，中核部品企業2社（ボッシュとデンソー）の中国市場での企業行動を比較事例分析する。エンジンECUはエンジンを駆動するための電子部品であり，パソコンのCPUに相当する。自動車産業では伝統的にプラットフォーム企業という言葉をあまり使わないが[1]，ボッシュは前章まで見てきたプラットフォーム企業的な戦略をとっている。一方，デンソーは，伝統的な製造業企業に見られる製品重視の戦略をとっている。

　2社はエンジンECU市場で競合しながら中国自動車産業の高度化に貢献し

---

1)　プラットフォーム企業という言葉の中に「独占的なシェアを持ち，強いバーゲニング・パワーを持つ企業」という印象があるためと思われる。自動車産業では自動車企業が強いバーゲニング・パワーを持っているため，部品企業に対してプラットフォーム企業という言葉を想起しづらいのだと思われる。ただし，注意深く企業行動を観察するとプラットフォーム戦略的な行動を多用する企業群が存在する。

ているが,ユーザー企業(自動車メーカー)との関係マネジメントは大きく異なる。中国エンジンECU市場における2社の企業行動を比較事例分析することで,2つの戦略パターンの市場成果,および中国自動車産業への影響を考察する。

比較事例分析の結果,プラットフォーム企業に近い戦略をとっているボッシュは,簡明アプローチの企業間関係構築を行うことで,民族系自動車メーカーを含む広範なユーザー企業層を形成し,高い市場成果をあげていることがわかった。

1 ユーザー企業との関係マネジメント: 2つのコミュニケーション・パターン

プラットフォーム企業はユーザー企業から見れば中核部品企業である。しかし一般的な中核部品企業と比較すると「ユーザー企業との関係マネジメント」の点で大きく異なった特徴を持っている。近年のいくつかの研究でプラットフォーム企業特有のコミュニケーション・パターンが,急速な産業の国際移転を促しているのという主張が行われている(今井・川上,2007;丸川,2007;丸川・安本,2010;川上,2012)。ユーザー企業とのコミュニケーション・パターンを念頭に,先進国の中核部品企業の「ユーザー企業との関係マネジメント」を類型化したものが**表**7.1である。

1つめは,「簡明アプローチ型」である。このタイプの中核部品企業は,オープン標準を策定することによって部品のインターフェースに明確な標準を定め,コミュニケーションにかかる無駄な時間・コストを削減したり,重複投資のコストを回避したりすることで,競争力を拡大しようとする。1990年代以降,国際的なオープン標準(世界レベルでの互換・統一的な産業標準)が頻繁に形成されるようになっていることが背景にある。また,企業戦略としてオープン標準を戦略ツールとして活用することが強く意識されているためでもある(立本,2012)。このような中核部品企業は,第3章から第6章までで見てきたプラットフォーム企業に近い戦略をとっている。

2つめは,「濃密アプローチ型」である。このタイプの企業は,本来,知識移転が難しい開発・生産上の技術ノウハウを人的なインターフェースによって効率的に伝達していくことで,競争力を拡大しようとする。顧客企業と情報共

企業間関係（コミュニケーション・パターン）	簡明アプローチ型	濃密アプローチ型
背景となる産業環境変化	国際的なオープン標準の頻繁な形成	旧社会主義国や新興国への海外直接投資の自由化
戦略の内容	・部品のインターフェースに明確な標準を定め，標準に基づいた中核部品提供を行う ・標準的なテンプレートに応じて開発を行うので，短期間で開発が完了する ・標準市販品として自社製品を用意するため，カスタマイズ費用が不要である ・標準化活動に積極的である	・現地の開発センターでエンジニアを育成する ・濃密なコミュニケーションを通じた技術サポートを行うことにより，複雑な問題を解決できる ・顧客ごとにカスタマイズを行う傾向があり，高コストになりやすい ・標準化活動に積極的でない
企業国籍の傾向	欧米企業に多い	日本企業に多い
戦略タイプ	プラットフォーム企業に近い	製品企業（製品重視の戦略）に近い
本事例での対象企業	ボッシュ	デンソー
中国ECU市場シェア	約40～60％	約10％

表7.1　中核部品企業の国際事業戦略

有を行いながら，共同問題解決プロセスによる製品開発が強みである（Dyer and Singh, 1998; Dyer and Nobeoka, 2000）。1990年代以降，旧社会主義国や新興国が先進国企業に対して直接投資（工場設置や開発拠点設立）の自由化を認めたため，先進国の中核部品企業が，新興国のユーザー企業と共同して問題解決を行えるようになったことが背景にある。このような中核部品企業は，いわゆる伝統的な製造業企業に見られる製品重視の企業戦略をとっている。

表7.1の2つの中核部品企業は，どちらも先進国から新興国への国際的な技術移転を加速する。ただし，技術情報の移転経路が大きく異なる。プラットフォーム戦略をとっている中核部品企業からの技術移転経路は，オープン標準を経由した技術移転である。一方，製品戦略をとっている中核部品企業からの技術移転経路は，海外直接投資による技術スピルオーバーを経由した技術移転である。

興味深いことに，同じ産業の中核部品企業であっても，欧米企業は簡明アプローチ型の企業間関係を構築する傾向が強く，日本企業は濃密アプローチ型の企業間関係を構築する傾向が強い。

複雑な製品の国際技術移転では中核部品企業に支えられている事例が多いが，

「プラットフォーム志向の中核部品企業」と「製品志向の中核部品企業」は事業戦略上，対照的な特徴をもっている。では，このような2つの対照的な戦略を持つ中核部品企業が新興国で市場競争をした場合，どのようなことが起こるのであろうか。そして，新興国産業の成長に合わせて，どのような変化を中核部品企業は求められていくのだろうか。

本章ではこのような疑問に答えるために，複雑な製品として自動車を取り上げ，その中核部品であるエンジンECUに焦点を当てる。そして，先進国の中核部品企業が急成長する中国市場でどのようなビジネスを行っているのかを紹介する[2]。

2 データについて

本章の中国車載エレクトロニクス市場での2社の中核部品企業の比較事例研究は，より大きな車載エレクトロニクス産業研究の一環として行った。Appendixを含めて，本章で用いたデータは技術文献および企業へのインタビューである。企業へのインタビューは2009年から2016年までの期間に行った。自動車企業，サプライヤー企業，開発ツールソフトウェア（SW）・半導体企業の29社に対して46回のインタビューを行った（聞き取り対象については巻末のインタビューリストを参照）。各企業ともグローバルに展開しており，各地域とも連携しながらも地域市場の事情を考慮した開発を行っている。グローバル戦略の観点からヒアリングをする必要があったため，欧州，日本，中国，インド，ASEAN地域の拠点をヒアリング対象とした。各インタビューとも2時間程度の半構造化インタビューである。

本章は中国エンジンECU市場の2社事例（ボッシュとデンソー）を扱っているが，中核部品企業はグローバルな開発ロードマップに従って製品開発をしており，中国拠点だけのヒアリングでは不十分であった。とくに両企業とも，本国拠点へのヒアリングは必須であった。そのため，ボッシュはドイツ拠点，デンソーは日本拠点もヒアリングを行った。

---

[2] 本章の内容は主に2009〜2016年のヒアリングに基づいている。本文でも触れたように中国の自動車市場・ECU市場は流動期にあり，大きな産業構造の変化の可能性もある点を留意されたい。

また，車載エレクトロニクス産業では 2000 年以降，コンソーシアム活動・標準化活動を頻繁に行っている。このため自動車企業，サプライヤー企業，開発ツール SW・半導体企業というようにエコシステムの各セグメントの参加企業にインタビューをする必要があった。このようなグローバルなオープン標準化の影響は，2000 年以降の活動ということもあり，まだ市場成果に顕著な影響を与えるには至っていないが，進行中の製品開発プロセスには影響を与えている。グローバルなオープン標準化活動については Appendix で AUTOSAR コンソーシアムの取り組みについて説明をした。

3 自動車のアーキテクチャと ECU の位置づけ

3.1 エンジン ECU：エンジン制御のデバイス

まず，複雑な中核部品である車載エレクトロニクス部品をわかりやすく紹介する。

コンピュータの発達により「ソフトウェアでハードウェアの制御を専門に行う」部品が登場している。このような部品を組込システムと呼び，複雑な制御を行うためにさまざまな製品で導入されている。自動車では，この電子制御部品のことを ECU（Electronic Control Unit）と呼んでいる。エンジンを制御する ECU をエンジン ECU と呼ぶ[3]。エンジン ECU はコンピュータでエンジンを制御して，排ガス基準をクリアするために 1970 年代に導入された。

自動車を簡単に言うと，「エンジンという内燃機関を制御して駆動力（馬力）を取り出し，車体を走行させる乗り物」である。エンジンは自動車の心臓である。

エンジンは大きく言うと，「エンジン・ブロック」と呼ばれる巨大な鋳物と，それを制御するコンピュータの「ECU」から構成されている（図 7.1）。エンジン・ブロックは，巨大なメカニカル・パーツの固まりで金型加工のノウハウがとても重要になる。一方，ECU はプログラムを格納するメモリとマイクロプロセッサとで構成された小さなコンピュータであり，さまざまな外部条件に対

---

[3] 2015 年 9 月 18 日，米国環境保護局（EPA）がドイツ自動車大手のフォルクスワーゲン（VW）の排出基準（排ガス基準）違反の疑いを発表した（WSJ, 2015a）。この排ガス浄化装置の制御を行っている部品がエンジン ECU である。

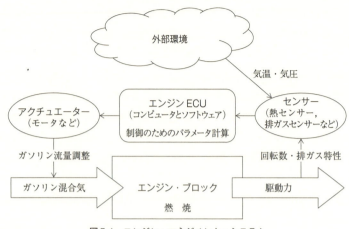

図7.1 エンジン・マネジメント・システム

してエンジン・ブロックを制御する。エンジン・ブロックを筋肉，ECU を頭脳と考えればわかりやすい。

　ガソリン車の場合，空気を取り込み（吸気），ガソリンを添加して（混合気生成），シリンダ内の混合気を爆発させて（着火），エンジンを回転させる。この，吸気，混合気生成，着火といった一連の段階を，外部の条件に合わせながら，一瞬のうちに行う。少し考えただけでも，エンジンの制御がとても複雑であることがわかるだろう。にもかかわらず，ドライバーはこのような複雑性を全く気にすることなく運転することができる。これはすべて ECU のおかげである。

　制御を行うために，外部環境や出力の状況を計測する「センサー」，入力を変化させる「アクチュエーター」，外部環境・出力に応じてどのような入力を行うのかを考える「エンジン ECU」の３つが自動車に積み込まれている。センサーは吸気温センサー，O_2 センサーなどがある。アクチュエーターには，インジェクターから燃料（ガソリン）を噴射する量を調整する燃料噴射装置（モーター等）などがある。そして，ECU がセンサーからの入力を受け取って計算を行い，アクチュエーターに信号を出力してエンジンの制御を行う。

　ECU が行っている制御は，単に安定的に駆動力（馬力）を取り出すだけではない。排ガス規制の基準内に収まるように燃焼を行わなければいけないし，燃費も良くないといけない。さらにエンジン・ブロックの寿命をなるべく長くするようにしなくてはいけない。ECU の開発には，内燃機関に対する深い知識が必要になる。ECU には，エンジンを使いこなすノウハウが詰まっていると

言っても良い。

このようにエンジンの開発は，単にエンジン・ブロックを作れば完了するわけではなく，ECU の開発が必須となっている。いまや ECU は自動車には欠かせない部品となっている。

おもしろいことに，エンジン・ブロックを作っているのはもっぱら自動車メーカーであるが，エンジン ECU を作っているのは，多くの場合，自動車メーカーではない。エンジン ECU を開発する能力を持った自動車メーカーもいるが，それよりも専門の部品メーカーに任せている自動車メーカーの方が多い。デンソー，ボッシュ，コンチネンタル，デルファイなどの車載電装部品メーカーがエンジン ECU の有力サプライヤーである。

エンジン ECU は基本的には調達部品であり，自動車メーカーが内製することは少ない。ECU はコンピュータやメモリで構成されたものであり，さらに周辺のセンサーやアクチュエーターまで含めて電装部品の固まりである。だから，自動車メーカーが自ら生産するよりも，電装部品を開発・生産しているメーカーから調達した方が合理的な場合が多い。

3.2 エンジン ECU の開発と適合

エンジン ECU に関する工程をより詳しく説明すると，「ECU それ自体を開発・生産すること（ECU 開発・生産）」と「ECU に適切な数値テーブルを設定すること（ECU 適合・エンジン適合）」の 2 つの重要な工程がある。

ECU 開発は，コンピュータによるエンジン制御が始まった 1970 年当初，自動車メーカーが行っていた。ECU 開発のきっかけは，アメリカで排ガスを厳しく取り締まるマスキー法（1970 年）の導入である。現在では，ECU を用いた基本的なエンジン制御方法の開発は終わり，自動車メーカーが電装部品メーカーから ECU を調達し，自らの車両に合わせてカスタマイズを行う分業型になっている。

ECU 適合については，大手の自動車メーカーは自社内で適合作業を行うことが多いが，中小の自動車メーカーは適合作業を専門の企業に委託することも多い。また大手の自動車メーカーであっても，派生車などの場合は適合作業を委託する傾向がある。

適合作業を専門のサービスとして外部委託できるのは，「エンジンを制御する」ということが汎用的な技術だからである。適合サービスを提供している会

社は，自動車だけでなく，二輪車やモーターボード，ジェットスキーまでエンジンを使うあらゆる乗り物のエンジン適合を行っている。四輪車でも，たとえば農機具車（トラクター）やF-1を走るモーター・スポーツ用の車両などのエンジン適合も行っている。適合作業を受託している企業は，ECUを開発・生産している電装品メーカー以外に，リカード（Ricardo）等の設計・適合のエンジニアリング・サービス企業がある。

ECU開発とECU適合のどちらも，自動車メーカーと部品メーカーの間には，微妙な関係がある。どちらも自動車のアーキテクチャ知識（全体知識）を必要とする工程だからである。

ECU以外の多くの電装品では，他の部品との相互依存性が少ないため，部品として切り分けることができる。このような部品はコンポーネント知識のみを利用している。ところがECUに関しては，多くのアーキテクチャ知識が必要になる。つまり，車全体のことを知っている必要があるわけである。自動車メーカーにとって，アーキテクチャ知識を保持していることは，部品メーカーに対するバーゲニング・パワーの源であるばかりでなく，商品としての自動車の差別化の源泉でもある。

たとえばエンジンECUの適合は，単に排ガス規制をクリアするように，適切な数値テーブルを作成するような基本的なレベルのものから，快適な乗り心地を提供するような数値の組み合わせを見つけ出すレベルのものもある。

エンジンをECUで制御することによって，「排ガス規制」といった法的基準に適合させ，さらに，乗り心地まで作り出す。ECUは，現在の自動車には欠かせないものとなっている。ECU開発やECU適合は，自動車メーカーにとって慎重に扱わなくてはいけない工程である。

3.3　エンジンECUと統合制御

現在の先進国向けの乗用車には，エンジンECU以外にもさまざまなECUが搭載されている。低価格車であっても10個程度，高級車では数十個から100個程度のECUが搭載されている。2000年以降，これらのECUは互いに車載ネットワークでつながるようになってきており，ECU同士が連動して機能する統合制御が普及している。車両の走行制御は，統合制御の代表的なものである。自動走行もECUの統合制御によって実現されている。

たとえば，急ブレーキ時にタイヤのロックを防止して安定走行を促すABS

3 自動車のアーキテクチャと ECU の位置づけ　257

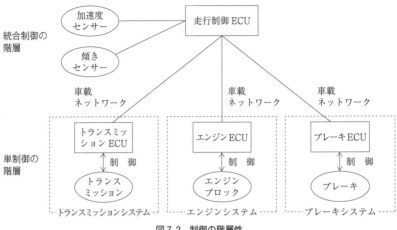

図 7.2　制御の階層性

や ESC などは，複数の ECU の統合制御によって実現している。単一のシステムを制御する ECU を開発するよりも，複数のシステムに関連する統合制御 ECU を開発する方が，はるかに困難である。

　以上のことを整理して図示したものが図 7.2 である。エンジン ECU やブレーキ ECU と，統合制御を行う走行制御 ECU は，階層的な関係になっている。新興国の ECU 市場は，この階層性を念頭に置くと理解しやすい。

　単制御の階層では，エンジン ECU やトランスミッション ECU やブレーキ ECU などの機能モジュールを制御する ECU が存在する。先述のように，これらの ECU は，各機能部品を制御するために補器として開発されたものである。中でもエンジンを制御するエンジン ECU は，各国の排ガス規制を満たしながら効率的な走行を実現するために必須の制御部品である。現在の新興国の乗用車に搭載されている ECU の大部分は，これら単制御の階層の ECU 群である。

　一方，統合制御の階層の ECU は，ECU 間が車載ネットワークで連結されたために成立した新しい階層である。従前であれば，ドライバー（運転者）がこれらの制御をしなければならなかったが，エンジン ECU やブレーキ ECU がネットワークで連結されたため，コンピュータによる車両の走行制御が可能となった。統合制御の階層の ECU は，新しく生まれた ECU であり，これから成長すると考えられている。将来の自動車産業の競争力を左右すると考えられているのが，統合制御の階層の ECU である。現在の新興国向けの乗用車は

単制御の意味で ECU を使用しているが,いずれこのような統合制御が必要になると考えられている。

エンジン ECU は自動車の中核的な機能を実現するので,単制御の階層でも統合制御の階層でも,最重要の ECU のひとつとなっている。そして,単制御・統合制御いずれの点からも,エンジン ECU はオープン標準と強く関係している。次項に示すように,単制御としては「排ガス規制」,統合制御としては「電子プラットフォーム」がエンジン ECU に関係するオープン標準である。

3.4 エンジン ECU とオープン標準

エンジン ECU には主に 2 つのオープン標準が関係している。(1)排ガス規制と,(2)電子プラットフォームである。

(1) 排ガス規制

まず排ガス規制について説明する。*3.2* 項で紹介したように,エンジン ECU は排ガス規制のために開発された補器である。排ガス規制それ自体は各国で行われているが,その規制(つまりオープン標準)は国境を越えて一種の国際標準となっている(表7.2)。同一の排ガス規制が行われている国同士であれば自動車の輸出輸入を互換的に行うことができる。もし異なる規制を行っている場合は,新たにその国で行われている規制の承認を受けなくてはいけない。中古車であれば輸出輸入の際に問題になりやすいし,新車の場合であれば製品開発の際に仕向け地開発が必要になる。

表7.2 で見るように排ガス規制に関しては欧州の EURO 規制が中国やインドなどの新興国地域で採用されている。一般的に言えば,本国と同じ排ガス規制を行っている海外市場への仕向け開発は容易になる。欧州の排ガス規制は新興国地域で採用されているため,欧州の車載エレクトロニクス企業が優位になりやすい。今回分析対象としている中国市場は排ガス規制として EURO 規制を採用しており,EU と同様の排ガス規制を採用している[4]。つまり,欧州向けの自動車開発のノウハウがある企業は有利になりやすい。

排ガス規制に関する情報は,すべての企業が規制遵守できるようにオープンに公開されている。すべての企業で情報共有されるのであるから,明確にオー

---

4) 2016 年現在,中国は EURO 4 相当(一部地域では EURO 5)を採用している。

3 自動車のアーキテクチャと ECU の位置づけ　259

地域　　　　　　年	2004	05	06	07	08	09	10	11	12	13	14	15年
米国（連邦）	暫定					Tier 2						
米国（カリフォルニア州）	LEV I					LEV II						
Ｅ　Ｕ	EURO 3			EURO 4				EURO 5			EURO 6	
日　本	新短期			新長期規制				ポスト新長期規制				
中　国	EURO 1			EURO 2					EURO 3			
インド	EURO 1		EURO 2									

出所：環境省（2009）。

表7.2　各国の排ガス規制

プン標準である。しかし，第3章から第6章までで扱ったデファクト標準やコンセンサス標準とはやや異なる。排ガス規制は典型的なデジュリ標準で，各国政府が監督する強制標準である。排ガス基準を達成したかどうかについて認証を受けなくてはいけない。排ガス規制に抵触するエンジンECU（と車両）は，その国で販売することができない。

排ガス規制は自動車の性能にも影響を与える。たとえば排ガス規制は燃費性能に影響を与える。ある水準の排ガス規制を守りながら燃費を最大化するのは高度な技術力が必要となるので，排ガス規制のようなデジュリ標準は強い参入阻止効果がある。

(2)　電子プラットフォーム

次に電子プラットフォームについて説明する。エンジンECUに関係する2つめのオープン標準はエレクトロニクスの複雑性そのものに由来しているものである。エンジンECUは原理的にはパソコンと同じようなものであるので，ソフトウェア，半導体，ネットワークなど，開発を複雑化する要素が多数存在する。とくに車載ネットワークによってECU同士が接続され，統合制御を行うようになり，複雑性が急拡大した[5]。

複雑性の軽減のために，さまざまな領域でオープン標準化が行われている。このような動きは，2000年以降，急激に強まり，複数のコンソーシアムが設

---

[5]　電子制御システムの複雑性増大が原因でトヨタ自動車でもリコール問題が報道され，「複雑化の制御」や自動車産業全体の問題として指摘されている（マクダフィー・藤本，2010）。

立されている。有名なものは 2003 年に設立された AUTOSAR コンソーシアムである。AUTOSAR は自動車の電子プラットフォームの標準化を進めるコンソーシアムである。AUTOSAR は欧州で設立されたが，日米の自動車企業，部品サプライヤーが多数参加している。近年では中国・インドの自動車企業や部品サプライヤー，ソフトウェア開発会社なども参加している。パワートレインやブレーキシステムなどの基本的な走行制御にかかわる領域を中心に，基本ソフトウェアや半導体のインターフェース，開発プロセスなどの標準化を行っている。ボッシュやコンチネンタルなどの欧州の ECU サプライヤーは積極的に AUTOSAR の標準化活動を行っている。

AUTOSAR コンソーシアム以外にもオープン標準化のコンソーシアムが生まれている。2014 年にはグーグル社と自動車メーカー 4 社などで OAA (Open Automotive Alliance) が設立された。OAA は自動車に Android プラットフォームの搭載促進を目指すコンソーシアムである（Android はスマートフォンに搭載されている OS である）。自動車産業ではこのようなコンソーシアム活動は非常に珍しいものであったが，技術の複雑性の拡大（とくにエレクトロニクス系技術の導入）によって次第に観察されるようになってきている（詳細は，本章末の「Appendix: AUTOSAR 標準について」を参照）。これらコンソーシアムで作成されたコンセンサス標準は，エレクトロニクスやソフトウェアの面で互換性・信頼性の確保を容易にするので，効率性向上や市場拡大の効果が期待されている。

4　中国のエンジン ECU 市場

4.1　中国のエンジン ECU 導入の歴史

エンジン ECU は自動車に必須の中核部品であるが，その開発には車両全体にかかわる技術知識が必要であり，新興国の部品サプライヤーが短期間でキャッチアップすることが難しい領域となっている。そのため，先進国の部品サプライヤーが新興国の自動車市場向けのエンジン ECU の大部分を供給している。本項では中国市場の事例を説明する。

中国自動車産業にエンジン ECU が導入されたのは，1990 年代にさかのぼる。もともと ECU を開発・生産している中国企業は存在せず，外資からの技術導入が必要であった。先進国の電装品メーカーも中国という巨大市場が開けるという期待から直接投資を行う機会を探っていた。電装品メーカーの直接投資

(中国市場への参入) のブームは，1992~94年頃と1997年頃の2回あった。1990年代前半のブームは，すでに中国に合弁企業を作っていた先進国の自動車メーカー (外資自動車メーカー) 向けに，電装部品を供給することが目的であった。

エンジンECUビジネスの視点からは，1997年頃の第2回目の直接投資ブームが重要である。このブームには理由があった。中国が1998年に新しい排ガス規制 (EURO 2規制) を導入するとアナウンスしたからである[6]。先述のように，排ガス規制をクリアするためにはエンジンECUや高精密な燃料噴射装置 (インジェクター) などが必須である。だからエンジンECUビジネスを行っている電装品メーカーは，排ガス規制をビジネスチャンスととらえ，直接投資を行った。

中国では，完成品 (自動車) 生産には政府規制があり，100%外資の企業設立はできず，外資と中国ローカル資本の合弁会社を作る必要がある。それに対して，自動車部品は政府規制が存在しないため，100%外資の法人設立が可能である[7]。容易に中国法人を設立できることも手伝って，現在ではボッシュ，デンソー，デルファイなどすべてのエンジンECUビジネスのグローバル企業が中国に直接投資をしている。これに伴い，中国のエンジンECUビジネスの競争は激化している。

4.2 中国のエンジンECUビジネス

もともと中国の自動車市場は，合弁企業の自動車メーカーがそのほとんどを占めていた。しかし，自動車産業に新規参入が相次いで起こり，2000年以降のモータリゼーションの波に乗って，民族系自動車メーカーが急速に成長している。図7.3は中国の乗用車販売台数の推移と自動車メーカーの国別販売シェアである。図中の「中国系 (民族系)」は中国ローカル資本の自動車メーカーであり，「ドイツ系」「日系」などは合資企業 (先進国企業と中国ローカル資本との合弁企業) を示している。「ドイツ系」であればドイツの自動車メーカーと中国ローカル資本との合弁企業ということである。

---

6) 実際にはEURO 2規制の開始は都市部より漸進的に開始され，中国全土で規制適用になったのは2004年以降である。
7) 2016年現在，環境対応車 (新エネルギー車) の部品会社の場合，合弁会社の形態でなければならない。

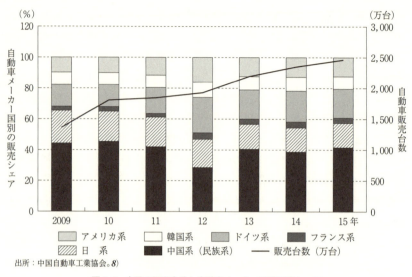

図 7.3　中国の販売台数と自動車メーカー国別販売シェア

出所：中国自動車工業協会。8)

　どこまでの車種を考慮するかなどの問題から，市場シェアの統計には大きなずれが生じているが，民族系自動車メーカーの市場シェアは 30〜40% 程度である。急激な参入と成長のために短期間のうちに淘汰される企業が続出したが，生き残った民族系自動車メーカーは合弁企業を上回るスピードで成長している。

　エンジン ECU ビジネスの観点から中国自動車産業を見ると，大きく 3 つのセグメントが存在する。表 7.3 は以上のエンジン ECU のセグメントを整理したものである。

　1 つめは，合資企業が生産している自動車で，先進国自動車メーカーからライセンスされた車両モデル向けにエンジン ECU を供給するビジネスである。合資企業の主力製品は，先進国自動車メーカーが過去に開発した車両モデルを，中国市場向けに合資企業へライセンスしたものである。この車両モデルにエンジン ECU を提供するのは，本国でオリジナルの車両モデルに対してエンジン ECU を提供していた電装品メーカーであることが多い。だから，自然と欧州と中国の合資企業に対しては欧州の電装品メーカーが，日本と中国の合資企業

---

8)　中国自動車工業協会のホームページより各年の自動車メーカー国別販売シェアと販売台数を整理した (http://www.caam.org.cn/, 2016 年 12 月 8 日アクセス)。

ビジネス・セグメント	対象となる車両モデル	車両モデルの設計拠点	特徴
合資企業への エンジン ECU 供給	先進国自動車メーカーが合資企業にライセンスした車両モデル	本 国 (先進国)	・車両モデルの設計が本国で行われるため，エンジン ECU 企業は本国に開発拠点が必要になる ・輸出が制限されていることがある
合資企業の自主モデルへのエンジン ECU 供給	合資企業が独自に開発した車両モデル	中 国	・車両モデルの設計が中国で行われるため，エンジン ECU 企業は中国に開発拠点が必要になる ・輸出は制限されない
民族系企業への エンジン ECU 供給	民族系企業が独自に開発した車両モデル	中 国	・車両モデルの設計が中国で行われるため，エンジン ECU 企業は中国に開発拠点が必要になる ・輸出は制限されない

表7.3 中国エンジン ECU 市場のセグメント

に対しては日本の電装品メーカーがエンジン ECU を供給することが多い。

2つめは，合資企業が開発した自主モデルである。自主モデルは，合資企業が新規に開発した車両モデルである[9]。自主モデル開発は中国で行われるため，エンジン ECU メーカーにも中国での開発能力が要求される。ライセンスされた車両モデルと異なり，自主モデルは自由に輸出を行うことができるため（ライセンスされた車両モデルは販売地域を限定されている場合もある），合資企業は積極的に自主モデルを開発しようとしている。中国政府はこの自主モデルの開発を後押ししている。

3つめは，中国ローカル資本の自動車メーカー（民族系自動車メーカー）が開発生産している車両に対して，ECU を供給するビジネスである。このビジネスも，合資会社の自主モデル向け ECU と同じように，ECU サプライヤーには中国での開発能力が要求される。中国政府は，民族系自動車メーカーの自主モデル開発も応援している。民族系自動車メーカー向け ECU は大きな成長が見込まれるセグメントである。

---

[9] 自主モデル開発は，合弁元となっている先進国自動車メーカーの技術移転に依存している部分が多い。

5 ボッシュとデンソーの中国参入の歴史と状況

5.1 2大グローバル・サプライヤーの中国ECUビジネス

ボッシュとデンソーは，エンジンECUビジネスを展開する2大グローバル・サプライヤーである。ボッシュの2015年の売上高は706億ユーロ（約9兆4829億円：1ユーロ＝134.30円換算）で，自動車関連では416億ユーロ（約5兆5947億円）である。一方，デンソーの売上高は4兆5245億円（2015年度）であり，ほぼすべて自動車関連である[10]。図7.4は両社の自動車関連の売上高の推移を示したものである[11]。本項では，エンジンECUのグローバル・サプライヤーであるボッシュとデンソーとの中国でのビジネスの違いを紹介する。

5.2 ボッシュの中国でのECUビジネス

5.2.1 中国ECUビジネスへの参入の歴史

ボッシュ（ロバート・ボッシュGmbH）は，1886年にロバート・ボッシュが設立した精密機械とエレクトロニクスを中心事業とした欧州企業である。本社はドイツ（シュトッツガルト）にある。早くから海外展開を始め，現在では世界各国に拠点を置く多国籍企業に成長している。

ボッシュは，4つの主事業から構成される（2015年）。最も大きな事業が売上高の59％を占める自動車関連事業である。エレクトロニクス分野を中心に自動車部品を提供している。2つめに大きな事業が消費財で24.3％，3つめが産業機器で9.4％，4つめがエネルギー建築関連で7.3％の売上貢献をしている。

ボッシュは中国事業で，上海に投資統括会社（Bosch China）を置き，32の子会社（100％資本）と11のジョイントベンチャー（中国資本との合資会社）を展開している。およそ2万6000人の従業員を中国で雇用している（2010年ヒアリング時）。さらに従業員数は増加する見込みである。ボッシュの中国での事業は，エンジンECUビジネスが最大のビジネスであり，ABS，ボディECUが続く。中国事業の売上の約半分がエンジンECU事業（ガソリンとディーゼルを

---

10) 財務データベースのSPEEDAを用いて売上高等の整理を行った。

11) ボッシュの自動車関連売上高はユーロを年平均円為替レートで円換算している。

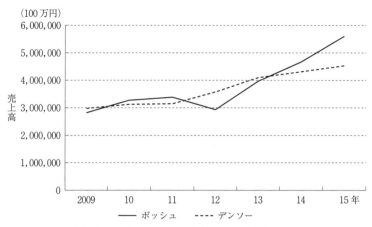

図7.4 ボッシュとデンソーの自動車関連の売上高推移

含む)である。ボッシュにとって中国市場は現在でも十分大きいが，今後さらに急速に成長すると考えられている。

ボッシュは中国でECUビジネスを展開するために，1995年に中国資本との合資会社である連合電子（UAES）を上海に設立している。UAESは中国でのエンジンECUの開発拠点である。

現代の自動車は多数の電装部品を使用しているが，「エンジンECU」「ABS」「エアバックシステム」などは，とくに欠かせないものとなっている。なかでもエンジンECUは，排ガス規制をクリアするための必須部品であるので，積極的な技術導入が政策的に行われた。エンジンECUの技術をどこから導入するのかについて，ボッシュやデンソーなどが参加してコンペが行われたが，最終的にボッシュが選ばれた。そしてボッシュと合弁系自動車会社・民族系自動車会社が共同して，UAESが設立された。

UAESは，ボッシュと中国自動車メーカーの合資会社である。ボッシュ（出資比率41%），Zhonglian Automotive Electronics（出資比率同49%），Bosch China（出資比率10%）という出資構造になっている。ボッシュ側の出資を合計すると51%となる。Zhonglian Automotive Electronicsは，上海汽車を含む8社の中国自動車会社の共同出資会社である。中国でのECUビジネスを考えるうえで，UAESの設立の役割は大きい。

5.2.2 ビジネス方針と主要顧客

UAESのビジネス目標は3つあり，①中国自動車産業の発展にパワートレイン[12]を提供することで貢献する，②顧客に好かれるパートナーになる，③十分な利益と平均超の成長を得る，である。この3つのビジネス目標はすべて重要な意味を持っているが，競争戦略の面からとくに③が興味深い。シェア獲得のための極端な価格戦略をとることを否定し，それよりも，より顧客に使いやすいシステムを提供することで市場シェアの拡大を目指している。

エンジンECUを行っている大手サプライヤーはすべて中国に進出しているが，なかでもボッシュはとくに大きなビジネスチャンスを獲得している。他のサプライヤーは，基本的には本国の自動車メーカーの中国進出に伴ってビジネスを拡大しているだけである。そのため，中国市場においても，ビジネスの主顧客は先進国（本国）の自動車メーカーであることが多い。たとえばデルファイ（アメリカの電装部品サプライヤー）であれば，中国に進出したGM（上海GM）が主顧客である。多くのエンジンECUサプライヤーにとって，主顧客は合資企業（多くの場合，本国市場の自動車メーカーの合弁会社）であることが多い。このためビジネスチャンスが合資企業に限られているのが現状である。

これに対してボッシュは合資系の自動車メーカーに限らず民族系の自動車メーカーに対してもビジネスを行っている。民族系の自動車メーカーや大手エンジン・メーカーは，ほとんどがボッシュと取引している状態である。ボッシュの中国市場での市場シェアが大きいのは，合資企業と民族系企業の双方と取引を行うことに成功しているからである。市場シェアの高さから，ボッシュ製品は中国のエンジンECU市場で「事実上の標準」となっている。

5.2.3 マネジメントの現地化

ボッシュの中国のエンジンECUビジネスは現地化が進んでいる。研究開発のエンジニアのおよそ80％が中国人エンジニアである。中国平均から見れば，離職率（数％程度）も高くない。競争優位の源泉は人材であると考えているため，積極的にローカル人材を登用する方針を長年とっている。中国の民族系自動車メーカーのECUの技術蓄積はあまり大きくない。エンジンECU以外に

---

12) パワートレインとは，エンジンから駆動力を車輪に伝える機構全体を指す。エンジンECUはパワートレインの中核部品である。

5 ボッシュとデンソーの中国参入の歴史と状況　267

も自動車に関する技術でキャッチアップしなくてはいけない領域がいまだに多くある。そのため，民族系自動車メーカーは，エンジンECUを主要なキャッチアップ領域であると考えていない。このため，ボッシュと民族系自動車メーカーの間にはいまだ大きな技術的なギャップが存在する。

5.2.4　本国との分業

中国市場の成長があまりにも早かったため，ボッシュのグローバルなプラットフォームロードマップとは別に，中国市場向けの製品モデル開発が進んでいる[13]。中国のエンジンECU開発の中心となっているのがUAESである。2010年現在，約3800人の従業員を抱えている。UAESは1996年よりエンジンECUの供給を開始している。

UAESの技術源泉はドイツのボッシュである。中国の排ガス規制はEUの規制値を参考としており，ドイツのボッシュで開発された技術を導入することで技術的優位を獲得している。ただし，ドイツから技術移転を受けているというのは，基本的な技術の移転を受けたということであり，個々の製品モデル（個々のECU）の開発，とくに中国市場向けの開発は中国で行っている。UAESが設立してから10年以上が経過しており，設立時に技術導入を行ったものの，中国向けの開発を継続して行ったため，いまでは中国独自の製品であると呼べるようになってきている。他のエンジンECUサプライヤーに先駆けて直接投資を行ったことに加えて，中国現地の開発力を早い時期に増強したことが，ボッシュの中国での成功を支えている。

2000年以降，UAESは中国独自開発に力を入れている。ボッシュの中国の技術蓄積は確実に進んでおり，グローバル市場向けのプラットフォームを中国から発信した例も出始めている。たとえば，2008年にはUAESが開発したTCU（トランスミッション・コントローラー・ユニット）がボッシュのグローバルなプロダクト・ポートフォリオに組み込まれた。

UAESが中国市場で提供しているエンジンECUは，基本的に単一モデルの標準品でありカスタマイズ品ではない。カスタマイズ品は，コストが割高になったり，開発期間が長くなったりする傾向があるため，民族系自動車メーカー

---

[13]　2015年に市場投入予定のエンジンECUの新プラットフォーム（MDG1）で，プラットフォームのロードマップをグローバル・レベルで統一する予定である。

に嫌われる傾向がある。むしろ標準品の方が，割安感があり短納期であるため人気がある。ただし完全に同一のシステムを納めるわけではなく，センサーやアクチュエーターなどの組み合わせを変更して，EMS（エンジン・マネジメント・システム）としては，顧客に適した製品を提供している。エンジンECUは制御ユニットなので汎用性が高い。UAESは自動車メーカーとの間で仕様書のパラメータ設定を通してカスタマイズを図っているが，基本的に標準品前提のビジネスが定着している。それを反映して，合資系と民族系の自動車メーカーに供給しているエンジンECUの価格差は5%以内である。

　UAESのエンジンECUビジネスは提案型の案件が多い。UAESが提案するEMSの機能仕様書は100ページ超に及び，設定する項目も1000項目以上になる。この仕様書のひな形をもとに，自動車メーカーから要望を聞き取りながら各パラメータを埋めていき，完全な機能仕様書を完成させる。

　このような流れで機能仕様を決定していくが，実際には合資系と民族系の自動車メーカーでは，機能仕様の決まり方はやや異なる。合資系企業は先進国自動車メーカーから技術移転を受けているため，独自のカスタマイズが必要であり，大量のドキュメントが必要になる。それに対して，民族系自動車メーカーは標準的なエンジンECUに少しだけ自動車メーカー独自の仕様を追加する。民族系自動車メーカーの中でもとくに新規参入した企業は，汎用的なエンジンECUをそのまま採用する場合も多い。

5.3　デンソーの中国でのビジネス

5.3.1　中国ECUビジネスへの参入の歴史

　デンソーは愛知県刈谷市に本社を置く自動車向け電装品サプライヤーである。1949年に当時赤字部門であったトヨタ自動車の電装・ラジエーター部門が，分離・独立して設立された。「日本の全自動車メーカーをお客様にする」との信念の下，「日本電装」という社名がつけられた（1996年に「デンソー」に社名変更）。1953年にボッシュと技術提携を行い，さらに積極的に技術蓄積を行うことで技術・品質面で競争力を構築してきた。1950年代の日本のモータリゼーションを背景に急速に成長した，世界最大のエンジンECUサプライヤーのひとつである。

　事業は自動車部品に特化しており，売上高は連結で4兆5245億円である

(2016年3月期)。自動車部品の供給先は，トヨタグループ向けが45.3%，トヨタグループ外が44.2%，市販品他が10.5%となっている (2016年3月期決算説明会資料より)。

　デンソーの中国進出は，日本の自動車サプライヤーとしては非常に早かった。1987年には「中国を将来有望市場」と位置づけ駐在員事務所を開設，1990年代半ば以降，カーエアコン，スタータ/オルタネータなどの生産工場を中国に展開した。エンジンECUの生産拠点としては1997年に天津に天津電装電子有限公司を設立している。この設立は中国市場が成長するという期待と，1998年に排ガス規制 (EURO2規制) が中国で始まるとの予測のもとに行われたものである (実際の規制は99年から)。2000年に中国がWTOに加盟したことをきっかけに，各先進国自動車メーカーが中国での事業規模を拡大させたため，デンソーも中国の生産規模を急激に拡大した。

　天津電装は，デンソーの中国でのカーエレクトロニクス部品生産の中核的な会社である。資本構成はデンソー93%，豊田通商7%であり，デンソーの資本がマジョリティの企業である。エンジンECU，メーター，カーナビ，フューエルポンプが主力製品である。

5.3.2　ビジネス方針と主要顧客

　デンソーの中国でのビジネス方針は，先進国自動車メーカーの中国法人 (合資系自動車メーカー) に対する部品の供給がメインである。このため，本国 (日米欧) での設計技術力の拡大がビジネスの大きな決め手である。デンソーの中国での主顧客は合資系自動車メーカーであり，とくに日系の自動車メーカーと中国資本の合資自動車メーカーに強い。たとえばエンジンECUを生産している天津電装の主要顧客は，一汽トヨタ，広州トヨタ，広州ホンダ，長安スズキなどである。トヨタの合資先企業との取引関係はとくに強く，品目によっては天津電装の売上高の9割に及ぶこともある。

　合資系自動車メーカーは，先進国自動車メーカーから車両モデルをライセンスしてもらい生産を行っている。そのため，部品サプライヤーとして競争力を決定する要因は，先進国自動車メーカー本国の開発プロセスにいち早く参加し，デザイン・ウィン (自社部品が自動車メーカーの設計に採用されること) を得ることである。デンソーの中国側の活動としては本国 (先進国の自動車メーカーの本国開発拠点) との連携が重要となる。

合資系自動車メーカー主体のビジネス形態であったため，開発資源や営業人材は本国側で強化しており，中国では生産能力を高める方針をとっている。この方針に基づき，生産能力は品質や技術蓄積の面で大きな成功を収めた。

ただし2000年代後半以降，合資企業内での自主モデル開発や，民族系自動車メーカーの成長に伴い，中国現地での車両開発の機会が拡大してきている。そのため中国での自動車メーカーとの関係強化，中国現地の開発センターの拡大が急務となっている。とくに急成長を遂げている民族系自動車メーカーへのビジネスチャンスを作り出すことが重要であると認識している。そのためには，中国現地の開発・営業資源の拡充の他に，「品質と価格のバランス」など中国市場に合わせた開発・生産・営業の体制を構築中である。

5.3.3 マネジメントの現地化

天津電装は100％デンソーが出資している独自資本会社である。それゆえ，合資会社に比べて，ローカルマネージャーが育ちにくいという問題を抱えている。つまり，マネジメントの現地化が進みづらいという悩みがある。生産品目の増加に対しては，デンソー本社から生産技術，品質保全，生産事業部といった事業部ごとに日本人が派遣されることになり，結果として日本人のマネージャーが増えてしまう。それが現地でのローカルマネージャーの育成を阻害してしまうのが一因である。一方で，中国労働市場から優秀な人材を中途採用することも難しい。かといって，マネージャーの能力のないローカル人材を無理に昇格させるとなると，問題はより複雑になる。大量にローカル人材をマネージャーとして登用し，業績に合わせて降格させるような案もあるが，日本企業の企業風土では，降格は心理的に抵抗があり行いにくい。ローカルマネージャーの育成は時間がかかるが，現時点で育成が十分にできておらず，目下の重要課題のひとつとなっている。

5.3.4 本国との分業関係

現時点のデンソーの中国と日本の関係は，日本でエンジンECUを設計開発し，天津電装で製造するという分業関係である。エンジンECUの製品設計に関しては，日本（もしくは先進国自動車メーカーの本国）に依存しているのが現状である。従来，デンソーの中国での主要顧客は合資系自動車メーカーであり，合資系自動車メーカーの技術決定権は本国側（先進国自動車メーカー）の設計グ

ループにあった。よって，デンソーも本国側（自動車メーカーの本国拠点側）の設計資源を強化し，中国では製造能力を高める努力を行った。

中国での生産能力を高める各種の取り組みは大きく成功している。たとえば新規製品が開発され中国で生産される場合は次のような手順を経る。まず本国（多くの場合，日本）で，製品設計に合わせて工程設計が行われる。この工程設計で工程管理明細書が作成される。もし既存製品の派生モデルの場合は，天津電装が工程管理明細書を作成する。工程明細書には，治具の仕様や自動機の仕様も記載される。さらに，「組み付け手順」「品質のチェックポイント」「安全注意事項」など作業現場に必要な作業要領書を作成する。作業要領書は中国で作成される。つまり，新規製品の場合は本国の生産管理と連携して中国で工程管理書と作業要領書を作成し，派生製品の場合は中国独力で工程管理書と作業要領書を作成する。派生製品については，中国の人材で工程設計ができるほどの技術蓄積を行うことに成功した。

厳しい市場競争を反映して，合資系自動車メーカーは，中国現地での設計を要望している。自主開発モデル（ライセンスされた車両モデルの生産ではなく，自らプラットフォーム開発を行うモデル）へと車両開発が移行してきており，中国で膨大な開発力が必要となるからである。さらに，民族系自動車メーカーもデンソー中国の開発力の増大を望んでいる。民族系自動車メーカーがプラットフォーム開発を成功させるためにはデンソーの中国現地の開発センターの協力が不可欠である。このような動きは，デンソーにとってもビジネスチャンスになる。

合資系・民族系自動車メーカーの要望に応えるために，デンソーでは急速に中国の開発センターの強化を行っている。デンソーのエンジン ECU の基本設計は，すべての顧客で同じであるが，実際には，個別対応（カスタム設計）になる傾向が強くなると予想している。このため，少なくとも ECU 適合のためのエンジニアは，中国で大規模に拡大しないと，今後の自動車メーカーの要望に対応していくことが難しいと考えている。

5.4 中国 ECU ビジネスの市場成果

中国の 2015 年の乗用車の市場規模はおよそ 2500 万台である（図 7.3）。2009 年は 1300 万台であったので，急激な成長を遂げていることがわかる。この乗用車すべてにエンジン ECU が搭載されている。

中国のエンジン ECU 市場の主なサプライヤーは日米欧の外資系企業である。

主な企業は，ボッシュ（ドイツ），デンソー（日本），デルファイ（アメリカ），ビステオン（アメリカ），コンチネンタル（ドイツ）などである。これら企業の市場シェアについて，正確な統計データは存在しない。ECU は単なる部品であり，自動車それ自体のような公式的な統計がないからである。

各種の統計資料およびヒアリングから推定すると，エンジン ECU のおおよその市場シェア（合弁企業・民族企業などを合算したすべての市場シェア：数量ベース）は，ボッシュ（UAES）が 40～60％，デルファイ 10～20％，デンソーが 10％ 程度であると思われる（2009 年）。中国のエンジン ECU 市場はボッシュが大きな市場シェアを獲得している状況である。

ボッシュにとって，中国市場は欧州市場を超えるほどの収益率の高い市場となっている。この点は同社の優れたビジネスモデルの結果であり，驚きに値する。この理由は，ボッシュがエンジン ECU をターンキーソリューション[14]の標準品ビジネスを行っていることに由来している。エンジン ECU を市販部品（off-the-shelf products）として提供しているため，顧客特有のカスタマイズを行わない。カスタマイズに伴うコスト高を避け，同一モデルを幅広く販売することで，中国市場で高収益性を達成している。

このような標準品ビジネスは，技術蓄積が浅く，キャッチアップ意識旺盛な中国自動車メーカーにとってもメリットが大きい。第一に，カスタマイズ費用が必要ないため，エンジン ECU の価格が安く抑えられる。第二に標準品であるので短納期であり，開発期間の短縮化に貢献する。第三に詳細な要求仕様を自動車メーカーが作成する必要がないので，技術蓄積不足をカバーできるのと同時に，前述のように，開発期間の短縮化の点からも有利である。第四に標準的仕様のエンジン ECU が普及すれば，エンジニアは一般的なスキルとしてエンジン ECU 開発のノウハウの蓄積ができるようになり，効率的な学習ができる。自動車メーカーはエンジニアを中途採用しやすくなる。このようなメリットがあるため，ボッシュのエンジン ECU を採用する中国自動車メーカーが増加し，事実上の標準の地位を得るほどの市場シェアを獲得している。

ボッシュはグローバル ECU サプライヤーの中でも最も早く中国に参入し，中国市場の経験が深いが，それだけが同社の成功の理由ではない。前述のよう

---

14) ターンキー（キーを回すだけ）で運用することができるシステムという意味。ノウハウなどが装置に組み込まれているので，ユーザーに高度なノウハウを必要としない。

に，エンジン ECU 事業に対する優れたビジネスモデルが中国市場のボッシュの競争優位を拡大させている．

6 中国自動車産業の将来動向

6.1 中国自動車産業の技術蓄積：2つの将来像

中国の自動車産業は急激な成長を遂げている．先進国自動車産業が作り上げてきた技術を既存資源として活用しながら，中国市場の実用的なニーズに合わせた製品開発を行っている．

1990年代の中国で生産されていた自動車（合資会社でライセンス生産されていた自動車）は，先進国で開発された車両をベースモデルとして，中国市場向けに一部変更を行ったものであった．しかし2000年代後半以降の自主モデル開発・自主ブランド（民族系自動車メーカーの独自開発モデル）は，ベースモデル依存から一歩進んだ段階になってきている．自主モデル・自主ブランドは，中国で開発したオリジナルの車両モデルのことである．

中国で完全な自主モデル・自主ブランドの車両が登場するまでには，**表7.4**に示す4つの段階を自動車メーカーが経るだろうと考えられている．

第1段階のベースモデルの一部変更とは，先進国ですでに上市された車両モデルを中国向けに変更することである．すでに製品化された車両の一部を変更するだけであるので，容易に製品開発が可能である．それに対して，第2段階では，車両走行に関するモジュール（主に車両の下半分：ロワーボディ）に関する部分は，既存の車両と同一であるが，ボディの外観デザインや内部装備に関しては新規に設計を行うものである．主に車両の上半分のモジュール（アッパーボディ）の開発が必要となる．

第3段階は，第2段階とは質的に大きく異なる飛躍が必要となる．第3段階では，車両の基本的な機能である「走る」「止まる」「曲がる」をゼロから設計する．そのためには，単機能層のECUを最大限に活用しなくてはいけない．

第1段階	ベースモデルの一部変更を主とする車両開発
第2段階	アッパーボディのみの車両開発
第3段階	プラットフォーム開発（車両の走行部分・車台）を含めた車両開発
第4段階	制御部品（ECU等）を含む車両全体の開発

表7.4 中国自動車メーカーの車両開発の技術段階

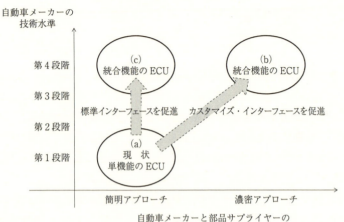

図7.5 中国ECU市場の将来像

また，車両走行制御を行うためには，統合制御の層のECUまでも利用することが必要となる。車両走行に関するモジュール（ロワーボディ）をプラットフォームと呼び，プラットフォーム開発の能力を自動車メーカーが持つ必要がある。第4段階では，車両全体を自動車メーカーが開発することになる。

2010～11年のヒアリングによれば，中国の多くの自動車メーカーは合資系・民族系も含めて，第1段階から第2段階（もしくは第3段階の一部）への移行期にあると考えられている。2015年の状況を見ると第3段階に到達している自動車メーカーが増加しつつある。最終的には中国の自動車メーカーは第4段階（統合制御系も含む車両全体の開発）に至る可能性が高い。中国政府の産業政策も第4段階への移行を後押ししている。

中国のエンジンECU市場の現状では，ターンキーソリューション提供に近いようなコミュニケーション・パターンが，自動車メーカーと部品サプライヤーの間で頻繁に観察されている。図7.5の左下（a）の状態である。

これに対して，第1・2段階から第3・4段階へと中国自動車メーカーの技術水準が移行すると，自動車メーカーとECUメーカーの取引パターンも変化するのではないかと考えられている。ただし，その方向性については大きく2つ見解がある。

1つめの見解は，両者の間のコミュニケーションはより濃密になり，技術情報を頻繁に交換するようになる，という見解である。企業間のコミュニケーシ

ョン・パターンとしては濃密アプローチに近くなる。そうなればフェース・トゥ・フェースの技術情報のやりとりが重要になり，ECUサプライヤーの中国現地開発能力が重要になる。統合制御が必要となるにつれて，図7.5の右上（b）に移行していくのではないか，という予想である。その場合，カスタマイズ要求が増大するため，中国現地のサプライヤーのエンジニアが，中国の自動車メーカーの開発に深く参加する必要がある。第1段階では，本国で開発されたモデルをもとに開発を行えばよかったが，第2～3段階ではプラットフォーム開発まで中国で行う。先進国のECUサプライヤーから中国の自動車メーカーへの技術移転・知識移転は不可避であり，むしろそこにビジネスチャンスがあると考えられる。デンソーはこのアプローチを推進している。

2つめの見解は，ECUに対するカスタマイズ要求が増大するものの，基本的には標準品の需要が大きい，という見方である。企業間のコミュニケーション・パターンとしては簡明アプローチに近くなる。統合制御が必要となっても，自動車メーカーと部品サプライヤーのコミュニケーション・パターンは変化せず，図7.5の左上（c）に移行するという考え方である。この予想に立てば，部品サプライヤーには，より包括的なソリューションが要請されるようになる可能性がある。ターンキーソリューションの提供に近くなる。中国市場は非常に競争的でありコスト低減の要求が厳しい。これを満足するためには，ECUで規模の経済を追求する必要がある。その場合，技術仕様の簡明化など，フェース・トゥ・フェースのコミュニケーションに過度に依存しないようにしなければ，技術移転・知識移転に膨大な工数がかかってしまい，コスト高になってしまう。コスト高になれば利益が圧縮されるだけでなく，中国の民族系自動車産業へ広く対応することも困難になる。ボッシュは包括的なソリューション提供を推進することで，この問題を解決しようとしている。

6.2 2つのアプローチの長所と短所

いままでの中国市場が後者の簡明アプローチで成長してきたことは明らかである。しかし，今後も中国市場が成長スピードを保ったまま，さらに成長を遂げようとした場合，前者の濃密アプローチと後者の簡明アプローチのどちらが有力になるのだろうか。

どちらのアプローチにも長所・短所があり，どちらが優勢になるのか予断を許さない。

前者の濃密アプローチの方法は，民族系自動車メーカーを中心に技術蓄積のニーズが大きく，手厚いサービスが歓迎される可能性もあり，長所となりうる。エンジン ECU サプライヤーは，エンジン ECU のインターフェースをカスタマイズし，顧客ごとに差別化したエンジン ECU を提供する。濃密アプローチではカスタマイズ・インターフェースが促進される。

その場合，最も重要な点は，エンジン ECU が中国自動車メーカーにおいて技術蓄積（キャッチアップ）の焦点になるかどうかである。先述のように，中国自動車メーカーは技術蓄積が浅く，キャッチアップしなければならない分野はいくつもある。このような状況の中で，エンジン ECU が主要なキャッチアップ領域になるのかどうかは判断が分かれる。エンジン ECU に集中するよりも，むしろ自動車全体のパッケージングを良くし，商品としての統合度を高め，製品の魅力を上げる方法も考えられる。

濃密アプローチの短所にも注意が必要である。濃密アプローチは，取引関係の構築のコストが高くつきやすい点が短所である。たとえば設計センターや技術営業を短期間の間に拡大する必要がある。投資負担の増加を抑えながら，コスト的に見合う製品を上市できるかどうかが問題になる。

一方，後者の簡明アプローチは，標準インターフェースを促進しながら，取引コストを下げることができるという長所がある。さらに標準品としてエンジン ECU を供給することで，自動車メーカーにとっては短納期・低価格な部品となることも魅力を生む。エンジン ECU サプライヤーにとっても，標準モデルを幅広い顧客に販売するので，利益率が高くなりやすく R＆D への再投資も可能になる。

簡明アプローチで問題として挙げられるのは，自動車メーカー間の差別化競争が厳しくなると，エンジン ECU を汎用品として販売することが難しくなってくるという点である。エンジン ECU はエンジン効率や排ガス規制など，自動車の主要な性能に直結する部品である。そのため，この領域で差別化を行いたいという誘惑は自動車メーカーの中にいつも存在する。

新規参入が絶え間なく行われている場合，技術蓄積の小さい自動車メーカーが市場に多く存在し，標準品のエンジン ECU の需要は高い。それに対して，新規参入が一段落して，自動車メーカーが技術蓄積をベースに差別化競争を開始し，エンジン ECU 分野でも差別化競争を開始した場合，標準品 ECU を主体としたビジネスは脅威にさらされる可能性がある。ただし，そのような場合

でも，中国自動車メーカーが第3段階にとどまり，差別化競争がアッパーボディを中心にして行われた場合，依然として標準品 ECU ビジネスは残る可能性もある。産業進化の可能性は複雑であり，予断を許さない。

外部要因として留意すべきであるのは，2000年以降，車載エレクトロニクス分野で継続的に行われている標準化活動である（徳田・立本・小川，2011）。先進国でも車載エレクトロニクスの複雑性の増大は大きな問題となっている。複雑性軽減のため，自動車メーカー，部品サプライヤー，さらにはツール企業や半導体企業，ソフトウェア企業などが集まり，活発に標準化活動を行っている。たとえば欧州発のオープンな標準化団体である AUTOSAR コンソーシアムなどが挙げられる（本章末の Appendix 参照）。このようなコンソーシアムで確立した標準規格やロードマップ，それらに対応したツールは，先進国産業だけでなく，新興国産業にも影響を及ぼす。もしもグローバルな標準が形成され，それに基づいたエコシステムが拡大すると，より標準インターフェース志向の方法へと産業全体は向かいやすい。今後，この点についてさらに留意が必要である。

7 まとめ

冒頭に紹介したように，複雑な製品を扱う産業は，本来，国際移転が難しい。しかし，実際には，驚くべきスピードで複雑な製品を扱う産業が新興国に移転している。このパターンの産業移転で重要な役割を果たしているのが，中核部品を供給する先進国企業である。本章では，このような中核部品企業を，企業間関係の観点から「簡明アプローチ」「濃密アプローチ」の2つのタイプに分けて比較した。前者はプラットフォーム企業に多く，後者は製品企業（製品重視の戦略をとる企業）に多い。

中国自動車産業の事例をもとにすると，ユーザー企業との関係マネジメントは，2者の間で大きな違いがあった。簡明アプローチをとっているボッシュは，ユーザー企業の短期間の製品開発を可能とし，技術蓄積の少ない民族系自動車メーカーに広く受け入れられている。既存研究では，このようなアプローチをとる部品企業をテクノロジー・イネイブラーと呼んだり，技術プラットフォーム企業と呼んだりしている。そして，プラットフォーム企業が技術移転を促進しながら，先進国企業と新興国企業が参加できるエコシステムを形成すること

に注目が向けられるようになっている（小川, 2008; 新宅ほか, 2008; Tatsumoto, Ogawa, and Fujimoto, 2009）。新興国産業にとって，このような産業構造は望ましいものであり，新興国の経済成長に多大な貢献をしている（小川, 2011; 立本, 2012）。

　中国自動車産業の場合，とくに技術蓄積が小さく，キャッチアップ期にある民族系自動車メーカーにとっては，プラットフォーム提供者としてのグローバルECUサプライヤーの存在は望ましい。一方，合弁系自動車メーカーにとっては，プラットフォーム化されたECUは，差別化の源泉を失わせてしまうため，頭の痛い存在になるかもしれない。民族系自動車メーカーの拡大に合わせて，プラットフォーム企業の中国でのビジネスチャンスはさらに拡大する可能がある。

　一方，合資系企業が輸出を行うために自主モデルの開発を行うような場合，積極的に技術情報の吸収を行うために，濃密なコミュニケーションを行い，自動車メーカーごとにカスタマイズされたインターフェースを提供するような先進国ECUサプライヤーが望ましいだろう。その際には，ECUサプライヤー側にも，濃密アプローチのコミュニケーションによって増大するコストにどのように対処するのかの方策が必要となるだろう。たとえば自社は自動車メーカーとの共同問題開発に専念し，細かい部分をモジュール化して有能な現地開発企業にアウトソースすることも有効な方策かもしれない。ただし，この場合は現地に開発企業のクラスターが形成されている必要がある。

　先進国企業と新興国企業の両者にとって，プラットフォームを介した産業移転は，経済的合理性がある。一般的に新興国市場はコスト圧力が強く，先進国企業にとって利益を得ることが難しいのが問題である。ところが，オープン標準に基づいた産業構造が形成されると，先進国企業にとっても十分な利益を獲得でき，産業移転がさらに加速される。プラットフォームを基盤とすることで先進国企業と新興国企業が同一のエコシステムで分業することが可能になる。同時に，プラットフォーム企業としては，製品のコモディティ化と高収益の同時実現を可能にすることができる（小川, 2008）。この点が，プラットフォーム企業の新興国市場戦略を理解するうえで重要である。

　プラットフォーム企業の新興市場への展開は，迅速な国際的産業移転の背景にあり，新興国の産業進化に大きく影響している。このようなプラットフォームを介した産業移転を「プラットフォーム分離モデル」と呼ぶ（立本・小川・

新宅,2010)。この産業移転のパターンには普遍性があり,新興国市場での競争戦略として合理性がある。先進国企業にとって,今後,この戦略パターンは,さらに重要性が拡大するものと思われる。

Appendix AUTOSAR 標準について

1990年代半ば以降,車載エレクトロニクス(以下,車載エレ)の複雑性は顕著になり始め,開発工数の急増や品質保証のうえでの困難として認識され始めた。車の機能を実現するためにはエレ技術,なかでもソフトウェアが必須の要素であるとの認識が企業を超えて広まっていった。

(1) 車載エレクトロニクス部品

一般的な車両モデルに占めるメカ部品と車載エレ部品のコスト比は7:3ほどである(図7.A.1)。決して,コスト的に車載エレクトロニクス部品が大きいわけではない。

しかし,その内訳を見てみると大きな違いがある。メカ部品を内製品と調達品に分けると,その比率は30:40程度である。内製と調達は同じような比率である。それに対して,車載エレ部品は,3:27程度であり,その9割が調達品なのである。調達における問題もあるが,技術的なノウハウ蓄積の面で,自

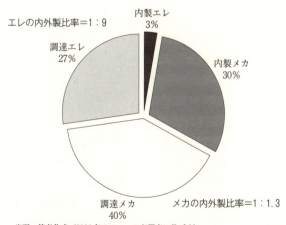

出所:筆者作成(2006年のフィールド調査に基づく)。

図7.A.1 メカ部品と車載エレクトロニクス部品のコスト比

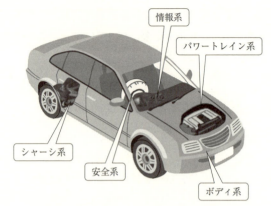

図7.A.2　車載エレクトロニクスの4分野

動車メーカーにとって難しい問題である。

　車載エレは，その領域に応じて4つの分野に大別することができる。駆動力を発生させるパワートレイン系，走行を制御するシャーシ系，快適な車内環境を提供するボディ系，そして，カーナビなどマルチメディア処理を行う情報系である（図7.A.2）。近年ではこれに安全系と呼ばれる領域も生まれている。パワートレイン系，シャーシ系を「したもの」と呼び，ボディ系，情報系をあわせて「うわもの」と呼ぶこともある。今回対象とするAUTOSAR標準は主に「したもの」の領域の標準化活動である。

(2)　車載エレクトロニクスの標準化

　車載エレに関する標準化活動は欧州で先行して始まった。まず，ドイツの自動車メーカー5社が2001年にHIS (Hersterller Initiative Software) というコンソーシアムを結成した。5社は，アウディ，BMW，ポルシェ，ダイムラー（当時ダイムラークライスラー），VWである。その活動目標は，①標準ソフトウェアモジュールの定義，②ソフトウェア・テストの定義，③ECUのフラッシュ・プログラミングの標準，④開発プロセス・アセスメント，⑤シミュレーションとツールの標準化，を行うことであった。

　HISの活動は，自動車メーカーの視点で車載エレ部品やソフトウェア，開発環境に対して共通の要望を標準化しようとしたものである。しかし，このHISの活動はサプライヤーが不参加であったため，活動は頓挫してしまう。ただし，このコンソーシアム結成は車載エレ分野に大きな動きがあることを業界に認知

させるようになった。

　自動車メーカー主体のHISが設立したのを見て，欧州のメガサプライヤーはすぐに行動を開始した。翌年の2002年には，ダイムラークライスラー，ボッシュ，コンチネンタルが車載エレのためのコンソーシアムの設立準備を行っていることを発表した。これが後のAUTOSARコンソーシアムである。ダイムラークライスラーは自動車メーカーであるが，ボッシュとコンチネンタルはサプライヤー企業である。

　2003年7月に，BMW，シーメンス，VWが加わり，AUTOSARが設立された。自動車メーカー3社とサプライヤー3社での設立であった。ここまで欧州企業のみのメンバーシップであったが，2003年11月にフォードがコア・メンバーに加わり，さらに2003年12月にはプジョー，トヨタが加わった。2004年にGMが加わり，メンバーシップが大幅にグローバル化した。AUTOSARはグローバル・スタンダードを策定するコンソーシアムへとなっていった。

　AUTOSARは3年を1活動期間としていた。2004〜06年をAUTOSARフェーズ1とし，2007〜09年を同フェーズ2，2010〜12年をフェーズ3とした。各フェーズごとにAUTOSARで策定した標準仕様書をリリースした。

　AUTOSARの標準化対象範囲は，ECUを中心に広範なものであった。そのためメンバー企業の数も多かった。AUTOSARではその役割や権限に応じて，会員企業をコア・パートナー，プレミアムメンバー，アソシエイトメンバーに分けていた。2005年にコア・パートナーには10社，プレミアムメンバーに46社，アソシエイトメンバーには24社がリストアップされた。企業のバックグラウンドは，自動車企業，サプライヤー，ソフトウェア企業，ツール企業，半導体企業などであった。

　AUTOSARの活動目標（標準化対象）は次の4つであった。①マイクロコントローラ（半導体）のインターフェースの標準化，②ベーシックソフトウェア（BSW）の内部コンポーネントの標準化，③アプリケーションのデータフォーマットの標準化，④開発プロセス・メソドロジーの標準化である。

　①のマイクロコントローラ（マイコン）とは，ECUの中で処理を実行する半導体のことである。パソコンで言うCPUにあたる。②のベーシックソフトウェアとはパソコンで言えばOSにあたる基本ソフトウェアのことである。BSWの内部コンポーネントの標準化とはBSWを構成するソフトウェア群を標準化するという意味であり，Windows OSの内部コンポーネントを標準化す

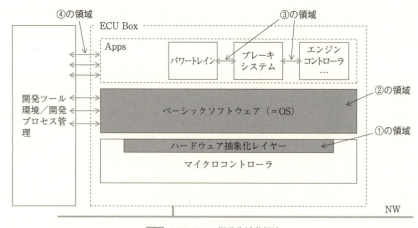

図7.A.3 AUTOSARの標準化領域

るというニュアンスである。③のアプリケーションのデータフォーマットの標準化とは，アプリケーションで使うデータ形式の標準化である。たとえばワードのファイルの形式を業界全体で標準化して共有する，というような意味である。④の開発プロセス・メソドロジーの標準化は，開発ツールの開発を促進するために行われた。

以上をまとめたものが図7.A.3である。

この図を見るとわかるように，AUTOSAR標準はECUの内部を標準化したものである。さらに，その周辺のアプリケーションのデータ形式なども標準化対象となっている。

これらの領域について，AUTOSARではワークパッケージという小グループごとに標準化を行っていった。たとえば，マイコンのインターフェースはMCALというワークパッケージで関係する企業が集まって標準化案を策定し，それを承認するというプロセスを経ていった。

上記に標準化対象領域を①から④まで4つあげたが，その標準化の成果，すなわち詳細まで標準規格化できたか，という度合いには相当の違いが生じた。

表7.A.1は各領域での標準化活動の結果，詳細まで標準化が行われた程度を表している。◎で示されている領域は詳細なレベルまで十分に標準化できたもの，○はほどほどに標準化できたもの，△は標準化が十分にできなかったものである。標準化が十分にできなかった理由は，さまざまなアプローチの一本

領域	標準化の対象	標準化活動の成果
①	マイクロコントローラのインターフェース	◎
②	ベーシックソフトウェアの標準化	◎
③	アプリケーションのデータフォーマット	△
④	ツール/メトドロジー（開発プロセス）	○

表7.A.1　AUTOSARの各領域の標準化程度

化ができなかったり，技術情報の提供について参加企業が消極的であったりしたためである。

　表7.A.1で確認すると，①マイクロコントローラのインターフェースと，②ベーシックソフトウェア（BSW）に関しては，十分に標準化ができたことがわかる。それに対して，アプリケーションのデータフォーマットに関しては標準化が不十分であったことがわかる。

　第3章の戦略的標準化の議論で提示したアーキテクチャの二分化のフレームワークを当てはめると，①マイコンのインターフェース，②BSWに関しては，オープン領域になったと言える。それとは逆に，③のアプリケーションのデータ形式についてはクローズ領域になったわけである。

　このようなアーキテクチャの二分化は，コンソーシアムを設立したファウンダー企業の意図に沿ったものであった。AUTOSARコンソーシアムの設立企業は自動車企業とメガサプライヤー企業である。自動車企業もサプライヤー企業も，アプリケーション部分に近い領域は差別化領域である。さらにサプライヤーにとっては，アプリケーションは事業領域そのものである。よって，③アプリケーションのデータ形式についてはオープン標準化活動が進まないのも当然のことであった。一方，マイコンのインターフェースやBSWについては，自動車企業もサプライヤー企業も調達品であったり，自社の事業領域として重要ではない事業であったりした。そのため，①マイコンのインターフェースや②BSWについては，積極的なオープン標準化活動が行われた。

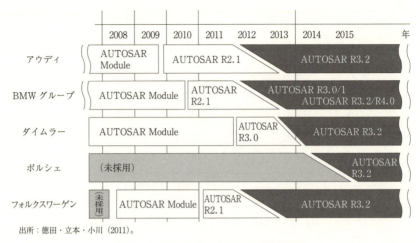

出所:徳田・立本・小川(2011)。

図7.A.4　AUTOSAR 仕様の利用状況と見通し

(3) AUTOSAR 標準のグローバル展開

このような標準化活動の結果，AUTOSAR 標準を採用した車載エレクトロニクスシステムは，欧州の自動車企業に採用されるようになっていった。図7.A.4 は AUTOSAR 標準が欧州の自動車メーカーに採用されている様子を示している。

AUTOSAR の標準化活動はグローバルな活動であり，欧州の自動車産業だけが標準化活動を行っていたわけではない。アジアの企業も標準化活動に参加していた。図7.A.5 は AUTOSAR メンバー企業の地理的な分布を表している。地域名の横の数字が参加企業数で，括弧内の数字は前年からの増加数である。

欧州は 72 社と AUTOSAR コンソーシアムへの参加企業数が一番多い。これはもともと AUTOSAR が欧州で発足したものであることから，ある意味では当然である。アジアの企業も欧州に続いて 64 社も参加している。その内訳を見ると，日本は 41 社で，中国 9 社，インド 8 社となっている。日本はコンソーシアム誕生地域でないにもかかわらず，参加企業が多い。これは日本の自動車部品企業が欧州自動車企業向けに部品ビジネスを行っており，そのため，AUTOSAR 標準に強い関心を持っていたためである。

図7.A.6 は世界の主要地域の自動車市場の規模を表している。数値は 2012 年のものである。中国は 1900 万台／年の新車販売を行っており，世界で最大規模の市場となっていた。欧州から技術導入の機会を求めていたため，必ずし

Appendix　AUTOSAR 標準について　285

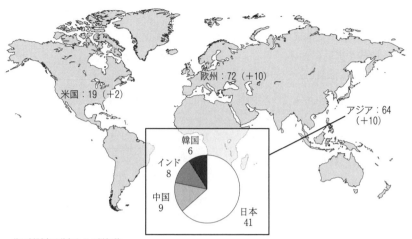

注：括弧内は前年からの増加数。
出所：AUTOSAR 発表資料。

図7.A.5　AUTOSAR メンバー企業の地理的分布（2011 年頃）

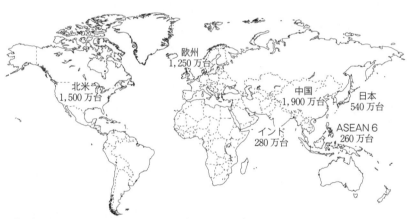

注：1)　ASEAN6 は，タイ，マレーシア，インドネシア，フィリピン，シンガポール，ベトナム。
　　2)　数字は JETRO（2012）をもとに概数表示（新車販売数ベース）。
　　　　ただし，日本については JAMA 発表より概算表示。
　　　　ASEAN6 については JETRO 発表資料より概算表示（2011 年新車販売数ベース）。

図7.A.6　主要地域の自動車市場の規模（2012 年）

もすぐに中国市場に AUTOSAR 標準を導入するわけではないが，その技術動向に関心を持っていた。これが中国企業の AUTOSAR 参加の主なモチベーションであった。

アジアからの参加企業の中で特筆すべきはインド企業の多さであった。インドは，自国市場が小さく，また，その市場の大部分は小型車であり，AUTOSAR 標準が広範に適応できるような自動車市場ではない。しかし，インド企業の狙いは別にあった。

インドから参加している企業は，ソフトウェア開発に強みを持つ，オフショア開発企業が中心であった。オフショア開発企業は，海外開発委託会社のことである。開発のみを専門に行う。インドのバンガロールはオフショア開発企業のクラスターが存在していることで有名である。彼らはソフトウェアの開発工程のうち，とくにコストがかかりやすい，「ソフトウェア詳細設計」「コーディング」「ソフトウェア単体テスト」を先進国企業から受注して，インド国内のエンジニアリング・パワーで開発を行っていた。インド国内の自動車市場は小さいが，車載ソフトウェアの開発拠点として成長していたのである。

オープン標準によって，車載ソフトウェアをアウトソーシングしやすくなる。インドのオフショア開発企業にとって，AUTOSAR 標準が広がることは，ソフトウェア開発ビジネスを拡大させる良い契機と映った。そのため AUTOSAR を念頭に開発拠点拡充の投資を行っている。

インドのオフショア開発企業には 2 つのタイプが存在する。

1 つめは，欧州サプライヤーが直接投資を行い，自社の開発プロジェクトのためのオフショア開発の子会社として設立した企業である。ボッシュやコンチネンタルなど，欧州の大手サプライヤー企業は，バンガロールに大規模オフショア開発拠点を持っている。

2 つめは，インド・ローカル資本のオフショア開発企業である。Wipro や TATA コンサルティングサービスなど，IT ソフトウェア開発をメインに手がけながら車載ソフトウェアを手がける会社と，KPIT のように車載分野に注力している会社が存在する。いずれの企業も AUTOSAR 標準をビジネス拡大の契機ととらえており，開発能力の拡大を行っている。

(4) ボッシュのオープン標準化戦略

ボッシュは AUTOSAR 標準に対して，さらなる戦略的な行動をとった。1 つめに 2012 年の World Automotive Congress で，AUTOSAR 標準に対応した自社開発のマイコンを 2015 年に市場投入予定であることを発表した (Rueger, et al., 2012)。このマイコンは MDG1 と呼ばれるもので，AUTOSAR 標準

に対応した初めてのフルスクラッチ開発された 32 ビットマイコンである。市場投入に先行して 2012 年末に SW 環境を公開することも発表した。ボッシュは MDG1 の設計のみを行っており，半導体企業 3 社（フリースケール，インフィニオン，STM）が製造を行う。いわゆるファブレスモデルである。MDG1 はスケーラブルマイコン[15]として設計されており，3 つのグレード（1 コア，2 コア，4 コア）が予定されている。コア数が多くなると，実現できる機能が多くなる。3 つのグレードともに，ソフトウェアの API[16]は共通しており，アプリケーション・ソフトを共通に使うことができる。

　2 つめに，ベーシックソフトウェア（BSW）のオープンソースソフトウェア化である。ボッシュは ETAS[17]と共同してベーシックソフトウェアをオープンソースソフトウェアとして公開した (Rüping and Trechow, 2014)。これは COMASSO アソシエイションと呼ばれる開発コンソーシアムへの開発リソース提供として行われた。開発企業は COMASSO のコミュニティメンバーになることで，ボッシュの BSW を使った開発ができるようになった。

　3 つめに，ベーシックソフトウェアの上位レイヤーにあたるアプリケーションのライブラリのインターフェースに関しては，自社のデファクト標準として，Web 上に公開を行った[18]。ボッシュはこのインターフェースのことを VeMotionSAR と呼び，オープンにライブラリを参照できるようにしている。ただし，このライブラリの利用は無料ではない。あくまでボッシュの開発資産である。

　ボッシュが新たに行ったオープン標準化は AUTOSAR 標準の上にさらに標準を重ねて設定するものであった。BSW に関して AUTOSAR 標準が BSW 仕様の標準であったのに対して，新たに COMASSO で行った OSS 公開はソフトウェアのソースコードそのものであった。これは無料で利用することができるため，強いデファクト標準化の効果を持つと予想される。

　一方，そのような BSW の下位レイヤーのマイコンと，上位レイヤーのアプ

---

15)　スケーラブルマイコンは，必要とする処理能力が高くなった場合，処理能力の高いマイコンに切り替えて使えるマイコンの製品ファミリーのこと。ソフトウェアは変更しないで済むため開発効率が良い。

16)　API は Application Programing Interface の略。ソフトウェアとハードウェアのインターフェースのこと。

17)　ETAS はボッシュグループの 100% 子会社として 1994 年に設立された組込システム開発のソリューション提供会社。

18)　http://www.bosch-vemotionsar.com/（2017 年 1 月 4 日アクセス）。

リケーション・ライブラリに関しては，新たな製品ラインナップとしてMDG1 をそろえたり，VeMotionSAR として公開したりして，新たな事業収益の柱に成長させようとしている。

　AUTOSAR 標準化は進行中であり，その影響が結果的に大きいものになるのか，それほど大きいものではないのかはいまだ判断することはできない。また，グローバル・エコシステムに広く普及するのかも予断を許さない。しかし，このような標準化を戦略的に行っている欧州サプライヤー企業の企業行動と，このようなオープン標準をビジネスチャンスととらえているインドのオフショア企業の行動を観察することができた。

　近年，自動車産業にもエレクトロニクス化の影響が強い。自動走行やコネクティッド・カーなど，さらに車載エレクトロニクスの影響が強くなる傾向がある。もはやソフトウェアなしには自動車開発は不可能であるが，作成しなければならないソフトウェアのプログラム規模は増大する一方である。自動車が外部ネットワーク（インターネットなど）に接続されることによって作られる新しいサービスも予想されている。このような背景から自動車でもさまざまな企業が集まってオープン標準化を行う機会が増えてきている。従来，自動車産業でのこの種の経験はIT エレクトロニクス産業に比べれば多いとは言えない。しかし自動走行などの技術イノベーションを契機にオープン標準化が行われる動きがある。本章で取り上げたAUTOSAR や，2014 年末に設立された車載Android プラットフォーム推進団体のOAA（Open Autmotive Aliance）などは好例である。自動走行を実用化するためには，法規なども含めたさまざまな標準も必要だろう。今後，俯瞰的な視野に立ち，より戦略的な思考が必要とされるようになってきている。

第4部
プラットフォーム戦略の成功要因とその国際的影響

第8章　グローバル・エコシステムの成立と拡大：
　　　　プラットフォーム戦略は国際的な産業構造転換を引き起こすのか？

第9章　結　　び

第8章

グローバル・エコシステムの成立と拡大

プラットフォーム戦略は国際的な産業構造転換を引き起こすのか？

本章では第3章から第7章までの事例研究・実証研究から，第2章で提示した命題を解くために，各研究を要素として，プラットフォーム企業の戦略の全体図を描き検討を行う。

1 基本命題と下位命題

1.1 本書で扱ったエコシステム

第3章から第7章で扱ったビジネス・エコシステムについてまとめたものが表8.1である。

本一連の研究で取り上げた産業は，第2章4.2項で設定したように，エコシステム型の産業構造を持っている。すなわち，プラットフォーム企業・共存企業・ユーザー企業の3者が存在し，かつ，オープン標準によるネットワーク効果によってプラットフォーム企業と共存企業が関係づけられている。

表8.1から第3章から第7章までの各ビジネス・エコシステムの事例で，プラットフォーム企業・共存企業・ユーザー企業が存在することがわかる。プラットフォーム企業には代表的なプラットフォーム企業を括弧内に示したが，複数のプラットフォーム企業が存在することもある。さらに，各章のエコシステムでオープン標準が重要な役割を果たしており，エコシステムに強いネットワーク効果を及ぼしている。第3章で扱った移動体通信の事例は，GSM標準が重要なオープン標準であった。第4章の半導体製造装置では300 mm標準規格を定めたSEMI標準が重要な役割を果たした。第5章・第6章のパソコンでは，PCIやATXなどの標準規格，第7章の車載エレクトロニクス分野では排

扱った章	ビジネス・エコシステム	オープン標準	プラットフォーム企業	共存企業	ユーザー企業
第3章	移動体通信	GSM標準	通信設備企業（エリクソン）	通信端末企業	通信オペレーター企業
第4章	半導体製造装置	SEMI標準	半導体製造装置企業（アプライド・マテリアルズ）	材料企業/半導体製造装置企業/生産管理システム企業	半導体企業
第5章	パソコン（電子部品）	PCIやATXなどのパソコン規格	半導体企業（インテル）	メモリ半導体企業 HDD企業	パソコン企業
第6章	パソコン（マザーボード）	PCIやATXなどのパソコン規格	半導体企業（インテル）	台湾MB企業	パソコン企業
第7章	車載エレ	排ガス規制/AUTOSAR標準	ECU企業（ボッシュ）	ソフトウェア/半導体/開発ツール企業	自動車企業

表8.1　各章で扱ったプラットフォーム企業・共存企業・ユーザー企業

ガス規制やAUTOSAR標準が重要な役割を果たしている。

　これらのエコシステムを対象に第2章で掲げた命題が成立するのかを検討する。次項では検討のためのフレームワークを説明する。

1.2　検討のためのフレームワーク

　第2章では基本命題と下位命題(1)〜(4)をあげた。基本命題は次のようなものであった。

基本命題

　グローバル・エコシステムでオープン標準が頻繁に形成されると，プラットフォーム企業がドミナントな競争優位を得る。プラットフォーム企業の成功は国際的な産業構造の転換を引き起こす。

　下位命題(1)〜(4)は，プラットフォーム戦略の観点から，主効果に関するもの（下位命題(1)〜(3)）と副次効果に関するもの（下位命題(4)）に分かれる。下位命題(1)〜(3)は，プラットフォーム企業が競争優位を得るための企業行動に関するものであり，プラットフォーム戦略の主効果に関するものである。下位命題(4)は，そのようなプラットフォーム企業の行動が副産物的に導く結果に関するもので

あり，副次効果に関するものである。

下位命題
（主効果）
(1) プラットフォーム企業はオープン標準化を戦略的に活用して競争優位を得る。
(2) プラットフォーム企業は取引ネットワーク内のハブに位置取りすることによって複数の市場にまたがる情報を媒介して競争優位を得る。
(3) プラットフォーム企業は二面市場戦略，バンドリング戦略や企業間の関係マネジメントなど，市場構造に基づいた戦略を実行して競争優位を得る。
（副次効果）
(4) グローバル・エコシステム形成の過程で，プラットフォーム企業が台頭すると国際的な産業構造の転換を引き起こしてしまう。

これら命題について，第3章から第7章までの研究結果を図8.1のようなフレームワークで整理する。図8.1はエコシステムの成長プロセスを，「成立」と「拡大」の2つに分けて，プラットフォーム企業の戦略行動と，共存企業・ユーザー企業の反応行動を記述している。

下位命題(1)〜(3)はプラットフォーム企業の戦略に関するものであるので，A〜Dセルの内，プラットフォーム企業の行動を表すA，Cセルに置かれている。ただし，プラットフォーム企業は共存企業・ユーザー企業の反応行動を考慮しながら戦略行動を行う。プラットフォーム企業の戦略は共存企業・ユーザー企業の行動に大きく依存する。そのためA〜Dセルでは，共存企業・ユーザー企業の行動も記述している。

下位命題(4)は，このようなプラットフォーム企業の戦略行動がもたらす副産物的な結果に関するものである。そのため，A〜Dセルの外に下位命題(4)が置かれている。

A〜Dセルの縦横軸とセル内容は以下の通りである。

縦軸について：図8.1の縦軸は，エコシステムで活動する企業を，その役割ごとに分類したものである。第2章で整理したように，エコシステムには「プラットフォーム企業」「共存企業」「ユーザー企業」の3つの役割の企業が存在

294　第8章　グローバル・エコシステムの成立と拡大

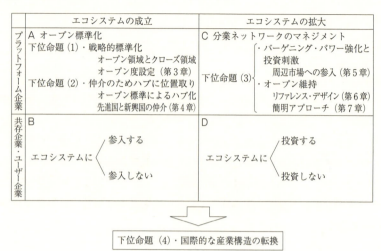

図8.1　4つの下位命題の関係

する。

　プラットフォーム企業は，製品企業と異なり，1社でシステム製品やサービスを完結させることはできない。補完財や直接財などシステムとして不足しているものを共存企業から提供してもらうことによって，ユーザー企業が利用できるようなシステム製品やサービスが完成する。この一連の流れがエコシステムを形成している。その意味で，エコシステムを分析するためには，プラットフォーム企業だけでは十分ではなく，共存企業・ユーザー企業も含めて分析する必要がある。

　横軸について：図8.1の横軸は，エコシステム型の産業構造の「成立」と「拡大」の段階を表している。エコシステム型の産業構造が誕生し，それがグローバル経済に影響を与えるようになるというのは，この2つの段階を経ることになる。エコシステム成立は共存企業・ユーザー企業がエコシステムに参入するまでを扱っている。共存企業・ユーザー企業が参入することで二面市場が形成される。一方，エコシステム拡大はプラットフォーム企業だけでなく共存企業・ユーザー企業も投資をしてエコシステムが拡大し，グローバルに影響を持つようになる段階である。

　「成立」の段階と「拡大」の段階を区別したのは，プラットフォーム企業から見たときに，戦略的に異なる視点が必要になるからである。また，共存企

業・ユーザー企業側にも,「成立」の段階と「拡大」の段階では異なる戦略的な意思決定が必要になる。

セル内容について：セル内には各段階・各企業の基本戦略が記述されている。

「エコシステムの成立」の段階のプラットフォーム企業の基本戦略はオープン標準化によって,共存企業・ユーザー企業がエコシステムに参加することを助成し,二面市場を形成することである。そのために戦略的標準化によってオープン領域とクローズ領域を作ったり,複数市場を仲介するためにハブに位置取りしたりする。

このようなプラットフォーム企業の戦略行動に対して,共存企業・ユーザー企業の反応行動はエコシステムに「参入する」もしくは「参入しない」というものである。

「エコシステムの拡大」の段階のプラットフォーム企業の基本戦略は分業ネットワークのマネジメントを通じて,自社のバーゲニング・パワーを強化しながら,エコシステムをグローバルに拡大することである。

エコシステムの拡大のために,プラットフォーム企業は自ら投資を行う。しかし,より重要なのは,プラットフォーム企業以外の参加者,すなわち共存企業やユーザー企業が投資を行うかどうか,という点である。エコシステム拡大のためには共存企業やユーザー企業の投資が不可欠である。共存企業・ユーザー企業を刺激し,さまざまな企業が投資することを容易にするために,プラットフォーム企業は分業ネットワークのマネジメントを行う。分業ネットワークのマネジメントとは,投資刺激のための周辺市場参入であったり,分業ネットワークにオープン性を維持するためにリファレンス・デザインを開発したり,簡明アプローチの企業間関係を構築したりすることである。

このようなプラットフォーム企業の戦略行動に対して,共存企業・ユーザー企業の反応行動はエコシステムに「投資する」もしくは「投資しない」というものである。

1.3 プラットフォーム企業の戦略オプション

A〜Dセルは,各段階（エコシステム成立とエコシステム拡大）での,プラットフォーム企業の戦略行動と共存企業・ユーザー企業の反応行動ととらえることができる。これら企業行動を展開形ゲームの形で記述すると図8.2のように表現することができる[1]。

296 第8章 グローバル・エコシステムの成立と拡大

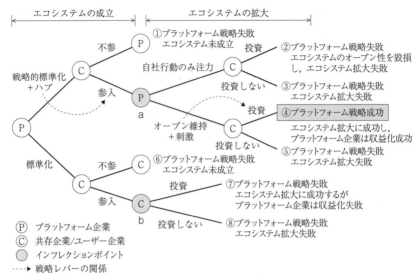

図8.2 プラットフォーム戦略の流れ

　図8.2のように書くと，エコシステムの成立と拡大の違いや両者の関係が明確になる。エコシステムの成立は，共存企業・ユーザー企業が，エコシステムに参入するまでのプラットフォーム企業の戦略行動を扱ったものである。プラットフォーム企業は，1社でシステム製品やサービスを完結させることはできず，共存企業の存在が不可欠である。プラットフォーム企業にとってエコシステムが成立するためには，共存企業がエコシステムに参入することが必要である。この参入を促すためにオープン標準化を行う。

　一方，いったんエコシステムが成立したとしても，そのエコシステムが拡大しなければ，ほとんど影響力を持たないような小さなエコシステムにとどまってしまうかもしれない。エコシステム拡大のためには共存企業・ユーザー企業が拡大投資を行うことが不可欠である。プラットフォーム企業は分業ネットワークのマネジメントを行って，共存企業・ユーザー企業を支援しながら，同時

1）　図8.2の②は，共存企業・ユーザー企業が投資するがエコシステムのオープン性が維持されない状態である。この場合，少数の共存企業・ユーザー企業のみが投資するためグローバル・エコシステムの拡大につながりにくい。そのためエコシステム拡大に失敗した状態である。エコシステムのオープン性の維持は，第6章・第7章のテーマである。

1 基本命題と下位命題　297

に，刺激をして彼らの拡大投資を促す。

戦略レバーについて：図8.2で特徴的なのは，戦略レバーの存在である。図中では破線矢印で，戦略レバーの関係にある2つの企業行動が関連づけられている。既存研究では，破線矢印の矢尻側のプラットフォーム企業の企業行動を戦略レバーと呼んでいる（Gawer and Cusumano, 2002）。戦略レバーは次手番の共存企業・ユーザー企業の反応行動に影響を与えるプラットフォーム企業の戦略行動のことである。たとえば，プラットフォーム企業が「戦略的標準化＋ハブ」という戦略を選んだ場合，次の手番の共存企業・ユーザー企業の「参入」の意思決定に影響を与える。戦略レバーのどのような要素が，共存企業・ユーザー企業の「参入」の確率に影響するのかについては，第 **2** 項で説明する。

1.4　インフレクションポイントの手番：標準化と戦略的標準化の違い

図8.2をよく見ると，プラットフォーム戦略はエコシステム成立までの前半ゲームと，エコシステム拡大の後半ゲームの2つのゲームから成り立っていることがわかる。前半ゲームと後半ゲームを連結する手番を，ゲームの目的が変わるという意味で，本書ではインフレクションポイント（変曲点）と呼ぶ。図8.3は説明のために，図8.2を簡素化したものである。図8.3には2つのイン

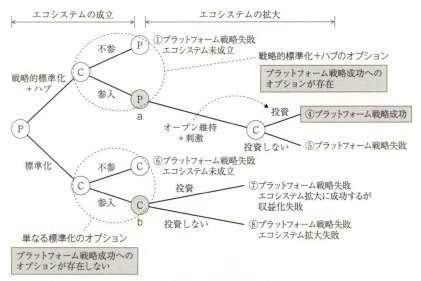

図8.3　標準化と戦略的標準化の違い

フレクションポイントa, bを図示している。2つのインフレクションポイントは誰の手番であるのかで違いがある。インフレクションポイントが誰の手番なのかというのは、プラットフォーム戦略の成否に非常に重要な影響を与える。

インフレクションポイントaの手番はプラットフォーム企業であるが、インフレクションポイントbの手番は共存企業・ユーザー企業である[2]。2つのインフレクションポイントの手番の違いは、プラットフォーム企業が「戦略的標準化＋ハブ」と「標準化」のどちらを選択したかによって決まる。

「戦略的標準化＋ハブ」と「標準化」がインフレクションポイントa, bの手番の違い（誰の手番なのか）をもたらすのは、「戦略的標準化＋ハブ」ではプラットフォーム企業のバーゲニング・パワーの源泉が確保されているのに対して、「標準化」では確保されていないことに起因している。バーゲニング・パワーを保持しているときはプラットフォーム企業が手番を得るが（インフレクションポイントa）、保持していないときは手番を失う（インフレクションポイントb）。

「戦略的標準化＋ハブ」の場合（インフレクションポイントaの場合）、プラットフォーム企業は戦略的標準化によって自社事業のクローズ領域を守りながらオープン領域の標準化を行っている。クローズ領域にはバーゲニング・パワーの源泉になるような「情報の秘匿化」や「インターフェースの特許化」が行われている。さらに、2つの領域の仲介を行うようなハブに位置することによって、プラットフォーム企業は非常に強いバーゲニング・パワーを確保している。このバーゲニング・パワーを背景に、「エコシステム成立」期から「エコシステム拡大」期へのフェーズシフトの戦略行動を共存企業・ユーザー企業に先立って行うことができる。

ところが「標準化」のケースの場合（インフレクションポイントbの場合）、プラットフォーム企業は単に標準化を行ってオープン領域を形成しただけで、自

---

2) インフレクションポイントa, bの手番が偶然手番（chance move）であると考えると理解しやすい。偶然手番の場合、ある確率pでプラットフォーム企業が手番を獲得し、$(1-p)$の確率で共存企業・ユーザー企業が手番を獲得する。プラットフォーム企業は戦略レバー（戦略的標準化＋ハブ）を実行することでpを大きくすることができる。厳密に記述すれば、インフレクションa, bいずれにも、プラットフォーム企業や共存企業・ユーザー企業の手番の可能性があるが、わかりやすさのため、図では手番獲得の確率が高いプレイヤーの手番のみ記述している。

1 基本命題と下位命題　299

社のバーゲニング・パワーの源泉となるようなクローズ領域を構築していない。さらに，自社事業のポジショニングも，2つの領域の仲介を行うようなハブにポジショニングしていないため，バーゲニング・パワーを得ることができない。

　結局，初期の選択である「戦略的標準化＋ハブ」と「標準化」は，インフレクションポイントa, bで，プラットフォーム企業が手番を得ることができるかどうか，という点に大きく影響してしまう。そして，このことがプラットフォーム戦略の成功・失敗にも影響する。

　インフレクションポイントaはプラットフォーム企業の手番であり，「オープン維持＋刺激」という戦略レバーを用いて，次の共存企業・ユーザー企業の手番の「投資する」「投資しない」の選択に影響を及ぼすことができる。たとえば，第5章で見たように，共存企業である台湾MB企業は当初，Pentium CPUに対応したマザーボード（CPUを搭載したパソコン内のメイン基板）の開発生産への投資を躊躇した。プラットフォーム企業のインテルはMB市場に周辺市場参入を行い，台湾MB企業が投資するのを刺激した。これによりPentium CPUを搭載したパソコンがグローバル・エコシステムを形成し，台湾MB企業は大きな収益を得た。同時にプラットフォーム企業のインテルも大きな収益を得た。しかし，もし当初の予測に従い，台湾MB企業が投資を躊躇していたら，グローバル・エコシステムは実現していなかった。

　対照的に，インフレクションポイントbの手番は，共存企業・ユーザー企業である。このとき共存企業・ユーザー企業は，プラットフォーム企業の戦略とは無関係に，「投資する」「投資しない」の選択をすることができる。そのため，共存企業・ユーザー企業が収益が上がると思えば「投資する」を選択して⑦となり，収益が上がらないと思えば「投資しない」を選択して⑧となる。⑧ではエコシステム拡大に失敗しているためプラットフォーム戦略も失敗している。

　では，⑦ではどうだろうか。⑦では共存企業・ユーザー企業が参入するためエコシステムが拡大する。ただし，プラットフォーム企業の観点から重要なのは，このような共存企業・ユーザー企業の投資ではプラットフォーム企業の利益は担保されていないという点である。なぜなら，共存企業・ユーザー企業の投資判断はプラットフォーム企業の戦略とは無関係に行われるからである。

　インフレクションポイントbで，共存企業・ユーザー企業は自社事業の収益化を目的に投資を行う。彼らの収益の源泉がエコシステムの拡大である場合

は問題ない。しかし，本来はプラットフォーム企業が獲得するはずの収益が共存企業・ユーザー企業の収益になってしまうことがある。インフレクションポイントaのように手番がプラットフォーム企業にある場合は，このような事態を避けるようにプラットフォーム企業は対処できる。しかし，インフレクションポイントbのように手番が共存企業・ユーザー企業にある場合は，プラットフォーム企業にこのような事態を阻止することができない。そのため，⑦のケースでは，プラットフォーム企業はしばしば収益化に失敗してしまう。

このことを例示するために，既存研究からDVDの事例を紹介する。小川（2007）は，日本企業が主導して標準化を行ったDVDシステムを詳細に事例研究している。その中で明らかになったのは，DVD規格の標準化を主導した日本のエレクトロニクス企業は，多くの標準必須特許を持ち，技術の点でも，特許ポートフォリオの点でも，明らかな優位を持っていた。しかし，プラットフォーム企業が行うべき「戦略的標準化」は，全く行われなかった。明確なビジネスモデルもなく，際限のない妥協がDVDの標準化活動で行われた。

日本のエレクトロニクス企業は，DVDで形成されたコンテンツ・デリバリー・システムのプラットフォーム企業であった。しかし，その基本戦略はDVDプレイヤーやDVDドライブを大量に販売するという，製品企業の戦略であった。ビジネス・エコシステムの全体図，さらに，共存企業との関係は考慮されず，戦略的標準化は行われなかった。この結果，プラットフォーム企業であった日本エレクトロニクス企業は，DVDエコシステムからほとんど利益を享受することはできなかった。一方，共存企業である映画ソフト産業は，DVDのエコシステムから膨大な利益を上げることができた。また，同じく共存企業であるメディア企業（DVD記録用の書き込みメディアを提供する企業）や，DVDドライブの中核部品企業や半導体企業は大きな利益を獲得することができた。

Shintaku, Ogawa, and Yoshimoto（2006）は，DVDエコシステムの付加価値分布の変化を報告している（図8.4）。1998年には10億ドルだったDVDのエコシステムは，2004年には7000億ドルにまで成長した。しかし，標準化活動を主導した日欧のプラットフォーム企業は，2004年には91億8000万ドル（全体の13%）しか付加価値の獲得ができず，付加価値の大部分は，映画企業に流れてしまった。Sintakuらの推計によれば，映画ソフト企業は，エコシステムが生み出した7000億ドルの付加価値の内，500億ドル（全体の71%）を得た

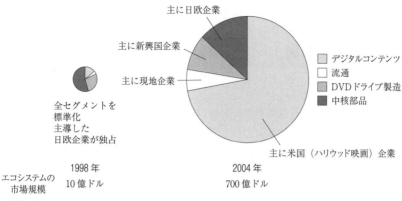

図8.4 DVDエコシステムの付加価値分布の内訳

出所：Shintaku, Ogawa, and Yoshimoto (2006).

としている。つまりDVDのエコシステムではプラットフォーム企業でなく，共存企業がほとんどの付加価値を獲得してしまったわけである。

DVDの事例ではグローバル・エコシステムは形成されたものの，プラットフォーム企業は収益化に失敗してしまった。単なる標準化と戦略的標準化が大きく異なることを示している典型的な例である。「戦略的標準化＋ハブ」が行われていなかったため，プラットフォーム企業はインフレクションポイントでの手番を失い，収益化に失敗してしまった。

図8.2でわかるように，単なる「標準化」を行うか，「戦略的標準化＋ハブ」を行うかは，プラットフォーム企業の最も初期の選択である。この違いは軽微であるように思えるが，ゲーム全体を俯瞰してみると大きな違いである。エコシステム成立までを考えると，プラットフォーム戦略として成功する可能性があるのは④に到達するオプション（選択肢）のみである。「戦略的標準化＋ハブ」を選択しないと，インフレクションポイントaを経て，④のプラットフォーム戦略成功に到達することができない。単なる「標準化」を選択した場合，その先にある選択肢にはプラットフォーム戦略の成功が存在しない。つまり，プラットフォーム戦略を成功させるためには，初期に「戦略的標準化＋ハブ」を選択することが重要なのである。

2 プラットフォーム企業の戦略レバー：下位命題(1)〜(3)について

2.1 戦略レバーについて

プラットフォーム企業の戦略行動は，共存企業・ユーザー企業の反応行動に影響を及ぼすように意図されている。このようなプラットフォーム企業の戦略行動のことを戦略レバーと呼ぶ（Gawer and Cusumano, 2002）。

エコシステム成立期のプラットフォーム企業の基本的な戦略行動は，共存企業をエコシステムの中に呼び込み，エコシステムを成立させることである。プラットフォーム企業は，1社でシステム製品やサービスを完結することができない。この点が，伝統的な戦略論が想定する製品・サービス企業と大きく異なる点である。

プラットフォーム企業にとって共存企業は必須の存在である。つまり，プラットフォーム企業がエコシステムを作る際に，最もキーとなる点が，共存企業がエコシステムに参加してくれるかどうか，という点である。そしてプラットフォーム企業と共存企業とで提供されるシステムを利用するユーザー企業が必要である。エコシステムの拡大も，共存企業・ユーザー企業の行動に大きく依存している。エコシステム拡大のためには，プラットフォーム企業がエコシステムに投資するだけでなく，多くの共存企業・ユーザー企業も投資する必要がある。このための重要な戦略行動が，分業ネットワークにオープン性を維持しながら周辺市場参入を使って共存企業・ユーザー企業の投資を刺激することである。

「戦略的標準化＋ハブ」や「オープン維持＋刺激」といった戦略レバーの内容について，下位仮説(1)〜(3)を念頭に，第3章〜第7章の研究を振り返りながら以下で検討する。

2.2 下位命題(1)：戦略的標準化

第3章ではGSM標準の携帯電話のエコシステムの事例を分析し，戦略的標準化の要素として「オープン領域とクローズ領域」「オープン度」の設定を抽出した。GSMの事例では，通信設備企業が中心となって標準化を行い，端末分野をオープン領域にし，通信インフラ分野（基地局や交換機）をクローズ領域

にする「オープン領域とクローズ領域」の設定が行われた。これは通信設備企業のビジネスモデルに沿ったものである。さらに、端末分野の標準規格を詳細に設定することでオープン領域の「オープン度」を高く設定し、端末企業や部品企業などの新規参入を助成した。この事例は、下位命題(1)の「プラットフォーム企業はオープン標準化を戦略的に活用して競争優位を得る」という主張を支持するものである。

プラットフォーム企業はエコシステムを作ることを目標にオープン標準を形成する標準化活動（すなわち戦略的標準化）を行う。オープン標準によって、共存企業を呼び込み、エコシステムを成立させようというのが戦略的標準化の目的である。ただし、無秩序に共存企業を呼び込むのではなく、プラットフォーム企業のビジネスモデルに沿った形で、共存企業を呼び込もうとするのが戦略的標準化である。この点は、単なる標準化と全く異なる。戦略的標準化の要素の「オープン領域とクローズ領域」「オープン度の設定」について説明する。

2.2.1　オープン領域とクローズ領域

(1)　ビジネスモデルと戦略的標準化

オープン領域とは、製品アーキテクチャのうち、標準化の対象となる領域のことである。第3章で見たように、エコシステムを形成するようなシステム製品は巨大なシステムである。戦略的標準化の際には、システム全体を詳細に標準化するのではなく、ある特定のサブシステムを詳細に標準化する。このサブシステムをオープン領域と呼ぶ。オープン領域となった製品分野は技術情報が共有されるため、新規参入が頻繁に行われる。これに対して、クローズ領域では情報秘匿や特許の設定などにより参入障壁が構築され、新規参入が困難になる。クローズ領域は単に「標準化をしない領域」ではないことに注意が必要である。

第3章の例では、GSM標準化によって、「交換機」「基地局」「端末」のうち、端末分野が詳細に標準化された。つまり、端末分野がオープン領域となったわけである。逆に、交換機や基地局はほとんど標準規格化されなかった。これらの分野はクローズ領域となったわけである。オープン領域となった端末分野には、中国ローカル企業が多数参入した。逆に、基地局分野にはほとんど参入が起こらなかった。GSM標準では、「端末分野はオープン領域」「基地局・交換機分野はクローズ領域」となった。

扱った章	ビジネス・エコシステム	オープン標準(戦略的標準化)	プラットフォーム企業	オープン領域	クローズ領域
第3章	移動体通信	GSM標準	通信設備企業(エリクソン)	端末分野	通信インフラ分野(基地局や交換機)
第4章	半導体製造装置	SEMI標準	半導体製造装置産業(アプライド・マテリアルズ)	シリコンウェーハ形状、工場の標準レイアウト、製造装置間通信プロトコル、製造装置のインターフェース、自動搬送装置	製造装置の内部メカニズム
第5章	パソコン(電子部品)	PCIやATXなどのパソコン規格	半導体企業(インテル)	パソコンの内部のバス規格、外部インターフェース、システムデザイン	CPUおよびチップセット
第6章	パソコン(マザーボード)	PCIやATXなどのパソコン規格	半導体企業(インテル)	マザーボード形状や電子部品レイアウト	CPUおよびチップセット
第7章	車載エレ	排ガス規制/AUTOSAR標準	ECU企業(ボッシュ)	(排ガス規制では)燃費測定方法、(特にAUTOSAR標準では)OSや半導体API、開発ツールのインターフェース	(排ガス規制では)燃費効率の実現手段、(特にAUTOSAR標準では)ECU内部のアプリケーション

表8.2 オープン領域とクローズ領域

　このような「オープン領域とクローズ領域」の設定には、プラットフォーム企業としてGSM標準を主導した欧州の通信設備企業のビジネスモデルが強く影響している。通信設備企業は、当時、端末・基地局・交換機などすべての通信関連機器を提供する垂直統合型の企業であったが、それらの中でも、基地局や交換機などの通信インフラ設備の利益貢献が大きかった。このため、通信インフラ設備の技術知識を公開することには消極的だったのである。

　表8.2は各章で扱った戦略的標準化のオープン領域とクローズ領域を整理したものである。プラットフォーム企業が戦略的標準化を行い、オープン領域とクローズ領域を設定する際には共通点がある。自社が製品やサービスを行っている領域はクローズ領域とし、共存企業やユーザー企業が提供している製品やサービスの領域をオープン領域とする、という点である。つまり戦略的標準化ではビジネスモデルに従ってオープン領域とクローズ領域を決める。そのため、標準化に先立って何がコア・ビジネスで、何がコア・ビジネスでないのかを決める必要がある。コア・ビジネス部分はクローズ領域として標準化は行わない。

プラットフォーム企業が部品ビジネスをコア・ビジネスとしている場合は，自社の製品・サービスは大きいシステムの一部である。そのときは，自社が提供する部分以外のシステム全域をオープンにしようとする。パソコンや車載エレの事例はこの事例であった。パソコンでは，CPUやチップセットをクローズ領域とし，それ以外のインターフェースやバス規格をオープン領域とした。車載エレの例では，燃費効率の実現手段やエンジンECU内部のアプリケーションはクローズ領域となり，燃費の測定方法や開発ツールのインターフェースなどはオープン領域となった。

プラットフォーム企業が完成品ビジネスをコア・ビジネスとしている場合，いくつかのサブシステムで構成される大きいシステムを提供している。それらサブシステムの中で，自社が最も利益を上げている事業部分をクローズ領域とし，それ以外をオープン領域とする。GSM携帯電話や半導体製造装置の事例はこの事例であった。GSM携帯電話の例では，ネットワークの基地局などインフラ部分がクローズ領域となり，端末の部分はオープン領域となった。半導体製造装置では，製造装置の内部メカニズムはクローズ領域となり，製造装置間のインターフェースや工場の標準レイアウトなどはオープン領域となった。

いずれの場合も，プラットフォーム企業はシステム全体の技術知識を保持する必要がある。そのうえで，自社のビジネスモデルに照らし合わせて，オープン領域に設定したサブシステムの技術知識をオープン標準としてエコシステム全体で共有化する。そうすることで共存企業やユーザー企業の参入を誘発するためである。

オープン領域の技術知識を共有化する際に，2つのケースが考えられる。自社がオープン領域で事業を行っていてすでに技術知識を保持している場合と，オープン領域で自社事業を行っておらず技術知識を保持していない場合である。

自社事業をオープン領域で行っている場合，技術知識を保持している点は長所であるが，その技術知識をオープンに共有化するには組織的な調整が必要となる。オープン標準化すればその事業領域に参入が起こるため，競争は激化する。そのようなことを恐れて，当該事業は，技術知識をオープン標準にすることに反対するだろう。このため厳しい事業部制を実施している組織では，プラットフォーム事業を行うことが難しい。

このような場合，組織統合を行い，2つの組織のインセンティブをあわせる必要がある。オープン領域の事業は技術知識をオープンにして共存企業・ユー

ザー企業の参入を助成し、エコシステム成立の促進を目的とするべきである。オープン領域の事業を収益で評価するべきではない。オープン領域とクローズ領域の事業が同じロードマップを共有するように、2つの事業を統合して管理する必要がある。第3章で紹介したGSM移動体通信の事例では端末事業と基地局事業を一体と考えることで、初めて、端末分野の技術情報をオープンにする戦略が組織的に機能するようになる。

一方、自社事業をオープン領域で行っていない場合、技術知識を有していないことが問題となる。ただし、技術知識の獲得は、自社で事業を行う以外にもさまざまな方法がある。他企業からの転職人材の活用、他企業の買収や、取引関係をうまく使った技術情報の獲得などが考えられる。第6章のパソコンのマザーボードの例は、複数の取引関係を戦略的にマネジメントすることによって、マザーボード企業の技術情報を半導体企業であるインテルが集約し、その情報をリファレンス・デザインとしてオープン化するという事例であった。第7章のエンジンECUの例では、簡明アプローチの企業関係構築により、幅広いユーザー企業と取引を行い、ユーザー企業の技術知識がどのようなレベルであるのかを把握している。

さらに、標準化活動の場となるコンソーシアムそれ自体も技術知識を保持していない企業にとっては技術知識獲得の機会となる。第5章で紹介したパソコンの事例では、インテルがたびたびコンセンサス標準化を行ったことを紹介した。コンセンサス標準化では、インテル以外の有力な共存企業やユーザー企業が技術情報を提供してエコシステム成立を助成した。第7章の車載エレの事例では、AUTOSARというコンソーシアムを作ることで、自動車企業やECU企業だけでなく、半導体企業や開発ツールSW企業などから幅広く技術知識を集め、オープン標準を策定することに成功した。

プラットフォーム企業は、さまざまな手法を用いて技術情報を集めることで、システム全体の知識を獲得している。

(2) クローズ領域の障壁構築

戦略的標準化において、クローズ領域は単に標準化をしない領域ではない。障壁を構築して他社の新規参入を防ぐ領域である。クローズ領域は各社のコア・ビジネスであり、どのように障壁を構築しているのかは競争優位の源泉であるため、明らかになることは少ない。しかし各章の研究を総合すると次のよ

2 プラットフォーム企業の戦略レバー

扱った章	プラットフォーム企業	クローズ領域	クローズ領域の障壁構築の方法
第3章	通信設備企業 (エリクソン)	通信インフラ分野 (基地局や交換機)	・増設市場の囲い込み
第4章	半導体製造装置産業 (アプライド・マテリアルズ)	製造装置の内部メカニズム	・標準化の阻止
第5章	半導体企業 (インテル)	CPU およびチップセット	・技術情報の秘匿 (NDA 化) ・インターフェースに特許の設定 ・複数部品を統合してインタフェースを非公開
第6章	半導体企業 (インテル)	CPU およびチップセット	・ごく少数の企業とだけ共同問題解決を行う
第7章	ECU 企業 (ボッシュ)	燃費効率の実現手段 ECU 内部のアプリケーション	・標準化の阻止

表 8.3 クローズ領域の障壁構築

うな参入障壁構築の方法があると考えられる。

表 8.3 は各章の研究から明らかになったクローズ領域の障壁構築の方法である。第3章〜第7章では，クローズ領域の構築方法として「標準化を行っていない」という点で共通している。表にはそれ以外の障壁構築の方法を記入した。

クローズ領域の障壁構築は，大きく分けると標準化活動の中でなされるものと，その外でなされるものに分けられる。

前者は第3章・第4章・第7章で観察された。第3章では通信設備企業は初期に自社しかアクセスできない基地局制御装置を設置することで，基地局の増設市場における障壁を構築していた。これが可能なのは標準化活動の中で基地局制御装置がオープンなインターフェースとクローズなインターフェースを併せ持つ装置として定義されたためである。第4章の半導体 300 mm 標準化の事例では，標準化活動の中で自社のコア・ビジネスの領域（すなわち製造装置の内部メカニズム）を標準化の対象にしないようにした。同様の例は第7章の AUTOSAR の事例でも観察された。プラットフォーム企業は，自社のコア・ビジネス領域が標準化の対象に入らないように積極的に標準化活動を主導した。これらの例は標準化活動の中でクローズ領域の障壁を構築していくものである。

標準化活動以外でクローズ領域の障壁構築をしたものとして，第5章・第6章が挙げられる。第5章では複数のクローズ領域の構築の手法が観察された。技術情報を秘匿して NDA 契約を締結しないと技術情報を取得できなくしたり，

内部インターフェースに特許を設定して，少数の企業にしかライセンスを認めなかったりした。内部インターフェースに特許が設定されているため，ライセンスなしに参入した企業は，厳しい知財係争を挑まれた。また複数部品を統合してインターフェースを非公開化してクローズ領域の障壁を構築した。第6章では他企業との共同問題解決を行う際に，技術スピルオーバーを避けるためにごく少数の企業とだけ共同問題解決を行った。企業間関係マネジメントを通じてクローズ領域の障壁構築をしていた。

このように，戦略的標準化におけるクローズ領域の設定は，単に「標準化を行わない」以上の活動を含んでいる。このため標準化活動を担当する部署を越えた組織統合が必要となる。戦略的標準化が戦略的な組織行動であることが再確認できる。

2.2.2 オープン度の設定

戦略的標準化でオープン領域が決まると，どの程度のオープン化をするかというオープン度の設定が行われる。オープン度は，①どこまで詳細に標準化して他社と情報を共有するのか（標準規格化），②標準に対してどのように知的財産権を設定するか（IPRポリシー〔Intellectual Property Rights Policy，知的財産権ポリシー〕の設定），の2つで決定される。

オープン度は普及スピードに大きな影響を与える。オープン度が大きければ大きいほど，システムを採用したり，そのシステムを支えるような部品を供給したりする新規参入者が増加し，普及スピードは速くなる。

(1) 標準規格の広範さ・詳細さ

標準規格を広い範囲で設定したり，詳細に技術情報を標準規格化したりすると，オープン度は大きくなる。

第3章で見たようにGSMの標準化活動によって策定された標準規格は，とくに端末分野で詳細に標準規格化されていた。このため，端末企業や端末の部品企業の参入が相次いだ。第3章で見た中国のGSM携帯電話市場の事例では，新規参入した中国の端末企業は，こういった部品企業の供給する部品を用いて，端末を短期間の内に開発・生産することが可能となった。

第5章で紹介したように，インテルはCPUメーカーであるにもかかわらず，1990年代以降，パソコンのさまざまな領域で標準化を行い，パソコンを大量

普及させた。一例はマザーボードの標準化（マザーボード形状・電源・インターフェース等）である。最先端 CPU 用のマザーボードは，従前であれば，技術力のあるパソコンメーカーが囲い込み，自社のプレミアム・パソコン向けに生産する内製部品であった。

しかし標準化によって最先端 CPU に対応したマザーボードが生産できるようになると，台湾企業のマザーボード生産が急増した。パソコンメーカーが生産せずとも，最先端 CPU に対応したマザーボードが入手できるようになり，最先端 CPU に対応したパソコンが，さまざまなパソコンメーカーから発売されるようになった。最先端 CPU は上市されると迅速に普及するようになった。

オープン度は，単に，標準規格を設定するだけでなく，そこで使われる参考設計（リファレンス・デザイン）を配布することで，強化されることもある。第6章でテーマにしたインテルと台湾 MB 企業との関係マネジメントは，リファレンス・デザイン開発が重要なポイントであった。インテルは複数の台湾 MB 企業との関係をマネジメントすることにより台湾企業が調達可能な部品リストに対応したマザーボードのリファレンス・デザインを作成した。そして，そのリファレンス・デザインを台湾 MB 企業にチップセットとともに配布していた。台湾 MB 企業の中には大量生産して低コストのマザーボードを市場に提供することを戦略としている企業も多く含まれている。彼らは，リファレンス・デザインを使えばすぐさま大量生産が可能となるのである。リファレンス・デザインを配布することにより単に標準規格を策定するだけよりも，よりオープン度が高まり，オープン領域の技術が迅速に広まった。

(2) 標準必須特許

オープン標準に含まれる特許の扱いによってオープン度は大きく影響される。オープン標準に含まれる特許は標準必須特許の問題として近年とくに関心を集めている。標準で記述されたシステムを作るのに必須と思われる特許を標準必須特許（SEP: Standard Essential Patents）と呼ぶ。標準必須特許をどのように扱うのかは，IPR ポリシーで定めるのが一般的である。典型的な IPR ポリシーには，①紳士協定タイプ，②FRAND タイプ（Fair, Reasonable & Non-Discriminatory），③ロイヤリティ・フリータイプ（Royalty Free: RF タイプ）の3つが存在する。IPR ポリシーの設定はオープン度に影響を与える。

①紳士協定タイプは，標準化活動の中で特許に関して「何も決めない」こと

標準のタイプ	IPR ポリシーの傾向	
デファクト標準	自社有利に定める	
デジュリ標準	FRAND が一般的	
コンセンサス標準	さまざまなケースあり (戦略性が大きい)	①紳士協定タイプ 「何も決めない」ことを決める 当事者間での解決 ②ロイヤリティ・フリータイプ 必須特許のライセンスをルールとする ライセンスを無料とする ③FRAND タイプ 非差別的なライセンスをルールとする ライセンス料は有料もしくは無料

表 8.4　標準化と IPR ポリシー

をルールとするものである。当事者間の調整で解決をする。②FRAND タイプは必須特許の非差別的で合理的なライセンス料でライセンスすることをルールとする。ライセンス料は有料でも無料でもよい。③RF タイプは必須特許をライセンスすることをルールとし，ライセンス料は無料とする。

　標準必須特許に対して，どの IPR ポリシーを選択するかでオープン度が異なる。紳士協定タイプはオープン度が低くなりがちである。特許権利者は収益を求めて高額のライセンス料を求めがちだからである。逆に，ライセンス料を求めない RF タイプはオープン度が高い。FRAND タイプは 3 者の中では，「被差別的なライセンス」「合理的なライセンス料」であるのでオープン度が高くなりやすいが，後述のように合理的なライセンス料といっても予想外に高額のケースも存在する。総合して考えると FRAND タイプは中程度のオープン度である。

　どのタイプの IPR ポリシーを採用できるのかは，標準化のやり方に依存するので，プラットフォーム企業は，「自社が当該分野の特許権利者であるのか否か」を考えながら，どの標準化を行うのかを選択しなくてはならない。表 8.4 は標準のタイプと IPR ポリシーの関係を整理したものである。

　デファクト標準化は 1 社で標準化を行うもので，自社に有利なように IPR ポリシーを選択する。もし普及を進めた方がよいと考えるのならば，RF タイプの IPR ポリシーを採用することができるし，収益化を優先するのであれば紳士協定タイプの IPR ポリシーを採用することができる。

デジュリ標準化は法的強制が可能な標準であるので，どの IPR ポリシーを採用するのかに制限がある。多くの場合，FRAND タイプの IPR ポリシーが採用される。たとえば，ISO, IEC では FRAND タイプの IPR ポリシーの適応が原則となっている。デジュリ標準化に含まれる標準必須特許は，FRAND 条件に基づき，合理的なライセンス料で非差別的にライセンスされるので，原則的には，オープン度が高いものとなる。ただし，現実には，合理的なライセンス料がいくらであるのかについてはさまざまな見解がある。FRAND であるにもかかわらず予想外に高額のライセンス料を要求される場合もあり，しばしば訴訟になっている。近年の流れでは FRAND の IPR ポリシーを採用した場合，高額のライセンス料を認めない判決が出されている（植木，2013）。

コンセンサス標準はもっとも歴史が浅い標準化の方法であり，コンソーシアムやフォーラムの事情に応じてさまざまなタイプの IPR ポリシーが採用される。

近年多いのはコンセンサス標準に RF タイプの IPR ポリシーを適用する戦略である。コンセンサス標準の母体となるコンソーシアムは，多くの企業で構成されており，一度に広い範囲の特許群をロイヤリティ・フリーにできる。オープン度が大きくなるので，共存企業・ユーザー企業を呼び込むためにプラットフォーム企業がしばしば戦略的に使っている。このようなやり方を特許開放と呼んでいる[2]。

一連の研究で扱った事例で，必須特許のオープン化に関して顕著な例は，第 5 章のパソコンの例である。パソコンのインターフェース規格である USB は，規格に含まれる特許を無償で公開した。コンソーシアムで特許開放が行われたので，オープン度がきわめて高くなり，さまざまな USB 周辺機器の開発が進んだ。必須特許をオープン化すると参入障壁が低くなり市場が活性化するという典型例である。

そのほかの章の例では IPR ポリシーはそれほど明確に扱われていない。近年でこそ標準必須特許と IPR ポリシーが強い関心を呼んでいるが，1980～90 年代では，まだ明確なルールづけがなされていなかった。そのため，IPR ポリ

---

[2] 実際には特許開放は，いろいろな種類がある。無制限に特許の使用を認めるものや，期限を定めて特許の使用を認めるものもある。また，特許開放を受ける企業に，その企業が保持する当該分野の特許の権利行使を制限するものもある。さらに，もしも権利行使を行った場合，特許開放の恩典を剥奪し，係争対象となる条件をつけるものもある。

シーについて曖昧でやや混乱した運用も見られた[3]。

　しかし，近年，標準必須特許に関する係争が多発し，IPR ポリシーの法的な解釈が明確化していった（植木，2013）。たとえば，先述のような FRAND 条件における「標準必須特許の合理的なライセンス料とはいくらなのか」や「標準必須特許に差し止め権があるのか」についての法的判断である。そのため，現在では戦略に基づいて明確に IPR ポリシーを定めるというのが大きな流れになってきている。紳士協定タイプはオープン度が低く，RF タイプはオープン度が高い。そして，FRAND タイプが中程度のオープン度である。これらの IPR ポリシーから，戦略に基づいて IPR ポリシーを選択することが一般的になってきている。

　近年ではトヨタ自動車が水素燃料自動車に関する特許を特許開放するなど（山田，2015; 望月，2015），特許開放を使って共存企業・ユーザー企業の参入を戦略的に促す動きが顕著になってきている。

2.3　下位命題(2)：ハブへの位置取り

　プラットフォーム企業がプラットフォーム戦略を実行するに際に，ハブに位置することの有効性が第4章の実証研究からわかった。これは，下位命題(2)の「プラットフォーム企業は取引ネットワーク内のハブに位置取りすることによって複数の市場にまたがる情報を媒介して競争優位を得る」という命題に対応する。

[3) GSM 標準化の際には紳士協定タイプの特許権の調整が行われた。Bekkers, Verspager, and Smits (2002) の報告によれば，GSM の標準化では，5社の通信設備企業（エリクソン，ノキア，モトローラ，アルカテル，シーメンス）を中心に，標準必須特許の持ち合いが行われたとしている。その場合，標準必須特許は一種のカルテルとして機能する。端末市場に新たに参入する場合は，これら特許に対して，ロイヤリティを支払わなくてはいけない。このロイヤリティは必須特許を保持していれば相殺できるが，全く必須特許を保持していない場合は，合計ロイヤリティは膨大なものとなる。この問題をロイヤリティ・スタックと呼ぶ。

　GSM の場合，部品企業やソフトウェア企業には特許ライセンスを求めなかったので，これら産業の成長はオープン標準化によって加速した。また，標準必須特許のライセンスを守らせることは，先進国地域で容易であっても，知財権保護が厳しくない新興国地域では困難である。そのため，必須特許化によってオープン度を減じるというのは，必ずしも完璧な方策ではない。さらに，昨今では，競争法の観点から標準必須特許についてこのような紳士協定タイプの知財処理を奨励しない流れもある。

「プラットフォーム企業がハブに位置取りする」という命題は，多くの既存研究で指摘されており，ほぼ明白である事実のように扱われているが，実証的なエビデンスが提示されたことはない。ハブに位置取りすることは，プラットフォーム企業の基本戦略であるので，この命題にエビデンスを提出することは重要である。第4章ではこの問題に正面から取り組んだ。

単純に取引数を増やしていけば，ハブに位置取りできると考えるのは間違いである。ハブとは，単に情報媒介数が大きいだけでなく，そのノードの情報媒介への寄与度が大きいということが必要である。媒介への寄与度というのは，簡単に言うと，そのノードが存在しなければ情報が流れなくなる，という性質のことである。たとえば，コミュニティ間を媒介するようなノードの場合は，このような意味の媒介度が大きくなる。ネットワーク指数で，このような性質を代表しているのは，媒介中心性という指数である。

第4章では，統計分析とネットワーク分析を使って，下位命題(2)を実証しようと取り組んだ。その結果，統計分析からは，「媒介中心性」と「オープン標準対応製品の販売率」と「新興国市場向け販売率」が強い交互作用を持つことがわかった。そして，新興国販売率が高いという条件の下で，半導体製造装置企業がハブに位置取りすると，販売額という市場成果に対してプラスの影響があることがわかった。

さらに，このようなハブに位置取りしている企業は，「オープン標準に対応した製品の販売比率を増加させることによって市場成果をさらに増加させる」ことがわかった。「ハブに位置しながら，オープン標準を戦略的に用いる」というのは，プラットフォーム企業の典型的な戦略である。ハブに位置取りすることが，戦略的に効果があるということが実証されたことは，本書の重要な貢献である。ただし，前述のようにこのようなプラットフォーム企業の戦略が機能するためには，新興国市場向け販売率が高いという条件が必要である。この点は，下位命題(4)に関係する点であるので，再度，次節でふれる。

また，つづくネットワーク分析では，より興味深い事実がわかった。ネットワーク分析ではノード機能法を用いてハブのノードを特定した。

年ごとに各ノード機能の割合を表示したものが図8.5である。図8.5から，取引ネットワーク上にハブ・ノードが登場しているのは，1996年，2001年，2003～06年であることがわかる。

ノード機能法ではコミュニティ間を媒介するノードはコネクタもしくはハブ

第8章 グローバル・エコシステムの成立と拡大

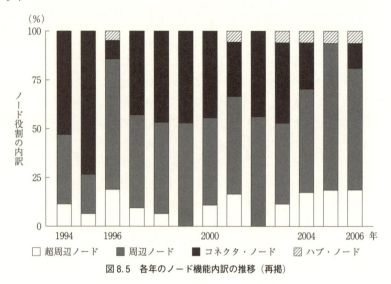

図8.5 各年のノード機能内訳の推移（再掲）

として分類される。コネクタとハブの違いは，絶対的な媒介中心性の大きさである。単にコミュニティ間を媒介しているだけのノードはコネクタに分類されるが，コミュニティ間を媒介しかつ媒介中心性が非常に高いノードはハブに分類される。

図8.5で見ると，1994年から2002年頃までは，コミュニティ間を媒介する役割を担っているのは主にコネクタであることがわかる。しかし，2003年以降，継続的にハブ・ノードが登場するとコネクタ・ノードは急激に減少し，周辺ノードに転換していった。コミュニティ間の媒介をするのは主にハブになったことがわかる。

コネクタが減少しハブが継続して存在しているというのは，コミュニティを媒介する機能がハブへ集中したことを示している。ちょうどこの期間は300mm標準に対応した製品が上市され，市場で普及を始めた時期に重なる。オープン標準が普及すると，コミュニティ間の媒介機能がハブに集約され，そのせいで，コネクタが減少したと考えられる。

図8.5は，長年，プラットフォーム戦略研究にまとわりついてきた疑問に答えている。すなわち，「偶然にもハブに位置取りできたから，プラットフォーム企業になれた」のか，「ハブに位置取りすることすら，プラットフォーム企業の意図的な戦略行動であった」のか，という疑問である。第4章の研究結果

は後者を支持している。

図8.5を見ると,もともと半導体製造装置分野の取引ネットワークには,ハブというノードは存在していなかった。1996年にハブ・ノードが登場しているが,長続きはせずに消滅してしまった。1990年代はコミュニティ間の情報媒介の役割を,コネクタ・ノードが担っていた。

しかし,2001年もしくは2003年以降は,継続的にハブ・ノードが発生している。さらに,同時期にコネクタ・ノードが急激に減少している。この時期は,ちょうど,300 mm標準がオープン標準として普及した時期である。これらの事実を考えると,次のようなメカニズムが背後にあったことが推察される。

プラットフォーム企業といえども,偶然にハブに位置取りできたわけではない。むしろオープン標準を積極的に普及させることにより,プラットフォーム企業の媒介中心性が高まった。一方,それまで,コミュニティ間を媒介していたコネクタ・ノードは,オープン標準が普及するにつれて,激減していった。コミュニティ間の媒介が必要であった情報の多くがオープン標準となり,わざわざコネクタ・ノードを介して,情報を得る必要がなくなったためである。

コミュニティ間を媒介する役割は,少数のコネクタ・ノードに集約していった。そうすると,それら少数のノードの情報媒介する機能(媒介中心性)が極端に高くなり,コネクタ・ノードからハブ・ノードへと変化した。そしてその後,ハブ・ノードは永続的に存在することになった。最終的にハブ・ノードとして残ったのがプラットフォーム企業であった。

このメカニズムは①〜③のように整理できる。①オープン標準を普及させることによりプラットフォーム企業の媒介中心性が高くなる,②オープン標準を普及させることにより,コネクタ・ノードのコミュニティ間の媒介機能が減少し,プラットフォーム企業にコミュニティ間を媒介する機能が集中する,③プラットフォーム企業の媒介中心性が極端に高くなり,プラットフォーム企業のノードは,コネクタ・ノードからハブ・ノードとなる。

このように考えると,戦略的標準化と,ハブへの位置取りの2つの戦略は,密接に関係している戦略であると言える。戦略的標準化を行うことにより,オープン標準が形成され,そのオープン標準普及によって,プラットフォーム企業のノードは,コネクタ・ノードからハブ・ノードへと変化する。この状況を後から見ると,プラットフォーム企業がハブに位置取りしているように見えるのである。

残念ながら，第4章以外の章では，直接的に取引ネットワークを検証していない。これは取引ネットワークのデータにアクセスすることが，通常は非常に難しいためであり，この種の既存研究がほとんど存在しないことの原因でもある。

しかし，それでも，各研究でプラットフォーム企業がハブに位置取りしていたと推定できる。第3章の欧米の通信設備企業は既存企業として幅広い取引ネットワークを構築して媒介中心性の高いポジションにいた。第5章・第6章で紹介したインテルはプラットフォーム企業として，ユーザー企業のパソコン企業だけでなく，共存企業の台湾ODM企業と幅広く取引ネットワークを築いていたため，ハブにポジショニングしていたことは間違いないだろう。さらに，第7章で取り上げたボッシュは，中国の合資系・ローカル系のほとんどのOEM企業と取引を行っていたため，ハブに近い位置にポジショニングしていると考えられる。

これらの例では，プラットフォーム企業はエコシステム成立のときに戦略的標準化を行うだけでなく，継続的に標準化を行っている。継続的な標準化は，オープン標準普及によってコミュニティ間の媒介機能がハブに集中する，という効果がある。第4章の研究では，オープン標準普及によって，コミュニティの媒介機能がコネクタ・ノードからハブ・ノードに集中する様子が観察された。第4章以外の研究でも，継続的な標準化によって，プラットフォーム企業は次第にハブに位置取りすることに成功し，競争優位を拡大していったと考えられる。

2.4 下位命題(3)：分業ネットワークのマネジメント

エコシステム拡大期のプラットフォーム企業は，エコシステムの拡大を刺激しながら，自社の競争優位を確立していく，という戦略をとる。第5章～第7章の研究からプラットフォーム企業は大きく2つの戦略行動をとることがわかった。1つめは周辺市場への参入である（第5章）。2つめは，企業間関係をマネジメントしてエコシステムのオープン・ネットワークを維持することである（第6章・第7章）。2つの戦略行動を通じて，エコシステムを拡大させ巨大なグローバル・エコシステムを形成する。

「周辺市場への参入」と「企業間関係マネジメントによるオープン・ネットワークの維持」は，下位命題(3)の「プラットフォーム企業は二面市場戦略，バ

ンドリング戦略や企業間の関係マネジメントなど，市場構造に基づいた戦略を実行して競争優位を得る」と対応する。

2.4.1 周辺市場への参入
(1) バーゲニング・パワーの強化

プラットフォーム企業が，バーゲニング・パワーを強化し，オープン領域への影響力の行使として行う代表的方法は，第2章で紹介したバンドリング戦略である。とくにプラットフォーム企業が補完財をバンドルすることをプラットフォーム包含とも呼ぶ（Eisenmann, Parker, and Alstyne, 2011）。プラットフォーム製品と補完財製品を抱き合わせて販売することにより，プラットフォーム企業は，補完財製品を単品販売する共存企業よりも，高い競争力を発揮することができる。この事例として考えられるのが，第5章で紹介したインテルのチップセット事業への参入である。

インテルはCPU製品で高い市場シェアを獲得しており，その影響力を周辺市場であるチップセットで行使した，と考えられる。その目的は単に利益を拡大する，という単純なものではなく，自社に有利なパソコンのインターフェース標準規格をチップセットに実装して世界中に普及させる，というものであった。1990年代，チップセット市場で急激に市場シェアを拡大しながら，インテルは次々とインターフェース標準規格を発表していった。このチップセットを搭載したパソコンを台湾ODM企業が大量に製造することで，パソコンのエコシステムは急激に拡大していった。

(2) 周辺市場の活性化

周辺市場への参入でも，前項のような囲い込み戦略（＝オープン領域への影響力行使）とは正反対の目的で行われるのが，補完財市場の活性化のための参入である。同じ周辺市場への参入であるが，戦略目的が大きく異なる。第5章でインテルが見せた2つの周辺市場への参入のうち，チップセット市場への参入は囲い込み戦略であるが，マザーボード市場への参入は周辺市場の活性化が目的である。

インテルは1995年にマザーボード市場に参入を大々的に行ったが，すぐに，台湾ODM企業への製造委託を行うようになった。マザーボードの形状などの標準規格（ATX規格）を策定，さらに，技術移転契約なども台湾ODM企業と

行い，自社はマザーボード市場から撤退していった。

　インテルの行動を客観的に考えると，マザーボード市場への参入の目的は，マザーボード市場を活性化させ，同社の最新 CPU を搭載できるマザーボードを大量に普及させることであった。プラットフォーム企業として周辺市場参入を用いて，共存企業を刺激して周辺市場を活性化しようとする戦略的行動であった。

　周辺市場参入について他の章の研究では，バーゲニング・パワーの獲得のための周辺市場参入が頻繁に観察された[3]。第3章の例ではプラットフォーム企業の通信設備企業は，通信オペレーターの業務の一部をサービス事業やソリューション事業として行っていた。たとえば，エリクソンは技術蓄積が小さい通信オペレーターに対して，通信設備の敷設設計サービス（最適な通信ネットワークの設計ノウハウが必要になる）やシステム運用サービスなどを通信設備とセットにして提供していた。第4章の例では，プラットフォーム企業の半導体製造装置企業は自社のコア・ビジネスの半導体製造装置に対して，その周辺の半導体製造装置ビジネスを買収して参入していた。第7章の車載エレの例では，とくに AUTOSAR 標準化活動と並行して，プラットフォーム企業である車載エレ企業が，頻繁に周辺市場参入を行った (Juliussen and Robinson, 2010)。たとえばコンチネンタルはシーメンスの車載エレ部門（シーメンス VDO）を2007年に買収し，さらに，コンチネンタル自身もシェフラー社に2007年に買収され，巨大な車載エレ企業が誕生した。コンチネンタルは2015年にはエレクトロビット社から，AUTOSAR のベーシック・ソフトウェア（BSW）や開発ツールをビジネスとする車載エレ関連部門を買収して周辺市場参入をしている。デンソーは2016年にイーソル社・NEC 通信システム社とともにオーバス社を設立して，AUTOSAR の BSW・関連ツールの開発・ライセンス販売や，周辺のエンジニアリング・サービスの提供をすることを発表している（デンソー，2016）。

　一方，周辺市場の活性化のために周辺市場参入を行う例も，本一連の研究で観察された。たとえば第8章の車載エレの AUTOSAR の事例ではボッシュは ETAS とともに BSW をオープンソース・ソフトウェアとして公開した (Rüping and Trechow, 2014)。この行動の主目的は開発ツール企業やソフトウェア企

---

[3] ただし各研究のテーマではなかったため，必ずしも各章で詳細に事例記述されていない。

業を刺激して周辺市場を活性化することである。このようなプラットフォーム企業によるオープンソース・ソフトウェア活動は，周辺市場活性化のための周辺市場参入である。

プラットフォーム企業にとって周辺市場参入はバーゲニング・パワーの強化だけでなく，周辺市場の刺激を行うこともできる重要な戦略レバーであることが，一連の事例から明らかになった。

2.4.2 分業ネットワークにおける関係マネジメントについて
(1) リファレンス・デザイン

企業間ネットワークがコア・ネットワーク化することを防ぎ，オープン性を維持することも，エコシステム拡大のために重要である。第6章では，パソコンの最新マザーボード開発におけるインテルと台湾 MB 企業の協業関係を事例分析した。インテルは技術蓄積水準の異なる複数の台湾マザーボード企業に対して，詳細なリファレンス・デザインを作成し配付していた。リファレンス・デザインを用いれば技術蓄積の小さいマザーボード企業であっても，最新 CPU に対応したマザーボードを開発生産することができる。

最新のマザーボードを開発生産するためには，最新 CPU についての技術知識と，最新マザーボードに対しての技術知識の2つが必要となる。つまり2つの領域にまたがる技術知識（システム知識）を吸収しなければ，最新マザーボードを開発生産することはできない。しかし，リファレンス・デザインを用いれば，最新 CPU についての少ない技術知識で，最新のマザーボードの開発生産が可能となる。このため，システム知識による参入障壁の構築が行われず，分業ネットワークのコア・ネットワーク化が回避される。コア・ネットワーク化とは，少数の有力企業のみで分業ネットワークが形成されるようになることである。エコシステム拡大の観点からは，コア・ネットワーク化は避けるべきものである。

(2) 簡明アプローチ

企業間関係でオープン性を維持するマネジメントが，プラットフォーム企業とユーザー企業の間についても観察された。第7章では中国エンジン ECU 市場を比較事例分析した。中国市場では，中核部品企業としてボッシュとデンソーがエンジン ECU ビジネスを行っている。ボッシュはプラットフォーム企業

的な戦略行動をとっており，企業間関係は簡明アプローチ型である。対照的にデンソーは製品企業的な戦略行動をとっており，企業間関係は濃密アプローチ型を志向している。現状では，中国自動車企業はボッシュの推進する簡明アプローチ型の企業間関係を受け入れている。その方が，短期間でのキャッチアップが可能となるからである。

簡明アプローチ型の企業間関係では，濃密アプローチ型のような関係特殊的な資産を形成する必要がなく，分業ネットワークに新規企業の参加を呼び込みやすい。そのため短期間のうちにエコシステム拡大する有効な方法となっている。

第6章のパソコン産業では「リファレンス・デザイン活用」，第7章の車載エレ産業では「簡明アプローチ」といった戦略行動が明らかになった。これらのプラットフォーム企業の行動は分業ネットワークのコア・ネットワーク化を防ぎ，オープン性を担保する行動と言える。この観点で，他の章のプラットフォーム企業の行動を改めて見てみると類似の行動が多くあることがわかる。第3章の移動体通信の事例では，1992年にGSM標準が欧州で商用サービス開始した後も，プラットフォーム企業の標準化活動は継続した。オープン標準化活動を継続的に行うことによって，分業ネットワークのオープン性が保たれ，多くの部品企業・ソフトウェア企業が共存企業として移動体通信のエコシステムに参入して開発生産に投資していった。新規のユーザー企業も同様に参入し，端末を世界中に供給した。第4章の半導体装置産業では，プラットフォーム企業である半導体製造装置企業は，新興国の半導体企業へのオープン標準化対応の製造装置を販売することで，新しい半導体企業のエコシステムへの参加を助成していた。これらの観察からも，エコシステム拡大のためにプラットフォーム企業が分業ネットワークのオープン性の維持に注力していることがわかる。

2.5 戦略レバーの作用メカニズム：下位命題(1)～(3)の検討

下位命題(1)～(3)では「戦略的標準化」「ハブへの位置取り」「企業間関係マネジメント」といったプラットフォーム企業の戦略レバーの有効性を主張している。本一連の研究ではこれらの下位命題を各事例研究・実証研究を通じて検討した。各事例研究・実証研究の結果はこれら戦略レバーの有効性を支持するものであった。

エコシステム成立期の戦略レバーである「戦略的標準化」「ハブへの位置取

2 プラットフォーム企業の戦略レバー

り」は，2つの意味で重要であった。1つめは，共存企業・ユーザー企業のエコシステム参入を助成する意味である。2つめは，インフレクションポイントでプラットフォーム企業が手番を得るためのバーゲニング・パワーの源泉を作るという意味である。

参入を助成するだけであれば，単なる「標準化」でも機能する。しかし，それではインフレクションポイントの手番をプラットフォーム企業が得ることができない。その場合，エコシステム拡大段階で共存企業・ユーザー企業が投資しないためにエコシステムが拡大しないかもしれないし，彼らが投資してエコシステムが拡大したとしてもプラットフォーム企業の収益化は担保されない。この意味で単なる「標準化」はプラットフォーム戦略として失敗であり，「戦略的標準化」や「ハブへの位置取り」が必要である。これらの戦略レバーはプラットフォーム企業のビジネスモデル（コア・ビジネスとノン・コアビジネスの決定）が前提となっているため，単なる標準化活動の枠を越えている。さらに，「オープン領域とクローズ領域の設定」を機能させるためには，複数事業の組織統合が必要である。つまり，非常に戦略的なのである。

エコシステム拡大期の戦略レバーである「企業間関係マネジメント」は，別の意味で戦略的であることがわかった。エコシステム拡大はプラットフォーム企業だけでできず，共存企業・ユーザー企業がエコシステム拡大のための投資をすることが必要である。その際には，共存企業・ユーザー企業の反応を考えたうえで，プラットフォーム企業は戦略行動をとる必要がある。そのため企業間関係のマネジメントが重要になる。

プラットフォーム企業がエコシステム拡大を助成するために行っていた戦略行動は，「周辺市場参入を利用して分業ネットワークを刺激し，エコシステムが拡大するような投資を引き出す」「リファレンス・デザインや簡明アプローチを用いて分業ネットワークのオープン性を維持し，新規参入を阻害しないようにする」というものであった。これらの戦略レバーは，自社の情報ではなく，共存企業・ユーザー企業の状況を良く理解する必要がある。つまり，分業ネットワークをマネジメントする際には，エコシステム全体のプレイヤーの情報を収集し，理解する必要がある。一般的な製品企業が自社事業のみに集中するのに対して，プラットフォーム企業は共存企業・ユーザー企業に依存しているため，他企業の情報をより多く収集し，分析・理解する必要がある。

一連の事例研究・実証研究を通じて，プラットフォーム企業の戦略は，共存

企業・ユーザー企業の状況に大きく依存していることが明らかになった。そして，プラットフォーム企業が選択した共存企業・ユーザー企業には共通点があることもわかる。プラットフォーム企業が選択した共存企業・ユーザー企業は，各エコシステムで新規企業（もしくは既存企業に対してキャッチアップを行う企業）であるという点である。

既存の共存企業は，すでに十分に技術知識や業界コンテクストも把握している。プラットフォーム企業が戦略レバーを通じて提供する情報を，既存の共存企業は，すでに保持していることが多い。プラットフォーム企業が用いる戦略レバーは，技術情報をオープンにしてしまうため，新規参入が増加するという作用もある。「技術情報の獲得のメリット」と「新規参入による競争激化のデメリット」を総合的に判断すると，プラットフォーム企業の戦略レバーは，既存の共存企業にとって不都合なものであると解釈される。

それに対して，新規の共存企業は，そもそも当該分野で事業を行っていないため，新規参入による利益獲得のチャンスが大きく映る。そのため，プラットフォーム企業の戦略レバーは，新規企業にとってより効果的に作用する。

ユーザー企業の場合も同様で，既存のユーザー企業よりも，新規のユーザー企業に対して，プラットフォーム企業の戦略レバーはより強く作用する。

このような戦略レバーの非対称性は，最終的にどのような結果をもたらすのであろうか。この点が下位命題(4)の関心である。次節で検討する。

3 プラットフォーム戦略の副次効果：下位命題(4)について

3.1 オープン標準の普及とグローバル・エコシステムの形成

オープン標準は，形式化された技術情報であり，国境を容易に越えることができる。そのため，オープン標準は，オープンな国際標準（グローバル標準）になりやすい。オープン標準を国際的に普及させながら，エコシステムが成長していくと，グローバル・エコシステムが形成される。

グローバル・エコシステムの中には先進国企業も新興国企業も存在する。プラットフォーム企業は，先進国企業に対してオープン標準を普及してエコシステムを形成していくのだろうか，それとも，新興国企業に対してオープン標準を普及してグローバル・エコシステムを形成していくのだろうか。第2章の先

行研究レビューで指摘したように，既存研究はこのような問いに明確な答えを出していない[4]。

この問いは，下位命題(4)の「グローバル・エコシステム形成の過程で，プラットフォーム企業が台頭すると，国際的な産業構造の転換を引き起こしてしまう」に対応している。この背景にあるロジックは，「プラットフォーム企業は共存企業・ユーザー企業に既存企業ではなく，技術蓄積や産業コンテクスト取得が十分ではないが，キャッチアップを積極的に行う新規企業を選択する。多くの場合，世界経済における新規企業は新興国企業である。そのためプラットフォーム企業が成功すると，その背後で，新興国企業が成長する」というものである。

下位命題(4)に直接的に答えているのは，第3章と第4章の研究である。第3章のGSM携帯電話の事例では，オープン領域となった携帯端末分野で，中国ローカル企業が台頭し成長した。中国の携帯端末市場は，中国ローカル企業が多数参入することによって大きく成長した。このケースでは，欧米の通信設備企業がプラットフォーム企業である。プラットフォーム企業の欧米の通信設備企業にとって，既存の共存企業とは，欧米端末企業のことである。新規の共存企業とは中国ローカル端末企業のことである。欧米の通信設備企業は，端末企業も兼ねていたため，端末市場では中国ローカル端末企業と競合することとなった。

第3章の中国携帯電話のケースでは，プラットフォーム企業が初めから共存企業として中国ローカル企業を積極的に選択した，とまでは言えないかもしれない。しかし，彼らは，バンドリング戦略によって端末市場の囲い込みを行うということまでしなかった。もし，バンドリング戦略をとろうと思えば，もっと積極的な手段をとることもできた。たとえば，中国で流通する携帯電話の多くは，標準規格に適合していないものであったので，それら端末のネットワーク接続を禁止する，ということもできたかもしれない。

---

4) 「エコシステムがグローバルに拡大するので，新興国産業が共存企業として成長する」と考えるのは自明のことではない。たとえば自動車産業では先進国自動車産業が世界市場に進出したときに，有力な先進国部品企業も同時に海外直接投資をして進出（随伴進出）した。海外直接投資の中には独自資本だけでなくジョイントベンチャーも含まれる。第7章で紹介した自動車産業におけるオープン標準化の潮流は車載エレが盛んになった2000年代以降の話である。

また，欧米の通信設備企業は標準化を主導したため，標準必須特許も多く保持していた。これら標準必須特許群を用いれば，中国ローカル端末企業に対してライセンシングを通じてもっと高額なロイヤリティを要求することができたと思われる。高額ロイヤリティは一種の参入障壁である。また，端末企業へのライセンシングでなくとも，彼らに中核部品を提供する半導体企業に対して，特許権行使をすることで影響力を行使することもできたと思われる。

しかし，プラットフォーム企業である欧米の通信設備企業には，このような抑止行動を大規模にとった形跡はない。端末市場が中国ローカル端末企業によって活性化し拡大すれば，彼らの主力ビジネスである通信設備市場も拡大する。結局，欧米のプラットフォーム企業は，端末事業よりも，その主力事業である通信設備事業を優先したのである。

この中で例外的な行動をとったのがノキアであった。ノキアは，中国市場で通信設備を提供しながら，同時に，端末市場でも積極的なシェア拡大を行っていた。同社は，先進国企業としては，驚くほど効率的なサプライチェーンを構築して，中国ローカル端末企業に対抗しようとした。しかし，結果を見ると，このような抵抗は実を結ばなかった。同社は利益率を削りながら疲弊し，スマートフォンへの世代転換に失敗したことも影響して，端末事業をマイクロソフトに売却してしまった。

結局，GSM携帯電話の事例では，欧米の通信設備企業は，クローズ領域の通信設備事業を優先するため，オープン領域の端末事業については，新規参入した新興国企業に任せることで，棲み分けを図ったと言える。欧米の通信設備企業は，プラットフォーム企業として通信設備事業を主力事業と考え，端末事業は共存企業が行うべきである，と認識したわけである。新興国企業を共存企業として選択したと言える。

第4章の半導体設備産業の実証研究は，プラットフォーム企業が新興国産業をユーザー企業に選択する行動を示している。第4章では，プラットフォーム企業として有力な製造装置企業，共存企業として補完的な製造装置企業，ユーザー企業として半導体企業を取り上げた。半導体生産は多様な種類の製造装置（露光装置，現像装置，エッチング装置，熱処理装置など）を1つの工程にそろえることで，量産が可能となる。各製造装置は，別々の製造装置企業が開発し半導体企業に提供している。1つの技術世代ですべての種類の製造プロセスがそろわないと，その世代の半導体を製造することができないため，オープン標準を

策定するメリットがある。第4章で取り上げた300 mm 標準は，300 mm ウェーハ世代のために設定された標準である。

半導体製造装置企業のうち，このオープン標準化を好機ととらえてプラットフォーム戦略をとった企業がアプライド・マテリアル（AMAT）や東京エレクトロン（TEL）といった企業であった。興味深いことに，当時最も重要なプロセスだと考えられていた露光機（ステッパー）を提供する企業は，プラットフォーム戦略をとったように見えない。むしろ，すべての工程間のつながりを把握するように複数のプロセス装置を半導体企業に提供していた AMAT や TEL がプラットフォーム戦略をとった。

実証分析からはプラットフォーム戦略が効果を持つ条件がいくつか判明した。実証研究では「取引ネットワークのハブに位置取りしながら，複数の市場間で生じるネットワーク効果を戦略的に活用すること」を，プラットフォーム企業の基本戦略と定義した。すなわち「媒介中心性を高めことによって販売額を大きくする戦略」をプラットフォーム企業の基本戦略とし，この基本戦略に対して，①オープン標準対応の製品販売比率（Ro300）の影響，②さらに新興国市場向け販売率（EMSR）の影響を検討した。

プラットフォーム企業の基本戦略に対して，①オープン標準対応の製品販売比率は，大きくなればなるほど，基本戦略の効果を大きくする。これは，複数市場間のネットワーク効果が強くなるためであると考えられる。この点は第2章で検討したプラットフォーム企業の競争戦略の理論モデルとも整合性がある結果であった。

さらに，実証分析の結果をもとにすると，このモデルに対して②新興国市場向け販売率が大きくないと，オープン標準の基本戦略に与える影響はプラスにならないことが判明した。この結果を示しているのが図8.6である。

図8.6は，縦軸が媒介中心性の高いノードに位置取りしたときの市場成果（装置販売額）への効果（マージナル効果：ME of bts）を示し，横軸がオープン標準対応製品の販売率 Ro300 を示している。回帰直線が右下がりの場合，オープン標準に対応した製品を販売するほど，媒介中心性の装置販売額への効果（媒介中心性のマージナル効果）が減少するということを意味している。回帰直線が右上がりの場合は，逆に，オープン標準に対応した製品を販売するほど，媒介中心性のマージナル効果は増大することを意味する。

新興国市場向け販売率 EMSR に応じて，図8.6は，5つのパネルに分けて

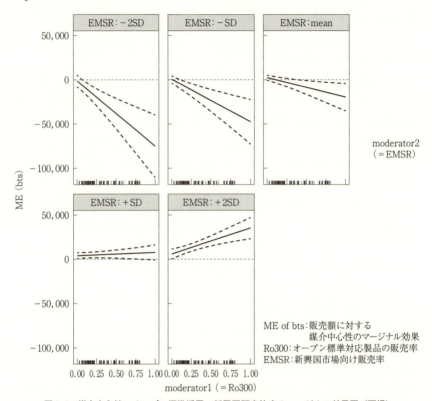

図8.6 媒介中心性, オープン標準活用, 新興国販売比率のマージナル効果図（再掲）

描画している。mean は, 新興国市場向け販売率が平均的のケースであり, －SD, －2SD はそれぞれ1標準偏差小さいケース, 2標準偏差小さいケースである。逆に, ＋SD, ＋2SD は1標準偏差大きいケース, 2標準偏差大きいケースを示している。

新興国市場向け販売率 EMSR が平均 (mean) のときには, オープン標準対応製品の販売比率 Ro300 を高めたとしても, 媒介中心性のマージナル効果 (ME of bts) はやや減少している。オープン標準対応製品の販売率を増やしたときに, 媒介中心性の高いハブに位置取りするプラットフォーム戦略の効果は, やや減少する。

もし新興国市場向け販売率が1標準偏差（もしくは2標準偏差）低かった場合, オープン標準対応製品の販売率を高めると, 媒介中心性のマージナル効果は明確にマイナスとなってしまう。つまり, 先進国市場だけを相手にしている場合

は，オープン標準を戦略的に使う効果は支持されないばかりか，マイナスになる。

逆に，新興国市場向け販売率が1標準偏差（もしくは2標準偏差）高かった場合，オープン標準対応製品の販売率を高めると，媒介中心性のマージナル効果は明確にプラスとなる。つまり，オープン標準対応製品の販売率を増やしたときに，高い媒介中心性を持つハブに位置取りするプラットフォーム戦略の効果はプラスである。

すなわちグローバル・エコシステムを想定した場合，オープン標準を使ったプラットフォーム戦略は，新興国産業への販売率が高いときに効果を発揮する，という推定結果となった。これは先進国の半導体企業よりも，新興国半導体企業が，プラットフォーム企業の製造装置企業から，オープン標準に対応した半導体製造装置を購入していることを示している。この背景には，製造装置企業がオープン標準を使ったプラットフォーム戦略をとった際に，新興国半導体企業は技術キャッチアップの好機ととらえ，積極的にオープン標準に対応した半導体製造装置に投資したことがあげられる。

3.2 下位命題(4)：国際的な産業構造の転換

下位命題(4)の「グローバル・エコシステム形成の過程で，プラットフォーム企業が台頭すると，国際的な産業構造の転換を引き起こしてしまう」の背景にあるロジックは，「プラットフォーム企業は共存企業・ユーザー企業に既存企業ではなく，技術蓄積産業コンテクスト取得が十分ではないが，キャッチアップを積極的に行う新規企業を選択する。多くの場合，世界経済における新規企業は新興国企業である。そのためプラットフォーム企業が成功すると，その背後で，新興国企業が成長する」というものである。このロジックは，前半部分の「プラットフォーム企業は新規企業を共存企業・ユーザー企業として選択する」と，後半部分の「世界経済における新規企業は新興国企業である。そのためプラットフォーム企業が成功すると新興国産業が成長する」に分かれる。よって，以降，前半部分と後半部分に分けて検討を行う。

まず，プラットフォーム企業が台頭したことで新規・既存企業間でキャッチアップが起こり，産業構造転換が発生したかどうかを確認する。

表8.5では共存企業・ユーザー企業のセグメントで，新規企業と既存企業間でキャッチアップが生じたかを示している。各セグメントとも新規企業と既存

扱った章	ビジネス・エコシステム	共存企業		ユーザー企業		新規・既存企業間での産業構造転換	
		新規企業	既存企業	新規企業	既存企業	共存企業	ユーザー企業
第3章	移動体通信	通信端末企業（中国ローカル企業）	通信端末企業（欧米企業）	なし	通信オペレーター企業（中国移動等）	発生	なし
第4章	半導体製造装置	半導体製造装置産業（自動搬送装置，CIMソフトウェア）	半導体製造装置産業（露光装置等）	半導体企業（台湾ファンドリ，韓国メモリ企業）	半導体企業（日米半導体企業）	なし	発生
第5章	パソコン（電子部品）	韓国メモリ企業（サムスン電子等）台湾ODM企業	日米メモリ半導体企業	新興パソコン企業（Dell, Gateway 2000等）	既存パソコン企業（IBM，コンパック）	発生	発生
第6章	パソコン（マザーボード）	台湾マザーボード企業	既存パソコン企業の社内製造部門	新興パソコン企業（Dell, Gateway 2000等）	既存パソコン企業（IBM，コンパック）	発生	発生
第7章	車載エレ	新興開発企業（インド・オフショア企業）	電子デバイス/ソフトウェアソフト/半導体/ツール	中国ローカル自動車企業	外資・国営合弁自動車企業	—	—

表 8.5　各エコシステムでの新規・既存企業間での産業構造転換

企業を記載している．ただし，第3章で見た移動体通信では参入規制が行われているため，ユーザー企業の新規企業は出現しなかった．

最も右側の列「新規・既存企業間での産業構造転換」は，当該産業において，新規企業と既存企業の間で，逆転が起こったかどうかの有無を表示している．共存企業とユーザー企業のいずれのセグメントにおいても頻繁にキャッチアップが発生していることがわかる．

次に，このような新規企業と既存企業の間の産業構造転換が，国際的な産業構造転換につながっているのかを表8.6で確認する．太めのゴチック体で示しアミかけをしてある企業は先進国企業であり，下線を引いた企業は新興国企業である．最も右側の列の「国際的な産業構造転換」が下位命題(4)に適合するような現象が発生したかどうかを示している．国際的な産業構造転換とは，先進国企業と新興国企業の間でのキャッチアップ，ひいては，逆転が起こったのか，ということを意味している．

表8.5「新規・既存企業間での産業構造転換」と表8.6「国際的な産業構造

扱った章	ビジネス・エコシステム	共存企業		ユーザー企業		国際的な産業構造転換（下位命題(4)）	
		新規企業	既存企業	新規企業	既存企業	共存企業	ユーザー企業
第3章	移動体通信	通信端末企業（中国ローカル企業）	通信端末企業（欧米企業）	なし	通信オペレーター企業（中国移動等）	発生	なし
第4章	半導体製造装置	半導体製造装置企業（自動搬送装置, CIMソフトウェア）	半導体製造装置産業（露光装置等）	半導体企業（台湾ファンドリ企業, 韓国メモリ企業）	半導体企業（日米半導体企業）	なし	発生
第5章	パソコン（電子部品）	韓国メモリ企業（サムスン電子等）台湾ODM企業	日米メモリ半導体企業	新興パソコン企業（Dell, Gateway 2000等）	既存パソコン企業（IBM, コンパック）	発生	なし
第6章	パソコン（マザーボード）	台湾マザーボード企業	既存パソコン企業の社内製造部門	新興パソコン企業（Dell, Gateway 2000等）	既存パソコン企業（IBM, コンパック）	発生	なし
第7章	車載エレ	新興開発企業（インド・オフショア企業）	電子デバイス/ソフトウェアソフト/半導体/ツール	中国ローカル自動車企業	外資・国営合弁自動車企業	—	—

太めのゴチック体……先進国企業
細めのゴチック体……新興国企業

表8.6　各エコシステムでの先進国・新興国間の国際的産業構造転換

転換」を比較すると，多くの場合で「新規・既存企業間での産業構造転換」が起こると「国際的な産業構造転換」が多く発生することがわかるが，発生しないこともあることがわかる。第5章・第6章のパソコンの事例ではユーザー企業の領域で，新規・既存企業間の逆転が起こった。しかし，どちらも米国企業であり，企業国籍だけを見れば，国際的な逆転には至っていない。

新興パソコン企業は，企業国籍としては，米国企業であるが，台湾ODM企業との関係が強い。台湾ODM企業の成長の際に，パソコンやノートパソコンの生産委託を行ったのは，主にこれら新興パソコン企業であった。ここに，先進国の新規ユーザー企業と新興国の共存企業の強い補完性がある。

表8.6の「国際的な産業構造転換」のカラムをより詳しく見ると，共存企業側で国際的な産業構造転換が起こる割合が多く，ユーザー企業側でやや少ないように見える。

これはユーザー企業側で取り上げた事例に，参入規制が存在している（第3章の通信オペレーターの例）ことや，新規・既存企業とも先進国国籍の企業（第5章・第6章のパソコンの例）が含まれていることが理由として挙げられる。参入規制の存在は，やや特殊例であるようにも思われるが，インフラ産業では一般的に行われる規制である。類似の規制として出店規制なども存在する。逆に，そのような規制が存在せず，さらに，流通チャネルなども参入障壁の役割を果たさない場合には，パソコンの事例のように，ユーザー企業にもいち早く先進国国籍の新規企業が台頭するようになる。

第3章の携帯電話や第5章・第6章のパソコンの事例では，ユーザー企業側の国際的な産業構造転換は起きなかった。しかし，ユーザー企業を支えている共存企業側では大きな国際産業構造転換が起きた。共存企業産業の産業転換が，ユーザー企業産業の成長を大きく後押ししているので，ユーザー企業産業が大きく成長すればするほど，共存企業側の国際的な産業構造転換は大きかったと言える。これらの結果は以下の3点のように要約される。

① プラットフォーム企業がグローバル・エコシステムで台頭すると国際的な産業転換の強い圧力が生じる。
② 共存企業産業とユーザー企業産業を比較すると，共存企業産業の方が国際的な産業構造転換が生じやすい。
③ ユーザー企業の産業で「参入規制が存在する」もしくは「いち早く新規企業・既存企業の転換が起きる」場合，ユーザー企業産業では国際的な産業構造転換は発生しない。その場合，共存企業の産業に国際的な産業構造転換の圧力が集中し，より深刻な国際的産業構造転換が発生する。

以上の結果から，下位命題(4)はやや複雑な条件を伴いながら成立することがわかった。

4 エコシステム進化の驚くべき相似性：プラットフォーム企業，オープン領域とクローズ領域，先進国産業と新興国産業の国際分業

前節で指摘したようにプラットフォーム戦略は，産業に大きな影響を与える。よって，プラットフォーム戦略について考察を深めることは大きな意義がある。その際に，本書の研究で紹介したプラットフォーム戦略と，その結果生じたエ

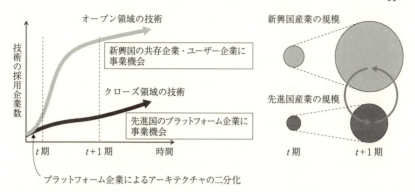

(a) オープン領域とクローズ領域の技術普及　　(b) 国際分業によるエコシステム拡大

図8.7　エコシステムの産業進化に見られる相似性

コシステム進化の相似性は，大いに参考になる。

　第3章から第7章まで多様なエコシステムを取り上げて検討を行った。携帯電話，半導体製造装置，パソコン，車載エレクトロニクスである。個々のエコシステムの特殊性を考慮したとしても，事例分析・実証分析をもとにすると，これらのエコシステムの産業進化には驚くべき相似性が存在する。相似形を構成する要素は，プラットフォーム企業，オープン領域とクローズ領域，先進国産業と新興国産業の国際分業，の3つである。この3つの要素の関係を示したものが図8.7である。

　エコシステムの産業進化を牽引しているのはプラットフォーム戦略をとっている企業である。このプラットフォーム企業の競争戦略が，オープン領域とクローズ領域を持つアーキテクチャや，先進国産業と新興国産業の分業構造を生み出している。

　プラットフォーム企業の競争戦略は，製品企業の持つ競争戦略とは大きく異なっている。プラットフォーム戦略は，アーキテクチャを人工的に変化させることから始まる。1つの製品アーキテクチャを，オープンなサブシステムとクローズドなサブシステムに分化させることがプラットフォーム戦略の端緒となる。

　オープンとクローズの分化は，戦略的標準化を用いて行う。戦略的標準化では，オープン標準化を通じて，製品のアーキテクチャを2つのサブシステム（オープンなサブシステムとクローズドなサブシステム）に二分する。これがアーキテクチャの二分化である。オープンなサブシステムをオープン領域，クローズ

ドなサブシステムをクローズ領域と呼ぶ。オープン領域か、クローズ領域かは、プラットフォーム企業のビジネスモデルによって決定される。

アーキテクチャの二分化が起こると、その各サブシステムに対応した市場での新規参入の度合いに変化が生じる。このとき、新規参入が活発に起きるオープン領域がエコシステム拡大の成長点となる。オープン領域の市場が成長すれば、クローズ領域の市場も成長する。もともと1つのシステムであったので、オープン領域とクローズ領域の間にはネットワーク効果が発生する。一方のサブシステムが成長すれば、もう一方のサブシステムも成長する。プラットフォーム企業はハブに位置取りして2つの領域を仲介しながら、自社はクローズ領域の事業を行う。

オープン領域とクローズ領域のどちらも産業成長するが、両者の利益率には違いが生じる。オープン領域の産業成長は新規参入によるものであるのに対して、クローズ領域の産業成長はネットワーク効果によるものである。この点がオープン領域とクローズ領域の利益率の差につながる。クローズ領域の産業は少数の企業で成長するので、潜在的にはクローズ領域の産業は高収益率を期待できる産業である。プラットフォーム企業は高収益なクローズ領域で自社事業を展開して、エコシステムの成長から収益を得る。

ただし、もしも何もせずに放っておいたのであれば、クローズ領域の高収益性はすぐに失われてしまう。高成長を続ける高収益産業を、ライバル企業は黙って見ているわけではない。すぐに新規参入が多発する。第5章で見たような、周辺市場参入によるバーゲニング・パワーの強化や、第6章、7章で見たような共存企業・ユーザー企業との関係マネジメントが重要になる。クローズ領域の自社事業の競争力を強化する取り組みも行われる。

知財マネジントもプラットフォーム戦略では非常に重要である。第5章ではクローズ領域に他社企業が参入しようとすると、プラットフォーム企業であるインテルは積極的に特許係争を仕掛けたことを紹介した。事業戦略と結びついた知財マネジメントはプラットフォーム企業にとって大いに有効である。エコシステムのある一部分について、強力な囲い込み戦略を行う必要があるからである。単に良い製品をつくるという以上のことを、プラットフォーム戦略では行わなければならない。こういった取り組みは、戦略的標準化ほど目立つものではないが、プラットフォーム戦略を成功させるためには重要である。

さらにプラットフォーム企業は、クローズ領域でのバーゲニング・パワーを

強化するのと同時に，オープン領域の拡大を行うためにさまざまな施策を行う必要がある。戦略的標準化によってエコシステムが成立したとしても，そのようなエコシステムが独りで勝手に成長するわけではない。さまざまな刺激や施策が必要となる。

第5章～第7章で見たように，「周辺市場参入による刺激」や「リファレンス・デザイン」や「簡明アプローチの企業間関係」のように，企業間の分業ネットワークにオープン性を維持し，かつ，エコシステム拡大がスムーズに行われるように，常に刺激を与える必要がある。オープン領域をエコシステムの成長点とし，エコシステム拡大を絶え間なくマネジメントすることがプラットフォーム企業のエコシステムのマネジメントである。

プラットフォーム戦略は，プラットフォーム企業だけでは完成しない。この点を本書では繰り返し指摘した。プラットフォーム企業は1社ではシステムを完成できず，必ず共存企業が必要となる。共存企業はプラットフォーム企業にとって必用不可欠な存在である。

共存企業の巨大なプールとなっているのが，新たに世界経済に参加した新興国産業である。戦略的標準化によってつくられたオープン領域は新規参入が盛んに行われるため，期待収益率が小さくなりやすい。しかし，それは必ずしも「オープン領域のビジネスが魅力的ではない」ということを意味しない。オープン領域のビジネスは，新規参加者にとっては，オープン標準に合致しさえすれば，巨大な世界市場へ製品を投入することができる，魅力的な事業チャンスである。技術蓄積や産業コンテクスト取得が十分でなくても世界市場へ参入できる点は，他のデメリットを補ってあまりあるものである。しかも，エコシステムが拡大するときにはオープン領域の市場も拡大している。すなわち，産業規模が拡大しており，新興国産業には企業成長のチャンスである。第5章で見たように，台湾ODM産業や韓国メモリ半導体産業はこのチャンスを最大限に利用してキャッチアップを行った。

共存企業としてだけでなく，ユーザー企業としても，新興国産業にとって，プラットフォーム企業の台頭は世界経済でのキャッチアップの機会を与えている。第4章で見たように，半導体製造装置の300 mm標準が普及する過程で，韓国メモリ産業や台湾ファンドリ産業といった新興半導体産業はキャッチアップを行うことに成功した。第7章の中国エンジンECU市場の例では，中国ローカル自動車企業にとって，先進国プラットフォーム企業が提供するエンジ

ン ECU はキャッチアップの絶好の機会となっている。

　プラットフォーム企業の戦略的標準化によってオープン領域とクローズ領域がつくられる。オープン領域は新興国企業にとっては絶好の事業機会を提供し，同時に，オープン領域の成長に後押しされてクローズ領域も成長するので，クローズ領域は先進国のプラットフォーム企業に事業機会を提供する。プラットフォーム企業の戦略的標準化を契機に，先進国企業と新興国企業が参入するグローバル・エコシステムが形成される。グローバル・エコシステムでは，先進国産業と新興国産業の国際分業によって急激に成長する。これらの動きは，1990年代に新興国が市場をオープン化し，新興国産業が世界経済に参加するという情勢を背景にしており，その動きは新興国産業の成長に後押しされている。

　このように考えると，プラットフォーム企業のグローバル戦略は，単に，プラットフォーム企業が世界展開を行った，というものではなく，プラットフォーム企業が成長するために1990年代以降の世界の産業環境の変化を利用したものである，とも言える。1990年代に新興国の市場自由化が起こり，その結果，新興国産業が世界経済に参加を開始した。技術蓄積や産業コンテクスト取得が十分ではない新興国産業にとって，絶好のキャッチアップ機会を提供しているのがプラットフォーム企業のグローバル戦略であると言える。

　しかも，プラットフォーム企業のグローバル戦略の端緒となる戦略的標準化は，1980年代半ばの欧米の独禁法運用緩和を背景としている。第1章で紹介したように，国際的なオープン標準を形成するには，コンソーシアム活動などが欠かせない。1980年代の独禁法運用緩和がコンソーシアムによる標準化を可能にし，国際的なオープン標準の頻繁な形成を支えている。

　このような産業の動きを背景としているため，プラットフォーム戦略の有効性は，単なるエレクトロニクス産業の特殊事例として終わるものではなく，他産業にも応用されるものだろう。実際に第7章で紹介した車載エレクトロニクスの事例は，純粋なエレクトロニクス産業というよりも，メカニクスとIT・ソフトウェアが結合したものである。CPS (Cyber Physical System) や IoT (Internet of Things) といったものも同様のシステムとして，プラットフォーム戦略の有効性が大きいだろう。当然，ネットワークサービスの分野はプラットフォーム戦略の真の適応領域である。もっとエレクトロニクス産業から遠い産業領域，たとえば医薬分野，エネルギー分野そして農業分野も，そこにエコシス

テム型の産業構造を見つけることができれば，先進国産業と新興国産業の分業関係に支持されたプラットフォーム戦略を成功させることができるかもしれない。プラットフォーム戦略はプラットフォーム企業だけに利益をもたらすだけでなく，エコシステムの拡大をもたらすものであり，新しい国際的な経済成長をもたらすものと期待される。

　繰り返しになるが，その際に，本書で紹介した「プラットフォーム戦略」「オープン領域とクローズ領域」「先進国産業と新興国産業の国際分業」を念頭に考えることによって，エコシステム進化の方向性や各企業の競争力の行方について，深く理解することが可能となるとともに，そのような時代の競争戦略の立案を行うことができるようになるだろう。

5　まとめ

　本章では，第3章〜第7章で行った事例研究・実証研究を，分析フレームワークをもとに整理し，第2章で掲げた4つの下位命題が支持されたのかどうかを検証した。下位命題(1)〜(3)はプラットフォーム戦略の主効果に関するものである。プラットフォーム企業の戦略レバーとして検討を行った。

　下位命題(1)のプラットフォーム企業の戦略的標準化については，すべての事例研究・実証研究で確認することができた。「オープン領域とクローズ領域」「オープン度の設定」が重要であることが明らかになった。

　下位命題(2)の「プラットフォーム企業はハブに位置取りすることで競争優位を得る」という命題については，第4章の実証研究で扱い，統計的に支持された。また，ネットワーク分析からは，戦略的標準化とハブへの位置取りが密接に関係する，とする分析結果を得た。他の章では，下位命題(2)を直接的に扱かっていないが，プラットフォーム企業の状況記述より，下位命題(2)は妥当であるという結論を得た。

　下位命題(3)の分業ネットワークのマネジメントについては，第5章・第6章のパソコンや，第7章の車載エレクトロニクスのプラットフォーム企業のエコシステム・マネジメントで明確に観察することができた。第5章で検討したプラットフォーム企業の周辺市場参入は，「周辺市場の活性化」「バーゲニング・パワーの強化」という2つの目的があることがわかった。第6章・第7章の企業間関係マネジメントでは，分業ネットワークのオープン性を維持し，コア・

ネットワーク化を阻止することでエコシステム拡大を促進していることが明らかになった。

下位命題(4)は，プラットフォーム戦略の副次効果に関するものである。下位命題(1)〜(3)で見たような戦略レバーをプラットフォーム企業が活用して成功した場合，グローバル・エコシステムにどのような影響があるのかを検討したものである。第3章から第7章までの分析結果を見ると，プラットフォーム企業が台頭すると，高い確率で国際的な産業転換が引き起こされるが，それはユーザー企業の産業よりも，共存企業の産業でより多く引き起こされることが示唆された。ユーザー企業の産業で国際的な産業転換が起きなかった事例を詳細に観察すると，参入規制が実施されていたり（第3章），ユーザー企業産業の新規・既存企業ともに先進国企業が含まれていたりした（第5章・第6章）。参入規制が実施されている事例は特殊例であるようにも思えるが，インフラ産業では一般的である。新規・既存企業とも先進国企業が含まれたパソコン産業の事例は，先進国国内の中でいち早く新規・既存産業間で産業構造が起こってしまっていたため，ユーザー企業の産業では国際的な産業構造転換にまで至らなかった。

しかし，このようにユーザー企業の産業で国際的な産業転換が起こらなかった場合，共存企業の産業ではより深刻な国際的な産業転換が引き起こされた。これは，ユーザー企業の産業の新規企業が，先進国国内でのキャッチアップ過程で，共存企業産業の中の新規企業をパートナー企業として選択するためである。たとえば，第6章で見たようなパソコン産業では，ユーザー企業として新興パソコン企業がアメリカ国内市場で台頭した。その過程で彼らがパートナー企業として選んだのは，新興国の共存企業の台湾ODM産業であった。ユーザー企業産業での新規・既存企業の産業構造転換の代理戦争が，共存企業産業の先進国・新興国企業間で行われた。その結果，共存企業産業でより深刻な国際的な産業構造転換が起こった。

このように検討した結果，下位命題(1)〜(4)はすべて成立すると考えられる。ただし，その検討の中から，下位命題(4)「グローバル・エコシステムの形成の過程で，プラットフォーム企業が台頭すると国際的な産業構造の転換を引き起こしてしまう」に関しては，次に示す(i)(ii)のような複雑な条件を伴うことがわかった。

(i) 国際的産業構造転換はユーザー側企業よりも共存企業産業で発生しやす

い。

(ii) ユーザー企業の産業で「参入規制が存在する」もしくは「いち早く新規企業・既存企業の転換が起きる」場合，ユーザー企業産業では国際的な産業構造転換は発生しない。その場合，共存企業の産業に国際的な産業構造転換の圧力が集中し，より深刻な国際的産業構造転換が発生する。

第3章から第7章まで取り上げたすべての事例において，プラットフォーム企業が台頭することにより，産業構造転換が引き起こされた。これはプラットフォーム企業の競争戦略がオープン標準を普及させることによって，新規企業と既存企業の間の技術蓄積や産業コンテクスト情報蓄積の違いを埋め，産業構造転換を引き起こしてしまうことに起因する。

グローバル・エコシステムでは，この産業構造転換の力が増幅される。産業構造の変化はエコシステムに参加しているすべての企業に影響を与えるため，プラットフォーム企業以外にもプラットフォーム戦略への対処を考えなくてはいけない。この重要性を考えると，今後，さらにプラットフォーム戦略の研究が必要であると思われる。

第9章 結び

1 まとめ

　本書は，1990年代以降，国際的なオープン標準が頻繁に形成されるようになってきたことを背景に，「グローバル・エコシステムでオープン標準が形成されると，プラットフォーム企業がドミナントな競争優位を得る。プラットフォーム企業の成功は急激な国際的産業構造の転換を引き起こす」という基本命題をもとに事例研究・実証研究を行った。

　事例研究・実証研究からプラットフォーム企業がグローバル・エコシステムでの競争優位を得る過程で，以下の①〜③が明らかになった。

① 国際的なオープン標準化を自社のビジネスモデルに応じて行う戦略的に行うことで，システムのアーキテクチャをオープン領域とクローズ領域に分化させ，オープン領域に新興国産業の参入を促す（下位命題(1)）。

② 複数市場を仲介するハブに位置取りしながら，同時に，「オープン標準の普及」「新興国向け展開」を行うことで競争力を獲得する（下位命題(2)）。

③ 2種類の「周辺市場参入」によりバーゲニング・パワーを強化しながら周辺市場を刺激して活性化させたり，「リファレンス・デザイン」「簡明アプローチの企業間関係」によって分業ネットワークにオープン性を維持したりして，エコシステム拡大を行う（下位命題(3)）。

　①〜③はプラットフォーム企業がグローバル・エコシステムで競争力拡大を行うための戦略レバーとして機能している。

　プラットフォーム企業は戦略レバー①〜③を実行する中で共存企業・ユーザ

ー企業として，技術蓄積や産業コンテクスト取得が十分ではない新興国企業を選択して，より戦略効果を大きくしようとする。新興国企業にとってはグローバル・エコシステムに参加し，先進国企業に対するキャッチアップする好機になっている。このため，プラットフォーム戦略が成功すると，その副次的効果として以下の④が発生することが明らかになった。

④ グローバル・エコシステムでプラットフォーム企業が台頭すると，国際的な産業構造転換が発生する（下位命題(4)）。

ただし，④をより詳しく検討すると，以下の2つの条件がつくことがわかった。

(i) 国際的産業構造転換はユーザー企業産業よりも共存企業産業で発生しやすい。

(ii) ユーザー企業産業で「参入規制が存在する」もしくは「いち早く新規企業・既存企業の転換が起きる」場合，ユーザー企業産業では国際的な産業構造転換は発生しない。その場合，共存企業産業に国際的な産業構造転換の圧力が集中し，より深刻な国際的産業構造転換が発生する。

これら①〜④は対応する下位命題(1)〜(4)を支持しており，本書の事例研究・実証研究は基本命題を支持している。

2 アカデミックな貢献

本書は，いままで明確に研究されていなかったグローバル・エコシステムにおけるプラットフォーム企業の競争戦略に焦点をあて，そのようなプラットフォーム企業の台頭が国際的な産業構造にどのような影響を与えるのかを事例分析・実証分析を通じて明らかにした。

プラットフォーム企業を対象とした既存研究の多くは，暗黙の内に国内事業を念頭に研究が行われており，国際的な条件はほとんど考慮されていなかった。世界経済におけるプラットフォーム企業の影響力を考えると，このような放置は奇妙とすら言える。本書の事例研究はプラットフォーム企業のグローバル・エコシステムにおける競争戦略を扱かっており，今日の学術的な要求に応えている。

本書では，まず既存研究を整理し，プラットフォーム企業の戦略行動がネットワーク効果を内包するエコシステム型の産業構造に起因している点を指摘し

2 アカデミックな貢献　341

た（第2章）。続く事例研究・実証研究では，複数のエコシステム型の産業を取り上げて研究を行った。分析対象として，携帯電話・半導体製造装置・パソコン・車載エレクトロニクスという複数のエコシステムにおけるプラットフォーム企業の企業行動を詳細に調査し，プラットフォーム企業特有の競争戦略が明らかになった。

　プラットフォーム企業は，エコシステムを成立させるためにたびたび戦略的標準化を行う。移動体通信産業の研究（第3章）からは，戦略的標準化は，ネットワーク効果を最大限に活用することを目標に，システム製品のアーキテクチャにオープン領域とクローズ領域を形成することがわかった。このアーキテクチャの二分化により，オープン領域では新興国企業が参入してグローバル・エコシステムが成立する。同時にクローズ領域では自社事業の拡大を行うことが可能となる。

　さらに，半導体製造装置産業の研究（第4章）からは，プラットフォーム企業はグローバル・エコシステムのハブにポジショニングすることによって，複数のコミュニティを仲介しながら競争力を拡大することがわかった。オープン標準を活用しながら，新興国企業に対して展開する様子が描き出された。

　エコシステムの拡大期にはプラットフォーム企業は，さまざまな手法を使って分業ネットワークのマネジメントを行うことがわかった。パソコン産業の研究（第5章）からは，プラットフォーム企業が周辺市場参入を戦略的に行っていることがわかった。「周辺市場参入によって刺激を与え周辺市場を活性化させる」ことと「周辺市場参入することで囲い込みを行い，自社事業の競争力を強化する」ことの2つの目的を使い分けながら，周辺市場参入を行っている。

　また，共存企業の技術知識をリファレンス・デザインとして他の共存企業に提供し，分業ネットワークがコア・ネットワーク化（少数の特定共存企業に依存した分業ネットワーク）することを防いでいること（第6章のマザーボード産業の研究）や，ユーザー企業との間に簡明アプローチ型の企業間関係マネジメントをすることで幅広いユーザー企業との関係構築に成功していること（第7章の車載エレクトロニクスの研究）も明らかになった。

　第3章〜第7章の研究は，第4章を除いて事例分析である。これら事例分析は，多くのインタビューと広範な二次情報に基づいて行った詳細な事例分析であり，既存研究では解明されていなかったプラットフォーム企業の戦略行動の詳細が明らかになった。

これに対して第4章では半導体製造装置の取引ネットワーク・データを用いた実証研究を行った。プラットフォーム研究の既存研究では実証研究はほとんどない。しかし各戦略行動間の関係や，その戦略行動が効果を発揮する条件などは，統計データによる実証分析を行うことによって初めて明らかになることが多い。

第4章の実証分析の結果は示唆に富むものであり，プラットフォーム戦略がどのような条件で効果を発揮するのかが明らかになった。プラットフォーム戦略は「ハブへの位置取り（高い媒介中心性）」「オープン標準対応製品の高い販売率」「新興国市場向けの高い販売率」の3つの戦略行動をパッケージとして同時に実行することにより成立するものであることがわかった。3つの戦略行動を同時に行うことによって発生する交互作用が無視できないほど大きいのである。とくに，「新興国市場向け販売率」が高くないと，「ハブへの位置取り」という基本戦略に対して「オープン標準対応製品の販売率」を高めるというプラットフォーム戦略が，戦略効果を発揮できないことが明らかになった。

最後に第8章で，本書で取り上げた複数のエコシステムを総合的に分析することで，グローバル・エコシステムにおけるプラットフォーム戦略成功の副次効果について検討した。その結果「プラットフォーム企業の台頭が国際的な産業構造の転換を引き起こす」ことが明らかになった。プラットフォーム企業が戦略レバーを用いる際に，その効果を最大限に利用するために，共存企業・ユーザー企業として，世界経済の新規企業である新興国企業を選ぶからである。

世界経済におけるプラットフォーム企業の台頭は，近年，顕著になってきているが，それがどのような国際的な現象をもたらすのかについてはよくわかっていなかった。既存研究の蓄積も少なかった。本書の研究はこの問いに対して答えを与えるものとなっている。

3 ビジネス・インプリケーション

本書から得られるビジネス・インプリケーションとして次の3つの点が挙げられる。

1つめはプラットフォーム企業の戦略的標準化に対する理解である。プラットフォーム企業は，その戦略のトリガーとして，戦略的標準化を行う。これは他の企業に対して影響を与える可能性がある。しかし，既存研究からは，プラ

ットフォーム企業がどのような戦略的目標の下に標準化活動を行っているのか，必ずしも明らかではなかった。本書から，オープン領域とクローズ領域というアーキテクチャの二分化を行い，エコシステムを成立させることが，戦略的標準化の目標であることが明らかになった。

このようなアーキテクチャの二分化は，必ずしも，共存企業やユーザー企業にとって悪いものではないかもしれない。むしろ，エコシステムが成立し，拡大することによるメリットを得られるかもしれない。しかし，もしも自社の事業領域がオープン領域になってしまった場合には，深刻な産業構造転換が訪れる可能性がある。その場合には，あらかじめ戦略的な対処を考えておく必要がある。このようなシナリオを検討するために，本書が明らかにした「戦略的標準化」のメカニズムは有益であると考える。

2つめに，プラットフォーム戦略を競争戦略として立案しようと考えている実務家にとって，「戦略的標準化」「ハブへの位置取り」「分業マネジメント」といった戦略レバーを提示したことである。これらの戦略レバーの詳細は第3章～第7章で記述した。さらに，これらの戦略レバー間の関係についても，第8章で俯瞰的に検討した。それによれば，初期の戦略レバーである「戦略的標準化」が単なる「標準化」と異なることが強調された。「戦略的標準化」はビジネスモデルに沿って行われるため，単なる標準化活動の枠組みを越えている。「ハブへの位置取り」はオープン標準普及と不可分の関係にあり，さらに，新興国企業に対してオープン標準を普及していくことで，グローバル・エコシステムの中でハブに位置取りすることができることが明らかになった。

初期に「戦略的標準化」「ハブへの位置取り」をすることで，エコシステムの成立期から拡大期のインフレクションポイントで共存企業・ユーザー企業に先立って戦略アクションをとることができる点も，これらの検討から強調されるべきことである。

さらに，「分業マネジメント」の戦略レバーでは，「周辺市場参入」によるバーゲニング・パワー獲得と周辺市場刺激や，「リファレンス・デザイン」「簡明アプローチの企業関係」などによって分業ネットワークのコア・ネットワーク化を防いで，新規参入を促進するようなオープン性を維持することが重要であることも明らかになった。エコシステム拡大期の戦略レバーは，プラットフォーム企業は，自社事業のみに集中するのではなく，エコシステム全体を見る必要がある。

3つめに，実務家および政策立案者にとって，プラットフォーム戦略と産業構造転換との関係を明らかにしたことである。たとえば，現在，自動車の自動走行などを契機に，プラットフォーム戦略をとる企業が自動車産業に参入してきている。このようなときに，どのような影響が産業に生じるのかを考える枠組みを本書は提示している。プラットフォーム戦略はエコシステムの拡大も含むため，必ずしも既存企業にとって悪いことばかりではない。しかも新規参入を促すことによって，新しいイノベーションを発生させることもある。

しかし，同時に，プラットフォーム戦略は本書で見たように，新規・既存企業間での産業構造転換，さらには国際的な産業構造転換を発生させる可能性もある。非常に影響の大きい戦略がプラットフォーム戦略である。そのため第1章冒頭で紹介したように，EUはプラットフォーム企業に対して規制をかけることを思案している。このようなメリット・デメリットを勘案する基盤を本書は与えている。

4 本書の今日的意義：エコシステム型産業の拡大

4.1 伝統的な製品企業にとっての本書の意義

本書ではエコシステム型の産業構造を念頭に，プラットフォーム企業の戦略行動について分析してきた。しかしながら，エコシステム型産業とは言えないような産業でもプラットフォーム企業の戦略行動を理解することは，2つの観点から実務上大きな意味がある。

1つめは，製品アーキテクチャの階層性に起因するものである。製品アーキテクチャの階層性を考えると，ある産業がエコシステム型であるのか，エコシステム型ではないのかは，相対的な問題であることがわかる。複雑な製品システムはレイヤー構造の階層的なアーキテクチャをとる。その際，あるレイヤーはエコシステム型の産業構造になるかもしれないし，別のレイヤーは伝統的な産業構造（非エコシステム型の産業構造）になるかもしれない。

たとえば，自動車産業は長い間，非エコシステム的な産業構造で知られていた。しかし，近年，自動走行技術の導入や配車サービス企業の登場などによって，既存の製品アーキテクチャに新しいレイヤーが追加されつつある[1]。そう

---

[1] グーグルの親会社のAlphabetは2016年に自動運転車事業のための子会社Waymo

すると，その背後にある分業ネットワークは劇的にエコシステム型に変化するかもしれない。その場合，既存の自動車企業や部品企業にとって，プラットフォーム企業がどのような戦略行動をとるのかを理解しておく必要があるだろう。たとえば，プラットフォーム企業は，一見，中核部品企業のように見えるが，全く異なるものである。プラットフォーム企業の戦略をよく理解したうえで，プラットフォーム企業との協業を行うことが成功のためには必要だろう。

2つめは，プラットフォーム志向の戦略とプロダクト志向の戦略という観点である。プラットフォーム戦略は従来的な製品企業の戦略とは大きく異なるものである。従来的な製品企業は「良い製品を開発・生産する」というプロダクト志向の戦略を持っている。プラットフォーム企業の戦略は，製品企業の戦略と大きく異なる。

ただし，現実の企業を考えたときには，「プラットフォーム志向の戦略」「プロダクト志向の戦略」という区別は相対的なものであるととらえた方が良いだろう。1つの企業の中に，「プラットフォーム志向の戦略」「プロダクト志向の戦略」が同居することすらある。

たとえば，アップルはスマートフォン市場でプラットフォーム企業として振る舞っているが，同時に，製品ブランドを向上させるために強いデザイン・マネジメントを行っていることも有名である。製品ブランド向上はプロダクト志向の戦略の典型例である。

このように，現実の企業はプラットフォーム志向の戦略を行いながら，同時に，プロダクト志向の戦略も行っている。エコシステム型の産業では，2つの戦略をうまく使わないと，競争優位を維持することが難しい。この点からも，従来的な製品企業にとって本書で紹介したプラットフォーム戦略を理解することは重要であろう。

4.2 新しいネットワーク効果の源泉： IoT/ビッグデータ/AIとデータドリブンな産業構造の出現

エコシステム型の産業構造の特徴は，ネットワーク効果である。本書で扱っ

を設立した。Waymoは本田技術研究所（本田技研工業の研究開発子会社）と米国で自動運転技術の共同研究を検討していることを発表している（ITmedia, 2016）。Uber社などが提供する配車サービス市場は国際的に急速に拡大しており競争が激化している。自動車企業との関係が注目されている（WSJ, 2016）。

たエコシステムでは，国際的なオープン標準の頻繁な形成が，ネットワーク効果の源泉であった。これに加えて，近年，新しいネットワーク効果の源泉が顕在化している。データである。この流れは第4次産業革命と言われることもある。

以前からデータを利用した産業革新は予想されてきた。しかし，それがどのような形で産業に変化をもたらすのかは明らかでなかった。いたずらにデータを蓄積しても，結局，活用方法がわからずにデータを捨ててしまうようなこともあった。

近年，IoTデバイスの実現化，ビッグデータ技術の確立，さらにAI（人工知能，とくに機械学習）のコモディティ化によって，データをどのようにビジネスに活かすかの汎用フレームワークが明らかになりつつある。さまざまなセンサーを搭載したIoTデバイスを用いてデータを収集し，ビッグデータ技術でデータを蓄積して条件に合わせて抽出する。そして，AI（機械学習アルゴリズム）を使って，それらデータから学習済みモデルを作成する。学習済みモデルは高精度の予測モデルを実現し，スマート・マッチングを可能とする。IoT/ビッグデータ/AIを利用することで，データを使った新しいビジネス機会が広がっている。

このようなデータドリブンなビジネスモデルは，強いネットワーク効果を発生させるので，産業構造をエコシステム型に変化させる強い推進力となる。たとえば自動車の走行データは自動走行や配車サービスの予測モデル構築には絶好のデータである。また周辺サービス（宿泊や観光）とのマッチングにも大きなビジネスチャンスがあるだろう。スマート・マッチングが普及すれば，走行データを介して，自動車企業と，自動走行技術企業・配車サービス企業・宿泊施設企業とがネットワーク効果を持つ関係となる。このようにして，IoT/ビッグデータ/AIは，従来的な産業をエコシステム型の産業構造へと変化させる。データを用いた産業革新は，自動車産業だけでなく，農業では精密農業，医療ではデータヘルスケアとして幅広い産業で期待されている。

当然，エコシステム型の産業ではプラットフォーム企業が強い影響力を持つ。IoT/ビッグデータ/AIがつくる新しいエコシステムでも，本書で行ったプラットフォーム戦略に関する議論を適応できるだろう。そして自社がプラットフォーム戦略（プラットフォーム志向の戦略）をとるのか，ということをいつも考慮する必要が出てくるだろう。さらに，もし自社がプラットフォーム戦略をと

らなかったとしても，プラットフォーム企業とどのようにつきあうのか，ということが大きな問題となるだろう。本書で検討したプラットフォーム戦略のロジックは，このような観点から多くの企業にとって有用であろう。

5 課題と展望

　本書はプラットフォーム企業のグローバル戦略について明らかにしてきた。しかし，それらは全体から見ればほんの一部であり，まだまだ明らかにされていないことも多い。本書には当然，限界がある。

　1つめに，プラットフォーム企業内部の組織的な意思決定プロセスについて，明らかにするべきことが多い。本書は，市場の競争力に関係がある企業行動を中心に研究を行った。そのため，プラットフォーム企業の内部の意思決定プロセスとして，どのようなことが行われているのかについてはほとんど言及していない。

　よく知られているように日本企業にはプラットフォーム戦略をとる企業が非常に少ない。逆に，多くのプラットフォーム企業はアメリカに集中している。このことと，内部の意思決定プロセスの間に関係性があるのか否かについては実務的にも学術的にも大きな興味があるところである。今後の研究領域である。

　2つめに，プラットフォーム企業の戦略性についての問題である。プラットフォーム企業の戦略は，共存企業・ユーザー企業の反応に大きく依存する。そのため，すべてを計画して行うことはできない。事前に予測できなかった共存企業・ユーザー企業の行動でも，好機であれば戦略実行することが必要になる。

　プラットフォーム戦略は，相手企業の行動に依存するため，偶然的な要素が紛れ込む。当然，プラットフォーム企業は戦略意図に基づいた行動をする一方で，偶発的な要素を最大限に利用する行動も必要がある。

　現在のプラットフォーム企業の研究では，前者の戦略的意図に基づく行動の分析に著しく集中している。現実には，ある部分は計画に基づくものであるが，多くの部分は相手の行動に応じてとったものだろう。その際には絶対的な戦略ではなく，不確実性を伴った戦略を考慮しなくてはならない。共存企業やユーザー企業の行動に応じて，複数の戦略オプションを評価するような，より現実的なモデルや実証研究が必要であろう。

　3つめに，共存企業・ユーザー企業がプラットフォーム企業の台頭に対して，

取り得る対応戦略について，いまだ明らかにされたとは言いがたい。エコシステムに参加する企業のほとんどはプラットフォーム企業ではない。大多数は共存企業かユーザー企業である。このような状況下では，プラットフォーム戦略よりも，むしろ，プラットフォーム戦略への対応戦略の方が大きな価値がある。しかしながら，このような研究もいまだ少なく，今後の研究課題である。

　4つめに，国際ビジネス研究や国際競争力，さらに規制対象としてのプラットフォーム企業の研究である。本書では既存のプラットフォーム企業研究に新たに国際分業という変数を追加したものである。本書でプラットフォーム企業によるグローバル・エコシステム成立のメカニズムの一端を明らかにすることができた。しかし，この研究はごく初歩のものである。

　たとえば，なぜプラットフォーム企業は欧米企業，とくに極端に米国企業に多いのであろうか。なぜ日本企業には少ないのであろうか。なにか，プラットフォーム企業の成長を阻害する産業環境要因が日本に存在するのだろうか。国際競争力の面から，グローバル・エコシステムの中で活躍できるようなプラットフォーム企業を誕生させるためにはどのような産業条件を整えれば良いのだろうか。さらには，そのように影響力が大きいプラットフォーム企業は，国際分業の観点から，本当にメリットが大きいのであろうか。今回の分析ではエコシステムのプレイヤーである企業に集中したため，消費者の視点が欠落している。もし消費者の視点を含めるとやはり規制が必要なのであろうか。これらの点については今後のさらなる研究が必要である。

　このように，プラットフォーム企業の戦略行動については，いまだ研究が十分であるとは言えない。本書が提示したプラットフォーム企業のグローバル戦略についてもさらなる研究が必要である。本書が今後のプラットフォーム戦略の研究に貢献できれば幸いである。

Appendix　アーキテクチャ研究について

　プラットフォーム戦略は複雑な人工物（システム製品）のイノベーション戦略としても研究されている。そこではアーキテクチャが重要なコンセプトになる。本書もアーキテクチャ概念の影響を強く受けている。より理解を深めるために，本 Appendix ではアーキテクチャ研究の流れを紹介する。

1 アーキテクチャ研究とは

「人工物の構造」と「分業構造」の関係を明らかにする研究をアーキテクチャ研究と呼ぶ。アーキテクチャ研究は技術経営分野では中心的な研究テーマのひとつであり，人工物を扱う多くの領域（たとえば製品開発論，生産管理論，組織間関係論，産業組織論，企業戦略論）に影響を与えている。現在ではアーキテクチャ概念に対する考察が深まり研究が精緻化し，複雑な議論も増えてきている。しかしもともとアーキテクチャ研究は，非常にシンプルな発想と驚くべき考察に端を発している。

「アーキテクチャ」という言葉を人工物設計の視点から初めて用いたのはSimon (1962) である。アーキテクチャとは，簡単に言えば，「設計要素間の結合状態」のことである。つまり，アーキテクチャ研究とは「人工物の特性として，要素間の結合状態を取り上げよう」という非常にシンプルな発想から始まっている。

要素間の結合はどんな人工物も持っている特徴である。だから，どんなものにも「アーキテクチャ」は存在する。実際，Simon (1962) は，アーキテクチャを持っている人工物の例示として，精密機械（時計など），企業組織（組織構造），人体などの生体システム（脳や器官など），記号システム（音符や数式）を挙げている。経済システムやデジタル制御システムもアーキテクチャを持っている。アーキテクチャ研究の古典である Alexander (1964) は，都市設計や文化にもアーキテクチャが存在するとしている。われわれはさまざまなアーキテクチャに囲まれて生活しているわけである。だからアーキテクチャ研究は非常に広い適用可能性を持っており，研究する価値が高い。

ところでアーキテクチャ研究が重要であるとしても，なぜこれほど研究者の興味をそそるのであろうか。それは，アーキテクチャ研究が「複雑なシステムは共通したアーキテクチャを持っている」という仮説を持っているからである。われわれのまわりには多くのアーキテクチャがあるにもかかわらず，複雑なシステムはアーキテクチャ的に共通した特徴があると言うのである。

Simon (1962) によれば，精密機械や企業組織，さらには生体システムに至るまで「複雑なシステム」であれば，共通のアーキテクチャ，すなわち共通の設計要素結合パターンを持っている。この驚くべき考察が，アーキテクチャ研究

の大きな動機になっている。同様の考え方は,一般システム論研究やサイバネティクス研究 (Wiener, 1948) にも見られる。たとえばサイバネティクス研究では,フィードバックやホメオスタティス（恒常性）といった特徴が持続的な複雑システムに共通していると主張している（それぞれの研究は,人工物の結合構造に主眼を置くか,そこを流れる情報のフロー・パターンに主眼を置くかで若干の違いがある）。藤本 (2009) は,この考え方の延長にあるものであり,経済システム,精密機械の制御,公理的な設計方法が,複雑な人工物に共通した特性を前提にしていることを紹介している。複雑なシステムに共通する特性を探究することは,長い間,さまざまな研究者の関心をとらえ続けてきたのである。

2 複雑な人工物のアーキテクチャ

①なぜ複雑な人工物は共通したアーキテクチャを持っているのであろうか。さらに,②複雑な人工物はどのような共通したアーキテクチャを持っているのであろうか。まず初期のアーキテクチャ研究 (Simon, 1962) の考え方をもとに①②について簡単に説明しよう。

2.1 初期のアーキテクチャ研究

2.1.1 複雑な人工物が共通のアーキテクチャを持つ理由
複雑なシステムが共通したアーキテクチャを持つ理由は2つある。1つめの理由は,人間の認識力の限界である。2つめの理由は,複雑なシステムが生成されるプロセスにある[1]。

まず認識力の限界が共通したアーキテクチャを生むことを説明する。奥野・瀧澤・渡邊 (2006) に見るように,人間は限られた認識力しか持たない。そのため,いくつかの関連のある要素を「固まり」としてとらえ,複雑なシステムをいくつかの「固まり」の集まりであると考えている。

たとえば人体を把握するときに,「頭」「体」「手足」というように,ある程度の「固まり」を認識した後に,「目,耳,口,脳,頭蓋骨で構成されるもの

---

[1] Simon (1962) は「設計進化プロセス」について詳しく説明しているが,「人間の認識力の限界」についてはあまり説明していない。

が頭だ」というようにわれわれは認識しているはずである。奥野・瀧澤・渡邊 (2006) では，複雑システムをいくつかの関連のある設計要素の固まりごとに分けて考えることを「コーディネーションシステム」と呼んでいる。たとえば「人体は頭，体，手足で構成される」というように認識することなく，いきなり「人体は神経細胞，筋細胞，上皮細胞で構成される」とは考えないのである。

人間の認識力には限界がある。だから，人間の体は実際には多くの細胞によって構成されているにもかかわらず，いきなり「人体は細胞で構成されている」とは考えない。もしも神経細胞について認識しようとすれば，まずは「手足」，次に「親指」，そして最後に「神経細胞」というように，階層的に認識する。そして各階層は，「頭（目，耳，口等）」「体（胸，腹等）」「手足（親指，腕等）」のように，設計要素をまとめた「固まり」で構成されている。

つまり，複雑システムは，設計要素の集合である「固まり」と，「固まり」から構成される「階層」を持つものとして認識される。これが複雑システムに共通のアーキテクチャである（より正確に言えば，これが複雑システムのアーキテクチャに対する人間の「認識方法」である）。「固まり」は現在の用語ではモジュールと呼ばれている。人間の認識力に限界があるゆえに，複雑システムのアーキテクチャは「モジュール」と「階層構造」として認識されるのである。

ここまで人間の認識力の限界が共通のアーキテクチャを生むという説明をした。次に，これとは別の視角，すなわち複雑なシステムが生成されるプロセスから，共通のアーキテクチャが生まれることを説明する。

複雑なシステムは，多くの設計要素を持つ。だから，1つひとつの設計要素から最終的に「複雑なシステム」が完成するまでには多くの時間がかかる。この過程は，複雑システムが完成することを阻害するような多くの邪魔（ノイズ）に満ちあふれている。もし複雑システムが完成したとすると，その過程上には，いくつかの中間的な状態が存在するはずである。なぜなら複雑システムが完成する途中で，邪魔が入ったとしても，もし中間的な状態があれば，その状態から複雑システムを組み上げることを再開することができるからである。そして中間的な状態から再開する方法の方が，一から設計をやり直すよりも，高い確率で複雑システムを完成させることができるはずである。

この様子をSimon (1962) は時計製造のプロセスで説明している。時計はさまざまな部品から成り立っている精密機械である。時計組立のプロセスで，時計職人は，時計針，ゼンマイ，歯車などを組み合わせたサブアッセンブリーと

いう「中間状態」をいくつも作る。

もしもサブアッセンブリーなしに，時計を組み立てようとしたら，どうなるだろうか．時計組立中になんらかの邪魔が入ったら，時計職人はもう一度初めから時計組立をやり直さなくてはいけないかもしれない．それよりも，まず，サブアッセンブリーをいくつか作り，そのサブアッセンブリーをいくつか組み合わせて時計を完成させた方が，はるかに確実に時計組立を行うことができるだろう．

複雑システムが完成するためには「中間状態」が有用である．中間状態では，いくつかの関連ある設計要素を「モジュール」として作成するはずである．時計組立の例ではサブアッセンブリーというモジュールを作った．つまり，複雑システムが生成されるプロセス中に「中間状態」を設けると，人工物のアーキテクチャは「複数の設計要素を集めてモジュールにする」段階と，「モジュールを組み合わせて複雑システムを構成する」段階に，分割される．つまり，複雑システムのアーキテクチャは「モジュール」と「階層構造」という特性を持つのである．

結局，「複雑システムに対する人間の認識力限界」もしくは「複雑システムの生成プロセス」のいずれの説明を採用するにせよ，複雑システムのアーキテクチャは「モジュール」と「階層構造」という共通特性を持つと考えられるのである．この共通特性を持つシステムを準分解システムと呼ぶ（Simon, 1962）．

2.1.2 準分解システム

準分解システムの共通特性を整理すると，以下の①〜③の特徴があげられる．
① モジュール内の設計要素間の依存関係は強く，モジュール間の設計要素間の依存関係は「非常に弱い」もしくは「存在しない」．
② 各モジュールの動きは短期的（近似的）には，他のモジュールの動きとは独立している．
③ 各モジュールの動きは長期的（集合的）には，他のモジュールに影響する．

①は，複雑システムが階層構造を持つことの言い換えである．複雑システムが複雑だとは言っても，すべての設計要素同士が密接に絡み合っているわけではない．設計要素間にほとんど結合がない部分がある一方で，非常に強い結合が見られる部分も存在する．「設計要素間に結合がない領域がある」というこ

とは，システムを階層的にとらえることができるということである。

②は，複雑システムの動きが，短期的には各モジュールの動きをすべて集めれば近似できることを意味している。各設計要素をモジュールとして扱うことで，複雑システムは，短期的には，「各モジュールの集合として扱ってよい」と考えられる。

しかし，③の条件は，複雑システムが，各モジュールの合算で類推されるような単純な挙動をしないことを示している。すなわち，長期的には「各モジュールを集合させると，各モジュール間の相互作用が予想外に大きく影響し，システム全体に影響する」ことを示している。

2.2 複雑な人工物の産業に対するアーキテクチャ概念の適用（1990年代初頭の研究）

2.2.1 アーキテクチャの階層性

1990年代初頭のアーキテクチャ研究では，とくに準分解システムの①の特徴が取り上げられた（Clark, 1985; Henderson and Clark, 1990; Christensen, 1992a; 1992b; Henderson and Cockburn, 1994）。これらの研究では複雑なシステムは，完成品という「上位階層」と部品という「下位階層」に分別された。上位階層は，全体知識（モジュール間の結合に関する知識）が必要なアーキテクチャレベルである。下位階層はコア知識（モジュール内の要素間結合に関する知識）のみが必要なコンポーネントレベルである。

アーキテクチャレベルのイノベーションとコンポーネントレベルのイノベーションが異なる性質を持つことを初めて指摘したのは，Henderson and Clark (1990) である。彼らは半導体製造装置産業のケース研究を行い，「既存企業はアーキテクチャレベルのイノベーション（アーキテクチャル・イノベーション）が発生すると，たとえそれが小さなものであっても，うまく対応することができず新規企業に打ち破られる」という事実を発見した（表9.A.1）。彼らは，その理由を組織構造が既存のアーキテクチャに適した情報処理構造を持ってしまうため，新規のアーキテクチャの変化をうまくとらえることができない（無視しやすい）ためであると説明した。すなわち組織的な認識力の限界であるとしたのである。

この考えを裏付けるために，Henderson and Cockburn (1994) では製薬産業

アーキテクチャの階層	当該階層でイノベーションが起こったときの競争への影響
上位階層 (アーキテクチャレベル)	・小さい変化であってもアーキテクチャレベルのイノベーションは競争に大きな影響を与える。 ・既存企業の組織構造は，従来のアーキテクチャに過剰適合しているため，新規アーキテクチャへの変化を見逃し，対応できない。
下位階層 (コンポーネントレベル)	・大きい変化であってもコンポーネントレベルのイノベーションは競争に大きな影響を与えない。 ・既存企業はコンポーネントレベルのイノベーションには，既存技術の延命・新規技術の採用のいずれでも対応できる。

表9.A.1　アーキテクチャ階層とイノベーションの影響

の研究開発生産性データを使って実証分析を行った。それによれば，アーキテクチャレベルのイノベーションに対して，意識的に組織的対応を行っている企業は研究開発の生産性が高いことが実証された。

この研究結果は1970〜90年代のハードディスク産業を調査したChristensen (1992a, 1992b) とも一致した。この研究によれば，コンポーネントレベルで新技術が導入されたとしても，既存の競争構造に対する影響は少ない。既存企業は既存の要素技術の延命でも，新技術導入でもどちらの選択肢でもこの変化にうまく対応することができることが観察された。つまり既存企業にとってコンポーネントレベルの技術革新はそれほど脅威ではなかったのである。

しかしアーキテクチャレベルのイノベーションとなると事態は一変する。Christensenは1970〜90年代のハードディスク産業では5度のアーキテクチャレベルのイノベーションがあったが，そのたびに既存企業は新規企業に打ち破られていったと報告した。この失敗の理由をChristensen (1997) は組織的認識の問題だとしている。

アーキテクチャレベルのイノベーションは新しい製品セグメント（たとえば同じハードディスクでもメインフレームとデスクトップパソコンはセグメントが異なる）の創出を意味しており，そこには異なる顧客選好が存在する。そして往々にして，アーキテクチャレベルのイノベーションは「低価格」「低性能」であり，既存顧客ではなく新規顧客に好まれる。既存顧客の声に誠実な既存企業は，新規顧客の声を無視しやすい。またアーキテクチャレベルのイノベーションがもたらす製品は，既存企業にとって既存製品よりも「低利益」「低信頼」であることが多い。このため既存企業は，アーキテクチャレベルのイノベーションが起こったとしても「合理的に無視してしまう（組織的な対応がとれない）」た

めに，新規企業に打ち負かされてしまうのだと結論づけ，これをイノベーションのジレンマと呼んだ。この問題は，Henderson and Clark (1990) が指摘した「組織的な認識力の限界」と広い意味で同じ現象である。

2.2.2 アーキテクチャルイノベーションと組織能力との関係

複雑なシステムではアーキテクチャレベルのイノベーション（アーキテクチャルイノベーション）が重要な意味を持っており，これに組織的に対応することがパフォーマンスに結びつくという考え方は，1990年代前半の製品開発研究に共通して見られる。Clark and Fujimoto (1991) は日米欧の自動車企業の開発プロジェクト（約30プロジェクト）を比較研究し，製品開発生産性が高いプロジェクトではアーキテクチャレベルのイノベーションに対して組織的な対応（組織能力）を行っている点を明らかにした。ここでいう組織能力とは，具体的には重量級マネージャーによる知識統合や，工程間のオーバーラップによって前後工程の知識交換を促すという対応である。

さらに同一企業内だけでなく，企業間（組織間）関係においても，同様のメカニズムが存在する点が報告された。Clark (1989) は，自動車企業と自動車部品企業との取引パターンにも注目し，各国ごとに取引パターンが異なる点，さらに取引パターンの差が自動車の開発生産性に影響している点も指摘した。組織間関係で密接なコミュニケーションを行う傾向は特に日本の自動車産業に見ることができた。この能力を関係特殊的資産（Williamson, 1979）や関係特殊的能力（Asanuma, 1989）と呼び，アーキテクチャレベルの問題解決に有効である点が強調された。その後の研究によって，自動車産業では組織間関係に関係特殊的能力が存在し，それがプロダクションネットワーク全体の開発効率に大きく影響すること（Dyer and Nobeoka, 2000），さらにその関係特殊的能力は個々の組織が持つ統合能力と正に相関していること（Takeishi, 2002）が実証された。

これらの一連の製品開発研究は，「複雑なシステムではアーキテクチャレベルのイノベーションが重要であり，これに組織的に対応することがパフォーマンスに結びつく」という考え方を強くサポートしている。

まとめると，1990年前半の研究では，i) コンポーネントレベルよりもアーキテクチャレベルのイノベーションが産業構造に大きな影響を与える点，ii) アーキテクチャレベルの問題解決には工程間オーバーラップや横断組織，重量級リーダー（中央集権的リーダー），組織間の関係特殊的能力などの広範な知識

を統合する組織能力が重要である点が強調されたのである。

ただし，これらの研究は Simon (1962) が主張した準分解システムが持つ特徴①〜③のうち，①の点にのみ焦点を当てており，②③の点については焦点をあてていないことに注意が必要である。言い換えれば，「モジュール間の結合パターンによっては組織間統合よりも重要な成功要因があるのではないか」また「モジュールレベルでの技術革新が，どのように集合的にアーキテクチャレベルで影響するのか」といった点は，考察の対象外となったのである。前者については 1990 年代半ば以降のアーキテクチャ・タイプの違いを扱った研究，後者については 2000 年以降のアーキテクチャの動的プロセス研究へと発展していった。

2.3 アーキテクチャ・タイプによる組織間関係の違い（1990 年代半ばの研究）

2.3.1 インテグラル・アーキテクチャとモジュラー・アーキテクチャ

1990 年代半ばになると，準分解システムの②③の特徴に焦点を当てた研究が増加した。モジュール同士の結合の様子によって，組織に必要とされる能力が異なるのではないかと考えられたのである。

この 1990 年代半ばの研究上の変化は，アメリカ産業のイノベーションパターンが変化したことを反映している。1990 年代のアメリカ産業の特徴とは，①特定の産業（たとえば IT 産業），とくにモジュラー・アーキテクチャ型の産業にイノベーションが集中している点，②既存企業ではなく新規企業によってイノベーションが主導される点，③企業内の資源の活用ではなく，企業外部の資源活用（産業標準，産学官連携，アウトソーシング等）によってイノベーションが促進されている点が挙げられる（宮田，2001）。これらの特徴は，アメリカ産業に伝統的に見られた垂直統合型企業や企業中央研究所によるイノベーション促進とは大きく異なる。1990 年代に起こったリニア・イノベーションからオープン・イノベーションへの転換が，一連の研究に大きな影響を与えていると思われる。

アーキテクチャ研究の分野から，この点について初めて言及したのは Ulrich (1995) である。彼はモジュール間の結合状態が簡明なアーキテクチャをモジュラー，複雑なものをインテグラルと区分した。アーキテクチャがモジュ

ラーな状態な場合，複数のモジュールを組み合わせたとしても，集合的な影響は大きくない。だから組織統合も重要ではない。一方，アーキテクチャがインテグラルな場合，集合的な力は予想外に大きくなる。この場合，組織横断的な横串チームや全体統括する重量級マネージャーが必要だと彼は主張した。つまり，アーキテクチャが異なる場合，異なる組織構造が必要ではないか，と問題提起したのである。

同様の考察は組織間関係（企業間関係）の研究分野でも行われた（Langlois and Robertson, 1992; Robertson and Langlois, 1995）。Langlois and Robertson (1992) はステレオ産業やマイクロコンピュータ産業（パソコン産業）を題材に，これらの産業でどのように組織間で調整が行われているのかを検討した。これらの産業では標準規格（互換標準：compatible standards）が存在するため，組織間の調整が極めて簡単に済む。だから濃密なコミュニケーションや特殊な取引パターンといった「関係特殊的能力」なしに企業間の調整を行うことができる。

たとえばステレオを考えたとき，互換標準が広く産業に浸透しているため，ユーザーは「スピーカー」「アンプ」「プレイヤー」をさまざまな企業から自由に購入し，組み合わせて1つのステレオを組み上げることができる。つまり中央集権的なサプライチェーンではなく，より自律的なサプライチェーンで製品を完成させることができる。そして，今後重要となるのはこの自律的なサプライチェーンの下で行われる自律的イノベーション（autonomous innovation）や分散的イノベーション（decentralized innovation）であるとLanglois と Robertson は主張した。

Baldwin and Clark (2000) は，モジュラー・アーキテクチャがデジタル産業で主流になっている現状をとらえ，モジュラー・アーキテクチャ下における製品開発のパターンが，新しいタイプの産業レベルのイノベーション，すなわちモジュラー・クラスター・イノベーション（modular cluster innovation）を引き起こしていると主張した。この代表例がシリコンバレーのコンピュータ産業である。

モジュラー・アーキテクチャ下では，各企業は「見える化された設計ルール（visible design rules）」を共有することによって，組織間調整をほとんど行わなくても，さまざまな部品を組み合わせること（mix and match）ができる（Baldwin and Clark, 2000）。「見える化された設計ルール」とはオープン標準と言っても良いだろう。組み合わせ可能性が広がることによって，製品の潜在的付加価

値は爆発的に拡大する。さらに産業全体で並行的な開発（部品専門企業は得意な部品を他の組織と調整なしに開発できる）が実現するため，圧倒的な速さでイノベーションが行われることを強調した。

「複雑システムを扱う産業にとって，どのような組織間調整（組織統合と分業）が望ましいのか」という問いは，取引コスト理論をベースとした研究からも行われた。そして，この分野でも，1990年代半ばにアーキテクチャのタイプが異なると企業間関係のパターンが異なるのではないか，という見解が提出された（Chesbrough and Teece, 1996）。

もともと1990年代以前の取引コストベースの研究は，複雑システムを扱う産業では組織統合が最も重要であるという主張を行っていた。たとえばTeece (1986b) は「複雑なシステムは，設計要素間の依存関係が複雑であり，イノベーション活動（研究開発・製造販売等）間に強い依存関係がある。だから，たとえある企業が研究開発で優れたイノベーションを起こしたとしても，その企業が競争上有利になることは保証されない。むしろ製造販売で勝っている企業が，他の企業のイノベーションを活用して利益を上げてしまうかもしれない」と主張していた。このような主張が行われたのは，初期の取引コストベースの研究が「複雑なシステムはすべてインテグラルであるはずだ」という暗黙の仮定を持っていたためであると思われる。

ところが，このような主張は，1990年代に生まれた新しいイノベーションパターン，すなわちモジュラー・アーキテクチャを基盤としたイノベーションが顕著になってくるに従って，修正が必要となった。

Teeceは初めの研究（Teece, 1986b）から10年後に「イノベーションのパターンによって組織間統合のパターンも変わるのではないか」というように主張を拡大した（Chesbrough and Teece, 1996）。あるイノベーションが，補完的なイノベーションを必要とし，補完的なイノベーションとの依存関係が強い場合，組織間統合は相変わらず重要である。彼はこのようなイノベーションをシステミック・イノベーション（systemic innovation）と呼んでいる。

しかし，補完的なイノベーションとの関係が，オープン標準で簡明に区分することができる場合，組織間統合は重要ではなくなり，各組織が独立してイノベーションを起こす自律的なイノベーション（autonomous innovation）が起こる。この場合，組織間統合は重要ではなくなり，各専門分野をいかにうまく対処するのかが重要になる（Chesbrough and Teece, 1996）。

すなわち「コンポーネント間が複雑に結合しているインテグラル・アーキテクチャの場合，組織間統合が重要である。しかし，明確にオープン標準によってコンポーネントが区分されるのであれば（すなわちモジュラー・アーキテクチャであるのならば），組織間統合は重要ではなくなる」という主張が行われたのである。

2.3.2　1990年代初頭の研究と1990年代半ばの研究の共通点・相違点

まとめると，1990年代初頭の研究と，1990年代半ば以降のアーキテクチャ研究の間には，次の共通点・相違点が存在する（表9.A.2）。

両研究で共通しているのは，複雑な人工物では階層化が行われるという点である（これは準分解システムの①の特性である）。すべての設計要素間で依存性が均等に発生するわけではなく，設計要素間の依存性が高い部分（＝モジュール内）と，設計要素間の依存性が低い部分（＝モジュール間）に分別される。このモジュールが階層を構成する。

言い換えれば，複雑なシステムは，モジュール間の依存性という上位階層（アーキテクチャレベル）と，モジュール内の依存性という下位階層（コンポーネントレベル）で分離が生じる。

両研究の違いは「階層化されたアーキテクチャのうち，どこでイノベーションが起きることが競争構造を一変させるような重要な事態を引き起こすのであろうか」についての考察である。

1990年代初頭の研究では，「アーキテクチャレベルのイノベーションのみが重要である」との見解を示していた。あるコンポーネントでイノベーションが起こったとしても，結局それは，依存関係のある他のコンポーネントなしに製

		1990年代初頭	1990年代半ば
共通点	対象としている人工物	複雑な人工物	複雑な人工物
	階層構造（モジュール化）	重視	重視
相違点	対象アーキテクチャ	インテグラル	モジュラー
	モジュール間の結合関係	複雑	簡明
	成功要因	組織間を統合すること	産業標準を主導すること
	既存企業が新規企業に打ち負かされる理由	既存組織が組織的認識限界により失敗するため	新規企業がネットワーク効果により競争優位を構築するため

表9.A.2　1990年代初頭と半ばの研究の共通点・相違点

品として実現することはできない。だから，コンポーネントレベルのイノベーションよりもアーキテクチャレベルのイノベーションが重要であると考えたわけである。この背景には「複雑システムはインテグラル・アーキテクチャである」との暗黙の前提があった。

1990年代初頭にアーキテクチャ研究で取り上げられたのは，半導体製造装置産業（Henderson and Clark, 1990），ハードディスク産業（Christensen, 1992a, 1992b），製薬産業（Henderson and Cockburn, 1994）であった。さらに，これらの研究の結果と主張が一致する研究として自動車産業（Clark and Fujimoto, 1991）があげられる。これらの産業はUlrich（1995）の分類で言えば，設計要素間の対応関係が複雑なインテグラル・アーキテクチャ製品の産業である。

これらの研究はコンポーネントレベルでのイノベーションに重きを置かず，アーキテクチャレベルのイノベーションが重要であることを繰り返し主張していた。そしてアーキテクチャレベルで技術革新が起きると，新規企業が既存企業に打ち勝つ可能性が高くなる点や，アーキテクチャレベルの技術革新をマネジメントするには組織の境界を越えたマネジメントが重要である点を強調していた。

ところが，1990年半ば以降の研究では，準分解システムの②③の特徴を考慮し，アーキテクチャレベルの結合状態（すなわちモジュール間の結合状態）によっては，マネジメント上の重要事項が異なるとした。「いつもアーキテクチャレベルのイノベーションや組織間統合が重要であるとは言い切れない」と主張したのである。

確かに，モジュール間の依存性が強いインテグラル・アーキテクチャの場合，組織間統合が重要である。しかし，もしもアーキテクチャがモジュラー・アーキテクチャであったら，組織間統合が最も重要であるとは言えない。モジュラー・アーキテクチャではモジュール間調整にそれほど大きな労力をかける必要はない。なぜならモジュール間に「オープン標準」という「設計ルール」が設定されているために，標準さえ守れば誰でも部品を組み合わせて製品を作ることができる。このような特徴はデジタル産業ではほぼ共通して見ることができる。

そしてさらに重要な点は，両アーキテクチャでは「新規企業が既存企業に打ち勝つ」という現象に対する説明が異なることである。この現象は，先に紹介したように1990年代のアメリカ産業のイノベーションパターンに頻繁に見ら

れた特徴である（宮田，2001）。

インテグラル・アーキテクチャで「新規企業が既存企業に打ち勝つ」のは，既存企業がアーキテクチャルイノベーションへの対応に失敗するからである。そして既存企業が失敗する理由は「組織的な認識力の限界」であり，場合によっては，「わかっていても行動することができないという問題」であった。しかし依然として組織間統合が重要であることには変わりがない。

ところが，モジュラー・アーキテクチャでは，コンポーネントを提供している新規企業が強い競争力を獲得することによって，既存企業に打ち勝つことが起こりえる。これは既存企業の失敗が原因ではない。そして，ここで重要な働きをするのがオープン標準である。インテルやマイクロソフト，シスコのような新規企業は巨大なシステムの中の限られた部品（サブシステム）を提供する企業に過ぎなかったが，オープン標準を味方につけることによってIBM等の既存企業に打ち勝っていった。一度，オープン標準が広がれば，そこにネットワーク効果が発生するため，その標準を握っている企業がますます強くなるという現象が起こる（Shapiro and Varian, 1999; Economides, 1996）。このためモジュラー・アーキテクチャ下の産業では，たとえ既存企業が失敗しなくても，新規企業が産業の主役となることができるのである。

オープン標準の重要性の指摘は，互換標準（Langlois and Robertson, 1992），標準（Chesbrough and Teece, 1996），見える化された設計ルール（Baldwin and Clark, 2000）など，さまざまな表現で各研究に見られるようになる。モジュラー・アーキテクチャでは組織間統合に代わってオープン標準（標準化）が重要な働きをするのであり，標準化プロセスの詳細な研究が2000年以降になって行われるようになった（Gawer and Cusumano, 2002; Iansiti and Levin, 2004a; Winn, 2005; Chesbrough, Vanhaverbeke, and West, 2006; Greenstein and Stango, 2007; 新宅・江藤，2008; 小川，2009; 立本・高梨，2010）。

2.4 静的研究から動的研究へ（2000年以降の研究）

2000年以降，アーキテクチャ研究は静的研究から動的研究へとシフトしている。静的研究ではアーキテクチャ・タイプの違いが，イノベーションパターン，とくに組織間統合に影響を与えていることがわかった。組織間統合のあり方が異なるので，2つのアーキテクチャ下ではイノベーションのマネジメントが異なる。インテグラル・アーキテクチャでは組織間統合は重要な成功要因で

あった。しかしモジュラー・アーキテクチャでは，組織間統合よりも産業標準をうまく扱うことが重要な経営手法である。そうだとすると，マネジメント上の重要な問いは，「アーキテクチャはどのようなときにインテグラルなアーキテクチャになるのだろうか，また，どのようなときにモジュラー・アーキテクチャになるだろうか」というアーキテクチャ変化の動的プロセスに向けられる。

2.4.1 設計進化プロセスの進化経路

設計進化プロセスについて，初めて言及したのは，先に紹介したSimon (1962) である。しかし，その後，この考え方は長い間放置されていた。2000年以降の動的プロセス研究でも，重要視されているとは言い難い。しかし第3節で述べるように，アーキテクチャを測定しようと考える際には，設計進化プロセスが動的にどのように変化するのかを整理してモデル化する必要がある。

複雑な人工物は，複雑性を軽減する方向へと設計進化プロセスを経る。しかし，そのプロセスは単一の経路ではなく，潜在的にはいくつものバリエーション（選択肢）がある。一般に考えられているように，「複雑な人工物は問答無用にモジュラー・アーキテクチャへ進化する」というのは，やや単純化しすぎた議論であり，本質を見落とす可能性がある。

重要なポイントは，モジュラー・アーキテクチャへと進化するときですら，さまざまな進化経路が潜在的に存在するという点である。設計進化は一本道ではないのである。そして，進化経路を詳細に検討することによって，「どのような」モジュラー・アーキテクチャへと複雑な人工物が設計進化していくのかを知ることができる。設計進化が一本道でないのと同様に，設計進化によって実現されるモジュラー・アーキテクチャもひとつではない。

モジュラー化が進行したときに，実現可能なモジュラー・アーキテクチャはいくつも存在する。そして自社に有利なモジュラー・アーキテクチャがある一方で，自社に不利なモジュラー・アーキテクチャが存在する。だから，進化経路に直接的・間接的に働きかけて，自社に有利なモジュラー・アーキテクチャを実現することが，マネジメント上重要である。

モジュラー・アーキテクチャへの進化経路を決定づける設計活動を，Baldwin and Clark (2000, pp. 123-146) では「モジュラーオペレータ」として説明している。モジュラーオペレータとは，複雑性を軽減する際に，設計者がどのような設計簡素化方法を採用し，それがどのようなモジュール化を導くのかを整

理した考え方である。たとえばSimon (1962) の時計職人の例に出てくるように，サブアッセンブリーという中間状態を作ることもモジュラーオペレータのひとつである。Baldwin and Clark (2000) では6つの設計オペレータを提案している。モジュラーオペレータごとに異なるモジュラー・アーキテクチャが出現することになる。

しかしながらBaldwin and Clark (2000) では，詳細に検討したモジュラーオペレータは6つのモジュラーオペレータのうちの一部にとどまる。また，どのモジュラーオペレータがどのようなときに選択されるのかについて詳細に検討していない。このため，両氏の研究では一貫して単調なモジュラー化が行われるような印象を与える。また6つのモジュラーオペレータは，実際の設計行動を参考に提案したものであり，何が本質的に重要なのかが詳細に検討されていない。

2.4.2　2つのモジュラー化の方向：カプセル化オペレータと共通化オペレータ

アーキテクチャ研究は経営学だけでなく設計科学の観点からも研究されている。その中で，ソフトウェア設計で用いられるオブジェクト指向設計方法[2]は，モジュラーオペレータを考察する際に多くのヒントを与えてくれる。オブジェクト指向設計法を検討すると，本質的なモジュラーオペレータは2つあることがわかる。1つめが「カプセル化オペレータ」であり，2つめが「共通化オペレータ」である（図9.A.1）。

カプセル化オペレータは，「has-a」関係と呼ばれる特性に着目してモジュール化を行うプロセスである。ある設計要素を考えたときに，その設計要素が他の設計要素に包含される場合は，「has-a」関係の2つの設計要素は結合している。「has-a」関係で結ばれる設計要素を集めていけば，Simon (1962) の時計職人の例で出たようなサブ・アッシータイプのモジュール化が行われる。カプセル化は情報隠蔽化とも呼ばれる。

共通化オペレータは，「is-a」関係という要素間結合を重視したモジュール化を行うプロセスである。「is-a」関係とは，あるモジュールとあるモジュールが，本質的に「同じ」ものであるのか，「異なる」ものであるのかを検討した関係である。もしも「同じ」ものであるのであれば，新しいモジュールをつくるの

---

[2]　設計要素間の関係性に着目してモジュール化を行う設計方法。

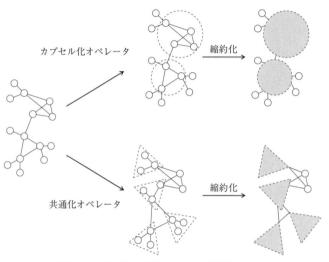

図9.A.1 カプセル化オペレータと共通化オペレータ

ではなく，同じモジュールを見本（基底）にして，若干の変更部分についてのみ修正を加えればよい．このような作業をオブジェクト指向設計法では継承と呼ぶ．継承とは，言い換えれば，モジュールの共通化のことである．「is-a」関係で結ばれる設計要素を集めていけば，ある時計の内部に同じタイプのねじ（共通ねじ）を用いる，というような共通化（標準化）タイプのモジュール化が行われる．

モジュール化の研究で広く利用されるのはカプセル化オペレータである（青木，1995）．一部の研究ではカプセル化がモジュール化のすべてあるとされることもあるが，それは正しくない．実際には「カプセル化オペレータ」と「共通化オペレータ」のように複数のモジュラーオペレータが存在する．どのモジュラーオペレータもモジュラー化を促進する．しかしモジュラーオペレータが異なると，異なるモジュラー・アーキテクチャが実現する．最終的に実現されるモジュラー・アーキテクチャにさまざまなバリエーションが生まれる．

2.4.3 モジュラー化：凝集性と分割性

次にモジュール粒度の問題について説明する．たとえば自動車は，数百点の部品でできているとも言えるし，さらに細かいレベルの部品まで考えると数万

点の部品でできているとも言える。なるべく大きな固まりとして，設計要素の集まりを見た方が良いのだろうか，それとも，やや小さい固まりで設計要素の集まりを見た方が良いのだろうか。

モジュール粒度の問題は，言い換えれば，どの程度まで設計要素を固まりとして見なすのが良いのか，という問題である。この問題を解くには，モジュラー化が2つの側面（凝集性と分割性）を持っていることに着目する必要がある。モジュラー化とは「モジュール内の依存性が強まり」かつ「モジュール間の依存性が弱くなる」ことであるので，「凝集性が高くなり，かつ，分割性が高くなる」という現象である。つまり，凝集性と分割性はモジュラー化が進行したときの表裏一体の現象である。

凝集性：凝集性（agglomerativeness）とは「どのように設計要素を集合させてモジュール内の依存性を強くするのか」に関する性質のことである。先述のモジュラーオペレータは，この凝集性をモデル化したものである。モジュラーオペレータを使って設計要素をある固まり（凝集）にすることを縮約化と呼ぶ。縮約化はもしくはブロック化，モジュール化，階層化とも呼ばれる。

分割性：分割性（divisiveness）とは「全体システムをモジュール間の依存性が弱くなるようどのように分割するか」に関する性質のことである。設計進化の過程で，複雑システムは，どのように分割されるのかについて複数の選択肢を持っている。この選択肢の中から，どの選択肢が選ばれるのかに基準を与えるものが，分割基準である。分割基準は，分割の目的に応じて複数提案されている。

室田（2004）はグラフ論の立場から，「モジュール内の依存性を最大化し，かつモジュール間の依存性が最小化させながら，各モジュールが階層構造を実現する」分割基準として DM 分解を紹介している。Newman（2006）は組織内のコミュニティ抽出を念頭に置きながら「モジュール内の依存性を最大化し，モジュール間の依存性を最小化する基準」としてモジュラリティ Q 基準（Modularity Q）を提案している。Baldwin and Clark（2000）は，経済的な視点から，「モジュールの集合体（すなわち全体システム）からの収益と，各モジュールへの投資額の比が最も大きくなる基準」として設計オプション（Design Options）基準を提案している。1社内だけで分割を行うのではなく，産業全体でシステムを分割する場合には，標準化プロセスの研究とも合わせて考察する必要がある。

どのような分割基準を採用するかについては，上記のように複数の選択肢があり，どのような目的で分割を行うのかに大きく依存する。

2.4.4 縮約化の重要性：インテグラル化と凝集化の錯誤

アーキテクチャのタイプの研究では，インテグラルとモジュラーという二項対立によって分析が行われている。注意深く概念の操作化を行えば，このフレームワークは間違いではない。しかし，多くの研究では拙速な方法によって測定を行っているため，現象を正しく解釈することが難しい。一番多く行われる間違いは，「縮約化（モジュール化）」というプロセスを無視することである。

インテグラル化とは，モジュール間の結合状態が強まることである。これと似て非なるものが凝集化で，モジュール内の結合状態が強まることである。インテグラル化と凝集化は厳密に区別する必要がある。言い換えれば，モジュラー化（モジュール間の結合の簡明化）とモジュール化（モジュール内の結合の凝集化）を区別する必要があるのである。あるアーキテクチャがインテグラルなのかモジュラーであるのかは，縮約化（モジュール化）後に判明する。モジュール化という階層化が行われた後の，モジュール間の結合状態が問題なのである。

整理すると，モジュールが成立して，かつ，モジュール間の依存性が強い状態がインテグラルな状態である。それに対して，モジュールが成立して，かつ，モジュール間が簡明な結合である状態がモジュラーな状態である。

単純に設計要素間の結合状態の密度を測ることは，インテグラル化と凝集化を区別していない[3]。たとえば，図9.A.2(a)で示されるネットワーク構造は，インテグラルであろうか，それともモジュラーであろうか。一見，複雑な結合構造であるので，インテグラル・アーキテクチャであるように見えるが，縮約化を行った後の図（図9.A.2(b)）を見ると，この結合構造は4つのモジュールで構成されていたことがわかる。この4つのモジュールに対して，モジュール間の依存性は4つに過ぎない。よって，図で示されているネットワークは依存関係が少ないモジュラー・アーキテクチャであることがわかる。

この例示からわかるように縮約化（モジュール化）というプロセスを行わな

---

[3] このため，密度を使った研究では「ある特定の階層の設計要素にのみ密度指標を適応する」など注意深い処置が必要である。多くの研究ではこのような注意深い処置は行われていないため，問題が多い。また，単純な密度指標が十分な指標であるとはいえず，次善の方法として利用されている点にも注意が必要である。

Appendix アーキテクチャ研究について 367

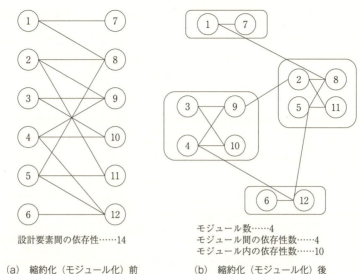

(a) 縮約化（モジュール化）前　　(b) 縮約化（モジュール化）後

注：DM分解の基準で縮約化を行った。DM分解については室田（2004）を参照。

図9.A.2　縮約化（モジュール化）の効果

い限り，アーキテクチャがインテグラルであるのかモジュラーであるのかを知ることはできない。「依存性が増加している」というだけでは，モジュール内の依存性が増加しているのか，それとも，モジュール間の依存性が増加しているのかが区別できないからである。

　インテグラル化と凝集化の錯誤は，縮約化（モジュール化）を考慮しなかったために起こる事態である。アーキテクチャが異なるとマネジメント上の問題が異なるため，この錯誤は実務上も重要な問題を引き起こす。この問題点は，かなり早い時期に青島・武石（2001）や藤本（2001）で指摘されている。何らかの形で縮約化を行った後のデータを評価することが重要であり，これを行っていない場合，重大な錯誤が発生する可能性がある。

3　今後のアーキテクチャ研究の方向性

3.1　動的プロセス研究のためのフレームワーク

　いままでの議論をもとに，アーキテクチャの動的プロセス研究のための3つのキーコンセプトを整理する。

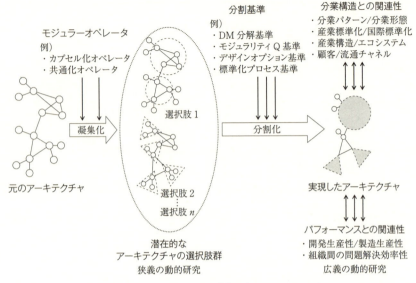

図9.A.3 アーキテクチャの動的研究のフレームワーク

　第1にモジュラーオペレータについて述べる。モジュラーオペレータごとに異なるモジュラー・アーキテクチャが実現する。どのモジュラーオペレータがどのような影響をもたらすのかを検証することが重要な点となる。モジュラーオペレータは複数存在し（たとえば「カプセル化オペレータ」と「共通化オペレータ」），潜在的なアーキテクチャの選択肢を複数作る。

　第2に縮約化（モジュール化）の重要性について述べる。モジュラー化を検証するためには，縮約化が必須のプロセスである。モジュラー化はモジュール間の依存性の状態を示したものであり，モジュール内の依存性の状態ではない。よって縮約化によってモジュールが生成された後でなければ，モジュラー化の状態を検討することはできない。技術経営研究にとって，モジュール化ではなく，モジュラー化が重要な特性である。

　第3に分割基準の問題について述べる。モジュラー化は凝集性と分割性が同時に高まることである。凝集性はモジュラーオペレータによって実現される。分割性についてはいくつかの分割基準が提案されており，目的ごとに異なる。凝集性と分割性をあわせて考慮することで分割基準の問題を解くことができる。

　上述の3つのキーコンセプトを考慮したアーキテクチャの動的研究のフレームワークを示す（図9.A.3）。研究は大きく2つの領域に分かれる。1つめは狭

い意味の動的プロセス研究であり，凝集化と分割化によって，複数存在する選択肢群からどのようにアーキテクチャが実現するのかが主なテーマになる。すなわち「アーキテクチャの実現プロセス」である。凝集化，分割化ともにいまだ十分に研究されているとは言い難い。この点について複雑ネットワークや社会ネットワークの研究が大きく躍進しており（Watts, 2003; Newman, 2003），今後アーキテクチャ分野への適応が期待される。狭い意味の動的プロセス研究は，複雑な人工物が持つ特性それ自身について集中している。

2つめは広義の動的プロセス研究である。「アーキテクチャが実現するプロセス」と外部指標がどのような関係にあるのかという点である。この研究は，人工物の設計進化と産業進化の関連性を主眼としている。外部指標とは主に分業構造との関連性，さらにパフォーマンスとの関連性である。技術経営の観点からは，この広い意味の動的プロセス研究が重要である。外部指標は分業構造とパフォーマンス指標の2つに区分できる。

静的研究からすでに特定のアーキテクチャと特定の分業構造の間には適合性（相性）があることがわかっている。しかし，静的研究はすでに実現したアーキテクチャのタイプと，すでに存在する分業構造の対比を行っているに過ぎない。アーキテクチャが実現するプロセスで，どのような戦略的な選択肢が存在するのか，そしてそのような選択肢をとった場合どのような影響を分業構造とパフォーマンスに与えるのかについては，ほとんど検討されていない。

既存研究ではアーキテクチャに選択肢が無数に存在することを前提とした研究はほとんど存在しない。たとえば「設計進化プロセスに対して直接的・間接的に影響する主要要因は何であるのか」「どのようにすれば設計進化プロセスを戦略的に活用することができるのだろうか」というような点は，現時点では明らかにされているとは言い難い状態である。複数の選択肢（潜在的なアーキテクチャの選択肢）から，「どのようなアーキテクチャを選択するべきなのか」を検討をすることによって，企業戦略論の立場から複雑な人工物について扱えるようになるだろう。

3.2 2000年以降の動的プロセス研究：
　　　設計進化プロセスと標準化プロセス

2000年以降，アーキテクチャ研究は動的プロセスに関心が集まっている。とくにインテグラル・アーキテクチャがモジュラー・アーキテクチャに移行す

るときには，大きな産業構造変化やイノベーションパターン変化が生じることが知られており，この点に注目が集まっている。

たとえばコンピュータ産業は，1960年代のメインフレームの時代にはインテグラル・アーキテクチャであったが，その後は，モジュラー化の設計進化プロセスを歩み，1990年代のパソコンはモジュラー・アーキテクチャの代表的な製品となった。これに対応するように，垂直統合型の産業構造は，水平分業型（垂直断裂型）の産業構造へと急激に変化していった。その象徴が，総合システム企業であったIBMの凋落と，コンポーネント企業であったインテル，マイクロソフトの台頭である。この傾向は，デジタル産業では共通して見られ，他産業へも影響を拡大している。従来デジタル化とは無縁であると考えられていた自動車産業ですら，組込システムを大量に取り入れた結果，デジタル化の影響を受けていると言われている（徳田，2008; 徳田・立本・小川，2011）。

アーキテクチャがインテグラルからモジュラーに移行する際には，2つの動的プロセスを経ている。1つは人工物設計の立場から見たときに，複雑性軽減を目的にした設計進化プロセスである。先述の動的プロセス研究のフレームワークで紹介した「モジュラーオペレータ」「分割基準」などが主要な分析対象となるだろう。静的研究ではモジュラー・アーキテクチャを単一のものと考えていたが，動的研究ではモジュラー・アーキテクチャのバリエーションに関心が高まっている。また複雑システムが階層性を持つことについて再び焦点が当たっている。動的プロセスでは，階層ごとに異なるアーキテクチャ上の変化が観察される可能性がある。ある階層ではモジュラー化が進んでいるが，ある階層ではインテグラル化が進んでいるという事態が起こりえる。階層間の動的プロセスの関連性も重要な研究対象であろう。

2つめは，あるインターフェースを組織間で共有しようとする標準化プロセスである。プラットフォームビジネス研究（Gawer and Cusumano, 2002）や産業エコシステム研究（Iansiti and Levin, 2004a）は，標準化を活用した企業戦略を研究している。標準化プロセスは，大きく言えば設計進化プロセスの一部であるが，制度の影響（独禁法や標準化政策等）を強く受けるプロセスであるため，設計進化プロセスとは別に研究されている（小川，2009; 立本・小川・新宅，2010; 立本・高梨，2010）。1980年代に行われた各国の標準化政策の転換（独禁法の緩和，地域標準の重視，WTO/TBT条約）が，1990年代の標準化プロセスに大きな影響を与えており，標準化を活用した企業戦略の重要性を高めている。本書で扱っ

た戦略的標準化は，これらの研究の影響を強くうけている。

　2つの動的プロセスの研究が，2000年以降のアーキテクチャの動的研究の主流になっている。設計進化プロセスと標準化プロセスは互いに影響し合うプロセスであり，この2つのプロセスを十分に理解し，戦略的に活用することがモジュラー・アーキテクチャ下での成功要因であると考えられている。動的プロセスの視点から，今後さらなるアーキテクチャ研究が期待されている。

引用文献

【英語文献】

Akamatsu, K. (1961) "A theory of Unbalanced Growth in the World Economy," *Weltwirtschaftliches Archiv*, Band 86, Heft 2, pp. 196-217.

Akamatsu, K. (1962) "A Historical Pattern of Economic Growth in Developing Countries," The Institute of Asian Economic Affairs, *The Developing Economies*, Vol. 1, Preliminary Issue No. 1, Aug. pp. 3-25.

Alexander, C. (1964) *Notes on the Synthesis of Form*, Harvard University Press.

Anderson, P. and Tushman, M. L. (1990) "Technological Discontinuities and Dominant Designs: A Cyclical Model of Technological Change," *Administrative Science Quarterly*, Vol. 35, No. 4, pp. 604-633.

Asanuma, B. (1989) "Manufacturer-Supplier relationships in Japan and the Concept of relation-Specific Skill," *Journal of the Japanese and International Economies*, Vol. 3, No. 1, pp. 1-30.

Baldwin, C. Y. (2008) "Where Do Transactions Come From? Modularity, Transactions, and the Boundaries of Firms," *Industrial and Corporate Change*, Vol. 17, No. 1, pp. 155-195.

Baldwin, C. Y. (2011) "Bottleneck Strategies for Business Ecosystems," Presentation at Sloan School, MIT, at 21 Jan. 2011. (Download from http://www.people.hbs.edu/cbaldwin/ Date of Access: 2011/8/1)

Baldwin, C. Y. and Clark, K. B. (2000) *Design Rules: The Power of Modularity*, MIT Press. (安藤晴彦訳『デザイン・ルール――モジュール化パワー』東洋経済新報社，2004年。)

Baldwin, C. Y. and von Hippel, E. (2011) "Modeling a Paradigm Shift: From Producer Innovation to User and Open Collaborative Innovation," *Organization Science*, Vol. 22, No. 6, pp. 1399-1417.

Baldwin, C. Y. and Woodard, C. J. (2009) "The Architecture of Platforms: A Unified View," in Gawer, A. (ed.) *Platforms, Markets and Innovation*, Cheltenham, UK and Northampton, MA, US: Edward Elgar.

Bekkers, R. (2001) *Mobile Telecommunications Standards: Gsm, Umts, TETRA, and ERMES*, Artech House.

Bekkers, R., Verspagen, B., and Smits, J. (2002) "Intellectual Property Rights and Standardization: The Case of GSM," *Telecommunications Policy*, Vol. 26, pp. 171-188.

Besen, S. M. and Farrell, J. (1991) "The Role of the ITU in Standardization: Pre-Eminence, Importance or Rubber Stamp?" *Telecommunications Policy*, Vol. 15, No. 4, pp. 311-321.

Besen, S. M. and Farrell, J. (1994) "Choosing How to Compete: Strategies and Tactics in Standardization," *The Journal of Economic Perspectives*, Vol. 8, No. 2, pp. 117-131.

Borgatti, S. P., Everett, M. G., and Freeman, L. C. (2002) *UCINET 6 for Windows: Software for Social Network Analysis*, Analytic Technologies.

Brambor, T., Clark, W. R., and Golder, M. (2006) "Understanding Interaction Models: Improving Empirical Analyses," *Political Analysis*, Vol. 14, No. 1, pp. 63-82.

Brandenburger, A. M. and Nalebuff, B. J. (1996) *Co-Opetition*, Doubleday Business.

Brusoni, S. and Prencipe, A. (2001) "Unpacking the Black Box of Modularity: Technologies, Products and Organizations," *Industrial and Corporate Change*, Vol. 10, No. 1, pp. 179-205.

引用文献

Buckley, P. J. and Casson, M. (1976) *The Future of the Multinational Enterprise*, Macmillan Press.
Burgelman, R. A. (2002) *Strategy is Destiny: How Strategy-Making Shapes a Company's Future*, Free Press.(石橋善一郎・宇田理訳『インテルの戦略——企業変貌を実現した戦略形成プロセス』ダイヤモンド社, 2006年。)
Burt, R. S. (1976) "Positions in Networks," *Social Forces*, Vol. 55, No. 1, pp. 93-122.
Burt, R. S. (1992) *Structural Holes: The Structure of Competition*, Harvard University Press.
Burt, R. S. (1997) "The Contingent Value of Social Capital," *Administrative Science Quarterly*, Vol. 42, No. 2, pp. 339-365.
Bush, V. (1945) *Science, The Endless Frontier: A Report to the President*, US Government Printing Office.
Cargill, C. F. (1989) *Information Technology Standardization: Theory, Process, and Organizations*, Digital Press.
Chesbrough, H. W. (2003) *Open Innovation: The New Imperative for Creating and Profiting from Technology*, Harvard Business School Press.
Chesbrough, H. W. (2006) *Open Business Models: How to Thrive in the New Innovation Landscape*, Harvard Business School Press.
Chesbrough, H. W. and Teece, D. J. (1996) "Organizing for Innovation: When Is Virtual Virtuous?" *Harvard Business Review*, Vol. 74, No. 1, pp. 65-73.
Chesbrough, H., W. Vanhaverbeke, W., and West, J. (2006) *Open Innovation: Researching a New Paradigm*, Oxford University Press.
Christensen, C. M. (1992a) "Exploring the Limits of the Technology S-Curve, Part I: Component Technologies," *Production and Operations Management*, Vol. 1, No. 4, pp. 334-357.
Christensen, C. M. (1992b) "Exploring the Limits of the Technology S-Curve, Part II: Architectural Technologies," *Production and Operations Management*, Vol. 1, No. 4, pp. 358-366.
Christensen, C. M. (1997) *The Innovator's Dilemma: When New Technologies Cause Great Firms to Fail*, Harvard Business School Press.
Clark, K. B. (1985) "The Interaction of Design Hierarchies and Market Concepts in the Technological Evolution," *Research Policy*, Vol. 14, No. 5, pp. 235-251.
Clark, K. B. (1989) "Project Scope and Project Performance: The Effect of Parts Strategy and Supplier Involvement on Product Development," *Management Science*, Vol. 35, No. 10, pp. 1247-1263.
Clark, K. B. and Fujimoto, T. (1991) *Product Development Performance: Strategy, Organization, and Management in the World Auto Industry*, Harvard Business School Press.(田村明比古訳『実証研究 製品開発力——日米欧自動車メーカー 20 社の詳細調査』ダイヤモンド社, 1993年。)
Clements, M. T. and Ohashi, H. (2005) "Indirect Network Effects and the Product Cycle: Video Games in the U. S., 1994-2002," *Journal of Industrial Economics*, Vol. 53, No. 4, pp. 515-542.
Cook, K. S. and Emerson, R. M. (1978) "Power, Equity and Commitment in Exchange Networks," *American Sociological Review*, Vol. 43, No. 5, pp. 721-739.
Corts, K. S. and Lederman, M. (2009) "Software Exclusivity and the Scope of Indirect Network Effects in the U. S. Home Video Game Market," *International Journal of Industrial*

Organization, Vol. 27, No. 2, pp. 121-136.

Csardi, G. and Nepusz, T. (2006) *The Igraph Software Package for Complex Network Research*, Inter Journal, Complex Systems 1695. (http://igraph.sf.net)

Cusumano, M. A. (1998) *Microsoft Secrets: How the World's Most Powerful Software Company Creates Technology, Shapes Markets, and Manages People*, Free Press. (山岡洋一訳『マイクロソフトシークレット——勝ち続ける驚異の経営』上巻・下巻, 日本経済新聞社。)

Cusumano, M. A. (2004) *The Business of Software: What Every Manager, Programmer, and Entrepreneur Must Know to Thrive and Survive in Good Times and Bad*, Free Press.

Cusumano, M. A. (2010) *Staying Power: Six Enduring Principles for Managing Strategy and Innovation in an Uncertain World*, Oxford University Press. (鬼澤忍訳『君臨する企業の「6つの法則」——戦略のベストプラクティスを求めて』日本経済新聞出版社, 2012年。)

Cusumano, M. A. and Yoffie, D. B. (1998) *Competing on Internet Time: Lessons from Netscape and Its Battle with Microsoft*, Free Press.

David, P. A. and Greenstein, S. (1990) "The Economics of Compatibility Standards: An Introduction to Resent Research," *Economics of Innovation and New Technology*, Vol. 1, No. 1-2, pp. 3-41.

David, P. A. and Steinmueller, W. E. (1994) "Economics of Compatibility Standards and Competition in Telecommunication Networks," *Information Economics and Policy*, Vol. 6, No. 3-4, pp. 217-241.

DeCourcy, J. (2007) "Research Joint Ventures and International Competitiveness: Evidence from the National Cooperative Research Act," *Economics of Innovation and New Technology*, Vol. 16, No. 1, pp. 51-65.

Dyer, J. H. and Nobeoka, K. (2000) "Creating and Managing a High-Performance Knowledge-Sharing Network: The Toyota Case," *Strategic Management Journal*, Vol. 21, No. 3, pp. 345-367.

Dyer, J. H. and Singh, H. (1998) "The Relational View: Cooperative Strategy and Sources of Interorganizational Competitive Advantage," *Academy of Management Review*, Vol. 23, No. 4, pp. 660-679.

EC [European Council] (1985) "New Approach to Technical Harmonization and Standards," *Council Resolution*, 85/C 136/01, European Council, May 7.

Economides, N. (1996) "The Economics of Networks," *International Journal of Industrial Organization*, Vol. 14, pp. 673-699.

Eisenmann, T. R. (2007) *Managing Networked Businesses: Course Overview for Educators*, Harvard Business School. (Avairable at http://www.hbsp.harvard.edu)

Eisenmann, T. R., Parker, G., and Van Alstyne, M. (2006) "Strategies for Two-Sided Markets," *Harvard Business Review*, Vol. 84, No. 10, pp. 92-101.

Eisenmann, T. R., Parker, G., and Van Alstyne, M. (2011) "Platform Envelopment," *Strategic Management Journal*, Vol. 32, No. 12, pp. 1270-1285.

Evans, D. S., Hagiu, A., and Schmalensee, R. (2006) *Invisible Engines: How Software Platforms Drive Innovation and Transform Industries*, MIT Press.

Farrell, J. and Saloner, G. (1988) "Coordination through Committees and Markets," *RAND Journal of Economics*, Vol. 19, No. 2, pp. 235-252.

Farrell, J. and Simcoe, T. S. (2009) *Choosing the Rules for Consensus Standardization*, Mimeo.

(Available at SSRN: http://ssrn.com/abstract=1396330)
Freeman, L. C. (1977) "A Set of Measures of Centrality Based upon Betweenness," *Sociometry*, Vol. 40, No. 1, pp. 35-41.
Fujimoto, T. (2007) "Architecture-Based Comparative Advantage: A Design Information View of Manufacturing," *Evolutionary and Institutional Economics Review*, Vol. 4, No. 1, pp. 55-112.
Funk, J. L. (2002) *Global Competition between and within Standards: The Case of Mobile Phones* (2nd ed.), Palgrave Macmillan.
Garud, R. and Kumaraswamy, A. (1995) "Technological and Organizational Designs for Realizing Economies of Substitution," *Strategic Management Journal*, Vol. 16, Issue S1, pp. 93-109.
Garud, R., Kumaraswamy, A., and Langlois, R. N. (2002) *Managing in the Modular Age: Architectures, Networks, and Organizations*, Wiley-Blackwell.
Gawer, A. (2009) *Platforms, Markets and Innovation*, Cheltenham, UK and MA, US: Edward Elgar.
Gawer, A. and Cusumano, M. A. (2002) *Platform Leadership: How Intel, Microsoft, and Cisco Drive Industry Innovation*, Harvard Business School Press.
Gawer, A. and Henderson, R. (2007) "Platform Owner Entry and Innovation in Complementary Markets: Evidence from Intel," *Journal of Economics & Management Strategy*, Vol. 16, No. 1, pp. 1-34.
Granovetter, M. S. (1973) "The Strength of Weak Ties," *American Journal of Sociology*, Vol. 78, No. 6, pp. 1360-1380.
Greenstein, S. M. and Stango, V. (2007) *Standards and Public Policy*, Cambridge University Press.
Grove, S. A. (1996) *Only the Paranoid Survive: How to Exploit the Crisis Points that Challenge every Company and Career*, New York: Currency/Doubleday.
Guimerà, R. and Amaral, L. A. N. (2005) "Functional Cartography of Complex Metabolic Networks," *Nature*, Vol. 433, No. 7028, pp. 895-900.
Guimerà, R. and Nunes Amaral, L. A. (2005) "Functional Cartography of Complex Metabolic Networks," *Nature*, Vol. 433, pp. 895-900.
Hagiu, A. (2006) "Pricing and Commitment by Two-Sided Platforms," *RAND Journal of Economics*, Vol. 37, No. 3, pp. 720-737.
Hagiu, A. and Yoffie D. B. (2009) "What's Your Google Strategy?" *Harvard Business Review*, Vol. 87, No. 4, pp. 74-81.
Henderson, R. M. and Clark, K. B. (1990) "Architectural Innovation: The Reconfiguration of Existing Product Technologies and the Failure of Established Firms," *Administrative Science Quarterly*, Vol. 35, No. 1, pp. 9-30.
Henderson, R. and Cockburn, I. (1994) "Measuring Competence? Exploring Firm Effects in Pharmaceutical Research," *Strategic Management Journal*, Vol. 15, pp. 63-84.
Hillebrand, F. (ed.) (2001) *GSM and UMTS: The Creation of Global Mobile Communication*, John Wiley & Sons, Inc.
Hoskisson, R. E., Eden, L., Lau, C. M., and Wright, M. (2000) "Strategy in Emerging Economies," *Academy of Management Journal*, Vol. 43, No. 3, pp. 249-267.
Iansiti, M. and Levien, R. (2004a) *The Keystone Advantage: What the New Dynamics of Business*

Ecosystems Mean for Strategy, Innovation, and Sustainability, Boston: Harvard University Press.
Iansiti, M. and Levien, R. (2004b) "Strategy as Ecology," *Harvard Business Review*, Vol. 82, No. 3, doi: 10. 1108/eb025570
iSuppli (2008) *China Research Q3 2008 Topical Report-Mobile Handsets*, iSuppli.
Jackson, T. (1998) *Inside Intel: Andy Grove and the Rise of the World's Most Powerful Chip Company*, Dutton/Plume.(渡辺了介・弓削徹訳『インサイドインテル』上巻・下巻, 翔泳社, 1997年。)
Juliussen, E. and Robinson, R. (2010) *Is Europe in the Driver's Seat?: The Competitivensss of the European Automotive Embedded Systems Industry*, Institute for Prospective Technological Studies, Joint Research Centre, European Commission. http://ftp.jrc.es/EURdoc/JRC61541.pdf(2017年1月26日アクセス)
Jorde, T. M. and Teece, T. J. (1990) "Innovation and Cooperation: Implications for Competition and Antitrust," *Journal of Economic Perspectives*, Vol. 4, No. 3, pp. 75-96.
Katz, M. L. and Shapiro, C. (1985) "Network Externalities, Competition, and Compatibility," *The American Economic Review*, Vol. 75, No. 3, pp. 424-440.
Katz, M. L. and Shapiro, C. (1994) "Systems Competition and Network Effects," *The Journal of Economic Perspectives*, Vol. 8, No. 2, pp. 93-115.
Kawakami, M. (2009) "Learning from Customers: Growth of Taiwanese Notebook PC Manufacturers as Original Design Manufacturing Suppliers," *China Information*, Vol. 23 No. 1, pp. 103-128.
Langlois, R. N. and Robertson, P. L. (1992) "Networks and Innovation in a Modular System: Lessons from the Microcomputer and Stereo Component Industries," *Research Policy*, Vol. 21, No. 4, pp. 297-313.
Link, A. N. (1996) "Research Joint Ventures: Patterns of Federal Register Filings," *Review of Industrial Organization*, Vol. 11, No. 5, pp. 617-628.
Link, A., N. Paton, D., and Siegel, D. S. (2002) "An Analysis of Policy Initiatives to Promote Strategic Research Partnerships," *Research Policy*, Vol. 31, No. 8-9, pp. 1459-1466.
Lundvall, B. A. (1992) *National Systems of Innovation: Towards a Theory of Innovation and Interactive Larning*, London: Pinter Publishers.
Lundvall, B. A., Johnson, B., Andersen, E. S., and Dalum, B. (2002) "National Systems of Production, Innovation and Competence Building," *Research Policy*, Vol. 31, No. 2, pp. 213-231.
MacCormack, A., Rusnak, J., and Baldwin, C. Y. (2006) "Exploring the Structure of Complex Software Designs: An Empirical Study of Open Source and Proprietary Code," *Management Science*, Vol. 52, No. 7, pp. 1015-1030.
Majewski, S. E. and Williamson, D. V. (2004) "Incomplete Contracting and the Structure of R & D Joint Venture Contracts," *Advances in the Study of Entrepreneurship, Innovation and Economic Growth: Intellectual Property and Entrepreneurship*, Vol. 15, pp. 201-228.
March, J. G. and Simon, H. A. (1958) *Organizations*, New York: Wiley.
Messmer, H.-P. (1993) *The Indispensable PC Hardware Book: Your Hardware Questions Answerd*, Addison-Wesley.
Mouly, M. and Pautet, M. B. (1992) *The GSM System for Mobile Communications*, Telecom Pub.
Nalebuff, B. J. (2003) *Bundling, Tying and Portfolio Effects*, DTI Economics Paper, No. 1,

Department of Trade and Industry, UK. (http://www.bis.gov.uk/files/file14774.pdf Date of Access: 2016/10/31)

Nalebuff, B. J. (2004) "Bundling as an Entry Barrier," *The Quarterly Journal of Economics*, Vol. 119, No. 1, Feb. pp. 159-187.

Nelson, R. R. (1987) *Understanding Technical Change as an Evolutionary Process*, Amsterdam: North Holland.

Newman, M. E. J. (2003) "The Structure and Function of Complex Networks," *SIAM Review*, Vol. 45, No. 2, pp. 167-256.

Newman, M. E. J. (2006) "Modularity and community structure in networks," *Proceedings-National Academy of Sciences USA*, Vol. 103, No. 23, pp. 8577-8582.

Newman, M. E. J. (2010) *Networks: An Introduction*, Oxford University Press.

Newman, M. E. J. and Girvan, M. (2004) "Finding and Evaluating Community Structure in Networks," *Physical Review E*, Vol. 69, No. 2, pp. 1-16.

Ogawa, K., Park, Y. W., Tatsumoto, H., and Hong, P. (2009) "Architecture-Based International Specialization: Semiconductor Device as an Artificial Genome in Global Supply Chain," Proceedings of 3rd International Symposium and Workshop on Global Supply Chain Management, PSGIM, Coimbatore, India.

OTA [Office of Technology Assessment, U. S. Congress] (1992) *Global Standards: Building Blocks for the Future*, TCT-512, Washington, DC: U. S. Government Printing Office.

Paine, R. T. (1966) "Food Web Complexity and Species Diversity," *American Naturalist*, Vol. 100: 65-75.

Parker, G. G. and Van Alstyne, M. W. (2005) "Two-Sided Network Effects: A Theory of Information Product Design," *Management Science*, Vol. 51, No. 10, pp. 1494-1504.

Porter, M. E. (1980) *Competitive Strategy: Techniques for Analyzing Industries and Competitors*, Free Press.

Porter, M. E. (2000) "Location, Competition, and Economic Development: Local Clusters in a Global Economy," *Economic Development Quarterly*, Vol. 14, No. 1, pp. 15-34.

Powell, W. W., Koput, K. W., and Smith-Doerr, L. (1996) "Interorganizational Collaboration and the Locus of Innovation: Networks of Learning in Biotechnology," *Administerative Science Quarterly*, Vol. 41, No. 1, pp. 116-145.

R Development Core Team (2011) *R: A Language and Environment for Statistical Computing*, The R Foundation for Statistical Computing. (http://www.r-project.org/ Date of Access: 2017/1/7)

Robertson, P. L. and Langlois, R. N. (1995) "Innovation, Networks and Vertical Integration," *Research Policy*, Vol. 24, No. 4, pp. 543-562.

Rochet, J. C. and Tirole, J. (2003) "Platform Competition in Two-Sided Markets," *Journal of the European Economic Association*, Vol. 1, No. 4, pp. 990-1029.

Rochet, J. C. and Tirole, J. (2004) *Two Sided Markets: An Overview*, Mimeo, IDEI University of Toulouse.

Rueger, J. J., Wernet, A., Kececi, H. F., and Tihel, T. (2012) "MDG1: The New, Scalable, and Powerful ECU Platform from Bosch," Proceedings of *the FISITA 2012 World Automotive Congress*, Vol. 194 of the series Lecture Notes in Electrical Engineering, pp 417-425.

Rüping, T. and Trechow, P. (2014) "Association Goes Beyond AUTOSAR," *RealTimes*, Jan., pp.

18-19. ETAS. (http://www.etas.com/data/RealTimes_2014/rt_2014_1_18_ja.pdf Date of Access: 2016/12/8)
Sako, M. (1991) "The Role of 'Trust' in Japanese Buyer-Supplier Relationships," *Ricerche economiche*, Vol. 45, No. 2-3, pp. 449-474.
Sanchez, R. and Mahoney, J. T. (1996) "Modularity, Flexibility, and Knowledge Management in Product and Organization Design," *Strategic Management Journal*, Vol. 17 (Winter Special Issue), pp. 63-76.
Scace, R. I. (2000) *Twenty-Five Years of SEMI Standards 1973-98*, SEMI.
Schwartz, J. E. (1977) "An Examination of Concor and Related Methods for Blocking Sociometric Data," *Sociological Methodology*, Vol. 8, pp. 255-282.
SEMI [Semiconductor Equipment and Materials International] (2005) World Fab Watch: Database (Jan. 2005 Edition).
SEMI [Semiconductor Equipment and Materials International] (2009) World Fab Watch: Database (May 2009 Edition).
Shapiro, C. and Varian, H. R. (1999) *Information Rules: A Strategic Guide to the Netowork Economy*, Harvard Business School Press. (宮本喜一訳『「ネットワーク経済」の法則——アトム型産業からビット型産業へ 変革期を生き抜く72の指針』IDGコミュニケーションズ。)
Shintaku, J., Ogawa, K., and Yoshimoto, T. (2006) "Architecture-Based Approaches to International Standardization and Evolution of Business Models," *International Standardization as a Strategic Tool: Commended Papers from the IEC Century Challenge 2006*.
Simon, H. A. (1962) "The Architecture of Complexity," *Proceedings of the American Philosophical Society*, Vol. 106, No. 6, pp. 467-482.
Sosa, M. E., Eppinger, S. D., and Rowles, C. M. (2003) "Identifying Modular and Integrative Systems and Their Impact on Design Team Interactions," *J. Mech. Des*, Vol. 125, No. 2, pp. 240-252. doi: 10. 1115/1. 1564074.
Stango, V. (2004) "The Economics of Standards Wars," *Review of Network Economics*, Vol. 3, No. 1, pp. 1-19.
Takeishi, A. (2001) "Bridging Inter-and Intra-Firm Boundaries: Management of Supplier Involvement in Automobile Product Development," *Strategic Management Journal*, Vol. 22, No. 5, pp. 403-433.
Takeishi, A. (2002) "Knowledge Partitioning in the Interfirm Division of Labor: The Case of Automotive Product Development," *Organization Science*, Vol. 13, No. 3, pp. 321-338.
Tatsumoto, H., Ogawa, K., and Fujimoto, T. (2009) "The Effect of Technological Platforms on the International Division of Labor: A Case Study on Intel's Platform Business in the PC Industry," in Gawer, A. (ed.) *Platforms, Markets and Innovation*, Cheltenham, UK and Northampton, MA, US: Edward Elgar.
Teece, D. J. (1977) "Technology Transfer by Multinatinal Firms: The Resource Cost of Transferring Technological Know-How," *The Economic Journal*, Vol. 87, No. 346, pp. 242-261.
Teece, D. J. (1986a) "Transaction Cost Economics and the Multinational Enterprise," *Journal of Economic Behavior and Organization*, Vol. 7, No. 1, pp. 21-45.
Teece, D. J. (1986b) "Profiting from Technological Innovation: Implications for Integration, Collaboration, Licensing, and Public Policy," *Research Policy*, Vol. 15, No. 6, pp. 285-305.

Teece, D. J. (2006) "Reflections on Profiting from Innovation," *Research Policy*, Vol. 35, No. 8, pp. 1131-1146.

Teece, D. J. (2007) "Explicating Dynamic Capabilities: The Nature and Microfoudations of (Sustainable) Enterprise Performance," *Strategic Management Journal*, Vol. 28, No. 13, pp. 1319-1350.

Teece, D. J. (2011) "Dynamic Capabilities: A Guide for Managers," *Ivey Business Journal*, Vol. 75, Issue 2, pp. 29-34.

Teece, D. J., Pisano, G., and Shuen, A. (1997) "Dynamic Capabilities and Strategic Management," *Strategic Management Journal*, Vol. 18, No. 7, pp. 509-533.

Ulrich, K. T. (1995) "The Role of Product Architecture in the Manufacturing Firm," *Research Policy*, Vol. 24, No. 3, pp. 419-440.

Vernon, R. (1966) "International Investment and international Trade in the Product Cycle," The *Quarterly Journal of Economics*, Vol. 80, No. 2, pp. 190-207.

von Hipple, E. A. (1994) "'Sticky Information' and the Locus of Problem Solving: Implications for Innovation," *Management Science*, Vol. 40, No. 4, pp 429-439.

von Hippel, E. A. (2005) *Democratizing Innovation*, MIT Press.

Vonortas, N. S. (1997) "Research Joint Ventures in the US," *Research Policy*, Vol. 26, No. 4-5, pp. 577-595.

Wasserman, S. and Faust, K. (1994) *Social Network Analysis: Methods and Applications*, Cambridge University Press.

Watts, D. J. (2003) *Six Degrees: The Science of Connected Age*, W. W. Norton & Company. (辻竜平・友知政樹訳『スモールワールド・ネットワーク――世界を知るための新科学的思考法』阪急コミュニケーションズ，2004 年。)

West, J., Salter, A., Vanhaverbeke, W., and Chesbrough, H. (2014) "Open Innovation: The Next Decade," *Research Policy*, Vol. 43, No. 5, pp. 805-811.

Wiener, N. (1948) *Cybernetics; or, Control and Communication in the Animal and the Machine*, MIT Press. (池原止戈夫ほか訳『サイバネティックス――動物と機械における制御と通信』第 2 版，岩波書店，1962 年。)

Williamson, E. O. (1979) "Transaction-Cost Economics: The Governance of Contractual Relations," *The Journal of Law & Economics*, Vol. 22, No. 2, pp. 233-261.

Winn, J. K. (2005) US and EU Regulatory Competition in ICT Standardization Law & Policy, *IEEE. SIIT2005 Proceedings*, pp. 281-291.

WSJ [Wall Street Journal] (2015a) "Europe Looks to Tame Web's Economic Risks," *The Wall Street Journal* Apr. 24, 2015. (http://jp.wsj.com/articles/SB11702692451560034542404580599212951474070 Date of Access: 2015/09/01)

WSJ [The Wall Street Journal] (2015b) "German Car Makers Preparing Formal Bid for Nokia's Here Map Service With China's Baidu," *The Wall Street Journal*, May 5. (http://jp.wsj.com/articles/SB10296650085267944885804580623183079080488 Date of Access: 2016/12/8)

WSJ [Wall Street Journal] (2015c) "EPA Accuses Volkswagen of Dodging Emissions Rules," *The Wall Street Journal* Sep. 19, 2015. (http://jp.wsj.com/articles/SB10063581187792594737804581241441337997546 Date of Access: 2015/09/01)

WSJ [The Wall Street Journal] (2016) "Uber's Ride-Sharing Dominance Comes Under Pressure," *The Wall Street Journal*, May 16. (http://jp.wsj.com/articles/SB1236383969436293

4444104582069791709334920 Date of Access: 2016/12/26)
Yasumoto, M. and Shiu, J. M. (2007) "An Investigation into Collaborative Novel Technology Adoption in Vertical Disintegration: Interfirm Development Processes for System Integration in the Japanese, Taiwanese, and Chinese Mobile Phone Handset Industries," *Annals of Business Administrative Science,* Vol. 6, pp. 35-70.
Yin, R. K. (1984) *Case Study Research: Design and Methods,* Beverly Hills, CA: Sage Publications.
Yu, A. (1998) *Creating the Digital Future: The Secrets of Consistent Innovation at Intel,* Free Press.

【日本語文献】

EDリサーチ（1998）『特別レポート 日・韓・台 半導体主要工場の製造装置 '98』EDリサーチ社。
EDリサーチ（2002）『特別レポート 日・韓・台 半導体主要工場の製造装置 2001』EDリサーチ社。
EDリサーチ（2003）『特別レポート アジア半導体主要工場の製造装置 2003』EDリサーチ社。
EDリサーチ（2004）『特別レポート アジア半導体主要工場の製造装置 2004』EDリサーチ社。
EDリサーチ（2007）『アジア半導体主要工場の製造装置2007』EDリサーチ社。
ITmedia（2016）「ホンダ，Google系列と自動運転共同研究 Waymoと提携，米の公道で実証実験へ」*ITmedia NEWS,* ITmedia, 12月22日。(http://www.itmedia.co.jp/news/articles/1612/22/news065.html 2016年12月23日アクセス。)
NTT DoCoMo（1992-2006）*NTT DoCoMo テクニカル・ジャーナル,* 各号。
PC Watch（2007）「QimondaのCEOが来日『日本は非常に重要な市場』」PC Watch, インプレス, 2月22日。(http://pc.watch.impress.co.jp/docs/2007/0222/qimonda.htm 2016年12月8日アクセス。)
SPEEDA（2015）「日本の自動車3社の動向〜中国編」https://www.uzabase.com/speeda/analysis/archive/53/
青木昌彦（1995）『経済システムの進化と多元性――比較制度分析序説』東洋経済新報社。
青島矢一・武石彰（2001）「アーキテクチャという考え方」藤本・武石・青島編（2001），有斐閣，第2章。
淺羽茂（1998）「競争と協力――ネットワーク外部性が働く市場での戦略」『組織科学』第31巻，第4号，pp. 44-52。
生稲史彦（2012）『開発生産性のディレンマ――デジタル化時代のイノベーション・パターン』有斐閣。
伊丹敬之（1995）『なぜ「三つの逆転」は起こったか――日本の半導体産業』NTT出版。
井上達彦・真木圭亮・永山晋（2011）「ビジネス・エコシステムにおけるニッチの行動とハブ企業の戦略――家庭用ゲーム業界における複眼的分析」『組織科学』第44巻，第4号，pp. 67-82。
今井健一・川上桃子編（2007）『東アジアのIT機器産業――分業・競争・棲み分けのダイナミクス』アジア経済研究所。
今井健一・許經明（2007）「中国携帯電話端末産業の成長――産業内分業変革のダイナミクス」KIEP日韓共同セミナー報告，6月15日，Korea Institute for International Economic Policy。
今井健一・許經明（2009）「携帯電話産業」新宅純二郎・天野倫文編著『ものづくりの国際経

営戦略――アジアの産業地理学』有斐閣,第5章.
岩淵明男 (1995)『コンパックの奇跡――高品質・低価格を実現した驚異の経営・生産革命』オーエス出版.
インターフェース編集部編 (2002)『ATA (IDE)/ATAPI の徹底研究』CQ 出版.
インターフェース編集部編 (2004)『PCI バス & PCI-X バスの徹底研究――電気的特性の基本からバス・プロトコルの詳細まで』CQ 出版.
植木正雄 (2013)「標準必須特許のロイヤルティ基準を米地裁が示す,スマホ Google 陣営に打撃」日経テクノロジーオンライン.(http://techon.nikkeibp.co.jp/article/COLUMN/20130530/284689/ 2016 年 12 月 26 日アクセス.)
上山明博 (2000)『プロパテント・ウォーズ――国際特許戦争の舞台裏』文藝春秋.
内田登美雄 (1994)「Intel を包囲して突入したマイクロプロセッサ新戦国時代――米国コンピュータ市場レポート」『インターフェース』1994 年 4 月号,pp. 232-234.
内田康郎 (2016)「IoT の進展と国際ビジネスの関係について――技術標準の業際化への取り組みを中心に」富山大学ワーキングペーパー,No. 304.
王淑珍 (1997)「蓄勢待発 台湾情報機器産業発展へのシナリオ(7)」『日本工業新聞』1997 年 6 月 23 日.
小川紘一 (2007)「我が国エレクトロニクス産業にみるプラットフォームの形成メカニズム――アーキテクチャ・ベースのプラットフォーム形成によるエレクトロニクス産業の再興に向けて」MMRC ディスカッションペーパー,No. 146.
小川紘一 (2008)「我が国エレクトロニクス産業にみるプラットフォームの形成メカニズム」『赤門マネジメント・レビュー』第 7 巻,第 6 号,pp. 339-407.
小川紘一 (2009)『国際標準化と事業戦略――日本型イノベーションとしての標準化ビジネスモデル』白桃書房.
小川紘一 (2011)「国際標準化と比較優位の国際分業,経済成長」渡部俊也編『東京大学知的資産経営総括寄付講座シリーズ グローバルビジネス戦略』第 2 巻,白桃書房,第 5 章.
小川紘一 (2014)『オープン&クローズ戦略――日本企業再興の条件』翔泳社.
奥野正寛・瀧澤弘和・渡邊泰典 (2006)「人工物の複雑化と製品アーキテクチャ」『MMRC ディスカッションペーパー』No. 81.
梶浦雅巳編 (2007)『国際ビジネスと技術標準』文眞堂.
金光淳 (2003)『社会ネットワーク分析の基礎――社会的関係資本論にむけて』勁草書房.
川上桃子 (2012)『圧縮された産業発展――台湾ノートパソコン企業の成長メカニズム』名古屋大学出版会.
環境省 (2009)「参考資料 2 諸外国と我が国の自動車環境政策取組状況」『次世代自動車普及戦略』pp. 180-192.(http://www.env.go.jp/air/report/h21-01/ 2015 年 9 月 28 日アクセス.)
木村公一朗 (2006)「中国携帯電話端末産業の発展――販売重視の戦略とその限界」今井健一・川上桃子編『東アジアの IT 機器産業――分業・競争・棲み分けのダイナミクス』アジア経済研究所,第 3 章.
クリンジリー,ロバート・X. (1994)『コンピュータ帝国の興亡』アスキー.
グローバルネット (2005)『世界半導体製造装置・試験/検査装置市場年鑑 2005』グローバルネット株式会社.
グローバルネット (2009)『世界半導体製造装置・試験/検査装置市場年鑑 2009』グローバルネット株式会社.
経済産業省 (2012)『標準化戦略に連携した知財マネジメント事例集』経済産業省産業技術環

境局基準認証ユニット基準認証政策課．
國領二郎（1995）『オープン・ネットワーク経営――企業戦略の新潮流』日本経済新聞社．
國領二郎（1999）『オープン・アーキテクチャ戦略――ネットワーク時代の協働モデル』ダイヤモンド社．
國領二郎（2011）『創発経営のプラットフォーム――協働の情報基盤づくり』日本経済新聞出版社．
小島清（2004）『雁行型経済発展論　日本経済・アジア経済・世界経済』第1巻，文眞堂．
小宮啓義監修（2003）『グローバルスタンダードへの挑戦――300 mm 半導体工場へ向けた標準化の歴史』SEMI ジャパン．
榊原清則（1995）『日本企業の研究開発マネジメント――「組織内同形化」とその超克』千倉書房．
佐藤由紀子（2014）「Google，ホンダや GM らと Android ベースのアライアンス『OAA』を立ち上げ」1月6日，ITMedia ニュース，ITmedia．（http://www.itmedia.co.jp/news/articles/1401/06/news112.html 2016年11月21日アクセス．）
JETRO（2013）「OEM 生産と ODM 生産の違い」（https://www.jetro.go.jp/world/qa/04A-011247.html Date of Access: 2016/12/8）
新宅純二郎・江藤学編（2008）『コンセンサス標準戦略――事業活用のすべて』日本経済新聞出版社．
新宅純二郎・許斐義信・柴田高編（2000）『デファクト・スタンダードの本質――技術覇権競争の新展開』有斐閣．
新宅純二郎・立本博文・善本哲夫・富田純一・朴英元（2008）「製品アーキテクチャから見る技術伝播と国際分業」『一橋ビジネスレビュー』第56巻，第2号，pp. 42-61．
鈴木努（2009）『R で学ぶデータサイエンス　ネットワーク分析』第8巻，共立出版．
妹尾堅一郎（2009）『技術力で勝る日本が，なぜ事業で負けるのか――画期的な新製品が惨敗する理由』ダイヤモンド社．
セミコンポータル（2011）「台湾 TSMC が 28 nm のデザインキットを揃える，14製品をテープアウト完了」6月28日（https://www.semiconportal.com/archive/editorial/technology/design/110628-tsmc.html 2017年2月10日アクセス．）
高梨千賀子（2007）「PC 汎用インターフェースをめぐる標準化競争――USB と IEEE1394 の事例」一橋大学大学院博士論文．
武石彰（2003）『分業と競争――競争優位のアウトソーシング・マネジメント』有斐閣．
竹本和広（2013）R seminar on igraph．（https://sites.google.com/site/kztakemoto/r-seminar-on-igraph---supplementary-information 2017年1月27日アクセス．）
立本博文（2007a）「PC のバス・アーキテクチャの変遷と競争優位――なぜ互換機メーカは，IBM プラットフォームを乗り越えられたのか？――IBM がプラットフォームリーダシップを失うまで」MMRC ディスカッションペーパー，No. 163．
立本博文（2007b）「PC のバス・アーキテクチャの変遷と競争優位――なぜ Intel は，プラットフォーム・リーダシップを獲得できたか」『MMRC ディスカッションペーパー』No. 171．
立本博文（2011a）「オープン・イノベーションとビジネス・エコシステム――新しい企業共同誕生の影響について」『組織科学』第45巻，第2号，pp. 60-73．
立本博文（2011b）「グローバル・スタンダード，コンセンサス標準化と国際分業――中国の GSM 携帯電話の事例」『国際ビジネス研究』第3巻，第2号，pp. 81-97．
立本博文（2011c）「競争戦略としてのコンセンサス標準化」『MMRC ディスカッションペーパ

ー』No. 346。
立本博文（2012）「プラットフォーム・ビジネス① プラットフォーム企業の競争戦略」『MMRC ディスカッション・ペーパー』No. 396。
立本博文（2013）「アーキテクチャ研究再考」藤本（2013），第4章，pp. 133-168。
立本博文（2014）「戦略的標準化――国際標準化の戦略的活用」『知財管理』第64巻，第4号，pp. 498-510。
立本博文・小川紘一（2010）「欧州のイノベーション政策――欧州型オープン・イノベーション・システム」『赤門マネジメント・レビュー』第9巻，第12号，pp. 849-872。
立本博文・小川紘一・新宅純二郎（2010）「オープン・イノベーションとプラットフォーム・ビジネス」『研究 技術 計画』第25巻，第1号，pp. 78-91。
立本博文・許經明・安本雅典（2008）「知識と企業の境界の調整とモジュラリティの構築：パソコン産業における技術プラットフォーム開発の事例」『組織科学』第42巻，第2号，pp. 19-32。
立本博文・高梨千賀子（2010）「標準規格をめぐる競争戦略――コンセンサス標準の確立と利益獲得を目指して」『日本経営システム学会誌』第26巻，第2号，pp. 67-81。
立本博文・高梨千賀子・小川紘一（2015）「部品メーカーの標準化とカスタマイズ――自動車用ECU事業の中国市場展開の事例」天野倫文・新宅純二郎・中川功一・大木清弘編『新興国市場戦略論――拡大する中間層市場へ・日本企業の新戦略』有斐閣，pp. 235-261。
立本博文・富田純一・藤本隆宏（2009）「プロセス産業としての半導体前工程」藤本隆宏・桑嶋健一編『日本型プロセス産業――ものづくり経営学による競争力分析』有斐閣，所収。
田中俊郎編（1991）『EC統合と日本――ポスト1992年に向けて』日本貿易振興協会。
垂井康夫編（2008）『世界をリードする半導体共同研究プロジェクト――日本半導体産業復活のために』工業調査会。
土屋大洋（1996）「セマテックの分析――米国における共同研究コンソーシアムの成立と評価」『法学政治学論究』第28号，pp. 525-558。
デンソー［株式会社デンソー］（2016）「デンソー，車載用電子システムのソフト開発の強化に向けて合弁会社を設立」（http://www.denso.co.jp/ja/news/newsreleases/2016/160421-01.html 2016年4月21日アクセス。）
東京エレクトロン（2001）『アニュアルレポート2001』（http://www.tel.co.jp/ir/library/ar/index.htm 2015年9月1日アクセス。）
東京エレクトロン（2002）『アニュアルレポート2002』（http://www.tel.co.jp/ir/library/ar/index.htm 2015年9月1日アクセス。）
東京エレクトロン（2003）『アニュアルレポート2003』（http://www.tel.co.jp/ir/library/ar/index.htm 2015年9月1日アクセス。）
東京エレクトロン（2004）『アニュアルレポート2004』（http://www.tel.co.jp/ir/library/ar/index.htm 2015年9月1日アクセス。）
東京エレクトロン（2005）『アニュアルレポート2005』（http://www.tel.co.jp/ir/library/ar/index.htm 2015年9月1日アクセス。）
東洋経済（2015）"トヨタが異例の戦略，FCV特許開放の必然"東洋経済オンライン，1月9日。（http://toyokeizai.net/artiles/-/57573 2015年9月1日アクセス。）
徳田昭雄（2008）『自動車のエレクトロニクス化と標準化――転換期に立つ電子制御システム市場』晃洋書房。
徳田昭雄・立本博文・小川紘一編（2011）『オープン・イノベーション・システム――欧州に

おける自動車組込みシステムの開発と標準化』晃洋書房。
徳田昭雄・立本博文・小川紘一編（forthcoming）『自動車組込みシステムの開発と標準化――欧州オープン・イノベーションの実態』晃洋書房。
富田純一・立本博文（2008）「半導体における国際標準化戦略――300 mm ウェーハ対応半導体製造装置の事例」MMRC ディスカッションペーパー，No. 222。
トランジスタ技術編集部編（1996）『IBM PC と ISA バスの活用法――DOS/V マシンのインターフェースを拡張するハードウェア設計』CQ 出版。
中根康夫（2002a）「汎用部品市場に変化 DRAM では合併協定が解消 TFT に EMS 大手参入」『日経マイクロデバイス』11 月号，p. 58。
中根康夫（2002b）「台湾 Nanya と独 Infineon 提携の意義と台湾 DRAM 業界再編」Tech-On，5 月 8 日，日経 BP。（http://techon.nikkeibp.co.jp/members/01db/200205/1000296/ 2006 年 8 月 26 日アクセス。）
日経マイクロデバイス編（1999）『日経マイクロデバイス別冊　日経 LSI データベース　世界半導体製造装置・試験/検査装置市場年鑑 1999』日経 BP 社。
日経 BP・グローバルネット（2001）『日経マイクロデバイス別冊　日経 LSI データベース　世界半導体製造装置・試験/検査装置市場年鑑 2001』日経 BP 社。
日本経済新聞（2015）"中国，米クアルコムに罰金 1150 億円　独禁法違反で最大，" 2 月 15 日，日本経済新聞社。（http://www.nikkei.com/article/DGXLASGM10H16_Q5A210C1EAF000/ 2015 年 9 月 1 日アクセス。）
日本貿易振興機構（2011）『先端企業研究　新エネルギー分野における先端企業調査研究』ジェトロ北京事務所知的財産権部。
沼上幹・加藤俊彦・田中一弘・島本実・軽部大（2007）『組織の〈重さ〉――日本的企業組織の再点検』日本経済新聞出版社。
根来龍之・足代訓史（2011）「経営学におけるプラットフォーム論の系譜と今後の展望」早稲田大学 IT 戦略研究所ワーキングペーパーシリーズ，No. 39。
根来龍之・釜池聡太・清水祐輔（2011）「複数のエコシステムの連結のマネジメント――パラレルプラットフォームの戦略論」『組織科学』第 45 巻，第 1 号，pp. 45-57。
根来龍之・椙山泰生（2011）「特集『エコシステムのマネジメント論』に寄せて」『組織科学』第 45 巻，第 1 号，pp. 2-3。
延岡健太郎（1996）『マルチプロジェクト戦略――ポストリーンの製品開発マネジメント』有斐閣。
朴尚洙（2014）「『iOS in the Car』の正式名は『CarPlay』，トヨタや日産，ホンダなど 16 社が採用」MONOist，3 月 3 日，ITmedia．（http://monoist.atmarkit.co.jp/mn/articles/1403/03/news125.html 2017 年 2 月 10 日アクセス。）
原田節雄（2008）『世界市場を制覇する国際標準化戦略――二十一世紀のビジネススタンダード』東京電機大学出版局。
平林英勝（1993）『共同研究開発に関する独占禁止法ガイドライン』商事法務研究会。
富士通総研・早稲田大学ビジネススクール根来研究室編（2013）『プラットフォームビジネス最前線 26 の分野を図解とデータで徹底解剖』翔泳社。
藤本隆宏（2001）「アーキテクチャの産業論」藤本・武石・青島編（2001）第 1 章。
藤本隆宏（2009）「複雑化する人工物の設計・利用に関する補完的アプローチ」『横幹』第 3 巻，第 1 号，pp. 52-59。
藤本隆宏（2013）『「人工物」複雑化の時代――設計立国日本の産業競争力』有斐閣。

藤本隆宏・新宅純二郎（2005）『中国製造業のアーキテクチャ分析』東洋経済新報社。
藤本隆宏・武石彰・青島矢一編（2001）『ビジネス・アーキテクチャ――製品・組織・プロセスの戦略的設計』有斐閣。
藤本隆宏・西口敏宏・伊藤秀史編（1998）『リーディングス サプライヤー・システム――新しい企業間関係を創る』有斐閣。
二又俊文（2013）"ライセンス契約の研究――クアルコム社韓国独占禁止法事件紹介,"11月21日，東京大学政策ビジョン研究センター。(http://pari.u-tokyo.ac.jp/column/column101.html 2015年9月1日)。
マクダフィー，J. P.・藤本隆宏（2010）「ものづくり再論トヨタ問題の含意(3)複雑化が組織能力を超越」『日本経済新聞』3月17日。
真鍋誠司・安本雅典（2010）「オープン・イノベーションの諸相――文献サーベイ」『研究 技術 計画』第25巻，第1号，pp. 8-35。
丸川知雄（2007）『現代中国の産業――勃興する中国企業の強さと脆さ』中央公論新社。
丸川知雄・安本雅典（2010）『携帯電話産業の進化プロセス――日本はなぜ孤立したのか』有斐閣。
丸山雅祥（2011）『経営の経済学――BUSINESS ECONOMICS』新版，有斐閣。
水橋佑介（2001）『電子立国台湾の実像――日本のよきパートナーを知るために』JETRO。
宮田由紀夫（1997）『共同研究開発と産業政策』勁草書房。
宮田由紀夫（2001）『アメリカの産業政策――論争と実践』八千代出版。
室田一雄（2004）「混合行列の正準形と階層構造」『数学セミナー』第43巻，第6号，pp. 38-43。
望月俊一（2015）「トヨタがFCV特許を無償開放した真の狙いは？」IPマネジメントレビュー，第19号，pp. 38-47。(http://www.ip-edu.org/library/pdf/ipmr/IPMR19_38_47.pdf 2016年12月26日アクセス。)
安田雪（2001）『実践ネットワーク分析――関係を解く理論と技法』新曜社。
安室憲一（2009）「『内部化理論』の限界有効性」『立教ビジネスレビュー』第2号，pp. 9-17。
安本雅典・真鍋誠司（2017）『オープン化戦略――境界を越えるイノベーション』有斐閣。
山田肇（2007）『標準化戦争への理論武装』税務経理協会。
山田英夫（2008）『デファクト・スタンダードの競争戦略』白桃書房。
山田雄大（2015）「トヨタが異例の戦略，FCV特許開放の必然――普及加速のためにはこれしかない？」東洋経済ONLINE, 1月9日。(http://toyokeizai.net/articles/-/57573 2016年12月26日アクセス。)
渡部俊也編（2011）『東京大学知的資産経営総括寄附講座シリーズ1 ビジネスモデルイノベーション』白桃書房。
渡部俊也（2012）『イノベーターの知財マネジメント――「技術の生まれる瞬間」から「オープンイノベーションの収益化」まで』白桃書房。

【その他の外国語文献】

『中国電子工業年鑑』（1999-2006）各年，電子工業出版社。
米周・尹生（2005）「中興通訊――全面分散企業風險的中庸之道」當代中國出版社。(in Chinese)

インタビュー・リスト

第3章

	会　社　名	分　類	年／月／日	インタビュー場所
1	龍旗科技術有限公司	端末メーカー・設計専門会社	2007/1/24	上海，中国
2	上海華勤通信技術有限公司	端末メーカー・設計専門会社	2007/1/24	上海，中国
3	アンプレット	端末メーカー・設計専門会社	2007/5/20	本郷三丁目（東京大学）
4	聯想移動	端末メーカー・設計専門会社	2007/8/27	厦門，中国
5	大唐移動	通信設備企業	2007/8/29	上海，中国
6	上海凱明信息	部品企業	2007/8/29	上海，中国
7	エプソン電子デバイス	部品企業	2007/8/29	上海，中国
8	NXP	部品企業	2007/8/31	上海，中国
9	モトローラ	端末メーカー・設計専門会社	2007/9/14	本郷三丁目（東京大学）
10	DoCoMo i-mode Europe B. V.	通信オペレーター	2007/9/16	アムステルダム，オランダ
11	欧州電気通信標準化機構（European Telecommunications Standards Institute, ETSI）	標準化団体	2007/9/17	ニース，フランス
12	DoCoMo Communications Laboratories Europe GmbH	通信オペレーター	2007/9/18	ミュンヘン，ドイツ
13	Ericsson Research	通信設備企業	2007/9/20	ストックホルム，スウェーデン
14	Nokia Siemens Networks	通信設備企業	2007/9/21	エスポー，フィンランド
15	NTTドコモ	通信オペレーター	2007/11/20	本郷三丁目（東京大学）
16	松下通信工業	端末メーカー・設計専門会社	2007/11/29	本郷三丁目（東京大学）
17	アドコアテック	部品企業	2007/11/30	横須賀
18	烽火通信科技股份有限公司	通信設備企業	2008/8/4	武漢，中国
19	中国聯合通信有限公司	通信オペレーター	2008/8/5	杭州，中国
20	東方通信社	端末メーカー・設計専門会社	2008/8/5	杭州，中国
21	華為技術有限公司	通信オペレーター	2008/8/6	杭州，中国

第 4 章

	会 社 名	分 類	年／月／日	インタビュー場所
1	一般社団法人電子情報技術産業協会（JEITA）	業界団体	2005/8/1	大手町
2	SEMI JAPAN	業界団体	2005/8/9	市ヶ谷（SEMI JAPAN）
3	次世代高密度化実装部材基盤技術研究組合（JFMAT）	材料メーカー	2005/8/22	天王洲
4	信越半導体	材料メーカー	2005/8/24	市ヶ谷（SEMI JAPAN）
5	NEC エレクトロニクス	デバイスメーカー	2005/11/28	市ヶ谷（SEMI JAPAN）
6	村田機械	搬送関連メーカー	2005/12/6	市ヶ谷（SEMI JAPAN）
7	TDK	搬送関連メーカー	2005/12/7	市ヶ谷（SEMI JAPAN）
8	日本 IBM	ソフトウェアメーカー	2005/12/15	箱崎
9	日本ヒューレット・パッカード	搬送関連メーカー	2005/12/22	市ヶ谷（SEMI JAPAN）
10	東京エレクトロン	製造装置メーカー	2005/12/22	市ヶ谷（SEMI JAPAN）
11	インテル	デバイスメーカー	2006/1/13	市ヶ谷（SEMI JAPAN）
12	Entegris	搬送関連メーカー	2006/1/13	市ヶ谷（SEMI JAPAN）
13	大日商事	搬送関連メーカー	2006/1/17	市ヶ谷（SEMI JAPAN）
14	日本 TI	デバイスメーカー	2006/1/21	本郷三丁目（東京大学）
15	アーム	デバイスメーカー	2006/2/16	本郷三丁目（東京大学）
16	ルネサス	デバイスメーカー	2006/11/7	ルネサス高知工場（高知）
17	アプライドマテリアルズジャパン	製造装置メーカー	2006/12/22	田町
18	アルバック	製造装置メーカー	2007/1/25	アルバック茅ヶ崎工場（茅ヶ崎）
19	富士通	デバイスメーカー	2007/3/29	富士通三重工場（三重）
20	ダイフク	搬送関連メーカー	2008/8/29	滋賀

第 5・6 章

1	ロジテック	部品企業	2006/7/25	本郷三丁目（東京大学）
2	富士通	パソコン・MB 企業	2006/7/27	本郷三丁目（東京大学）
3	バッファロー	部品企業	2006/10/17	名古屋
4	ルネサス	半導体企業	2006/10/21	本郷三丁目（東京大学）
5	デルコンピュータ	パソコン・MB 企業	2006/10/31	厦門，中国
6	東芝	パソコン・MB 企業	2007/4/23	浜松町
7	東芝	パソコン・MB 企業	2007/6/18	浜松町
8	広達電脳	パソコン・MB 企業	2007/7/10	台北，台湾
9	図研台湾	ツール等企業	2007/7/10	台北，台湾

インタビュー・リスト　389

	会　社　名	分　類	年／月／日	インタビュー場所
10	MediaTek	半導体企業	2007/7/11	新竹, 台湾
11	技嘉科技股份有限公司	パソコン・MB 企業	2007/7/12	台北, 台湾
12	インテル	半導体企業	2007/8/13	台北, 台湾
13	華碩電腦股份有限公司	パソコン・MB 企業	2007/8/14	台北, 台湾
14	インテル	半導体企業	2007/8/14	台北, 台湾
15	台湾富士通	パソコン・MB 企業	2007/9/28	台北, 台湾
16	仁寶電腦工業	パソコン・MB 企業	2007/10/1	台北, 台湾
17	インテル	半導体企業	2007/10/2	台北, 台湾
18	日立遠東有限公司	パソコン・MB 企業	2007/10/4	台北, 台湾
19	ルネサス	半導体企業	2007/11/14	東京
20	ルネサス	半導体企業	2007/11/14	東京
21	インテル	半導体企業	2007/12/10	東京
22	富士通	パソコン・MB 企業	2007/12/19	沼津
23	ルネサス	半導体企業	2008/1/8	東京
24	インテル	半導体企業	2008/1/17	サンタクララ, アメリカ
25	インテル	半導体企業	2008/2/20	台北, 台湾
26	広達電脳	パソコン・MB 企業	2008/2/20	台北, 台湾
27	ソニー	パソコン・MB 企業	2008/2/20	台北, 台湾
28	日立遠東有限公司	パソコン・MB 企業	2008/2/22	台北, 台湾
29	インテル	半導体企業	2008/9/10	台北, 台湾
30	建準電機	部品企業	2008/9/11	高雄, 台湾
31	台湾三洋	部品企業	2008/10/3	台北, 台湾

第 7 章

	会　社　名	分　類	年／月／日	インタビュー場所
1	トヨタ自動車	自動車	2009/2/10	ケルン, ドイツ
2	トヨタ自動車	自動車	2009/2/11	ブラッセル, ベルギー
3	ルネサス	開発ツール SW 半導体	2009/2/16	ミュンヘン, ドイツ
4	DENSO AUTOMOTIVE Deutschland	サプライヤー	2009/2/17	エッチヒ, ドイツ
5	本田技研工業	自動車	2010/1/18	東京
6	デンソー	サプライヤー	2010/2/3	名古屋
7	Robert Bosch Engineering India	サプライヤー	2010/2/15	バンガロール, インド
8	Robert Bosch Engineering India	サプライヤー	2010/2/15	バンガロール, インド
9	Robert Bosch Engineering India	サプライヤー	2010/2/15	バンガロール, インド

	会　社　名	分　類	年／月／日	インタビュー場所
10	DENSO Haryana PVT.	サプライヤー	2010/2/16	ニューデリー，インド
11	DENSO SALES INDIA	サプライヤー	2010/2/16	ニューデリー，インド
12	天津電装電子有限公司	サプライヤー	2010/4/28	天津，中国
13	日産中国	サプライヤー	2010/4/28	北京，中国
14	Bosch China	サプライヤー	2010/4/29	上海，中国
15	日産中国	自動車	2010/4/30	北京，中国
16	電装（中国）投資有限公司	サプライヤー	2010/5/1	北京，中国
17	聯合汽車電子有限公司（UAES）	サプライヤー	2010/8/5	上海，中国
18	デンソー	サプライヤー	2011/3/5	刈谷
19	Robert Bosch	サプライヤー	2011/3/22	ストッツガルト，ドイツ
20	Robert Bosch	サプライヤー	2011/3/22	ストッツガルト，ドイツ
21	Robert Bosch	サプライヤー	2011/3/23	ストッツガルト，ドイツ
22	DENSO AUTOMOTIVE Deutschland	サプライヤー	2011/3/24	エッチヒ，ドイツ
23	RUNALT	自動車	2011/3/25	パリ，フランス
24	dSpace Japan	開発ツール SW 半導体	2011/11/4	東京
25	ベクター・ジャパン	開発ツール SW 半導体	2011/11/7	東京
26	エレクトロビット日本	開発ツール SW 半導体	2011/11/15	東京
27	dSpace	開発ツール SW 半導体	2011/11/17	パーダーボルン，ドイツ
28	Continental Systems	サプライヤー	2011/11/22	フランクフルト，ドイツ
29	VECTOR	開発ツール SW 半導体	2011/11/23	ストッツガルト，ドイツ
30	トヨタ自動車	自動車	2011/11/24	ベルリン，ドイツ
31	日産中国	自動車	2011/12/8	北京，中国
32	電装（中国）投資有限公司	サプライヤー	2011/12/9	北京，中国
33	フォルクスワーゲングループジャパン	自動車	2011/12/15	東京
34	デンソー	サプライヤー	2012/8/8	本郷三丁目（東京大学）
35	KPIT	開発ツール SW 半導体	2013/1/15	バンガロール，インド
36	KPIT	開発ツール SW 半導体	2013/1/16	プネ，インド
37	iSOFT	開発ツール SW 半導体	2013/2/5	上海，中国
38	電装（中国）投資有限公司	サプライヤー	2013/2/5	上海，中国
39	デンソー	サプライヤー	2013/2/25	東京
40	本田技研工業	自動車	2015/6/9	東京
41	本田技研工業	自動車	2015/6/19	東京

	会 社 名	分 類	年／月／日	インタビュー場所
42	DENSO INTERNATIONAL ASIA	サプライヤー	2015/6/24	バンコク，タイ
43	NISSAN MOTOR ASIA PACIFIC	自動車	2015/6/25	バンコク，タイ
44	TOYOTA KIRLOSKAR MOTOR PVT. LTD	自動車	2015/6/26	バンガロール，インド
45	HONDA CAR India	自動車	2015/6/29	グレーターノイダ，インド
46	DENSO INTERNATIONAL INDIA	サプライヤー	2015/6/30	ニューデリー，インド

索　引

● アルファベット
AMD　181
ATX 規格　195
AUTOSAR　277, 306
　——標準　279
CDMA 標準　108
CEN（欧州標準化委員会）　11
CENELEC（欧州電気標準化委員会）　11
CPU　178, 233
　互換——　180
Cyrix　181
Dell　192
DRAM 市場　208
ECU（Electronic Control Unit）　253
　——開発　255
　——適合　255
　エンジン——　249, 253
ETSI（欧州電気通信標準化協会）　11
FRAND タイプ　309
Gateway2000　192
GSM 携帯電話　83
GSM 標準　94
IPR ポリシー　309
PCI 規格　187
Pentium CPU　177
RISC CPU　183
SEMI　127
USB 規格　205

● あ　行
アーキテクチャ　349
　——研究　349
　——の二分化　89, 113, 331
アーキテクチャルイノベーション　355
新しいアプローチ（New Approach）　11
圧縮された産業移転　66
アプライドマテリアルズ　151, 156
イノベーションのジレンマ　354
インテグラル（化）　356, 365

インテグラル・アーキテクチャ　226
インテル　177, 178, 232
インテル 3-2-1 プロジェクト　194
インドのオフショア開発企業　286
インフレクション・ポイント　297
エコシステム（拡大／成立）　294
エンジン ECU　249, 253
オブジェクト指向設計法　363
オフショア開発企業　286
オープン化　4
オープン・ネットワーク　229
オープン標準　4, 361
オープン領域　83, 88, 303
　——とクローズ領域　331

● か　行
海外直接投資　66
階層構造　351
囲い込み　179
　——戦略　219
カプセル化　363
関係特殊的能力・資産　228
雁行形態論　65
間接ネットワーク効果　24, 36
簡明アプローチ（型）　250, 306
企業間関係のマネジメント　316
技術スピルオーバー　66
キーストーン企業　14, 25
キーストーン種　25
基地局　94
　——制御装置　95
凝集化　366
凝集性　365
共存企業　25
　——との分業ネットワーク　223
共通化（標準化）　364
局所クリーン技術　128
近接中心性　163
クアルコム　108

黒手机　100
クローズ領域　83, 88, 303, 306
グローバル・エコシステム　64
経済的バンドリング　46
携帯端末　94
コア・ネットワーク　229
　──化のジレンマ　230, 243
交換機　94
交互作用モデル　141, 164
工場のインテリジェント化　129
構造的空隙　31
互換 CPU　180
国際的 PLC（プロダクト・ライフ・サイクル）理論　65
国際的な産業構造転換　328
国際標準化の研究　64
国家共同研究法　10
固有値中心性　163
混合バンドリング　44
コンセンサス標準（化）　5, 83, 87, 306
コンパック　182

● さ 行

差別価格　46
サムスン電子　100
産業組織論　28
山寨手机　100
300 mm 標準化　125
支援市場（subsidy market）　41
シグナル・インテグリティの問題　239
刺激戦略　219
次数中心性　163
システミック・イノベーション　358
システムユーザー　20
社会ネットワーク分析　30
収益市場（money market）　41
周辺市場（への）参入　177, 179, 316
準分解システム　352
情報アクセス優位　32
情報コントロール優位　32
自律的イノベーション　357, 358
紳士協定タイプ　309
垂直非統合　67

水平分業　67
製品アーキテクチャ　226
設計進化プロセス　362
先進国産業と新興国産業の国際分業　331
戦略的バンドリング　51
戦略的標準化　33, 83, 302, 331
戦略レバー　297, 302

● た 行

台湾マザーボード（MB）企業　232
地域経済発展の研究　65
知識共有　228
仲　介　30
中興（ZTE）　100
中国移動（China Mobile）　98
中国自動車産業　260
中国の GSM 市場　98
中国連通（China Unicom）　98
中心性指標　163
直接ネットワーク効果　24, 36
ディフェンシブ・バンドリング　55
デジュリ標準（化）　5, 86
デファクト標準（化）　4, 86
電子プラットフォーム　259
デンソー　249, 268
東京エレクトロン　152, 156
統合制御　256
投資の刺激　179
特許係争　204
独禁法　10, 11

● な 行

内部化理論　66
二面市場（two-sided market）　29
　──の需要創出効果　38
　──の理論　34
ネットワーク効果　24, 86, 361
　間接──　24, 36
　直接──　24, 36
ネットワークのモジュラリティ　154
濃密アプローチ型　250
ノキア　100
ノード機能法　149, 155, 166

索引　395

● は　行

媒介中心性　121, 136, 163
排ガス規制　258
バス規格　184, 186
パソコン ODM 企業　182
ハブ　31, 120
　——への位置取り　117, 312
バリュー・チェーン　19
バリュー・チェーン・モデル　22
半導体製造装置産業　125
バンドリング　42
　——の参入障壁効果　55
バンドリング・アタック　52
ビジネス・エコシステム　13, 22, 25
ピュア・バンドリング　44
標準化　362
　——が持つ「競争効果と反競争効果」　89
標準化政策　9
標準化プロセス　370
標準必須特許（SEP: Standard Essential Patents）　309
華為（Huawei）　100
普及可能性　244
複雑ネットワーク分析　30
プラットフォーム　29
　——含包（platform envelopment）　43
　——の分離効果　114
　——分離モデル　278

プラットフォーム企業　14, 21, 29, 331
ブリッジング　31
分割基準　366, 370
分割性　365
分業ネットワーク　224
　——のコア・ネットワーク化　223
分散的イノベーション　357
補完財企業　13, 19
ボッシュ　249, 264

● ま　行

マザーボード　185, 233
マージナル効果（marginal effect）　164
モジュラー　356
モジュラー・アーキテクチャ　226
モジュラーオペレータ　362, 370
モジュラー・クラスター・イノベーション　357
モジュール　351
モデレーター変数（調整変数）　164
モトローラ　100

● や・ら行

ユーザー企業との関係マネジメント　249
リファレンス・デザイン　223, 238, 243, 248, 319
連合電子（UAES）　265
ロイヤリティフリー・タイプ　309

♣ 著者紹介

立本 博文（たつもと・ひろふみ）

筑波大学ビジネスサイエンス系教授。博士（経済学）（東京大学）

東京大学大学院経済学研究科（博士課程中退），東京大学先端科学技術研究センター助教，東京大学ものづくり経営研究センター助教，兵庫県立大学経営学部准教授，MIT 客員研究員，筑波大学ビジネスサイエンス系准教授を経て現職。

専門は，ビジネス・エコシステムやプラットフォーム・ビジネスの戦略マネジメント。

著書に『オープン・イノベーション・システム』（共編著）晃洋書房，2011 年，論文に，Tatsumoto, H., Ogawa, K., and Fujimoto, T., "Platforms and the International Division of Labor," in Gawer, A. (ed.), *Platforms, Markets and Innovation*, Edward Elgar, 2009, Tatsumoto, H. "Evolution of Business Ecosystems," in Fujimoto, T & Ikuine, F. (eds.), *Industrial Competitiveness and Design Evolution*, Springer Japan, 2018, など多数ある。なお，本書の英訳版として，*Platform Strategy for Global Markets*, Springer, 2021 がある。

本書により，2017 年度多国籍企業学会賞入江猪太郎賞，2017 年度国際ビジネス研究学会賞（単行本の部），日本公認会計士協会 2017 年度 第 46 回協会学術賞（学術-MCS 賞），組織学会 2018 年度 学会賞（高宮賞）著書部門，電気通信普及財団 第 34 回テレコム社会科学賞奨励賞を受賞。

プラットフォーム企業のグローバル戦略
オープン標準の戦略的活用とビジネス・エコシステム

Platform Strategy for Global Markets:
The Strategic Use of Open Standards and the Management of Business Ecosystems

---

2017 年 3 月 30 日　初版第 1 刷発行
2021 年 9 月 30 日　初版第 5 刷発行

著　者　立　本　博　文
発行者　江　草　貞　治
発行所　株式会社　有　斐　閣
　　　　〒101-0051
　　　　東京都千代田区神田神保町 2-17
　　　　(03) 3264-1315〔編集〕
　　　　(03) 3265-6811〔営業〕
　　　　http://www.yuhikaku.co.jp/
印　刷　株式会社三陽社
製　本　大口製本印刷株式会社

Ⓒ 2017, Hirofumi Tatsumoto.
Printed in Japan

★定価はカバーに表示してあります。
落丁・乱丁本はお取替えいたします。

ISBN 978-4-641-16501-4

[JCOPY] 本書の無断複写（コピー）は，著作権法上での例外を除き，禁じられています。複写される場合は，そのつど事前に，(一社)出版者著作権管理機構（電話03-5244-5088, FAX03-5244-5089, e-mail:info@jcopy.or.jp）の許諾を得てください。